刑事案例诉辩审评
——妨害司法罪

刑法分则实务丛书

主　编／周少华

25

中国检察出版社

编委会

主　编　周少华

撰稿人　周少华　李　川　欧阳本祺　邓思清
　　　　　于向阳　张补联　王丽华　梁云宝
　　　　　葛恒浩　闫春丽

再 版 说 明

《刑法分则实务丛书》自2005年问世以来，受到理论界和司法实务部门的一致好评，其应用价值得到了读者的充分肯定。近十年来，我国刑事立法和司法工作都有了很大的发展。为适应新的社会形势变化，我国又先后出台了《刑法修正案（五）》、《刑法修正案（六）》、《刑法修正案（七）》、《刑法修正案（八）》，"两高"也针对刑法适用等问题出台了大量的司法解释，特别是"两高"《刑法罪名补充规定（三）》、《刑法罪名补充规定（四）》、《刑法罪名补充规定（五）》的颁布引发的罪名变化，使我们深切体会到有必要重新对这套丛书进行一次全面的修订。本次修订无论是分册布局、内容架构，还是案例的选取、作者的选择、附录内容设计等方面，较之以前，都有很大的变化；从某种程度上来讲，这是一套全新的刑事案例丛书。概括来说，本丛书具有以下几个特点：

首先，丛书分册布局方面，更加贴近司法实务。为了便于读者对司法实务中常见多发罪名有更为深刻、全面的掌握，在分册设计方面，对于司法实务中常见多发的罪名能够单独成册的就单独设立一个分册，在现实生活中联系十分紧密的各罪则适当合并，最终呈现给读者的是更加贴近实务、参考价值更大、总数达30分册的一套大型案例丛书。

其次，内容架构设计上，丛书既概括了刑法基本理论热点与司法认定中的难点、疑点，又完整地展现了案件从起诉到辩护到审判的全过程；既满足了实务部门解决实践疑难问题的现实需要，又兼顾了刑法教学与研究的理论要点问题。每个分册都分为三大部分。第一部分"某某罪基本理论与司法认定精要"，主要是对各个分册涉及罪名的基本理论及该罪名在司法适用中的重点、难点、疑点等主要问题加以全面的总结与概括，便于读者更全面、快捷地了解本分册罪名的特点、渊源及司法实务中的主要问题；第二部分"典型案例诉辩审评"，则是把每个真实的案件通过【基本情况】、【诉辩主张】、【人民法院认定事实和证据】、【判案理由】、【定案结论】五个部分的内容，完整地展现案件从起诉到辩护到审判的全过程，分别从诉、辩、审三个角度全方位地反映案件的真实性、复杂性，【法理解说】则是从局外人的视角针对案件中的疑点、难点加以精当的评析，以帮助读者更加深刻理解本分册罪名适用中特别需要注意的具体问题；第三部分"办案依据"则是在全面梳理和整合现行法律、法规、司法解释、规范性文件的基础上，围绕各个分册的罪名，以刑法典条文为经线，以其他与之相关的司法实践中常用的规范性法律文件为纬线，将刑法、单行刑法、其他立法、司法等规范性法律文件重新整合，勾勒出一幅崭新的办案图谱。供司法工作人员在法律适用、定罪量刑时借鉴比照，对刑法教学与研究具有一定的参考价值。

最后，案例选取、更新方面，既收集了近年来具有社会影响性的"大"案件，更有办案人员天天面对的常见多发的"小"案件。无论大小，所选取的案例都是司法实践中的真实案件，并经来自司法实践部门和法学科研机构的专家精选、加工。

尤为重要的是，作者的精湛素养和深厚的专业积淀。作者队伍中既有高等院校从事教学的刑法学教授、博导，也有具有多年办案经验的司法实务工作者；既有严肃、认真的"学究派"，也有具体从事司法解释工作的"两高"工作人员。正是他们的积极参与，才最终确保了本丛书的学术权威性与实践指导性。

需要特别说明的是：近一两年来我国刑法、刑事诉讼法修改变动大，一些罪名的变化频繁，而依据我国刑法溯及力的相关规定，本丛书中所引用的一些真实案例就发生在刑法修正案出台之前或罪名补充规定出台之前，因而法院判决中所引用的也应当是刑法修正案出台之前或罪名补充规定出台之前的刑法和刑事诉讼法。

我们希望本书的再版，能为读者正确理解和适用刑法有所裨益。对本书中存在的不足乃至错误之处，恳请读者不吝指正。

编　者

2013 年 12 月

出 版 说 明

　　刑法修订实施以来，全国人大常委会和最高人民法院、最高人民检察院相继发布了若干立法解释与司法解释，司法实践中不可避免地出现了一些新情况、新问题。为了满足广大司法工作人员的实际需要，提高司法机关的执法能力和工作水平，实现司法公正与效率的有机结合，我们经过一年多的精心策划和组织，推出了这套《刑法分则实务丛书》。

　　本丛书所采用的案例均是由各地检察机关征集而来，并经来自司法实践部门和法学教研机构的专家精选、加工，强调其真实性和典型性。根据司法实践中各类刑事案件发生率的多少，我们将刑法分则四百多个罪名划分为三十个分册，各册以多发、常见、修订刑法新增罪名为分册书名，涵盖同类其他罪名。各分册尽量包括典型案例、罪与非罪案例、此罪与彼罪案例等三种不同类型的案例，以使读者全面和深入地理解刑事案件的判断标准，把握疑难问题的分析方法。在各册的最后，还附录有与各罪名紧密相关的法律、法规、司法解释条文的类编，以便读者研习和引用，突出其立足实用、可操作性强的特点。

　　这套丛书通过其特有的体例安排，即基本情况、诉辩主张、法院认定事实和证据、判案理由、定案结论和法理解说六个部分的内容，完整地展示了从诉到判的全过程，从诉、辩、审、评四个角度全方位地解析了刑法分则的操作实务。供检察、司法人员在办案中适用法律、定罪量刑时借鉴比照，对刑法教学和科研也具有参考作用。

编　者

2005 年 1 月

目 录

第一部分

妨害司法罪基本理论与司法认定精要

- 一、伪证罪 ………………………………………………………… 4
- 二、辩护人、诉讼代理人毁灭证据、伪造证据、妨害作证罪 …… 6
- 三、妨害作证罪 …………………………………………………… 8
- 四、帮助毁灭、伪造证据罪 ……………………………………… 10
- 五、打击报复证人罪 ……………………………………………… 11
- 六、扰乱法庭秩序罪 ……………………………………………… 13
- 七、窝藏、包庇罪 ………………………………………………… 14
- 八、拒绝提供间谍犯罪证据罪 …………………………………… 15
- 九、掩饰、隐瞒犯罪所得、犯罪所得收益罪 …………………… 16
- 十、拒不执行判决、裁定罪 ……………………………………… 18
- 十一、非法处置查封、扣押、冻结的财产罪 …………………… 19
- 十二、破坏监管秩序罪 …………………………………………… 20
- 十三、脱逃罪 ……………………………………………………… 20
- 十四、劫夺被押解人员罪 ………………………………………… 22
- 十五、组织越狱罪 ………………………………………………… 22
- 十六、暴动越狱罪 ………………………………………………… 23
- 十七、聚众持械劫狱罪 …………………………………………… 24

第二部分

典型案例诉辩审评

一、伪证罪 27

案例1：高某平、丁某合伪证案
　　　——伪证行为还是包庇行为 27

案例2：闫友某涉嫌伪证案
　　　——刑事案件被告的"法定代理人"是否是伪证罪的主体 33

案例3：刘某伪证案
　　　——虚报盗窃数额并指使他人作证究竟构成何罪 41

二、辩护人、诉讼代理人毁灭证据、伪造证据、妨害作证罪 46

案例1：肖某泉辩护人妨害作证案
　　　——引诱被害人违背事实作虚假陈述的，应如何认定 46

案例2：钟某生辩护人妨害作证案
　　　——授意他人作伪证并伪造证据的，应如何认定 52

案例3：周某梅辩护人伪造证据案
　　　——侦查阶段介入的律师是否属于"辩护人" 60

三、妨害作证罪 71

案例1：李某妨害作证案
　　　——指使作伪证却未获他人回应的，是否成立妨害作证罪既遂 71

案例2：罗发某妨害作证案
　　　——指使他人向办案机关提交"顶包"证据的，应如何处理 78

案例3：皮某某、柴某某妨害作证案
　　　——为受刑罚而指使他人虚假报案的，应如何认定 83

四、帮助毁灭、伪造证据罪 89

案例1：黄HH、黄LL、涂XX、陈HH帮助毁灭证据案
　　　——本罪之"帮助"与帮助犯之"帮助"的区分 89

案例2：高某妨害作证、王某帮助伪造证据案
　　　——帮助伪造证据罪行为特点的把握 103

案例3：张某某帮助伪造证据案
　　　　——司法人员伪造证据的行为如何定罪 …………………… 116

五、打击报复证人罪 …………………………………………………… 121
　　案例1：陈某某打击报复证人、寻衅滋事，施某、顾某某打击
　　　　　报复证人案
　　　　——逼迫证人写下欠条是否属于"打击报复" …………… 121
　　案例2：林某打击报复证人案
　　　　——证人证言之真伪是否影响打击报复证人罪成立 …… 128
　　案例3：高某刚等打击报复证人案
　　　　——殴打证人情节较轻是否影响定罪 ……………………… 136

六、扰乱法庭秩序罪 …………………………………………………… 140
　　案例1：马某扰乱法庭秩序案
　　　　——庭审中被告殴打原告律师并纠集亲友哄闹的，应如何
　　　　　　认定 ………………………………………………………… 140
　　案例2：毛某扰乱法庭秩序案
　　　　——在法庭中哭闹、谩骂并冲进审判区殴打司法警察的行
　　　　　　为，应当如何定罪 ……………………………………… 150

七、窝藏、包庇罪 ……………………………………………………… 155
　　案例1：崔某、任某、胡某某、单某某、石某某等包庇案
　　　　——单纯的知情不举是否构成包庇罪 …………………… 155
　　案例2：李国某故意伤害，何正某、李某祥包庇案
　　　　——包庇罪与帮助毁灭证据罪的界定问题 ……………… 162
　　案例3：汪某某窝藏、帮助毁灭证据案
　　　　——窝藏犯罪嫌疑人并帮助其毁灭证据的行为，应当定包
　　　　　　庇罪还是窝藏罪 …………………………………………… 168

八、掩饰、隐瞒犯罪所得、犯罪所得收益罪 ………………………… 174
　　案例1：尚某龙、冯某军掩饰、隐瞒犯罪所得收益案
　　　　——拉运尸骨、联系出售尸骨的行为该如何定性 ……… 174
　　案例2：刘某掩饰、隐瞒犯罪所得案
　　　　——介绍买卖赃物型掩饰、隐瞒犯罪所得罪的认定 …… 184

案例3：王某某掩饰、隐瞒犯罪所得案
　　——特定明知的理解和认定 …………………………… 196

九、拒不执行判决、裁定罪 ………………………………………… 213

案例1：李某工程建设纠纷拒不执行判决案
　　——拒不执行判决、裁定罪的认定 …………………… 213

案例2：赵某某赔偿金纠纷拒不执行判决、裁定案
　　——拒不执行判决、裁定罪客观方面的确定 ………… 225

案例3：顾某土地开发纠纷拒不执行判决案
　　——关于拒不执行之行为发生阶段等问题分析 ……… 235

十、非法处置查封、扣押、冻结的财产罪 ………………………… 241

案例1：曾某某非法处置扣押财产案
　　——盗窃罪与非法处置扣押财产罪的界定问题 ……… 241

案例2：陈某非法处置查封的财产案
　　——是非法处置扣押的财产罪还是拒不执行判决、裁定罪 … 249

案例3：罗某非法处置查封的财产案
　　——非法处置查封的财产罪与合同诈骗罪等罪的区分 … 256

十一、破坏监管秩序罪 ……………………………………………… 264

案例1：李某某、郭某某破坏监管秩序案
　　——破坏监管秩序罪的成立及共同犯罪等问题 ……… 264

案例2：曹某某破坏监管秩序案
　　——破坏监管秩序罪与非罪的界定问题 ……………… 271

案例3：魏某某破坏监管秩序案
　　——破坏监管秩序罪的量刑 …………………………… 277

十二、脱逃罪 ………………………………………………………… 286

案例1：余某某脱逃案
　　——脱逃罪的犯罪主体问题 …………………………… 286

案例2：王某某脱逃案
　　——脱逃罪的犯罪未遂界定 …………………………… 291

十三、劫夺被押解人员罪 …… 301

案例1：李某祥、李某相劫夺被押解人员案
——以拉扯民警的方式配合同伙劫夺犯罪嫌疑人的，应如何处理 …… 301

案例2：王某某、毛某某劫夺被押解人员案
——强迫公安人员交出手铐钥匙，导致犯罪嫌疑人脱逃的，应如何认定 …… 307

案例3：杜某某劫夺被押解人员案
——劫夺被押解人员罪与妨害公务罪的区分 …… 315

十四、组织越狱罪 …… 320

案例1：夏某某、杨某某、徐某某、吴某某盗窃、组织越狱案
——被押犯罪嫌疑人能否成为组织越狱罪的主体 …… 320

案例2：张某某组织越狱案
——组织越狱罪与脱逃罪的区分 …… 327

案例3：董某某贩卖毒品、组织越狱案
——共谋组织越狱因被举报而未成的，应如何认定 …… 332

十五、暴动越狱罪 …… 337

案例1：危某某、刘某某暴动越狱案
——暴动越狱罪与相关犯罪的界定问题 …… 337

案例2：愉某某、杨某某、王某某、查某某暴动越狱案
——暴动越狱罪的停止形态问题 …… 347

十六、聚众持械劫狱罪 …… 354

案例：李某某、罗某某等10人聚众劫狱案
——是帮助脱逃还是聚众持械劫狱 …… 354

第三部分

办案依据

刑法及相关司法解释类编 …… 373

妨害司法罪基本理论与司法认定精要

第一部分　妨害司法罪基本理论与司法认定精要

妨害司法罪是各种妨害国家机关司法活动的正常秩序犯罪的统称。司法活动包括立案侦查、审查起诉、审理判决和监管执行等活动；既包括刑事诉讼活动，又包括民事诉讼活动和行政诉讼活动。在我国，进行司法活动的国家机关不仅包括宪法规定的司法机关，还包括在刑事诉讼活动中行使职能的行政机关。根据宪法规定，人民法院和人民检察院是司法机关；公安机关和国家安全机关对刑事案件的侦查活动与司法行政机关的监管执行活动属于司法活动。妨害司法罪的设立，是为了保障司法活动的顺利进行。它不仅在客观上维护了司法活动的秩序，而且能够有效树立司法权威，增进公众的法感情和法信仰，促进法治国家建设。

1979年刑法典没有将妨害司法罪规定在独立的章节，而是使妨害司法犯罪散落于分则各章。根据1997年刑法典妨害司法罪专节所包含的罪名，1979年刑法中的妨害司法犯罪具体分布情况为：第96条聚众劫狱、组织越狱罪被设置于分则反革命罪一章中；第148条伪证罪被设置于侵犯公民人身权利、民主权利罪一章中；第157条拒不执行判决、裁定罪，第161条脱逃罪，第162条窝藏、包庇罪和第172条窝赃、销赃罪被设置于妨害社会管理秩序罪一章中。受当时社会发展状况、刑法理论功底和立法技术水平的局限，1979年刑法典在妨害司法犯罪的设置上存在刑事法网不严密、犯罪分类不科学、罪状表达不明确等缺陷。

1997年刑法修订后，将妨害司法犯罪设置于分则第六章第二节，共计13个法条和17个罪名。1997年刑法对上述旧刑法（指1979年刑法）相关犯罪的罪状或法定刑进行了重大修改，并且根据实践中出现的新问题设立了一些新的犯罪，具体有：第306条辩护人、诉讼代理人毁灭证据、伪造证据、妨害作证罪，第307条第1款妨害作证罪，第307条第2款帮助毁灭、伪造证据罪，第308条打击报复证人罪，第309条扰乱法庭秩序罪，第311条拒绝提供间谍犯罪证据罪，第 314 条非法处置查封、扣押、冻结的财产罪，第 315 条破坏监管秩序罪，第 316 条第 2 款劫夺被押解人员罪和第 317 条第 2 款暴动越狱罪。截至目前，立法机关共颁布八个刑法修正案，刑法修正案（六）和刑法修正案（七）对刑法第 312 条的罪状和法定刑进行了修改。

妨害司法罪的客体是国家机关司法活动的正常秩序。具体而言，刑法第 305 条伪证罪，第 306 条辩护人、诉讼代理人毁灭证据、伪造证据、妨害作证罪，第 307 条第 1 款妨害作证罪，第 307 条第 2 款帮助毁灭、伪造证据罪，第 308 条打击报复证人罪，第 310 条窝藏、包庇罪，第 311 条拒绝提供间谍犯罪证据罪，第 312 条掩饰、隐瞒犯罪所得、犯罪所得收益罪和第 314 条非法处置查封、扣押、冻结的财产罪大体是以妨害证据的收集和事实认定的方式影响司法活动的正常秩序；第 309 条扰乱法庭秩序罪是以扰乱法庭审判秩序的方式影响司法活动的正常秩序；第 313 条拒不执行判决、裁定罪是以抗拒人民法院裁判的执行活动的方式影响司法活动的正常秩序；第 315 条破坏监管秩序罪、第 316 条第 1 款脱逃罪、第 316 条第 2 款劫夺被押解人员罪、第 317 条第 1 款组织越狱罪、第 317 条第 2 款暴动越狱罪和聚众持械劫狱罪是以妨害监管机关监管秩序的方式影响司法活动的正常秩序。

本节犯罪，除第 312 条掩饰、隐瞒犯罪所得、犯罪所得收益罪的主体包括自然人和单位外，其他犯罪主体都为具有刑事责任能力的自然人。有些犯罪主体必须具备特殊身份，具体为：第 315 条伪证罪的主体只能是证人、鉴定人、记录人和翻译人；第 306 条辩护人、诉讼代理人毁灭证据、伪造证据妨害作证罪的主体只能是辩护人和诉讼代理人；第 313 条拒不执行判决、裁定罪的主体必须为应当执行人民法院的判决、裁定的人；第 315 条破坏监管秩序罪的主体只能是依法被关押的罪犯；第 316 条第 1 款脱逃罪、第 317 条第 1 款组织越狱罪和第 317 条第 2 款暴动越狱罪主体只能是依法被关押的罪犯、被告人和犯罪嫌疑人。实施本节犯罪，在主观方面必须具备故意。责任心态为过失的不能成立本节犯罪。其中，成立第 305 条伪证罪不仅需要具备犯罪故意，而且要有"陷害他人或者隐匿罪证"的意图。

一、伪证罪

刑法第 305 条规定："在刑事诉讼中，证人、鉴定人、记录人、翻译人对与案件有重要关系的情节，故意作虚假证明、鉴定、记录、翻译，意图陷害他人或者隐匿罪证的，处三年以下有期徒刑或者拘役；情节严重的，处三年以上七年以下有期徒刑。"本罪原规定在 1979 年刑法第 148 条，立法机关在 1997

年修订刑法时对其罪状和法定刑进行了修改。

本罪客体是国家机关刑事诉讼活动的正常秩序。行为人实施本罪并不必然侵害公民的人身权利,因此不能将公民人身权利作为本罪客体。本罪必须发生在刑事诉讼中,而不能存在于民事诉讼和行政诉讼中。刑事诉讼包括刑事案件的侦查、起诉、审判和执行的整个过程,其中的审判阶段具体包括一审程序、二审程序、死刑复核程序和审判监督程序。"与案件有重要关系的情节"是指对案件的定性和定量都有重要影响的情节。有学者将其细化为以下八种情况:(1) 被告人的身份;(2) 被指控的犯罪行为是否存在;(3) 被指控的行为是否为被告人所实施;(4) 被告人有无罪过,行为的动机和目的;(5) 实施行为的时间、地点、手段、后果以及其他情节;(6) 被告人的责任以及与其他同案人的关系;(7) 被告人有无法定或者酌定从重、从轻、减轻处罚以及免除处罚的情节;(8) 其他与定罪量刑有关的事实。①

在"虚假"的具体含义问题上存在三种学说。主观说认为,行为人违背自身记忆和经历所作出的陈述即为虚假陈述;即便该陈述恰好与客观事实相符,其依然是虚假的。客观说认为,如果行为人的陈述与客观事实不相符合,则该陈述为虚假陈述;如果行为人违背自身记忆和经历所作出陈述,但其恰好与客观事实相符,则不认为该陈述是虚假的。折中说认为,虚假是指违反行为人的记忆和经历且与客观事实不符的陈述。我们赞同这样的观点:折中说与客观说似乎没有重大区别。② 折中说与客观说的结论相同,只是论述角度不同。陈述违背自身记忆和经历但与客观事实相符的,因为不会对本罪客体造成侵害而不成立本罪;陈述根据自身记忆和经历作出,即便其与客观事实不符,但因为行为人不具备主观故意,因此也不成立本罪。目前,在我国刑法理论上客观说或折中说基本已经成为主流观点。③

本罪主体是证人、鉴定人、记录人、翻译人。证人是本罪最重要的主体。根据刑事诉讼法的规定,一般意义上的证人是除当事人外知道案件情况且能够辨别是非、正确表达的人。被害人能否被解释为证人是一个尚存争议的问题。有一种观点认为,本罪之"证人"可以包括被害人在内,虽然形事诉讼法明

---

① 参见黄京平主编:《妨害证据犯罪新论》,中国人民大学出版社2007年版,第9页。
② 参见张明楷著:《刑法学》,法律出版社2011年版,第952页。
③ 参见高铭暄、马克昌主编:《刑法学》,北京大学出版社、高等教育出版社2011年版,第552~553页;赵秉志、田宏杰、于志刚著:《妨害司法罪》,中国人民公安大学出版社2003年版,第47~48页;张明楷著:《刑法学》,法律出版社2011年版,第951~952页;黄京平主编:《妨害证据犯罪新论》,中国人民大学出版社2007年版,第13~15页。

确区分了证人证言与被害人陈述两个概念，但是并不意味着刑法理论只能按照刑事诉讼法的规定解释刑法概念。被害人也是知悉案件情况、能够证明案件事实的人，其实际上具备证人身份；被害人陈述与证人证言都属于证据，被害人完全可能做虚假陈述，事实上也不乏其例，这种行为也具有妨害司法客观公正的危险性。因此，论证认为，伪证罪的主体包括被害人。①我们认为，将被害人解释为证人，从而将其纳入伪证罪的主体范围，这种做法并不妥当。因为被害人作为案件当事人，与案件存在利害关系，被害人陈述虽然也是证据的一种，但是，从证据分类的原因看，证人证言和被害人陈述之所以作为两类不同的证据，是因为二者的性质完全不同，它们在刑事诉讼中的证明力也是有差别的。而且，被害人作为犯罪行为的受害者，必然存在对犯罪人的报复心理，法律对被害人陈述的真实性、客观性要求不如证人证言那样高。基于这样的差异，不宜将被害人解释为"证人"，也不应将被害人作为伪证罪的主体。

本罪的责任心态是故意，而且要有陷害他人或者隐匿罪证的意图。

二、辩护人、诉讼代理人毁灭证据、伪造证据、妨害作证罪

刑法第306条第1款规定："在刑事诉讼中，辩护人、诉讼代理人毁灭、伪造证据，帮助当事人毁灭、伪造证据，威胁、引诱证人违背事实改变证言或者作伪证的，处三年以下有期徒刑或者拘役；情节严重的，处三年以上七年以下有期徒刑。"本罪为1997年修订刑法时新增之犯罪。本罪在起草讨论时就引起较大争议，时至今日，更因其文本表达的模糊性和在实践中的错误适用而备受质疑。我们认为，应当运用规范解释方法明确条文的真实含义，使之在司法过程中被正确适用，从而破解现实难题。

本罪客体是刑事司法活动的正常秩序。本罪的发生时间仅限于"刑事诉讼中"，具体而言，包括刑事案件的侦查、起诉、审判和执行整个过程；刑事案件包括公诉案件和自诉案件，审判阶段包括一审程序、二审程序、死刑复核程序和审判监督程序。② 根据罪名和罪状，可将本罪分为三个基本的行为类型：（1）辩护人、诉讼代理人毁灭证据或者帮助当事人毁灭证据；（2）辩护人、诉讼代理人伪造证据或者帮助当事人毁灭证据；（3）辩护人、诉讼代理

---

① 参见张明楷著：《刑法学》，法律出版社2011年版，第952页。
② 参见黄京平主编：《妨害证据犯罪新论》，中国人民大学出版社2007年版，第54~55页。

人威胁、引诱证人违背事实改变证言或者作伪证。毁灭证据是使证据的证明力"从有到无"的行为，具体行为方式有直接破坏证据的物理形态、保留证据物理形态但直接破坏其证明力、转移证据的物理位置等方法。伪造证据是指制造虚假的证据的行为。但是，伪造言词证据不同于"作伪证"。作伪证是指作出虚假的证明或陈述，具体而言，"虚假应是违反证人的记忆与实际体验且不符合客观事实的陈述。"① 而伪造言词证据主要表现为制造冒用他人名义的言词证据和制造所署姓名为编造的言词证据。对于变造证据的行为，我们认为，应当将其认定为辩护人、诉讼代理人毁灭证据罪，因为变造行为是对已有证据的加工和改造，是对证据证明力的破坏。对于藏匿证据的行为，我们认为，也应当将其认定为辩护人、诉讼代理人毁灭证据罪，因为藏匿证据会导致证据证明力"从有到无"。"帮助当事人毁灭、伪造证据"的"帮助"既不同于共犯理论中帮助犯的"帮助"，也不同于刑法第 307 条第 2 款帮助毁灭、伪造证据罪的"帮助"。"帮助当事人毁灭、伪造证据"表明辩护人、诉讼代理人与当事人在毁灭或者伪造证据方面存在主观通谋，具体可以表现为：（1）辩护人、诉讼代理人接受当事人的教唆而毁灭、伪造证据；（2）辩护人、诉讼代理人教唆当事人毁灭、伪造证据；（3）辩护人、诉讼代理人为当事人毁灭、伪造证据提供便利条件；（4）辩护人、诉讼代理人与当事人共同实施毁灭、伪造证据的行为。威胁证人违背事实改变证言或者作伪证的，威胁的内容包括侵害生命或健康、损坏财产、破坏名誉等。不能滥用当然解释而将以暴力方法使证人违背事实改变证言或者作伪证的行为认定为辩护人、诉讼代理人妨害作证罪。引诱既包括以金钱、物质利益和非物质利益相诱的方式，又包括命令、指使、哀求、劝说等诱导方式。在询问时为帮助证人回忆而作提示的，不是"引诱"；在询问时因证人会错意而违背事实改变证言或者作伪证的，因为辩护人、诉讼代理人不具备主观上的故意，不是"引诱"；采用诱导性询问的，不是"引诱"；② 辩护人明示或者暗示犯罪嫌疑人、被告人违背事实改变证言、作伪证或者拒绝供述的，因为该行为是对辩护权的行使，不是"引诱"。

行为主体为特殊主体，包括辩护人、诉讼代理人和侦查阶段介入的律师。之所以认为辩护人包括侦查阶段介入的律师，主要是因为二者的工作性质相同。如此解释不但符合立法原意，而且属于合理的扩大解释，有利于法条间的协调关系。否则，当侦查阶段介入的律师实施毁灭证据、伪造证据行为时，只

---

① 参见张明楷著：《刑法学》，法律出版社 2011 年版，第 952 页。
② 参见陈兴良：《辩护人妨害作证罪之引诱行为的研究——从张耀喜案切入》，载《政法论坛》2004 年第 5 期。

能考虑适用刑法第 307 条第 2 款帮助毁灭、伪造证据罪，而该罪的成立需要"情节严重"之要件；但是，辩护人、诉讼代理人毁灭证据、伪造证据、妨害作证罪的成立不以"情节严重"为要件。因此，如果不将侦查阶段介入的律师扩大解释为辩护人，会造成法条间的不协调现象。成立本罪，应当具备犯罪故意。

辩护人、诉讼代理人毁灭证据的，以开始实行毁灭行为为着手，以导致证据的证明力减少或者丧失为既遂。刑法第 306 条第 2 款规定："辩护人、诉讼代理人提供、出示、引用的证人证言或者其他证据失实，不是有意伪造的，不属于伪造证据。"我们认为，这一规定表达了两种含义：（1）认定辩护人、诉讼代理人伪造证据，必须要求主体具备主观故意；（2）伪造的证据只有经提供、出示、引用后才完全符合辩护人、诉讼代理人伪造证据罪的犯罪构成，实现犯罪既遂形态。因此，辩护人、诉讼代理人伪造证据的，以开始向司法机关提交所伪造之证据为着手，以将伪造的证据提交给司法机关为既遂。辩护人、诉讼代理人妨害作证的，以开始实施威胁、引诱行为为着手，以通过威胁、引诱方法使证人违背事实改变了证言或作出伪证为既遂。

三、妨害作证罪

刑法第 307 条第 1 款规定："以暴力、威胁、贿买等方法阻止证人作证或者指使他人作伪证的，处三年以下有期徒刑或者拘役；情节严重的，处三年以上七年以下有期徒刑。"本罪是 1997 年修订刑法时新增之犯罪。

本罪客体是国家机关诉讼活动的正常秩序。因为没有特殊规定，所以本罪不限于刑事诉讼，可以发生于民事诉讼和行政诉讼中，也可以发生于诉讼活动之外。

本罪包括两种基本行为方式：（1）阻止证人作证；（2）指使他人作伪证。"暴力、威胁、贿买"是实施阻止他人作证或指使他人作伪证的方法。除此三种方法外，还包括命令、劝说、哀求等方法。因为罪状中的"等"字表明法条为未完全列举所有方法，又因为已列举的三种方法的性质和程度各有不同，所以对其他方法的具体内容没有限制。

阻止证人作证是指阻止证人向司法机关作证。与伪证罪犯罪主体中的"证人"不同，本罪中的证人似乎应作广义理解，亦即这里的"证人"应当既包括一般意义上的证人，又包括被害人和鉴定人。因为被害人是知道案件情况的人，鉴定人是知悉案件所涉及的专门性问题的人，二者都具备证人身份；将二者解释为证人，不会超出证人的文义射程。关键的问题在于，伪证罪中的证人之所以不能包括被害人，还可以用"缺乏期待可能"来解释，但是本罪中的证人仅作狭义理解，似乎很难找到充分的理由，实践中也会造成阻止被害人、鉴定人作证的行为无法受到追究的情形发生。"指使他人作伪证"中的"他人"，范围较广，既包括知道案件情况的人，也包括不知道案件情况的人。作伪证，是指作虚假证明，即作出违背自身记忆、体验和经历且与客观事实不符的陈述或证明。作伪证不同于伪造证据。

本罪的主体为一般主体，年满16周岁、具备辨认能力和控制能力的自然人都可能成为本罪主体。司法工作人员犯本罪的，从重处罚。犯罪嫌疑人、被告人能否成为本罪主体是一个值得讨论的问题。目前，多数学者认为犯罪嫌疑人、被告人可以成为本罪主体，理由主要是本罪之设立目的在于维护证人作证活动，保障司法活动秩序。① 但也有学者对此情况展开了进一步探讨："如果犯罪嫌疑人、被告人采取一般的嘱托、请求、劝诱等方法阻止他人作证或者指使他人作伪证的，因缺乏期待可能性，而不以妨害作证罪论处。但是，如果犯罪嫌疑人、被告人采取暴力、威胁、贿买等方法阻止他人作证或者指使他人作伪证的，并不缺乏期待可能性，宜认定为妨害作证罪（但可以从轻处罚）。"② 我们认为后一种观点更为合理。从体系解释的角度而言，既然犯罪嫌疑人、被告人毁灭、伪造证据的行为和犯罪嫌疑人、被告人教唆他人毁灭、伪造证据的行为都因不具备期待可能性而不成立帮助当事人毁灭、伪造证据罪，那么犯罪嫌疑人、被告人采取请求、劝说等平和方法阻止证人作证或者指使他人作伪证的行为与上述两种行为程度相当，也可以因不具备期待可能性而不成立妨害作证罪。但如果犯罪嫌疑人、被告人采取在性质上或在强度上更为侵害司法秩序的暴力、威胁、贿买等方法阻止证人作证或者指使他人作伪证，则具备期待可能性，可以成立妨害作证罪。

成立本罪，应当具备犯罪故意。阻止证人作证的，以开始实施阻止行为为着手，以实际上阻止证人作证为既遂；指使他人作伪证的，以开始实施指使行为为着手，以使他人作出伪证为既遂。

使用暴力、拘禁等方法实施本罪的，可能同时触犯故意伤害罪、非法拘禁

---

① 参见赵秉志、田宏杰、于志刚著：《妨害司法罪》，中国人民公安大学出版社2003年版，第110页；吴占英著：《妨害司法罪——立案追诉标准与司法认定实务》，中国人民公安大学出版社2010年版，第55页。

② 参见张明楷著：《刑法学》，法律出版社2011年版，第956页。

罪。有观点认为这种情形应按法条竞合的处理原则处理。① 但是，我们认为，这属于想象竞合的情形，应当从一重罪处断。想象竞合是行为同时侵害数个法益，成立数罪，最后只按一个罪处罚，而法条竞合是一个行为侵害一个法益，虽然表面上符合数罪，但实际上只成立一罪。因此，在上述情形下，行为人同时触犯数个法益，成立数罪，这明显属于想象竞合的情况，理应从一重罪处罚。

四、帮助毁灭、伪造证据罪

刑法第307条第2款规定："帮助当事人毁灭、伪造证据，情节严重的，处三年以下有期徒刑或者拘役。"本罪是1997年刑法典新增之犯罪。

本罪客体是国家机关诉讼活动的正常秩序。本罪既可以发生在诉讼过程中，也可以发生在诉讼开始前。有学者认为，在民事诉讼、行政诉讼中，帮助当事人毁灭有利证据，或者伪造不利证据的，不宜认定为帮助毁灭、伪造证据罪。②我们赞同这一观点。因为民事纠纷双方的地位具有平等性，双方对私权的处分具有自愿性，所以，如果在当事人同意的情况下，帮助当事人毁灭有力证据或者伪造不利证据的，可以认为当事人自愿放弃权利，而且不会对诉讼活动秩序造成妨害。同理，在行政诉讼中出现上述情况，也不会对诉讼活动秩序造成妨害。

本罪的"帮助当事人毁灭、伪造证据"不同于刑法第306条第1款辩护人、诉讼代理人毁灭证据、伪造证据、妨害作证罪的"帮助当事人毁灭、伪造证据"。具体而言，本罪可以分为下列情况：（1）在当事人不知情的情况下，行为人为当事人毁灭、伪造证据的，行为人成立帮助毁灭、伪造证据罪；（2）行为人教唆当事人毁灭、伪造证据的，行为人成立帮助毁灭、伪造证据罪，当事人不成立犯罪；（3）行为人为当事人毁灭、伪造证据提供物质或者精神上的帮助的，行为人成立帮助毁灭、伪造证据罪，当事人不成立犯罪；（4）行为人接受当事人的教唆，毁灭、伪造证据的，行为人成立帮助毁灭、伪造证据罪，当事人不成立犯罪；（5）行为人与当事人共同实施毁灭、伪造证据行为的，行为人成立帮助毁灭、伪造证据罪，当事人不成立犯罪。当事人

---

① 参见吴占英著：《妨害司法罪——立案追诉标准与司法认定实务》，中国人民公安大学出版社2010年版，第63页。

② 参见张明楷：《论帮助毁灭、伪造证据罪》，载《山东审判》2007年第1期，第5页。

亲自毁灭、伪造证据或者教唆他人毁灭、伪造证据的，在我国司法实践中一般不认定为犯罪。这种做法，似乎可以用"不具备期待可能性"加以解释；然而，由于期待可能性理论在我国刑法犯罪论体系中地位并不明确，实践当中的这种处理方式似乎难以解释。因为按照我国传统的四要件犯罪论体系，符合逻辑的处理方式似乎应该是，行为人与当事人共同实施毁灭、伪造证据行为的，行为人成立帮助毁灭、伪造证据罪，当事人成立妨害证据罪。

毁灭证据是指通过破坏物理形态、保留物理形态但破坏证明力、转移物理位置等方法使证据的证明力减少或者丧失，具体可以表现为砸坏、焚烧、涂抹、丢弃、藏匿、修改、删除等方式。伪造证据是指制造虚假的证据。在司法实践中，伪造证据尤其要与"作伪证"相区别。作伪证是作虚假陈述或证明的行为；冒用他人名义或者虚构姓名制造假证言的，应当认定为伪造证据，而不是作伪证。成立本罪，要求在客观层面达到"情节严重"。

本罪主体为一般主体。司法工作人员犯本罪的，从重处罚。此处的司法工作人员应当是未具体承办案件或对承办人员不具有领导关系的司法工作人员。"具体承办案件和指示、指挥承办案件的司法工作人员通过毁灭、伪造证据的方法实施枉法行为的，同时触犯了徇私枉法罪与帮助毁灭、伪造证据罪。但由于只有一个行为，应认定为想象竞合犯，从一重罪（徇私枉法罪）论处。"① 辩护人、诉讼代理人、侦查阶段介入的律师毁灭、伪造证据或者帮助当事人毁灭、伪造证据的，成立辩护人、诉讼代理人毁灭证据、伪造证据罪，不再成立帮助当事人毁灭、伪造证据罪。本罪的责任心态是故意。

五、打击报复证人罪

刑法第 308 条规定："对证人进行打击报复的，处三年以下有期徒刑或者拘役；情节严重的，处三年以上七年以下有期徒刑。"本罪为 1997 年修订刑法新增之犯罪。

实施本罪具有时间上的限制。对已经向司法机关作证的证人实施打击报复的，成立打击报复证人罪；对尚未向司法机关作证的证人实施打击的，可能成立妨害作证罪等犯罪。对于证人进行打击报复的行为和证人作证的行为之间相隔时间之长短，则没有具体限制。因为设立本罪意在对证人的作证活动——尤其是出庭作证活动——予以保护和鼓励，所以对"证人"的具体范围应当作

---

① 参见张明楷：《论帮助毁灭、伪造证据罪》，载《山东审判》2007 年第 1 期，第 9 页。

狭义理解，即仅指诉讼法意义上的证人，包括刑事诉讼证人、民事诉讼证人和行政诉讼证人。如果打击报复被害人、鉴定人等相关人员，成立犯罪的，则按照其他犯罪定罪处罚。本罪的行为方式没有具体限定，可谓多种多样，如侵害生命健康、限制人身自由、施加精神压力、毁坏财产、诋毁名誉、职场打压等方式。打击报复的行为应当针对证人本人，如果是针对证人的近亲属，不构成本罪，构成其他犯罪的，可以根据其他规定追究刑事责任。比如，行为人出于报复证人的故意而打伤、打死证人亲友的，可以分别依照刑法第234条、第232条故意伤害罪、故意杀人罪定罪处罚；如果行为人对证人的亲友实施伤害未达轻伤程度，但情节恶劣、影响极坏的，可以依照刑法第293条第1项之规定，对行为人以寻衅滋事罪定罪处罚；如果行为人是国家机关工作人员利用职务之便、假公济私对证人亲友以前的控告行为打击报复的，完全可以依照刑法第254条规定的报复陷害罪定罪处罚。

本罪主体为一般主体，在实践中多为与证人作证案件有利害关系的人，但因为法律没有特殊规定，所以不限于此。成立本罪，应当具备主观上的犯罪故意。

需要讨论的问题是，当行为人采取伤害、拘禁、毁坏财物、侮辱、诽谤等方式对证人实施打击报复时，应当如何认定。有的观点认为这种情况构成牵连犯[1]；有的观点认为这种情况属于想象竞合犯[2]；有的观点认为对于这种情况应按法条竞合处理[3]。我们认为，这种情况属于想象竞合的情形。因为，通过实施伤害、拘禁等行为打击证人的，难以区分手段行为与目的行为。在这种情况下，行为人往往只是实施一个行为，所以不能轻易认为构成牵连犯。如果认为本罪客体为复杂客体，既包括国家司法活动正常秩序，又包括证人的合法权益，则在上述情况下存在成立法条竞合的空间。但我们认为，本罪客体是司法活动正常秩序，所以，行为人采取伤害、拘禁、毁坏财物、侮辱、诽谤等手段打击报复证人的，属于实施一个行为造成数个法益侵害事实的情况，应当从一重罪处罚。

---

[1] 参见赵秉志、田宏杰、于志刚著：《妨害司法罪》，中国人民公安大学出版社2003年版，第153~154页。

[2] 参见张明楷著：《刑法学》，法律出版社2011年版，第962页。

[3] 参见黄京平主编：《妨害证据犯罪新论》，中国人民大学出版社2007年版，第254页。

六、扰乱法庭秩序罪

刑法第 309 条规定:"聚众哄闹、冲击法庭,或者殴打司法工作人员,严重扰乱法庭秩序的,处三年以下有期徒刑、拘役、管制或者罚金。"本条为 1997 年刑法修订后新增之犯罪。

本罪客体是人民法院开庭审理案件的正常秩序。实施本罪需要具备特定的时空条件。就时间而言,本罪发生在庭审过程中,整个庭审过程"包括开庭预备、法庭调查、法庭辩论、法庭调解、法庭评议、法庭宣判等各个阶段。既包括一审、二审,也包括适用审判监督程序的再审"①。需要指出的是,在开庭前于审理场所聚众哄闹、冲击法庭或者殴打司法工作人员,造成无法正常开庭,严重扰乱法庭秩序的,也应当认定为扰乱法庭秩序罪。就空间而言,"法庭"不仅包括人民法院为审理案件而设立的专门性场所,也包括人民法院所设立的临时性审理场所。

本罪包括两个基本的行为类型:(1)聚众哄闹、冲击法庭,严重扰乱法庭秩序的行为;(2)殴打司法工作人员,严重扰乱法庭秩序的行为。聚众哄闹,是指纠集多人在法庭内外起哄、喧闹。有的观点认为,聚众冲击法庭是指纠集一伙人迅速冲向并攻击法庭,干扰庭审正常进行的行为。冲击法庭的关键在于冲击,即未经许可强行闯入。② 但是,我们认为,经允许进入法庭后聚众严重扰乱法庭秩序的,也可以成立本罪。因此,聚众冲击法庭,不仅包括纠集多人强行从法庭外进入法庭,也包括在法庭内纠集多人对法庭设施或人员进行冲击。殴打司法工作人员,是指以暴力手段对司法工作人员实施人身攻击。司法工作人员包括审判人员、书记员、检察人员和司法警察。成立本罪,必须达到"严重扰乱法庭秩序"的程度。是否"严重扰乱法庭秩序",应当以行为人的行为对法庭秩序造成的现实侵害为依据,而不能通过行为人主观动机的善恶进行判断。

本罪主体为一般主体,凡是年满 16 周岁且具备刑事责任能力的人都可成立本罪主体。本罪的责任心态是故意。

实施本罪,可能会同时触犯故意毁坏财物罪、故意伤害罪、故意杀人罪等

---

① 赵秉志、田宏杰、于志刚著:《妨害司法罪》,中国人民公安大学出版社 2003 年版,第 159 页。

② 参见吴占英著:《妨害司法罪——立案追诉标准与司法认定实务》,中国人民公安大学出版社 2010 年版,第 101~102 页。

罪。因为这属于实施一个行为,却侵害了数个法益,触犯数个犯罪的情况,所以成立想象竞合犯,应当从一重罪处罚。

七、窝藏、包庇罪

刑法第 310 条第 1 款规定:"明知是犯罪的人而为其提供隐藏处所、财物,帮助其逃匿或者作假证明包庇的,处三年以下有期徒刑、拘役或者管制;情节严重的,处三年以上十年以下有期徒刑。"本款可以分解出两个犯罪:窝藏罪和包庇罪。

窝藏、包庇罪的客体是"犯罪侦查、刑事审判、刑罚执行等刑事司法作用"[1]。本罪的对象是犯罪的人。虽然"犯罪的人"是一个尚需从立法上修改的、不恰当的语言表述[2],但我国学者已运用解释方法使其尽量明确化。"犯罪的人是指在客观上被合理地认为有强烈犯罪嫌疑的人,既包括真正犯了罪的人,也包括因犯罪的嫌疑而受到司法机关侦查或起诉的人,还包括暂时未被列为犯罪嫌疑人,但确实实施了犯罪行为的人,以及虽不具有刑事责任能力,但实施了危害社会的行为,在客观上有强烈犯罪嫌疑的人。"[3]

窝藏罪的行为方式有:(1)为犯罪的人提供隐藏处所,帮助其逃匿;(2)为犯罪的人提供财物,帮助其逃匿;(3)其他帮助犯罪的人逃匿的行为。

包庇罪是明知是犯罪的人而为其作假证明包庇的行为。"作假证明包庇"的含义是一个存在较大争议的问题。有的观点认为包庇行为不应当仅限于作假证明,而是应该包括伪造证据、毁灭证据和妨害作证等行为。[4] 我们认为,包庇罪应仅限于作假证明,理由在于:(1)根据 1957 年刑法草案第 22 稿,包庇是事前没有通谋,事后为犯罪分子或者反革命分子毁灭、隐藏罪证的行为。1963 年刑法草案第 33 稿为了克服"毁灭、隐藏罪证"无法完全包括所有包庇行为的缺陷,而将包庇修改为包庇反革命分子或其他犯罪分子的行为。1979 年刑法最终将包庇确定为"作假证明包庇反革命分子"和"作假证明包庇其他犯罪分子"的行为;增加"作假证明"的表述是为了"把包庇的概念明确

---

[1] 张明楷著:《刑法学》,法律出版社 2011 年版,第 962 页。
[2] 参见周少华:《立法的缺陷与解释的尴尬——对新刑法第 310 条规定的理论解构》,载《法学研究》1999 年第 4 期。
[3] 参见高铭暄、马克昌主编:《刑法学》,北京大学出版社、高等教育出版社 2011 年版,第 556 页。
[4] 参见黄京平主编:《妨害证据犯罪新论》,中国人民大学出版社 2007 年版,第 287~292 页。

起来，包庇不是单纯的知情不举（不作为），而是弄虚作假的积极行为（作为）"①。由此可知，1979年刑法典中的"包庇"可以涵盖毁灭证据、隐藏证据、伪造证据、作假证明等行为。但是，在1997年对旧刑法进行了重大修订后，现行刑法就成为规范解释的基础和实务操作的依据，许多在当时合理且合法的解释有可能在新刑法的环境下成为不合时宜的结论。刑法第307条第2款帮助毁灭、伪造证据罪是1997年修订刑法新增的犯罪，它的设立即表明包庇罪不能再涵盖帮助当事人毁灭证据、伪造证据的行为。（2）刑法第305条伪证罪的罪状中有"作虚假证明"的表述，根据体系解释的原理，"作假证明"含义应当与之相同，即作出虚假的证明或者陈述。因此，"作假证明"不同于伪造证据的行为。伪造的证据，"应限于物证、书证、鉴定结论、勘验、检查笔录与试听资料，物体化（转化为书面或视听资料）的证人证言、被害人陈述、犯罪嫌疑人、被告人供述和辩解等"②。换言之，伪造证据包括伪造言词证据，但不能包括作虚假陈述的行为。（3）进行刑法解释应当基于现实的刑法文本，即首先要进行文理解释，分析刑法用语可能的含义。妨害作证行为一般是指阻止他人作证或者指使他人作伪证的行为，但是无论在日常语言还是在法律语言意义上，"作假证明"都无法蕴含上述内容。因此，"作假证明包庇"，虽然其表述简洁且具有模糊性，但不能任意对其进行解释，否则将违背罪刑法定原则。

顶包行为，即为使犯罪的人逃脱罪责而冒充犯罪的人向司法机关投案或者接受司法机关调查的，成立包庇罪。知情不举行为，即知道案件或者犯罪人的情况但不向司法机关举报的，不成立窝藏、包庇罪。

八、拒绝提供间谍犯罪证据罪

刑法第311条规定："明知他人有间谍犯罪行为，在国家安全机关向其调查有关情况、收集有关证据时，拒绝提供，情节严重的，处三年以下有期徒刑、拘役或者管制。""本罪是1997年刑法典新增的一种犯罪，旨在与《国家安全法》的有关规定相协调，以充分发挥刑法最后法的作用。"③

---

① 参见高铭暄著：《中华人民共和国刑法的孕育诞生和发展完善》，北京大学出版社2012年版，第140页。
② 参见张明楷著：《刑法学》，法律出版社2011年版，第959页。
③ 高铭暄著：《中华人民共和国刑法的孕育诞生和发展完善》，北京大学出版社2012年版，第537页。

本罪客体是国家安全机关对间谍犯罪的侦查活动的正常秩序。行为人有能力履行应尽义务而拒不履行，本罪属于纯正的不作为犯。《国家安全法》第18条规定："在国家安全机关调查了解有关危害国家安全的情况、收集有关证据时，公民和有关组织应当如实提供，不得拒绝。"该法第26条规定："明知他人有间谍犯罪行为，在国家安全机关向其调查有关情况、收集有关证据时，拒绝提供的，由其所在单位或者上级主管部门予以行政处分，或者由国家安全机关处十五日以下拘留；情节严重的，依照刑法有关规定处罚。""间谍犯罪行为"是指刑法第110条间谍罪所包含的两种行为类型，具体为：（1）参加间谍组织或者接受间谍组织及其代理人的任务，危害国家安全的行为；（2）为敌人指示轰击目标，危害国家安全的行为。拒绝提供的内容是行为人所知悉的他人进行间谍犯罪的情况、证据。本罪发生的时间限于国家安全机关向行为人就他人间谍犯罪行为调查有关情况、收集有关证据之时。拒绝提供分为两种方式：（1）明示拒绝提供，表现为直接拒绝向国家安全机关提供自己所知悉的情况、证据或者对知悉的情况声称不知；（2）暗示拒绝提供，表现为推诿、逃避国家安全机关的调查活动。成立本罪，要求"情节严重"。

本罪主体是明知他人有间谍犯罪行为的人。需要特别指出的是，本罪主体不能是涉嫌间谍犯罪的犯罪嫌疑人、被告人的辩护人，也不能是间谍犯罪的共同犯罪人。本罪的责任心态是故意。"明知"包括明确知道和推定知道。《国家安全法实施细则》第24条规定："有证据证明知道他人有危害国家安全的犯罪行为，或者经国家安全机关明确告知他人有危害国家安全的犯罪行为，在国家安全机关向其调查有关情况、收集有关证据时，拒绝提供的，依照《国家安全法》第二十六条的规定处理。"因此，有相关证据证明的，可以确认行为人具有"明知"；在国家安全机关明确告知行为人他人有间谍犯罪行为后，可以确认行为人具有"明知"。推定明知应当根据行为人的智识水平、与有间谍犯罪行为人的关系亲疏和交往方式、行为人和有间谍犯罪行为人的言谈举止等主客观方面确认。

九、掩饰、隐瞒犯罪所得、犯罪所得收益罪

刑法第312条规定："明知是犯罪所得及其产生的收益而予以窝藏、转移、收购、代为销售或者以其他方法掩饰、隐瞒的，处三年以下有期徒刑、拘役或者管制，并处或者单处罚金；情节严重的，处三年以上七年以下有期徒刑，并处罚金。单位犯前款罪的，对单位判处罚金，并对其直接负责的主管人员和其他直接责任人员，依照前款的规定处罚。"本罪一般被称为赃物犯罪。

本罪客体是国家机关司法活动的正常秩序。本罪的对象是犯罪所得及其产生的收益。但是犯罪所得及其产生的收益不能包括犯罪工具，也不能包括犯罪所生之物（如伪造的货币、制造的毒品等），更不能包括违法所得。"收益"不仅包括犯罪所得所生之自然孳息和法定孳息，还包括运用犯罪所得进行合法生产经营所获取的利润，但该利润"应当限于犯罪所得的直接收益，不能包括间接收益以及收益的收益"①。未达到刑事责任年龄或者不具备刑事责任能力的人通过实施符合构成要件行为所得之物是否属于赃物尚存在争议。对此问题，有的观点认为本罪罪状中的"犯罪"应当是完全符合犯罪客体、犯罪客观方面、犯罪主体和犯罪主观方面这四个方面要件的行为，因此上述情况下的行为所得之物不属于赃物。也有的观点认为，应当理解"犯罪"的规范含义，只要行为具备构成要件符合性和违法性即可，不需要具备有责性，因此上述情况下的行为所得之物应当属于赃物。我们赞同后一种观点。如果是不具备构成要件符合性的行为所得之物或者是仅具备构成要件符合性而不具备违法性的行为所得之物，不属于赃物的范围。犯罪人在犯罪后死亡的，其行为所得之物仍然属于赃物。窝藏，是指为逃避司法机关的追缴而将赃物藏匿、隐蔽的行为。转移，是指为逃避司法机关的追缴而使赃物的物理位置发生变化的行为。收购，是指对赃物予以收买、购入的行为。代为销售，是指行为人代本犯将犯罪所得及其收益卖出。实施本罪，还可以"以其他方法"，如加工赃物。

本罪主体为一般主体，既可以是自然人，也可以是单位。本犯掩饰、隐瞒其犯罪所得及其产生的收益的行为因为不具备期待可能性，因此不能认定为犯罪。但是，如果行为人帮助本犯掩饰、隐瞒其犯罪所得及其产生的收益的，则行为人成立掩饰、隐瞒犯罪所得、犯罪所得收益罪。如果行为人与本犯在事前通谋，在事后实施掩饰、隐瞒犯罪所得、犯罪所得收益行为的，行为人与本犯成立共同犯罪。

本罪的责任心态为故意，行为人必须对犯罪所得及其产生的收益"明知"。"明知是赃物，包括明知肯定是赃物与明知可能是赃物。"② 2009年最高人民法院《关于审理洗钱等刑事案件具体应用法律若干问题的解释》第1条规定："刑法第一百九十一条、第三百一十二条规定的'明知'，应当结合被告人的认知能力，接触他人犯罪所得及其收益的情况，犯罪所得及其收益的种类、数额，犯罪所得及其收益的转移、转移方式以及被告人的供述等主、客观因素进行认定。"

---

① 黄京平主编：《妨害证据犯罪新论》，中国人民大学出版社2007年版，第353页。
② 张明楷著：《刑法学》，法律出版社2011年版，第969页。

十、拒不执行判决、裁定罪

刑法第 313 条规定:"对人民法院的判决、裁定有能力执行而拒不执行,情节严重的,处三年以下有期徒刑、拘役或者罚金。"在 1979 年刑法中本罪被规定在第 157 条,在 1997 年修订刑法时对本罪罪状和法定刑有所修改。

本罪客体是人民法院所作出的判决、裁定的正常执行秩序。根据 2002 年全国人大常委会通过的《关于〈中华人民共和国刑法〉第三百一十三条的解释》,"人民法院的判决、裁定",是指人民法院依法作出的具有执行内容并已发生法律效力的判决、裁定。人民法院为依法执行支付令、生效的调解书、仲裁裁决、公证债权文书等所作的裁定属于该条规定的裁定。根据 1998 年最高人民法院《关于审理拒不执行判决、裁定案件具体应用法律若干问题的解释》规定,"有能力执行",是指根据查实的证据证明,负有执行人民法院判决、裁定义务的人有可供执行的财产或者具有履行特定行为义务的能力。成立本罪,必须具备"情节严重"这一要件。根据前述立法解释的规定,"有能力执行而拒不执行,情节严重"的情形具体表现为:(1)被执行人隐藏、转移、故意损毁财产或者无偿转让财产、以明显不合理的低价转让财产,致使判决、裁定无法执行的;(2)担保人或者被执行人隐藏、转移、故意损毁或者转让已向人民法院提供担保的财产,致使判决、裁定无法执行的;(3)协助执行义务人接到人民法院协助执行通知书后,拒不协助执行,致使判决、裁定无法执行的;(4)被执行人、担保人、协助执行义务人与国家机关工作人员通谋,利用国家机关工作人员的职权妨害执行,致使判决、裁定无法执行的;(5)其他有能力执行而拒不执行,情节严重的情形。

本罪主体为特殊主体,是应当执行人民法院的判决、裁定的人,包括被执行人、担保人、协助执行义务人等。国家工作人员与被执行人、担保人、协助执行义务人通谋,以职权妨害执行,致使判决、裁定无法执行的,对国家工作人员以拒不执行判决、裁定罪的共犯论处。负有执行人民法院判决、裁定义务的单位直接负责的主管人员和其他直接责任人员,为了本单位利益而实施本罪的,以本罪论处。本罪的责任心态为故意。

暴力抗拒执行的,以妨害公务罪论处;暴力抗拒执行,杀害、重伤执行人员的,以故意杀人罪、故意伤害罪论处。国家机关工作人员收受贿赂或者滥用职权,实施本罪,同时又构成受贿罪、滥用职权罪的,依照处罚较重的规定定罪处罚。

十一、非法处置查封、扣押、冻结的财产罪

刑法第 314 条规定："隐藏、转移、变卖、故意毁损已被司法机关查封、扣押、冻结的财产，情节严重的，处三年以下有期徒刑、拘役或者罚金。"本罪为 1997 年修订刑法后新增之犯罪。

本罪客体是国家司法机关的正常诉讼活动秩序。本罪的犯罪对象为已被司法机关依法查封、扣押、冻结的财产。"对他人财产滥用职权非法进行查封、扣押与冻结的，有关当事人为保障自己的权利所实施的隐藏、转移、变卖等行为，不应以本罪论处。"① 隐藏是指隐瞒、藏匿已被司法机关查封、扣押的财产。转移是指使被司法机关查封、扣押、冻结的财产的物理位置发生变化；如果以赠与等方式非法变更其权利归属的，也应当认为是转移。变卖是指将被司法机关查封、扣押的财产予以出卖。故意毁损是指故意毁灭、损坏被司法机关查封、扣押的财产，使其价值减少或者丧失。因为冻结的财产只能是财产所有人在金融机构账户中的存款，所以一般来讲，隐藏、变卖和故意毁损行为不可能针对冻结的财产。成立本罪要求具备"情节严重"。犯罪主体为一般主体，只能是自然人。本罪的责任心态是故意，行为人应当认识到犯罪对象是已被司法机关依法查封、扣押、冻结的财产。

以窃取、骗取、侵占、毁坏等手段非法处置查封、扣押、冻结的财产，构成犯罪的，则同时触犯本罪与盗窃罪、诈骗罪、侵占罪、故意损毁财物罪等财产犯罪。这属于想象竞合的情形，应当从一重罪处罚。

行为人在法院判决、裁定生效后非法处置查封、扣押、冻结的财产，以此拒不执行人民法院的生效判决、裁定的，属于法条竞合中的交叉竞合的情形，应当按照重法优于轻法的原则处理。有的观点认为这种情况属于刑法理论上的想象竞合犯。我们认为这一观点值得商榷，因为成立想象竞合需要一个行为造成数个法益侵害事实，但是非法处置查封、扣押、冻结的财产罪与拒不执行判决、裁定罪的法益几乎相同，都属于司法机关的诉讼活动秩序。因此上述情况属于法条竞合。但是，非法处置查封、扣押、冻结的财产罪与拒不执行判决、裁定罪的法定刑相同，无法区分重法与轻法。我国学者普遍认为将上述情况按拒不执行判决、裁定罪处理较为适宜。

---

① 参见张明楷著：《刑法学》，法律出版社 2011 年版，第 972 页。

十二、破坏监管秩序罪

刑法第 315 条规定:"依法被关押的罪犯,有下列破坏监管秩序行为之一,情节严重的,处三年以下有期徒刑:(一)殴打监管人员的;(二)组织其他被监管人破坏监管秩序的;(三)聚众闹事,扰乱正常监管秩序的;(四)殴打、体罚或者指使他人殴打、体罚其他被监管人的。"本罪为 1997 年修订刑法后新增之犯罪。

本罪客体是国家监管机关的正常监管秩序。破坏监管秩序行为由刑法规定了四种基本行为方式。"关押"是指罪犯处于被监管状态,不仅包括罪犯置身监管场所,还包括罪犯被押解或外出参加劳动等情形。因此,只要罪犯处于被监管状态,都属于"被关押"。组织其他被监管人破坏监管秩序的,本罪处罚的是组织行为。对于聚众闹事扰乱正常监管秩序的,只需处罚聚众者和积极参加的骨干分子,而不需要追究其他参加人员的责任。[①]

本罪主体为依法被关押的罪犯,但不能包括犯罪嫌疑人、被告人在内。本罪的责任心态为故意。

根据刑法第 248 条的规定,监管人员指使被监管人殴打或者体罚虐待其他被监管人,情节严重的,应当认定监管人员成立虐待被监管人罪;致人伤残、死亡的,应当对监管人员以故意伤害罪、故意杀人罪定罪并从重处罚。在此情况下,受指使的被监管人成立虐待被监管人罪的共犯,但因为其行为期待可能性的丧失或减少,不宜轻易认定为犯罪。[②] 被监管人在殴打监管人员或者殴打、体罚其他被监管人员,可能会导致伤亡结果,从而同时触犯本罪与故意伤害罪或故意杀人罪等罪。这属于想象竞合的情形,应该从一重罪处罚。

十三、脱逃罪

刑法第 316 条第 1 款规定:"依法被关押的罪犯、被告人、犯罪嫌疑人脱逃的,处五年以下有期徒刑或者拘役。"本罪在 1979 年刑法中业已存在,立法机关在 1997 年修订刑法时对其罪状和法定刑予以修改。

本罪客体是国家监管机关的正常监管秩序。"脱逃"是指行为人使用暴力或者非暴力手段使人身自由脱离监管机关的控制和支配的行为。因此,脱逃既

[①] 参见王志辉:《论破坏监管秩序罪的几个问题》,载《法学评论》1998 年第 4 期。
[②] 参见张明楷著:《刑法学》,法律出版社 2011 年版,第 973 页。

包括从监管场所内逃跑而脱离监管,又包括在监管场所外逃跑而脱离监管,如在被押解或探假时脱逃。本罪主体是依法被关押的罪犯、被告人和犯罪嫌疑人。"依法"是指依据刑事实体法和刑事程序法。因此,被违法关押的人逃脱监管的,不成立本罪。成立本罪,在主观上应当具备故意。当行为人逃出监管场所和监管人员的控制时,达到脱逃罪的既遂状态。

被超期羁押的犯罪嫌疑人、被告人是否为本罪主体是一个尚有争议的问题。有的观点认为超期羁押是违反刑事诉讼法的行为,不仅违反法律,而且侵犯人权,因此被超期羁押的人不能成为本罪主体。也有的观点认为,被超期羁押者不能任意摆脱,否则,就属于脱逃。① 我们认为,被超期羁押的人不能成为本罪主体,理由在于:(1)超期羁押属于违反刑事诉讼法的情况,会对公民人权造成侵犯。超期羁押并非简单的"不当"行为,而是明显的"违法"现象。脱逃罪的罪状强调本罪主体必须是依法被关押的人,因此,被超期羁押的人是被违法关押的人,而非依法关押的人。(2)有学者认为:"'非法羁押'属于本质上的'恶';而'超期羁押'属于非本质上的'恶'。"问题是,超出合法期限的羁押即属违法,其与自始非法的羁押都属于"恶",二者都违反法律规定且侵犯公民人权,难以认为超期羁押为"依法被关押",也难以判断二者是否存在本质上的区别。(3)有学者认为,尽管超期羁押是违法现象,但不能因此姑息和纵容犯罪分子的脱逃罪,但其可以通过其他渠道得到赔偿或补偿。② 但是,未经人民法院依法判决,对任何人都不能确定有罪。换言之,被超期羁押的犯罪嫌疑人、被告人仅是涉嫌犯罪之人,而非确定有罪之人。因为超期羁押本身违法,所以被超期羁押的人脱逃的,不会侵害监管机关正常的监管秩序。即便其侵害了正常的监管秩序,但因本罪主体必须被依法关押,根据罪刑法定原则,也不能认定其为本罪主体。(4)如果认为刑满而未被按期释放的人不能成为本罪主体,则没有理由认为被超期羁押的犯罪嫌疑人、被告人能够成为本罪主体。

对于事实上无罪而被合理怀疑为犯罪人从而被依照法律关押的人脱逃的情况,我们赞同这样的处理观点:原则上只要司法机关在关押的当时符合法定的程序与实体条件,就应认为是依法关押,被关押的罪犯、被告人、犯罪嫌疑人就可以成为本罪的行为主体。但如果行为人没有使用暴力、胁迫、毁坏监管设

---

① 参见吴占英著:《妨害司法罪——立案追诉标准与司法认定实务》,中国人民公安大学出版社2010年版,第242~243页。

② 参见张英霞著:《妨害司法犯罪比较研究》,广西师范大学出版社2009年版,第175页。

施等方式单纯脱逃的,可以认定为紧急避险或者缺乏期待可能性,不成立本罪。如果采用暴力等方法脱逃的,应当从轻处罚。① 因为本罪的设立目的是维护监管机关的权威性和监管活动的严肃性,其客体为国家监管机关的正常监管秩序,依法被合理怀疑犯罪的人也应当遵守监管秩序。但如果被合理怀疑的人采用平和的方式脱逃的,不宜认定为本罪。

十四、劫夺被押解人员罪

刑法第316条第2款规定:"劫夺押解途中的罪犯、被告人、犯罪嫌疑人的,处三年以上七年以下有期徒刑;情节严重的,处七年以上有期徒刑。"本罪为1997年修订刑法后新增之犯罪。

本罪客体是国家监管机关的正常监管押解秩序。"劫夺"是指行为人通过暴力、威胁或者其他手段,使罪犯、被告人、犯罪嫌疑人脱离监管机关、监管人员的控制和支配。劫夺的对象是罪犯、被告人、犯罪嫌疑人。劫夺的时空范围限于罪犯、被告人、犯罪嫌疑人被押解的途中。被劫夺(如被胁迫或强行掳走)的罪犯、被告人、犯罪嫌疑人因为不具备期待可能性而不成立脱逃罪。

本罪主体为一般主体。成立本罪,在主观上应当具备故意。劫夺被押解人过程中,行为人造成押解人或其他人员伤亡,触犯故意伤害罪、故意杀人罪的,属于想象竞合的情形,应从一重罪处断。

如果被押解人员与劫夺人员有主观上的通谋,由行为人通过实施劫夺行为使被押解人员脱逃的,被押解人员成立脱逃罪,劫夺人员成立劫夺被押解人员罪。如果被押解人员与劫夺人员没有通谋,在行为人实施劫夺行为时,被押解人员趁机脱逃的,行为人成立劫夺被押解人员罪,被押解人员成立脱逃罪。

十五、组织越狱罪

刑法第317条第1款规定:"组织越狱的首要分子和积极参加的,处五年以上有期徒刑;其他参加的,处五年以下有期徒刑或者拘役。"本罪原被规定于1979年刑法第96条,在1997年修订刑法时其罪状和法定刑都有所调整。

本罪客体是国家监管机关的正常监管秩序。本罪最大的争议之处在于何为本罪的实行行为。第一种观点将组织行为作为实行行为,认为行为人开始实行组织越狱行为是本罪的着手,而且依法被关押的人在组织他人越狱的同时自己

---

① 参见张明楷著:《刑法学》,法律出版社2011年版,第974页。

也越狱的，成立组织越狱罪与脱逃罪。① 第二种观点认为，本罪的实行行为包括组织越狱行为和参加有组织的越狱行为，行为人只要实施此两种行为之一即成立本罪。② 第三种观点认为，本罪的客观方面表现为在押人员有组织、有计划地结伙从狱中逃跑的行为。③ 我们赞同第三种观点，本罪的实行行为是有组织地越狱，理由在于：（1）本条将有组织越狱的首要分子和积极参加者的法定刑规定为五年以上有期徒刑，高于脱逃罪五年以下有期徒刑或者拘役的法定刑，说明有组织越狱的首要分子和积极参加者更容易对监管秩序造成严重侵害，这也是设立本罪的原因。（2）本罪的其他参加者的法定刑与脱逃罪的法定刑相同，可以认为有组织越狱行为的其他参加者与犯脱逃罪的人对法益所造成的侵害大体等同。因此，将本罪的实行行为认为成有组织越狱既不会扩大处罚范围，也不会导致罪责刑不相适应。（3）如果认为组织他人越狱是实行行为，则既组织越狱又实施越狱行为的人成立组织越狱罪和脱逃罪，数罪并罚后其所承担的刑罚将过于苛重。（4）第二种观点表面上认为本罪有两种实行行为，但实际上其表述的是有组织地越狱的情况。

本罪的客观行为表现为有组织地从监管场所脱逃。有组织越狱犯罪具备两个鲜明特征：（1）聚众性，即成员人数应当在三人以上；（2）组织性，即有发挥组织、策划、指挥作用的首要分子，成员内部存在明确分工，有预谋、有计划地实施脱逃。本罪主体为罪犯、被告人和犯罪嫌疑人。本罪的责任心态是故意。

十六、暴动越狱罪

根据刑法第 317 条第 2 款的规定，暴动越狱的首要分子和积极参加的，处十年以上有期徒刑或者无期徒刑；情节特别严重的，处死刑；其他参加的，处三年以上十年以下有期徒刑。暴动越狱罪，是指依法被关押的罪犯、被告人、犯罪嫌疑人，在首要分子组织、策划、指挥下，采用暴动的方法集体越狱逃跑的行为。④

本罪客体是国家监管机关的正常监管秩序。根据刑法第 317 条第 2 款的规

---

① 参见张明楷著：《刑法学》，法律出版社 2011 年版，第 976 页。
② 参见吴占英著：《妨害司法罪——立案追诉标准与司法认定实务》，中国人民公安大学出版社 2010 年版，第 274 页。
③ 参见赵秉志、田宏杰、于志刚著：《妨害司法罪》，中国人民公安大学出版社 2003 年版，第 388 页。
④ 参见吴占英著：《妨害司法罪——立案追诉标准与司法认定实务》，中国人民公安大学出版社 2010 年版，第 286 页。

定，暴动越狱罪应当具备三个特征：（1）聚众性。参与者有三人以上，分为首要分子、积极参加者和其他参加者。（2）暴动性。暴动性是指多人使用枪械、棍棒等武器或者以其他武力方式大规模攻击监管人员或破坏监管机关的行为。（3）脱逃性。行为人以集体暴力的方式，强行摆脱监管人员的控制，大规模地从狱中逃离。本罪之"狱"，包括监狱、看守所等监管场所。本罪主体为特殊主体，包括依法被关押的罪犯、被告人和犯罪嫌疑人。本罪的责任心态是故意。

我们认为，可以将暴动越狱罪与组织越狱罪的关系判断为法条竞合关系。暴动越狱罪是特别法，而组织越狱罪是普通法。因为二者的客体相同，在客观行为上前者更强调其行为方式的暴动性，所以多人以暴动方式有组织越狱的，根据特殊法优于普通法的原则，成立暴动越狱罪。需要指出的是，如果认为应当将二者严格区分，则组织越狱罪的行为方式不能具有暴动性，而是只能采取暴力或者非暴力手段实施。但这并不影响在司法实践中对暴动越狱罪与组织越狱罪的判断。

十七、聚众持械劫狱罪

根据刑法第 317 条第 2 款的规定，聚众持械劫狱的首要分子和积极参加的，处十年以上有期徒刑或者无期徒刑；情节特别严重的，处死刑；其他参加的，处三年以上十年以下有期徒刑。

本罪客体是国家监管机关的正常监管秩序。成立本罪，应当具备聚众性，即参与者在三人以上。"械"是指被行为人用来攻击监管人员或破坏监管设施的工具，包括枪支、刀具和棍棒，但不限于此。"劫狱"是指行为人由外而内地攻击监管人员、破坏监管场所，从而使罪犯、被告人或犯罪嫌疑人逃脱的行为。成立本罪，主观上应当具备故意。行为人对被关押人员实施劫夺的（如胁迫或者强行掳走等），因为不具备期待可能性，被关押人员不成立脱逃罪。如果行为人与被关押的人事前没有主观通谋，在行为人聚众持械劫狱时，被关押人员趁机脱逃的，被关押人员成立脱逃罪。如果行为人以聚众持械劫狱的行为帮助被关押人脱逃的，则行为人成立聚众持械劫狱罪，而被关押人成立脱逃罪。

（撰稿人：周少华）

典型案例诉辩审评

一、伪 证 罪

案例1：高某平、丁某合伪证案
——伪证行为还是包庇行为

一、基本情况

案　由：伪证

被告人：高某平，女，1966年11月25日出生。2008年11月25日因涉嫌伪证犯罪被台前县公安局刑事拘留，同年12月11日台前县人民检察院以没有逮捕必要不予批准逮捕，同年12月25日被监视居住。

丁某合，男，1951年1月8日出生。2008年12月1日因涉嫌伪证犯罪被台前县公安局刑事拘留（在逃），同年12月11日台前县人民检察院以事实不清、证据不足不予批准逮捕。2009年1月20日到台前县公安局投案自首，同日被取保候审。

二、诉辩主张

（一）人民检察院指控事实

公诉机关指控：2007年9月22日，犯罪嫌疑人邵某某因涉嫌故意伤害犯罪被刑事拘留后，高某平于2007年9月28日接受公安机关侦查询问时证明邵某某案发当日一直在其家中帮助盖房子没有作案时间，并指使丁某合冒充他人作证人，证明邵某某没有作案时间，致使检察机关以事实不清、证据不足不予批准逮捕邵某某。邵某某被释放后一直逍遥法外。后经公安机关侦查，邵某某参与了殴打苑某某的事件，邵某某被检察院以涉嫌故意伤害批准逮捕。

（二）被告人辩解及辩护人辩护意见

被告人高某平、丁某合对起诉书指控的犯罪均未提出异议。

三、人民法院认定事实和证据

（一）认定犯罪事实

经审理查明：2007年9月22日，犯罪嫌疑人邵某某因涉嫌故意伤害罪被刑事拘留后，公安机关在调查邵某某的姨妈高某平时，高某平证明邵某某案发当日在其家中帮忙盖房子，没有作案时间，并安排丁某合冒充其丈夫作伪证，证明邵某某没有作案时间，致使邵某某被释放，至今逍遥法外。后经公安机关侦查证明邵某某参与了殴打苑某某的事实。现邵某某已被检察院以涉嫌故意伤害犯罪批准逮捕，公安机关正在对邵某某进行追捕。

（二）认定犯罪证据

认定上述事实的证据有：

1. 被告人高某平的供述：我是邵某某的四姨，因我家盖房子，我外甥邵某某从今年7月初到我家帮忙，农历七月十五这天他一直在我家帮忙盖房子没有离开过我家，吃过晚饭就和我儿子一起住在我村丁福财家。

2. 被告人丁某合的供述：我是邵某某的姨父，今年农历七月上旬我家开始盖房子，邵某某七月初到我家帮忙的。农历七月十五日那天我没有停工，邵某某一整天都在我家，未离开过我家，那天晚上我和家人也都在家了，农历八月份他才离开我家的。

3. 被告人丁某合的供述：我是来投案的，我以前向公安机关作伪证了，我冒充我弟弟说假话了，我弟妹高某平（我弟弟的妻子）对我说，台前公安局来找我和你弟弟了，了解俺外甥邵某某的情况，你弟弟不在家，你就说你是你弟弟，对公安局说今年农历七月十五日邵某某一整天都在她家帮忙盖房子了。

4. 证人王某某的证言：2007年农历七月十五日晚上九点左右，我和邵集村的邵某某、于某某（外号"老黑"）打了清水河潘集村的一个男的，具体叫什么不知道，是用木棍子打的。

5. 证人邵某某的证言：农历七月十五日，我从我四姨家回到我老家看我爷爷，晚上六点我就搭车回到我四姨家，晚上九点左右，王某某给我打电话让我去揍个人，我没有去，就把电话挂断睡觉去了。

6. 证人丁某某的证言：我是邵某某的四姨父，我村就我自己叫丁某某，我没有接受过台前公安人员的调查询问，是我妻子高某平告诉我三哥丁某合替我去高码头派出所接受询问的，我不知道邵某某农历七月十五日那天在不在我家，我在烟台打工了。

7. 证人苑某某证言：农历七月十五晚上，我被四个男人用木棍打伤了，打我的人有尖堌堆村的王某某，还有他侄子，有邵集村的小强（邵某某），另外还有一个不认识的男人。

8. 证人李某的证言证实：于某某"老黑"和强子（邵某某）、王某某在于某某家时，王某某的妈打电话提到打架的事，王某某想去投案，于某某说："如果说出去谁打的就治死谁"。后来听于某某说：他们揍潘集的人了，揍得很厉害。

另有证人张某某、李某某、王某某的证言及书证、物证等证据在卷。

经庭审质证、证据间能够相互印证、吻合，事实清楚，证据充分，足以认定。

四、判案理由

湖南省濮阳市台前县人民法院经审理认为：被告人高某平、丁某合在刑事诉讼中作为证人，故意作虚假证明，使有罪的人逃避刑罚制裁，其行为已构成伪证罪，且属共同犯罪，公诉机关指控二被告人的犯罪事实、罪名及适用法律的意见予以采纳。鉴于被告人丁某合有投案自首情节，对其可从轻处罚。

五、定案结论

湖南省濮阳市台前县人民法院根据《中华人民共和国刑法》第305条、第25条、第67条第1款、第72条第1款之规定，以〔2009〕台刑初字第97号判决书判决如下：

被告人高某平犯伪证罪，判处有期徒刑一年，缓刑二年。

被告人丁某合犯伪证罪，判处有期徒刑一年，缓刑一年。

（二被告人的缓刑考验期自判决确定之日起计算）

六、法理解说

本案被告人高某平、丁某合与相关刑事案件被告人邵某某具有亲戚关系，而且本案被告人对邵某某具有明显的包庇意图。所以，本案被告人高某平、丁某合的行为究竟构成窝藏、包庇罪还是构成伪证罪，需要探讨。

（一）伪证罪与包庇罪的区分

根据我国刑法第305条和第310条的规定，伪证罪是指在刑事诉讼中，证人、鉴定人、记录人、翻译人对与案件有重要关系的情节，故意作虚假证明、鉴定、记录、翻译，意图陷害他人或者隐匿罪证的行为；而窝藏、包庇罪是指，明知是犯罪的人而为其提供隐藏处所、财物，帮助其逃匿或者作假证明包庇的行为。可以看出，刑法第305条和第310条存在竞合关系，因为实施包庇罪的意图是使犯罪人逃避法律制裁，而伪证罪中的故意作虚假证明，也可以表现为为犯罪人隐匿罪证，使其逃避刑事责任，因而在司法实践中，对于伪证罪与包庇罪往往难以区分。

理论上一般认为，伪证罪与包庇罪主要有以下区别：（1）犯罪主体不同。伪证罪是特殊主体，只能是刑事诉讼中的证人、鉴定人、记录人和翻译人，而包庇罪则是一般主体。（2）犯罪的时间不同。伪证罪只能发生在侦查、起诉和审判过程中，而包庇罪则可能发生在刑事司法的任一环节之中，也可以发生在刑事诉讼开始之前和之后。（3）犯罪行为掩盖的内容不同。伪证罪是为犯罪嫌疑人、刑事被告人掩盖与案件有重要关系的情节，具体地说，是向司法机关提供了虚假的证据；而包庇罪则是为犯罪嫌疑人、刑事被告人、在逃罪犯掩盖全部罪行或主要罪行，其"作假证明"的方式可以是各种形式。（4）犯罪对象不同。伪证罪的犯罪对象只能是未决犯，而包庇罪的犯罪对象则既可能是已决犯也可能是未决犯。虽然理论上不难区分，但是在实践中，常常发生行为人为包庇犯罪嫌疑人、刑事被告人而在侦查、起诉或审判过程中以作虚假证明为手段对案件中与定罪有重要关系的情节进行掩盖的行为，此种情况下，行为既符合伪证罪的构成特征，又符合包庇罪的构成特征，如何定性就成为处理案件的关键。

（二）本案被告是否属于"证人"

要确定本案被告高某平、丁某合的行为究竟构成伪证罪还是包庇罪，关键是要看他们是否属于刑事案件中的证人，以及他们"作假证明"的行为是否属于刑事案件中的作证行为。

"证人"是伪证罪最主要的行为主体，实践中的伪证罪大多也是由证人实施的。我国新《刑事诉讼法》第60条（原《刑事诉讼法》第48条）规定："凡是知道案件情况的人，都有作证的义务。生理上、精神上有缺陷或者年幼，不能辨别是非、不能准确表达的人，不能作证人。"由此规定可知，伪证罪中的"证人"应该是指，在刑事诉讼中，除当事人以外了解案件情况而向司法机关作证的人。对于"证人资格"问题，可以从以下几个方面把握：（1）凡是知道案件情况并有作证能力的人，都可以作为证人；（2）生理上、精神上有缺陷或者年幼，不能辨别是非、不能正确表述的人，不能作为证人；（3）证人是当事人以外知道案件情况的人；（4）证人具有不可替代性；（5）证人只能是自然人，法人和法人团体不具有证人资格。虽然具有证人资格的人可以成为刑事诉讼中的证人,但是在实践中,具有证人资格的人只是潜在的证人;如果要成为刑事诉讼中的证人,或者说成为伪证罪的主体,还需要现实地向司法机关提供证言。①那么,本案被告的行为是否属于作证行为呢?或者说,本案被告是否属于刑事诉讼中的证人呢?

邵某某实施故意伤害犯罪行为时,本案被告高某平、丁某合并未在现场,表面看,二人似乎不属于"了解案件情况的人",因而不具有证人资格。但实际上,要求证人"了解案件情况",并不是要求其必须在现场亲眼见到犯罪的发生,也不要求其必须了解犯罪发生的整个情况;只要了解有关认定犯罪和影响量刑的部分情节,就属于了解案件情况的人。对本案被告来说,邵某某在伤害案发生当天是否"一直在高某平家帮忙"这一事实情况,他们是了解的,因而,二人具有证人资格。并且,在公安机关调查时,高某平故意违背事实,向公安机关作虚假证明,并安排丁某合冒充其丈夫作伪证,其行为显然符合伪证罪的构成要件;本案另一被告丁某合明知邵某某在伤害案发生当天"一直在高某平家帮忙"属虚假事实,而仍然向公安机关提供证言,证明邵某某没有作案时间,致使邵某某被释放,其行为也构成伪证罪。

(三) 伪证罪与包庇罪的竞合及其处理

根据我国刑法第310条的规定,包庇罪是指明知是犯罪的人,而为犯罪分子作假证明以掩盖其犯罪事实的行为。包庇罪在客观方面就是作假证明,这与伪证罪有一定相似之处。正因为如此,实践当中,可能会出现犯罪行为同时符合伪证罪和包庇罪的构成要件的情况,这种情况属于法条竞合。比如在本案中,被告高某平、丁某合作假证明显然具有包庇邵某某的意图,其行为实际上同时符合了伪证罪和包庇罪的构成要件。

对于这种情况,有观点认为应适应重法优于轻法的原则定罪,而包庇罪的法定刑明显重于伪证罪,所以,在两罪竞合的情况下,似乎应以包庇罪定罪处罚。②但是,也有观点认为,重法优于轻法并非法条竞合的定罪原则。理由是法条竞合的前提是犯罪构成的相互重合,而不是刑罚的重合,对某种犯罪行为定罪量刑的法律标准并不取决于某一法条的法定刑的轻重,而取决于该法条的犯罪构成是否最恰当地全面评价该犯罪行为,确切地反映行为人犯罪行为的特

---

① 参见黄京平主编:《妨害证据犯罪新论》,中国人民大学出版社2007年版,第17~19页。

② 参见陈兴良主编:《刑法疑难案例评析》,中国人民公安大学出版社1998年版,第458页。

征。① 我们认为，后一种观点是有道理的。因为在法条竞合的情况下，某一危害行为同时符合数个性质不同的犯罪构成，如果从规范层面看，则是数个犯罪构成之间具有重合关系；但是，法条竞合也具有另一个不容忽视的特点，那就是由一个犯罪构成可以最恰当、最全面地评价行为人实施的一个犯罪行为。

就伪证罪与包庇罪的关系来说，伪证罪的主体是特殊主体，主观方面是故意且有特别的目的，在行为上有特别的要求；相对来说，包庇罪是一般主体，主观方面并不要求特别的目的，在行为上表现为"作假证明"，内容较宽泛，所以，在这三个特征上，包庇罪的构成要件能够包括伪证行为。但是，伪证罪虽然在共同本质上是侵犯国家司法机关的刑事诉讼活动，在实践中有可能因为意图陷害他人而侵犯公民人身权利，而包庇罪主要是侵犯司法机关的正常活动，所以，在这个特征上，伪证罪的构成要件所包含的行为范围又大于包庇罪。因此，二者形成交叉关系。在法条竞合中，犯罪行为虽然符合具有重合关系的数个犯罪构成，但其中只有一个犯罪构成可以最恰当、最全面地评价该犯罪行为。据此，有人提出如下观点：同时符合具有交叉关系的犯罪构成的行为，应当按照复杂法优于简单法的原则进行处理，而不是一味按照重法优于轻法的原则处理。② 复杂法是规定了相对较特殊的内容作为犯罪构成的法条，简单法则是规定了较简单普通的内容作为犯罪构成要件的法条。就此而言，复杂法优于简单法的处理原则与特殊法优于一般法的处理原则是一脉相承的，因而是可接受的。从伪证罪和包庇罪的特征来看，伪证罪属于复杂犯，在本案被告行为同时符合伪证罪和包庇罪构成要件的情况下，伪证罪更能恰当地评价该行为，因而应以伪证罪处理。湖南省台前县人民法院对本案定性是正确的。

（整理人：周少华）

---

① 参见姜维著：《犯罪形态通论》，法律出版社1994年版，第423页。
② 参见黄京平主编：《妨害证据犯罪新论》，中国人民大学出版社2007年版，第32页。

案例2：闫友某涉嫌伪证案
——刑事案件被告的"法定代理人"是否是伪证罪的主体

一、基本情况

案　由： 伪证

被告人： 闫友某，男，1960年8月1日出生于湖北省恩施市，土家族，小学文化程度，无职业，住湖北省恩施市白果乡见天坝村白房子组。因涉嫌犯伪证罪于2004年11月30日被刑事拘留，同年12月14日被逮捕。

二、诉辩主张

（一）人民检察院指控事实

武汉市江岸区人民检察院指控：2004年3月至10月期间，在武汉市江岸区人民法院审理闫大某（系被告人闫友某之子）、刘某双盗窃一案的过程中，被告人闫友某为帮助闫大某逃避法律制裁，故意向人民法院提供虚假的身份证明，谎称闫大某犯罪时未满16周岁，致使武汉市江岸区人民法院以闫大某犯罪时未达到刑事责任年龄，判决闫大某不负刑事责任。

对指控的上述事实，公诉机关当庭宣读和出示了下列证据以证明其指控的犯罪事实：

1. 证人安祥云、李光富、程正华、魏国玉、夏廷丰、周显斌的证言。

2. 由被告人闫友某提供的证明材料，证实其找村民及村委会证实闫大某的出生日期的事实。

3. 由被告人闫友某提供的盖有恩施市白果派出所公章的常住人口登记表及全户人员基本情况，证实闫大某的出生日期为1988年8月17日。

4. 由恩施市白果派出所出具的常住人口登记表及情况说明，证实闫大某的出生日期为1987年8月4日。

5. 有关闫大某盗窃一案的相关法律文书，证实闫大某一案的审理情况。

6. 武汉市公安局江岸区分局花桥街派出所出具的抓获被告人闫友某经过的说明。

7. 被告人闫友某的供述。

公诉机关认为，被告人闫友某在刑事诉讼中，以帮助罪犯逃避法律制裁为目的，对与案件有重要关系的情节，故意做虚假证明，其行为已构成伪证罪，提请法院依照《中华人民共和国刑法》第305条的规定，予以惩处。

（二）被告人辩解及辩护人辩护意见

针对起诉书指控的上述事实，被告人闫友某辩称：自己也不知道其子的真实出生日期，且武汉市中级人民法院做出的骨龄鉴定与自己提交的相关证明材料是一致的，其行为不构成伪证罪。在两级法院审理闫大某、刘某双盗窃一案期间，其作为闫大某的法定代理人曾提交了下列证据材料：

1. 由湖北省恩施市白果乡见天坝村村民夏廷丰、夏廷武、夏朝武、杨序成、陈大权、熊长信、熊长福、姜平山、程伟、夏东科、易继祥、程政华、李光富签名并盖有村委会公章的关于闫大某出生日期的证明。

2. 盖有恩施市公安局白果派出所户口专用章的常住人口登记卡及全户人员基本情况。

三、人民法院认定事实和证据

（一）认定犯罪事实

经审理查明，2004年3月5日，武汉市江岸区人民检察院以闫大某（系被告人闫友某之子）、刘某双犯盗窃罪向本院提起公诉，本院经审查后于同年4月23日作出一审判决，以闫大某、刘某双犯盗窃罪均判处有期徒刑七年，并处罚金人民币五千元。在法定期限内，闫大某向武汉市中级人民法院提出上诉。上诉期间，闫大某之父闫友某作为法定代理人，向武汉市中级人民法院提交了关于其子闫大某犯罪时未满16周岁的证据材料。据此，武汉市中级人民法院诉讼证据技术鉴定中心于2004年6月24日对闫大某进行了骨龄鉴定，其鉴定结论是：闫大某的骨龄为15.7岁。而后，武汉市中级人民法院于同年6月25日以原审认定上诉人闫大某作案时已满16周岁的事实不清，证据不足，裁定发回我院重审。在审理期间，江岸区人民检察院以事实、证据有变化为由申请撤诉后，又于同年9月16日以被告人闫大某、刘某双犯盗窃罪再行起诉，本院另行组成合议庭，依法进行了审理，于2004年11月24日依法宣告被告人闫大某不负刑事责任。

2004年11月30日，公安机关以被告人闫友某涉嫌伪证将其抓获。

(二) 认定犯罪证据

对于控辩双方提交的上述证据，经过了庭审质证。审理中，法院调查核实了恩施市白果派出所出具的情况说明，调取了白果乡白房子组实有人口入户登记表，查证了证人冉建东、吴正文、刘松梅、陈大权、姜平山、黄化桃、岳仕兴等人的证词，亦经庭审质证。

对于被告人闫友某是否故意向人民法院提供虚假的身份证明，谎称闫大某犯罪时未满16周岁的问题，经审查后发现，当地村民、村委会、派出所出具了两种不同的证明：

1. 村民的证词

（1）有三名村民（安祥云、魏国玉、黄化桃）证实，闫大某是与其女或同村村民之子同年出生的，都是1987年出生。

（2）有五名村民（李光富、程正华、夏廷丰、陈大权、姜平山）及村长岳仕兴证实，均不知道闫大某是什么时候出生的。之所以出具证明材料证明闫大某是1988年出生的，是闫友某叫他们这样写的。

2. 恩施市白果派出所的证明

（1）恩施市白果派出所原聘用内勤周显斌向闫友某出具有一份盖有该派出所户口专用章的常住人口登记卡及全户人员基本情况，该登记卡上均显示闫大某出生日期为1988年8月17日。

（2）由武汉市公安局江岸区分局花桥街派出所的公安人员于2004年8月18日取自于恩施市白果派出所的常住人口登记表，显示闫大某出生日期为1987年8月4日。同时该派出所证实，该辖区居民个人申报户口，没有医学出生证明的，凭村委会出具证明办理相关入户手续。但本院在该派出所没有查到村委会原始的上报记录，只查有一份2004年8月31日恩施市白果乡（白房子组）实有人口入户调查登记表，在这份由村委会上报的入户调查登记表中显示，闫小军（即为闫大某）的出生日期为1988年8月17日。

3. 恩施市白果乡见天坝村村委会的证明

（1）第一份证明材料，是村长岳仕兴在看到闫友某拿来的恩施市白果派出所的户口本（户口本上登记的闫大某出生于1988年8月17日）后，在多名村民写的证明材料上，以村委会的名义证明了闫大某出生于1988年8月17日。

（2）第二份证明材料，是应江岸区检察院工作人员的要求，按照他们说的写的一份"经公安机关反复调查，现查明闫大某的出生年月日为一九八七年八月四日"的证明。但村长并不知道闫大某是何时出生。

（3）另查，法院在该村村委会提供的常住人口登记本上，没有查到闫友某、闫大某的登记情况。

四、判案理由

综观全案，武汉市江岸区人民法院经审理后认为：

第一，从公诉机关提供的户籍证明来看，表明闫大某的出生日期是1987年8月4日，但从当地村民的证言来看，有的说闫大某是与他的小孩同一年出生的，有的说闫友某的儿子是哪一年出生的记不清楚；而且当地公安机关及村委会都出具了两份不同的关于闫大某的身份材料；被告人闫友某亦供述，其并不知道闫大某的真实出生日期。由此可知，闫大某到底是何年何月何日出生的，说法不一，证据相互之间存在矛盾。故现有证据就不能确认闫友某故意向法院提供虚假的身份证明。

第二，再从判决认定的依据来看，本院〔2004〕岸刑初字第439号判决认为，"对于被告人闫大某是否具有犯罪主体资格，本院对常住人口登记表及户籍证明和法医所作骨龄鉴定结论均认真进行了审查，认为法医所作的骨龄鉴定具有客观性、科学性和权威性，本院予以采信。故被告人闫大某犯罪时未达到刑事责任年龄，不具备我国刑法所规定的犯罪构成的主体要件。"由此可见，本院的〔2004〕岸刑初字第439号判决是在闫大某的身份证明存在矛盾的情况下，采信的是武汉市中级人民法院的骨龄鉴定，从而做出闫大某不负刑事责任的判决，并非依据闫友某提供的关于闫大某年龄的身份证明材料定案的。故公诉机关指控"被告人闫友某为帮助闫大某逃避法律制裁，故意向人民法院提供虚假的身份证明，谎称闫大某犯罪时未满16周岁，致使武汉市江岸区人民法院以闫大某犯罪时未达到刑事责任年龄，判决闫大某不负刑事责任"的事实，显然与本院判决认定的依据不符。

综上所述，法院认为，被告人闫友某对其子闫大某的真实年龄供述不清，当地村民、村委会、公安派出所出具的证明又存在矛盾，相互之间不能印证；且本院对闫大某的判决是在闫大某的身份证明存在矛盾的情况下，而采信骨龄鉴定作出的判决。故公诉机关指控被告人闫友某为帮助闫大某逃避法律制裁，故意提供虚假身份证明，缺乏充分的事实与证据支撑，不具备我国刑法对伪证罪所规定的主客观构成要件，其指控的犯罪不能成立。被告人闫友某的辩解理由成立，本院予以采信。

五、定案结论

武汉市江岸区人民法院依照《中华人民共和国刑事诉讼法》第 162 条第 3 项之规定，判决如下：

被告人闫友某无罪。

六、法理解说

在本案中，法院认定闫友某无罪的判决结果是正确的，但是得出这一判决结果的理由只是从证据上来进行论证的，并未对被告的行为本身作出说明。实际上，从被告闫友某的行为本身进行分析，或许更能清晰地认定其行为是否可以构成伪证罪。

根据我国刑法第 305 条的规定，伪证罪是指在刑事诉讼中，证人、鉴定人、记录人、翻译人对与案件有重要关系的情节，故意作虚假证明、鉴定、记录、翻译，意图陷害他人或者隐匿罪证的行为。由此规定可以看出，伪证罪具有这样几个特征：（1）本罪客观上表现为在刑事诉讼中，对与案件有重要关系的情节，作虚假证明、鉴定、记录、翻译；（2）本罪主体必须是证人、鉴定人、记录人、翻译人；（3）本罪主观方面只能是直接故意，具有陷害他人或者隐匿罪证的意图。① 那么在本案中，闫友某的行为是否符合伪证罪的构成要件呢？

（一）本案被告闫友某是否是伪证罪的适格主体

既然伪证罪的主体必须是证人、鉴定人、记录人、翻译人，那么，要构成伪证罪，行为人就必须以证人、鉴定人、记录人、翻译人的身份参加刑事诉讼。在闫大某、刘某双盗窃案的刑事诉讼过程中，本案被告闫友某是以"法定代理人"的身份参加诉讼并向法院提交闫大某犯罪时未满 16 周岁的证据材料的，而并非以证人的身份提交该证据材料。不论其所提交证据材料的真实性如何，其行为要构成伪证罪，需要解决的一个关键问题就是，刑事诉讼中"法定代理人"能否同时成为一案件的"证人"？这要从法定代理人和证人在刑事诉讼中所具有的不同作用来进行说明。

在刑事诉讼中，证人是了解案件情况并在诉讼程序中向司法机关就案件事实提供证明的人。证人一般与案件没有直接利害关系，其向司法机关提供的有关案件事实的证明形成证人证言，成为法律明确规定的证据种类之一，对于人

---

① 参见张明楷著：《刑法学》，法律出版社 2011 年版，第 951～952 页。

民法院定罪量刑具有重要作用。因而，证人有如实作证的义务，如果故意违反该义务，所作证明严重违背事实，有意陷害他人或者隐匿罪证，就会构成刑法第305条之伪证罪。而刑事诉讼中的"法定代理人"，其参加刑事诉讼的目的并不是向司法机关就案件事实作证明，而是为了维护被代理人的合法权利，其诉讼地位与角色功能与证人完全不同。无论如何，都不可能将刑事诉讼中的"法定代理人"解释为"证人"，换言之，法定代理人不可能成为伪证罪的犯罪主体。因此，本案被告闫友某并不是伪证罪的适格主体，其向法庭提交的证据即使不具有真实性，也不应构成伪证罪。

（二）本案被告闫友某的行为是否具有"作虚假证明"的性质

在刑法第305条所规定的四类犯罪主体中，证人构成伪证罪的行为特征是"作虚假证明"，意图陷害他人或者隐匿罪证。所谓"作虚假证明"，是指证人对案件有重要关系的情节作严重违背事实的证明的行为。关于伪证罪中的"虚假证明"，有一种观点认为应当作广义理解，不能仅理解为证人证言。其理由是，刑事诉讼法中规定的证据包括物证、书证、证人证言、被害人陈述、犯罪嫌疑人、被告人供述和辩解、鉴定结论、勘验、检验笔录、视听资料。在刑事诉讼中，行为人对于案件有重要关系的情节故意提供虚假的以上证据中的任何一种证据，都可以达到陷害他人或者隐匿罪证的目的。而在上述证据种类中，鉴定结论在伪证罪中已经明确列举，勘验、检验笔录也可以归在记录人所作的"记录"中，所以，伪证罪中的"虚假证明"，应广义理解为包括证人证言、物证、书证、被害人陈述、视听资料五类证据，相应地，对证人也应作广义理解，既包括狭义的证人，也包括物证或书证的提供人，以及被害人陈述、视听资料的提供人。①

但是，也有另一种观点认为，把证人作广义理解不符合刑事诉讼法对"证人"的界定。把物证或书证的提供人、视听资料的提供人看作证人，与刑事诉讼法中证人的概念不相符，而且，对伪证罪中的证人概念作扩大解释也是没有道理的。另外，上述观点不适当地扩大了伪证罪的主体范围，特别是把被害人作为伪证罪的主体，是不合理的。因此，该论证认为，根据刑法规定，伪证罪中的虚假证明，应当仅指证人所作的虚假证言。②我们同意这后一种观点。理由在于：（1）这是由伪证罪的主体范围所决定的。虽然刑事诉讼中的证据

---

① 参见赵秉志主编：《犯罪停止形态适用中的疑难问题研究》，吉林人民出版社2001年版，第540~541页。

② 参见黄京平主编：《妨害证据犯罪新论》，中国人民大学出版社2007年版，第10页。

包括多种，提供任何一种虚假证据都可能达到陷害他人或者隐匿罪证的目的，但是刑法规定的伪证罪主体只包括证人、鉴定人、记录人、翻译人四种，这四种人以外的其他人员不能构成伪证罪。至于其他人员提供虚假证据的行为性质，结合具体情况，可能构成其他犯罪，但是不能构成伪证罪。例如，故意提供虚假物证、书证、视听资料的行为，视其主观故意的内容，可以分别构成包庇罪或诬告陷害罪。（2）从文义上分析，刑法对作虚假证明的行为与作虚假鉴定、记录、翻译的行为并列规定，并分别与证人、鉴定人、记录人、翻译人相对应，说明虚假证明行为只是由证人实施的，其表现形式是虚假的证人证言，而不包括提供其他虚假证据的行为。

在本案中，被告闫友某在闫大某、刘某双盗窃案中，是以该案被告闫大某的法定代理人的身份参加诉讼的。其向法庭提交证据的行为并非作证行为，也非鉴定行为、记录行为或翻译行为，因而，即使其所提交的证据是虚假证据，其行为也不属于伪证罪当中的"虚假证明"、"虚假鉴定"、"虚假记录"或"虚假翻译"。根据我国新《刑事诉讼法》第106条（原《刑事诉讼法》第82条）的规定，"'诉讼代理人'是指公诉案件的被害人及其法定代理人或者近亲属、自诉案件的自诉人及其法定代理人委托代为参加诉讼的人和附带民事诉讼的当事人及其法定代理人委托代为参加诉讼的人。"可见，我国刑事诉讼中的诉讼代理人并不包括刑事案件被告的代理人。在本案中，闫友某既然是作为刑事案件被告的法定代理人参加诉讼，其诉讼角色显然应该是辩护人，至少是类似于辩护人（关于这一点，案例材料中并不明确）。为了保护被代理人的合法权益，代理人有权在法律规定的范围内、以不违反法律的方式收集有利于被代理人的证据，并在诉讼过程中向司法机关提交。只要其获得证据的方式不违反法律，对于证据内容的真实性，其并不负有责任。在两级法院审理闫大某、刘某双盗窃一案期间，闫友某作为闫大某的法定代理人曾提交了下列证据材料：（1）由湖北省恩施市白果乡见天坝村村民夏廷丰、夏廷武、夏朝武、杨序成、陈大权、熊长信、熊长福、姜平山、程伟、夏东科、易继祥、程政华、李光富签名并盖有村委会公章的关于闫大某出生日期的证明；（2）盖有恩施市公安局白果派出所户口专用章的常住人口登记卡及全户人员基本情况。这些证据都是由第三方出具的，他们才是这些证据的真实提供者，闫友某只是负责向法庭提交这些证据，证据虚假的责任不应由闫友某承担。而且，法院所查明的案件事实和全部证据表明，闫友某在收集证据的过程中并不存在威胁、利诱等非法手段，因此，即使这些证据内容的真实性被推翻，闫友某也不应当承担证据失实的法律责任，更不可能构成伪证罪。

（三）本案被告闫友某的行为是否构成其他犯罪

从本案案情看，闫友某的行为既不符合刑法第305条的伪证罪构成要件，也没有触犯刑法第307条所规定的妨害作证罪和帮助毁灭、伪造证据罪。那么，作为闫大某、刘某双盗窃案的法定代理人，闫友某的行为是否可能构成刑法第306条所规定的"辩护人、诉讼代理人毁灭证据、伪造证据、妨害作证罪"呢？

从刑法规定看，"辩护人、诉讼代理人毁灭证据、伪造证据、妨害作证罪"包括两类主体、三类行为。两类主体是辩护人、诉讼代理人，三类行为分别是毁灭证据、伪造证据、妨害作证。尽管按照刑事诉讼法的规定，这里的"诉讼代理人"指的是公诉案件的被害人及其法定代理人或者近亲属、自诉案件的自诉人及其法定代理人委托代为参加诉讼的人和附带民事诉讼的当事人及其法定代理人委托代为参加诉讼的人，但是，既然本案被告闫友某是以"法定代理人"的身份参加到闫大某、刘某双盗窃案的刑事诉讼中，则无论其实际的诉讼角色是"代理人"还是"辩护人"，其都能够成为刑法第206条规定之罪的犯罪主体。那么，其行为是否符合该条所规定的行为特征呢？根据本案案情，闫友某显然未实施毁灭证据、妨害作证的行为。唯一值得探讨的是，其行为是否属于"伪造证据"。

我们前面已经分析到，闫友某在闫大某、刘某双盗窃案的刑事诉讼中向法庭提供的证据都是由第三方出具的，出具这些证据的第三方才是证据的真实提供者，闫友某只是负责向法庭提交这些证据，因而，其并未实施伪造证据的行为，不可能构成辩护人、诉讼代理人伪造证据罪。而且，从本案的案情看，由于控辩双方所提供的同一来源的证据相互矛盾，而又没有其他证据可以证明其中一方所提交的有关闫大某出生时间的证据材料的真实性，因而，从"疑罪从无"的原则出发，也应当认定闫友某的行为不构成犯罪。因此，本案的判决是正确的。

（整理人：周少华）

案例3：刘某伪证案
——虚报盗窃数额并指使他人作证究竟构成何罪

一、基本情况

案　　由：伪证

被告人：刘某，女，1957年6月12日出生，初中文化，无业。2002年7月16日因本案被取保候审。

二、诉辩主张

（一）人民检察院指控事实

2001年9月10日晚，王某（男，20岁，另案处理）在被告人刘某家的卧室内，从刘某的手包中盗走人民币3000元。案发后，刘某伙同其丈赵某向公安机关谎报被盗人民币4万元，并指使齐某为其作伪证。2002年9月8日，某区人民检察院以被告人刘某犯伪证罪，向某区人民法院提起公诉，要求法院依法予以惩处。

（二）被告人辩解及辩护人辩护意见

被告人及辩护人辩称，被告人刘某是被害人，而不是证人，不符合伪证罪的特殊主体要件，不构成伪证罪。同时，被告人将被盗窃的数额夸大，但并不是无中生有，且主观上也没有陷害他人的故意，因而不符合伪证罪的要求，不构成犯罪。

三、人民法院认定事实和证据

（一）认定犯罪事实

某区人民法院经过公开审理后，查明以下案件事实：2001年9月10日晚，王某（男，20岁，另案处理）在被告人刘某家的卧室内，从刘某的手包中盗走人民币 3000 元。刘某发现被盗窃后，与其夫赵某向公安机关报案，谎报被盗的人民币为 4 万元，并指使齐某（另案处理）为其作伪证。

（二）认定犯罪证据

某区人民法院经过公开审理，认定以下犯罪证据：

1. 证人证言

（1）王某提供的证言。证实其曾于 2001 年 9 月 10 日晚，在被告人刘某家中只盗窃 3000 元人民币，而不是 4 万元。

（2）齐某提供的证言。证实其向人民法院所提供的王某盗窃刘某 4 万元的证言是虚假的，并且是刘某唆使其作出的。

2. 被告人供述

（1）被告人刘某的供述。证实其与其夫赵某向公安机关报案，称被盗 4 万元人民币是不真实的，其只被盗窃 3000 元。

（2）另案被告人赵某所作的供述。证实与其妻刘某向公安机关报案，称被盗 4 万元人民币是不真实的，他们实际上只被盗窃了 3000 元。

四、判案理由

被告人刘某在其数额较大的钱财被他人盗窃后，本应通过正常途径解决，但其缺乏法制观念，为图报复，与他人共谋，故意捏造数额特别巨大的钱财被盗，向公安机关作虚假告发，意图使他人受到更为严厉的刑事追究，情节严重，其行为已构成诬告陷害罪，应予惩处。某区人民检察院起诉书认定事实清楚，提供的相应证据亦无不当，但指控其犯有伪证罪定性不准。被告人刘某为报复他人，用捏造出的夸大的犯罪事实，向司法机关作虚假告发，意图加重他人的刑事处罚，情节严重，其行为已构成诬告陷害罪，依法应予惩处。因为伪证罪只能由证人、鉴定人、记录人、翻译人员构成，本案中的被告人刘某不符合伪证罪的主体要件，不构成伪证罪，而构成诬告陷害罪。被告人及其辩护人的辩护意见与案件事实不符，法院不予采纳。

五、定案结论

人民法院经过公开审理后认为，考虑到刘某的认罪态度较好，本案事出有因，其所诬陷之事实未给他人造成实际之后果，可酌予从轻处罚。依照《中华人民共和国刑法》第 243 条第 1 款之规定，法院作出如下判决：

被告人刘某犯诬告陷害罪，判处拘役 2 个月。

六、法理解说

本案涉及伪证罪、诬告陷害罪和妨害作证罪之间的区别问题。

根据我国刑法第305条规定,伪证罪,是指在刑事诉讼中,证人、鉴定人、记录人、翻译人对与案件有重要关系的情节,故意作虚假的证明、鉴定、记录、翻译,意图陷害他人或者隐匿罪证的行为。根据刑法第243条规定,诬告陷害罪,是指捏造事实诬告陷害他人,意图使他人受到刑事追究,情节严重的行为。根据刑法第307条规定,妨害作证罪是指以暴力、威胁、贿买等方法阻止证人作证或者指使他人作伪证的行为。从刑法的规定看,这三种犯罪虽然具有一定的交叉关系,但也存在以下区别:

1. 在犯罪主体上,这三种犯罪的区别是:伪证罪的犯罪主体为特殊主体,包括证人、鉴定人、记录人和翻译人四种人;诬告陷害罪的犯罪主体为一般主体,即年满16周岁、具有刑事责任能力的自然人;妨害作证罪的犯罪主体为一般主体。

2. 在犯罪主观方面,这三种犯罪的区别为:伪证罪要求行为人主观上是直接故意,即行为人故意作虚假的证明、鉴定、记录、翻译,且具有陷害他人或隐匿罪证的目的。诬告陷害罪在主观方面是直接故意,并具有使他人受到刑事追究的目的。妨害作证罪的主观方面是直接故意。

3. 在犯罪客体方面,这三种犯罪的区别是:伪证罪侵犯的客体是司法机关正常的刑事诉讼活动;诬告陷害罪侵犯的客体是复合客体,包括他人的人格、名誉权和司法机关的正常诉讼活动;妨害作证罪侵犯的客体是司法机关正常的刑事诉讼活动。

4. 在犯罪客观行为方面,这三种犯罪的区别是:伪证罪要求行为人对与案件有重要关系的情节故意作虚假的证明、鉴定、记录、翻译,并且要求其行为必须发生在刑事诉讼中,而不能发生在刑事诉讼活动之外。"与案件有重要关系的情节"是指对案件结论有影响的情节,即对是否构成犯罪、犯罪的性质、罪行的轻重、量刑的轻重具有重要关系的情节。"虚假"一般包括两种情况:一是无中生有,捏造或者夸大事实以陷人入罪;二是将有说无,掩盖或者缩小事实以开脱罪责。诬告陷害罪在客观上要求行为人捏造事实并加以告发。所谓捏造,即无中生有,虚构根本不存在的犯罪事实。据此,捏造犯罪构成事实以外的量刑情节类事实不属于捏造犯罪事实,或者说,将已有的犯罪事实予以夸大不是捏造犯罪事实。行为人捏造犯罪事实并加以告发是意图使他人受到刑事追究,即行为人希望通过捏造犯罪事实向有关单位告发来追究他人的刑事责任,使他人的刑事责任得以产生。妨害作证罪在客观上是一种复合行为,由方法行为和目的行为结合而成。其方法行为是采用暴力、威胁、贿买等方法，目的行为是阻止证人作证或指使他人作伪证。二者缺一不可，否则不构成本罪。

根据上述三种犯罪的区别，结合本案情况看，被告人刘某事实上存在两个行为：一是向公安机关报案并故意夸大他人犯罪事实的行为；二是指使齐某作伪证的行为。从这两个行为分析，我们可以得出以下结论：

（一）被告人刘某的行为不构成伪证罪

因为伪证罪是特殊主体实施的犯罪，即只能由证人、鉴定人、记录人、翻译人构成。对于被害人在刑事诉讼过程中故意作虚假陈述，夸大已有犯罪事实中的部分情节，意图加重被告人刑事责任的行为，能否以伪证罪追究其刑事责任，关键在于证人是否包括被害人。我们认为，从证人和被害人这两个概念的内涵来看，被害人是指遭受犯罪行为直接侵害的人，既可以是自然人，还可以是法人或者不具有法人资格的其他组织；证人是指除当事人以外了解案件情况并向司法机关陈述自己知道的案件情况的诉讼参与人，且只能是自然人。从刑事诉讼法的规定来看，证人和被害人是两个独立的概念，二者不存在种属包含关系。也就是说，证人不可能包含作为当事人之一的被害人。即使对证人作广义的理解，也不能将被害人列入证人范畴。被害人属于当事人范畴，证人属于其他诉讼参与人。证人和被害人通过各自不同的方式参加到刑事诉讼中，他们在刑事诉讼中的地位、作用不同，即证人通过听到、看到了什么的证言；被害人通过遭受犯罪分子哪些侵害的陈述来发挥各自的诉讼功能，因而决定了证人和被害人的诉讼权利、义务方面都存在差别，两者的证明作用、证明手段、证明效力均不同，因而不能等同看待。本案中，刘某的财物被王某所盗，属于盗窃案件中的被害人。刘某向公安机关报案的同时又夸大部分犯罪事实，属于被害人向司法机关提供了虚假陈述，而不是伪证罪中的"证人作虚假的证言"，因此，其行为不构成伪证罪。

（二）被告人刘某的行为不构成诬告陷害罪

因为认定诬告陷害罪的关键在于如何认定"捏造事实"，所谓"捏造事实"中的事实，应仅限于构成犯罪的事实，而不包括一般违法、违纪的或不道德的事实。但对于什么是捏造，则存在两种不同意见：一种意见认为，捏造是指无中生有，虚构犯罪事实，包括对没有实施犯罪行为的人说成有犯罪行为以及对犯有某种罪行的人说成犯有其他罪行；另一种意见认为，捏造是指把虚构（包括全部虚构或部分虚构）的犯罪事实强加于他人，而可能产生对他人进行刑事追诉或加重其罪责的结果。我们认为，"捏造事实"应仅指无中生有、任意虚构和编造根本不存在的犯罪事实的情形；至于司法实践中常见的行为人借题发挥、扩大事实,将他人的不道德行为、错误行为或违法违纪行为等违法事实扩大或上升为犯罪事实;或把构成轻罪的事实夸大成为构成重罪的事实的行为,不宜包括在"捏造事实"之内。

首先,刑法规定诬告陷害罪的主要目的是保障无辜的人不受刑事追究,使司法机关的正常活动不受到虚假告发的影响。但我国法律也充分保障公民依法享有对违法犯罪行为向有关国家机关提出控告或者检举的权利。公民对犯罪的控告和检举,只是给司法机关侦查提供一个线索,不可能要求其在控告、检举的时候对犯罪行为事实的描述与客观情况完全一致,毫无偏差。因此,刑法第243条第3款规定,"不是有意诬陷,而是错告,或者检举失实的",不能以诬告陷害定罪处罚。其次,被害人是受到犯罪行为侵害的当事人,在整个诉讼过程中,由于受到各方面因素的影响,其陈述往往带有浓厚的感情色彩,而且由于案件的处理结果与其有直接的利害关系,如对被告人的量刑轻重、经济赔偿数额的多少等,因而被害人的陈述有可能出现夸大事实的情况,影响其反映事实的真实性。但只要不是无中生有,不是意图陷他人于有罪,就不应当以诬告陷害罪追究刑事责任。因此,对诬告陷害中的"捏造事实",应当作严格的限定,不能作扩大解释。本案中,刘某、赵某将王某偷盗3000元的事实借题发挥,扩大王某犯罪事实,将王某构成轻罪的事实扩大成为构成重罪的事实,不属于诬告陷害罪中的"捏造事实",其行为不构成诬告陷害罪。

(三) 被告人刘某的行为性质属于妨害作证

本案被告人刘某属于盗窃案件的被害人,在其财物被盗后,到公安机关报案。其在向公安机关陈述过程中,为使盗窃犯罪分子受到刑事追究,有意夸大了财产损失的事实。此种情况在被害人陈述中并不少见,同时也是被害人陈述证据本身具有的弱点。排除被害人陈述中不真实或不完全真实的因素,正是司法机关具体办案人员的职责。刘某出于报复的动机,在自己向公安机关报案并作了虚假陈述的情况下,又指使齐某作伪证,以证实其虚假陈述。这一行为严重妨害了司法机关的正常诉讼活动,已经构成犯罪,应当按照刑法第307条第一款的规定,以妨害作证罪定罪处罚。法院改变对被告人刘某起诉指控的伪证罪是正确的,但判决认定其构成诬告陷害罪是不当的。

(整理人:邓思清)

二、辩护人、诉讼代理人毁灭证据、伪造证据、妨害作证罪

案例1：肖某泉辩护人妨害作证案
——引诱被害人违背事实作虚假陈述的，应如何认定

一、基本情况

案　　由： 辩护人妨害作证

被告人： 肖某泉，男，1958年12月12日出生，大学文化，原江西海融律师事务所律师。因涉嫌犯妨害作证罪于2005年7月5日被逮捕。

被告人： 梅某琴，女，1958年7月24日出生，高中文化，赣州有色冶金化工厂核算员。因涉嫌犯妨害作证罪于2005年7月5日被逮捕，2006年3月2日被取保候审。

阳某，女，1987年10月6日出生，初中文化，酒店服务员。因涉嫌犯伪证罪于2005年5月27日被刑事拘留，同年6月21日被取保候审。

二、人民检察院指控事实

江西省赣州市章贡区人民检察院指控被告人肖某泉、梅某琴犯妨害作证罪，被告人阳某犯包庇罪，向赣州市章贡区人民法院提起公诉。

三、人民法院认定事实

（一）一审人民法院认定事实

赣州市章贡区人民法院经不公开审理查明：2004年9月3日凌晨，梅某

宝伙同刘某等人对阳某实施强奸。公安机关将梅某宝、刘某抓获归案。2004年9月20日，梅某宝的家属聘请被告人肖某泉作为梅某宝的辩护人，委托费用为人民币5000元。2004年11月初至11月13日期间，被告人肖某泉未经侦查机关许可，两次伙同被告人梅某琴（梅某宝的姐姐）等人与阳某见面，并以支付人民币3000元精神补偿费（已支付1500元）的手段诱使阳某违背事实作虚假陈述，意图使梅某宝无罪释放。2004年11月13日，被告人肖某泉与江西海融律师事务所另一律师对阳某作了一份调查笔录。在该份笔录中，阳某作了虚假陈述，称是自愿和梅某宝发生性关系。之后，被告人肖某泉将该笔录提交检察机关，并以此为由向法院申请阳某出庭作证，为梅某宝作无罪辩护。被告人阳某在接受赣州市章贡区人民法院的询问时，对刘某、梅某宝强奸的事实作了虚假陈述。后经公安机关补充侦查，查明阳某系在收取梅某宝家属贿赂的情况下改变陈述。经庭审，一审法院于2005年7月以强奸罪判处梅某宝有期徒刑十年。

（二）二审人民法院认定事实

一审宣判后，被告人肖某泉提出上诉，其上诉理由是：原判认定事实不清，证据不足，适用法律不当，要求改判其无罪。二审人民法院经审理，认定的事实与一审判决一致。

四、判案理由

赣州市章贡区人民法院认为，被告人肖某泉、梅某琴采用贿买方法指使他人作伪证，均已构成妨害作证罪。被告人阳某明知是犯罪的人而作假证明包庇，已构成包庇罪。被告人梅某琴、阳某在法庭上自愿认罪，可以酌情从轻处罚。

赣州市中级人民法院经审理认为，上诉人肖某泉身为被告人梅某宝的辩护人，违反刑事诉讼法的规定，擅自向被害人调查取证，并贿买被害人作虚假陈述，妨害了国家司法机关对重大刑事案件诉讼的正常进行，手段恶劣，后果严重，其行为已构成辩护人妨害作证罪。原审被告人梅某琴在上诉人肖某泉的指引下，出资收买被害人作虚假陈述，其行为已构成妨害作证罪，但其犯罪情节轻微，可免予刑事处罚。原审被告人阳某在肖某泉、梅某琴的指使下，改变原向侦查机关所作的真实陈述，作虚假陈述，妨害了刑事诉讼的正常进行，但鉴于其情节显著轻微，又系未成年人，故不以犯罪论处。

五、定案结论

赣州市章贡区人民法院依照《中华人民共和国刑法》第307条第1款，第310条第1款，第17条第1、3款，第72条第1款，第73条第2、3款之规定，于2006年2月20日作出如下判决：

1. 被告人肖某泉犯妨害作证罪，判处有期徒刑一年六个月；
2. 被告人梅某琴犯妨害作证罪，判处有期徒刑一年，缓刑二年；
3. 被告人阳某犯包庇罪，判处管制一年。

赣州市中级人民法院依照《中华人民共和国刑事诉讼法》第189条第2项、《中华人民共和国刑法》第306条第1款、第307条第1款、第37条、第13条之规定，于2006年4月29日作出如下判决：

1. 上诉人肖某泉犯辩护人妨害作证罪，判处有期徒刑一年；
2. 原审被告人梅某琴犯妨害作证罪，免予刑事处罚；
3. 原审被告人阳某无罪。

六、法理解说

二审法院的判决是正确的。

本案主要涉及三个问题：（1）如何区分妨害作证罪与辩护人妨害作证罪？（2）被害人是否属于刑法第306条的"证人"？（3）被害人作伪证的应当如何处理？

（一）区分妨害作证罪与辩护人妨害作证罪

妨害作证罪是刑法第307条第1款规定的以暴力、威胁、贿买等方法阻止证人作证或者指使他人作伪证的行为。妨害作证罪包括两个基本的行为类型：（1）以暴力、威胁、贿买等方法阻止证人作证；（2）以暴力、威胁、贿买等方法指使他人作伪证。辩护人妨害作证罪是刑法第306条第1款规定的在刑事诉讼中辩护人威胁、引诱证人违背事实改变证言或者作伪证的行为。辩护人妨害作证罪也包括两个基本的行为类型：（1）在刑事诉讼中，辩护人威胁、引诱证人违背事实改变证言；（2）在刑事诉讼中，辩护人威胁、引诱证人作伪证。

从行为类型来看，妨害作证罪的第（2）种行为类型包容辩护人妨害作证罪，即二者属于普通法与特别法的关系。理由在于：（1）妨害作证罪的主体可以是一般主体，而辩护人妨害作证罪的主体是辩护人，必须为特殊主体。（2）妨害作证罪可以发生于刑事诉讼、民事诉讼和行政诉讼中；而辩护人妨害作证罪只能发生在刑事诉讼领域。（3）除暴力、威胁、贿买的方法外，指使他人作伪证的行为还可以以命令、劝说、哀求等方式实施。"……等方法"表明，除暴力、威胁、贿买等方法外还有其他方法，只是因为立法技术上的简洁要求而对此省略表述；而且"贿买"与"暴力、威胁"的性质和程度不同，所以其他方法在性质和程度上都不存在特殊的限定。辩护人使证人违背事实改变证言或者作伪证的，仅限于通过"威胁"、"引诱"的方法。"威胁"在妨害作证罪和辩护人妨害作证罪的罪状中都有表述；"引诱"既包括以利相诱的方法，又包括命令、指使、劝说、哀求等教唆方法，而妨害作证罪的行为方法并没有特殊限定，可以包容"引诱"。因此，"威胁"和"引诱"方法都为妨害作证罪的行为方法所包含。（4）"他人作伪证"的含义与"证人违背事实改变证言或者作伪证"的含义相同。此处的"他人"和"证人"的含义相同，既包括知悉案件情况的人，又包括不知悉案件情况的人。"违背事实改变证言"指证人在已经作出证言后又违背事实对证言予以修改、变动的情况，而"作伪证"指证人作出虚假的证言，并且在此之前未作证的情况。"违背事实改变证言"与"作伪证"都是伪证行为。

有必要指出的是，辩护人在实施引诱行为且被害人答应作伪证后，为被害人起草虚假陈述，然后由被害人抄写的，成立辩护人妨害作证罪，而非辩护人伪造证据罪。辩护人伪造证据罪包括辩护人伪造言词证据的行为，该行为主要是指辩护人以冒充证人名义或虚构姓名的方式制造虚假证据的行为。辩护人变造言词证据的，因其对证据证明力的变更，应认定为辩护人毁灭证据罪。辩护人起草虚假证据的行为并非冒充证人名义制造虚假证据的行为，其起草虚假证据的目的是使"证人违背事实改变证言或者作伪证"的行为顺利完成，因此应当认定为辩护人妨害作证罪。如果将之认定为辩护人伪造证据罪，则容易造成辩护人伪造证据行为与辩护人妨害作证行为相混淆。

肖某泉作为梅某宝的辩护人与梅某琴共同实施了贿买被害人阳某并要求其违背事实改变证言的行为，肖某泉的行为既符合妨害作证罪，又符合辩护人妨害作证罪，属于法条竞合的情况。法条竞合是实施一个行为，但因为法条之间错综复杂的关系，而同时符合数个法条的构成要件的情况。行为虽然符合数个法条规定，但是只成立一个犯罪。根据特别法优于普通法的原则，应当认定肖某泉成立辩护人妨害作证罪。一审法院认定肖某泉成立妨害作证罪是错误的；二审法院改判肖某泉犯辩护人妨害作证罪是正确的。

（二）被害人是否属于《刑法》第306条第1款的"证人"

在此问题上，有观点认为，不能将"证人"的范围扩张解释至包括被害人在内，因为在我国刑事诉讼理论中，证人和被害人是两种完全不同的诉讼角色。二者具体不同之处在于：（1）法律地位不同。被害人是当事人，执行控诉职能；证人是其他诉讼参与人，在诉讼中处于中立地位。（2）与诉讼结果的利害关系不同。被害人与诉讼结果有着直接的利害关系；而证人没有这种利害关系。（3）参与诉讼的目的不同。被害人是为了维护自己的利益；而证人是为了帮助司法机关作出公正裁决。① 我们认为，《刑法》第306条第1款的"证人"似乎应作广义理解，亦即这里的"证人"应当既包括一般意义上的证人，又包括被害人和鉴定人。原因在于：（1）被害人是知道案件情况的人，鉴定人是知悉案件所涉及的专门性问题的人，二者都具备证人身份；将二者解释为证人，不会超出证人的文义射程。关键的问题在于，伪证罪中的证人之所以不能包括被害人，还可以用"缺乏期待可能"来解释，但是本罪中的证人仅作狭义理解，似乎很难找到充分的理由，实践中也会造成阻止被害人、鉴定人作证的行为无法受到追究的情形发生。（2）"对刑法的概念没有必要完全按照其他法律的规定做出解释。因为刑法具有独立性，有其特定的目的与特定的规制对象，对刑法概念的解释应当在刑法用语可能具有的含义内，选择符合刑法目的的解释。"② 虽然刑事诉讼法理论中的"证人"概念不包括被害人，但是刑法中的"证人"概念具有独立意义，完全有可能涵盖被害人。如果只是依照其他法律的含义解释刑法中的概念，就会使刑法文本的活力丧失，妨碍探寻文本的真实含义。（3）将被害人解释为"证人"，不会超出"证人"可能具有的含义和公民可能预测的范围。被害人陈述和证人证言都是在刑事诉讼中用以证明案件事实的证据，二者的收集和固定程序相同，在司法实践和日常生活中被害人的陈述行为也被称为"作证"。因此刑事诉讼意义上的证人概念不能说明"证人"的含义已经固化。

本案二审法院认定辩护人肖某泉成立辩护人妨害作证罪，实际上也认定了辩护人引诱"证人"违背事实改变证言的行为。该法院判决承认"证人"包括被害人，是对"证人"范围正确的扩大解释。

（三）如何处理被害人作伪证的行为

刑法第305条规定："在刑事诉讼中，证人、鉴定人、记录人、翻译人对与案件有重要关系的情节，故意作虚假证明、鉴定、记录、翻译，意图陷害他人或者隐匿罪证的，处三年以下有期徒刑或者拘役；情节严重的，处三年以上

---

① 参见黄京平主编：《妨害证据犯罪新论》，中国人民大学出版社2007年版，第69~70页。

② 参见张明楷著：《刑法分则的解释原理》（上），中国人民大学出版社2011年版，第99页。

七年以下有期徒刑。"本条中的"证人"可以包含被害人在内。虽然我国刑事诉讼法认为被害人陈述与证人证言属于不同的证据种类,但这并不能否认被害人具有证人的性质。"具体而言,被害人的当事人身份是处于维护自身合法权益的需要。作为当事人,被害人虽然具有独立的诉讼地位,但其合法权益的维护却是依赖于司法机关刑事审判权之行使的,所以说,被害人的证人身份事实上更为突出。"①

因此,在刑事诉讼中,被害人对与案件有重要关系的情节,故意作虚假证明,意图陷害他人或者隐匿罪证的,成立伪证罪。一审法院认定阳某成立包庇罪的判决是错误的;即便阳某的行为应被处罚,也应认定为伪证罪。需要特别说明的问题是,被害人陈述具有固有缺陷,即被害人陈述有可能会放大或者缩小犯罪事实。内心的仇恨或恐惧、他人的劝说或诱惑是导致这种情况发生的主要原因。在被害人受到严重侵害而发生情绪波动或思想混乱的情况下,难以保证其就案件事实所作陈述的客观性和真实性,因此司法工作人员在认定案件事实时应当认真审查被害人陈述的内容,而且在发现被害人陈述中存在虚假内容后也应当谨慎处理。结合本案来讲,尚未成年的阳某是强奸案的被害人,本来已经遭受严重的身心侵害,加之其受到犯罪嫌疑人的辩护人和亲友的诱惑,因此,我们已经无法期待或者无法充分期待其依然能够根据记忆和经历而作出客观陈述。二审法院根据刑法第13条,判定阳某的行为情节显著轻微危害不大,不认为是犯罪,这是正确的。

---

① 参见周少华、贾清波:《伪证罪主体问题探讨》,载《法学》2005年第6期,第47页。

案例2：钟某生辩护人妨害作证案
——授意他人作伪证并伪造证据的，应如何认定

一、基本情况

案　由：辩护人妨害作证

被告人：钟某生，男，35岁，汉族，广西苍梧县人，广西梧州市顺景律师事务所律师。因本案于2000年5月18日被逮捕。

二、诉辩主张

（一）人民检察院指控事实

广西壮族自治区苍梧县人民检察院指控称，被告人钟某生担任罗忠旭受贿一案的刑事辩护人，在其收到罗忠旭受贿数额为10.95万元的起诉书后，为使罗忠旭得到减轻处罚，而设法将受贿数额减至10万元以下。2000年3月22日被告人钟某生为达到上述目的，教唆梧州地区卫生学校附属医院办公室主任黄秀萍为罗忠旭减少受贿数额1万元，随后教唆该院出纳张燕贞作其在黄秀萍手中发了7900元给附院职工的假证词。次日，黄秀萍据被告人钟某生所教，作罗忠旭曾交了1万元给其发给职工及其他开支的假证言，并向其提供以文娱费、购买BP机、餐费开支等共计1万元伪造的票据。2000年4月3日，被告人钟某生在会见罗忠旭时，教唆罗忠旭作在医疗器械回扣款中交1万元给黄秀萍的假供述。在开庭审理该案过程中，被告人钟某生向法庭出示并提交上述伪造证据，扰乱该案诉讼活动的正常进行。公诉机关认为，被告人钟某生在刑事诉讼中，作为罗忠旭的辩护人，帮助罗伪造证据，其行为触犯《中华人民共和国刑法》第306条第1款之规定，构成辩护人妨害证据罪。

（二）被告人辩解及辩护人辩护意见

被告人钟某生及其辩护人提出如下辩解及辩护意见：

1. 主要证据不足且证据来源不合法。

2. 被告人钟某生没有教唆黄秀萍作罗忠旭曾交了1万元给其发给职工及其他开支的假证言；没有教唆黄秀萍伪造文娱费开支、购买BP机、餐费开支等共计1万元的票据；没有教唆张燕贞作其在黄秀萍手中发了7900元给职工的假证词；没有教唆罗忠旭作在医疗器械回扣款中交1万元给黄秀萍的假供述。

3. 即使黄秀萍提供给被告人钟某生的有关票据失实，被告人的行为也属《中华人民共和国刑法》第306条第2款规定的情况，也不构成辩护人妨害证据罪，也谈不上帮助当事人伪造证据，因为当事人罗忠旭没有伪造证据。

故被告人及其辩护人认为不构成辩护人妨害证据罪，请求法院对被告人宣告无罪。

三、人民法院认定事实和证据

（一）认定犯罪事实

1. 一审人民法院认定事实

广西壮族自治区苍梧县人民法院经公开审理查明：被告人钟某生担任罗忠旭受贿数额为10.95万元一案的刑事辩护人，为使罗忠旭得到减轻处罚，设法将受贿数额减至10万元以下。而在开庭审理该案过程中，被告人钟某生向法庭出示并提交如下证据：（1）2000年2月23日黄秀萍向钟某生及案外人吴燕文作的供述；（2）黄秀萍提供给钟某生12张梧州地区卫校附属医院职工158人以春节文娱费的名义发给每人50元，共计7900元，并由该附院各科室负责签领的白头单复印件；（3）黄秀萍向钟某生提供的由黄秀萍保管的该附院餐费票据、科室购买BP机票据等复印件，共计2049元。被告人钟某生向法庭提供这些证据证实罗忠旭在受贿医疗器械回扣款中交1万元给黄秀萍，黄秀萍又给张燕贞7900元发给其附院职工文娱费、购买BP机、请中层领导聚餐等开支用去了2049元，余下的51元由黄秀萍保管的事实。罗忠旭在庭审中也作了这样的供述。致使罗忠旭受贿一案的庭审活动延期进行。张燕贞于2000年4月12日亲自到公诉机关反映这样的事实："罗忠旭曾交给黄秀萍1万元，而黄秀萍在1999年春节前后将其中的7900元及列好的名单交给我发给表列人员，发完钱后我立即将表交给黄秀萍。"上述罗忠旭在收受医疗器械回扣款中将1万元交给黄秀萍，黄秀萍又将7900元交给张燕贞发给职工的文娱费是虚假的事实，且发放这7900元的12张表单是黄秀萍伪造的，黄秀萍的调查笔录是假供述，罗忠旭在庭审时的供述也是虚假的供述，张燕贞亲自到公诉机关所作的也是假供述，购买BP机、餐费等项开支2049元也不是在这1万元中核销。这些虚假的事实、虚假的供述是被告人钟某生在会见罗忠旭及向黄秀萍取证时，授意、指点罗、黄二人所为，张燕贞的供述也是在被告人钟某生及黄秀萍的授意下所为。案发后，由公诉机关将被告人钟某生涉嫌辩护人妨害证据的有关材料移交广西壮族自治区苍梧县公安局立案及侦破。

2. 二审人民法院认定事实

一审判决宣告后，被告人钟某生不服，提出上诉。上诉人钟某生诉称：原判在法庭庭审程序部分违法剥夺其质证权，一审认定的证据相互矛盾，导致对被告人定罪处刑是错误的。

广西壮族自治区梧州市中级人民法院经公开开庭审理查明、认定的事实与一审法院查明的事实相同。

（二）认定犯罪证据

上述事实有下列证据证明：

1. 刑事辩护委托书、出庭证，证实被告人钟某生担任罗忠旭受贿一案的刑事辩护人。

2. 公诉机关苍检刑诉字〔2000〕第 18 号起诉书证实罗忠旭涉嫌受贿（在购买医疗器械时）数额 10.95 万元。

3. 广西壮族自治区苍梧县人民法院〔2000〕苍刑初字第 31 号刑事判决书认定罗忠旭收受医疗器械回扣款为 10.95 万元，证实罗忠旭没有将其中的 1 万元交给黄秀萍。

4. 证人罗忠旭证实在其受贿一案中，被告人钟某生会见之前，没有说过在收受医疗器械回扣款中交给黄秀萍 1 万元，是钟某生律师会见罗忠旭时授意其要这样作假供述的。

5. 证人黄秀萍、张燕贞证实是钟某生在梧州地区卫生学校附属医院病案室，为使罗忠旭能得到减轻处罚而授意黄、张二人作虚假的供述。

6. 证人吴燕文证实被告人钟某生在会见罗忠旭时教唆罗忠旭作虚假供述。

7. 证人郑沛英、吴海林、甘超英等人证实黄秀萍伪造证据，证人陈日锦、郭桂中证实被告人钟某生要求黄秀萍为罗忠旭一案提供有关 1 万元开支的票据。

8. 黄秀萍于 2000 年 2 月 23 日的调查笔录一份及白头表单、餐票、购买 BP 机票据等书证证实，被告人钟某生在罗忠旭受贿一案的诉讼过程中向法庭出示并提供的事实。

四、判案理由

广西壮族自治区苍梧县人民法院认为：被告人钟某生在担任罗忠旭受贿一案的辩护人时，出于为罗忠旭开脱罪重的刑事责任，帮助当事人伪造证据，其行为触犯《中华人民共和国刑法》第306条第1款之规定，构成辩护人妨害作证罪。而公诉机关指控被告人钟某生犯辩护人妨害证据罪在最高人民法院《关于执行〈中华人民共和国刑法〉确定罪名的规定》第306条罪名中没有这一罪名。被告人钟某生在侦查、审查起诉、庭审阶段均拒不认罪，没有正视自己的犯罪行为，在量刑时酌情从重处罚。被告人钟某生的辩护人提出钟某生不是帮助当事人伪造证据，因为当事人罗忠旭没有直接伪造证据，这样的说法是不能成立的。理由是，帮助当事人伪造证据既可以表现为共同直接实施各种伪造证据的行为，也可以表现为教唆、出主意，被告人钟某生指点罪重罪轻的事实证据何在以及教唆黄秀萍作虚假供述和伪造证据的目的，是使罗忠旭开脱罪重的刑事责任，被告人钟某生的行为是帮助当事人伪造证据的行为。被告人钟某生及其辩护人的其他辩解，与事实不符，不予采信。

广西壮族自治区梧州市中级人民法院认为：上诉人钟某生在担任罗忠旭受贿一案的辩护人时，帮助当事人伪造证据，其行为触犯《中华人民共和国刑法》第306条第1款之规定，构成辩护人妨害作证罪。原判定性准确，适用法律正确，审判程序合法，量刑恰当。上诉人钟某生在侦查、审查起诉和庭审阶段均拒不供认犯罪事实，认罪态度不好，应酌情从重处罚。对上诉人提出的上诉理由及辩护人的辩护意见，经核查，钟某生在担任罗忠旭受贿一案的刑事辩护人时，在明知罗忠旭没有交1万元给黄秀萍的情况下，而向法庭出示并提交虚假的证据，有证人黄秀萍陈述其虽然提供过罗忠旭曾交给其1万元，并说明1万元是如何分配使用的情况，但其后来在公诉机关的教育下如实反映了其是在钟某生授意下为使罗忠旭能得到减轻处罚才作的陈述；证人张燕贞证实是在钟某生及黄秀萍的授意下作了虚假的陈述，其实际没有得到钱款；证人吴燕文证实钟某生在会见罗忠旭时教唆罗忠旭作虚假供述；证人罗忠旭证实在其受贿一案中，钟某生会见之前，没有说过在收受医疗器械回扣款中交给黄秀萍1万元，是钟律师会见时授意其要这样作假供述的。故原判认定钟某生为使罗忠旭受贿数额降低到10万元以下，帮助罗忠旭能得到减轻处罚而向法庭提供虚假证据，致使原审在审理罗忠旭受贿一案中延期进行，妨害了司法机关的正常活动，其行为构成辩护人妨害作证罪。尽管上诉人否认事实，但是以上证据之间均能相互印证，足以证实，且二审庭审时对本案的证据均已列举，上诉人并无异议，原判认定上诉人有罪是有充分的事实和法律依据的。因此，对其上诉理由及辩护意见不予采纳。

五、定案结论

广西壮族自治区苍梧县人民法院根据《中华人民共和国刑法》第 306 条第 1 款之规定，作出如下判决：

钟某生犯辩护人妨害作证罪，判处有期徒刑一年。

广西壮族自治区梧州市中级人民法院根据《中华人民共和国刑事诉讼法》第 189 条第 1 项、《中华人民共和国刑法》第 306 条第 1 款之规定，作出如下裁定：

驳回上诉，维持原判。

六、法理解说

在本案中，作为罗忠旭受贿案辩护人的钟某生为使罗忠旭减轻处罚，教唆黄秀萍作罗忠旭曾交给其 1 万元开支费用的虚假证言，而且令黄秀萍伪造相应数额的票证单据；钟某生还教唆张燕贞作黄秀萍曾发给其 7900 元文娱费的虚假证言。钟某生成立何种犯罪是本案的关键问题。因此有必要对辩护人妨害作证罪加以分析。

辩护人妨害作证罪是在刑事诉讼中，辩护人威胁、引诱证人违背事实改变证言或者作伪证的行为。

"刑事诉讼"是指刑事案件的侦查、起诉、审判和执行等整个过程。刑事案件包括公诉案件和自诉案件；审判阶段包括一审程序、二审程序、死刑复核程序和审判监督程序。本条只规定"在刑事诉讼中"，并未对具体的诉讼阶段予以限制，因此不宜对其范围作不恰当的限制解释，以免无法应对实践中可能出现的新情况和新问题。但需要注意的是，本罪客体是刑事司法活动的正常秩序，因此，"刑事诉讼"不包括附带民事诉讼部分。

本罪是身份犯，即行为主体是特殊主体，既包括辩护人，又包括侦查阶段介入的律师。

证人"违背事实改变证言"和"作伪证"的行为都是伪证行为，二者的区别在于，"违背事实改变证言"指证人在已经作出证言后又对证言予以修改、变动的情况，而"作伪证"指证人作出虚假的证言，并且在此之前未作证的情况。

威胁的内容包括侵害生命、破坏财产和损害名誉等，威胁的对象既可以是证人本人，也可以是其他人，但威胁所造成的心理压迫效果最终指向证人。需要讨论的问题是，辩护人用暴力手段使证人违背事实改变证言或者作伪证的情况能否认定为辩护人妨害作证罪。有观点认为，"从当然解释的角度来看，既然律师威胁证人改变证言内容或作伪证可以构成犯罪，相对而言，采用暴力手段迫使证人作伪证的行为更为严重，当然也可以构成律师伪证罪。"① 但我们反对该观点，具体理由如下：（1）罪刑法定原则要求刑法解释的基础和起点是刑法文本，而解释的界限是文义之可能范围。一旦对刑法文本的解释超出其文义之可能范围，则该活动即成为"在法律的规则之外进行的找法活动"②。在日常用语中，"暴力"与"威胁"具有不同的意义；在刑法文本中，"暴力"和"威胁"也常作为并列的行为方式或手段，如刑法第242条第1款妨害公务罪规定的"以暴力、威胁方法"、第244条强迫劳动罪规定的"以暴力、威胁或者限制人身自由的方法"、第256条破坏选举罪规定的"以暴力、威胁、欺骗、贿赂、伪造选举文件、虚报选举票数等手段"等。立法者将二者并列说明"暴力"已经超出"威胁"的文义范围。（2）反对将上述行为按辩护人妨害作证罪处理并不会放纵这种严重侵害法益的行为。该行为符合刑法第307条第1款妨害作证罪的规定，属于以暴力方法指使他人作伪证的行为。而且，妨害作证罪的法定刑与辩护人妨害作证罪的法定刑相同，不会出现刑罚不协调的情况。

引诱的含义是刑法第306条争议最大之处。目前对"引诱"的理解有两种观点：一种观点认为，引诱"不能理解为诱导性询问，也不能按照诱供之引诱来理解，而必须是以诱使证人违背事实改变证言或者作伪证为目的，采取金钱、物质或者其他利益的方法，诱使证人违背事实改变证言或者作伪证的行为"③。另一种观点从更广义的角度理解引诱，认为引诱可以解释为引导、劝诱，引诱的内容和方式不影响本罪的成立。④

我们认为，"引诱"的方式既包括以金钱、物质利益和非物质利益相诱的方式，又包括命令、指使、哀求、劝说等教唆方式。具体原因为：（1）引诱

---

① 参见王永杰：《论律师伪证罪与他罪竞合情形下的处理》，载《时代法学》2011年第4期，第79页。

② 参见［德］克劳斯·罗克辛著：《德国刑法学总论（第1卷）》，王世洲译，法律出版社2005年版，第85页。

③ 陈兴良：《辩护人妨害作证罪之引诱行为的研究——从张耀喜案切入》，载《政法论坛》2004年第5期，第163页。

④ 参见吴占英著：《妨害司法罪——立案追诉标准与司法认定实务》，中国人民公安大学出版社2010年版，第33页。

在刑法文本中多次出现。引诱未成年人聚众淫乱罪中的"引诱",是指通过语言、表演、示范、观看录像等手段,诱惑未成年的男女参加聚众淫乱活动;引诱他人吸毒罪中的"引诱",是指以金钱、物质或者含有毒品的物品让他人吸食,或者以向他人进行鼓动等方法,勾引、诱使、拉拢本无吸毒意愿的人吸毒;引诱卖淫罪中的"引诱",是指以金钱、物质或者其他利益为手段,诱使他人卖淫;引诱幼女卖淫罪的"引诱",是指以金钱、物质或者其他方法诱使幼女卖淫。① 由此可见,"引诱"在刑法文本中的含义并不稳定,有时表达以利相诱之意,有时既有以利相诱之意,又有劝说、引导之意。因此,根据其他条文中"引诱"的含义无法准确定义本罪"引诱"的含义。(2)根据刑法第307条第1款的规定,一般主体命令、指使、哀求、劝说他人作伪证的尚成立妨害作证罪,则辩护人命令、指使、哀求、劝说证人作伪证的没有道理不构成犯罪。因为,辩护人具备专业知识和辩护技巧,其教唆证人作伪证的行为更容易对刑事诉讼活动秩序造成现实侵害或者侵害的危险。(3)如果认为辩护人教唆证人作伪证的行为不成立辩护人妨害作证罪,那么该行为有可能会被司法机关认为成立辩护人伪造证据罪。但是,这样会出现不协调的现象:以威胁的方法使证人作伪证的,成立辩护人妨害作证罪;以平和的教唆方法使证人作伪证的,成立辩护人伪造证据罪。辩护人伪造证据、帮助当事人伪造证据的,成立辩护人伪造证据罪;辩护人威胁、引诱证人作伪证的,成立辩护人妨害作证罪。二者区分的关键在于,伪造言词证据不包括"证人违背事实改变证言或者作伪证"的情况。例如,辩护人冒用证人名义制作证人证言的,属于辩护人伪造证据罪;而辩护人要求证人作伪证的,成立辩护人妨害作证罪。如果认为辩护人教唆证人作伪证的行为成立辩护人伪造证据罪,则会导致无法正确区分辩护人伪造证据罪与辩护人妨害作证罪。(4)有观点认为:"证言是由证人自己作出的,而证人是有独立人格和行为能力的,能够独立负责,证人应如实作证而不应接受'引诱'。"② 照此观点之逻辑,可推理出如下情况:甲教唆乙杀人,因乙具备刑事责任能力,本应拒绝教唆,不去杀人,所以甲的行为不具备刑事可罚性。本文认为这一观点不能作为不处罚辩护人教唆伪证行为的理由。

司法机关应当正确理解"引诱"的内涵。"引诱"不是诱导性询问;诱导

---

① 参见陈兴良著:《规范刑法学》(下册),中国人民大学出版社2008年版,第837、941~942、950、951页。

② 参见魏东:《辩护人伪造证据、妨害作证罪的三个问题——以李庄案为例》,载《北方法学》2010年第6期,第87页。

性询问是在提问中明示可能的答案，从而强烈地暗示证人按提问者的答案作出回答的问题；诱导性询问是英美对抗式刑事程序中的一种询问方式，由于其可能使被询问人产生误解，一般是被禁止使用的；但反诱导性询问的规则只适用于主询问，不适用于反询问。① 如果辩护人在询问证人时，使证人产生误解进而违背事实改变证言或者作伪证的，不能认为成立辩护人妨害作证罪，因为主观上需要具备故意才成立该罪。如果辩护人在询问证人时，允许犯罪嫌疑人或者被告人的亲友在场，证人因碍于情面而违背事实改变证言或者作伪证的，不能认为成立辩护人妨害作证罪。如果辩护人以明示或者暗示方式使犯罪嫌疑人、被告人违背事实改变证言、作伪证或者拒绝供述的，不能认为成立辩护人妨害作证罪。如果辩护人为帮助证人回忆其感知或经历而作出提示的，不能认为成立辩护人妨害作证罪。

就本案而言，钟某生授意黄秀萍、张燕贞作出虚假证言的行为是引诱证人作伪证的行为，成立辩护人妨害作证罪；钟某生授意黄秀萍提供伪造的票证单据并将之向法庭提交的行为，成立辩护人伪造证据罪。一审法院和二审法院将钟某生的行为概括为"帮助当事人伪造证据"是错误的。理由在于：（1）本罪"伪造证据"与"帮助当事人伪造证据"的区别在于行为人是否就伪造证据与当事人有主观通谋。在钟某生要求黄秀萍伪造票证单据时，当事人罗忠旭并不知情。因此应认定钟某生的行为是伪造证据，而非帮助当事人伪造证据。（2）"作伪证"不同于伪造证据，一审法院和二审法院未明确二者的区别。作伪证是作出违背自身记忆和经历且与客观事实不符的陈述；伪造证据是指制造虚假的证据。因此，辩护人为使当事人刑事责任减轻而授意他人作虚假陈述的，是引诱证人作伪证的行为，是辩护人妨害作证行为，而不属于辩护人帮助当事人伪造证据的情况。（3）退步而言，法院既然将钟某生的行为概括为帮助当事人伪造证据，就理应认定其成立辩护人伪造证据罪。但是，一审法院和二审法院都认定其触犯辩护人妨害作证罪，而辩护人妨害作证行为并不包括帮助当事人伪造证据的情况。这也说明对钟某生行为的归纳是错误的。综上所述，钟某生触犯辩护人伪造证据罪和辩护人妨害作证罪，应当数罪并罚。

（整理人：葛恒浩）

---

① 参见陈兴良：《辩护人妨害作证罪之引诱行为的研究——从张耀喜案切入》，载《政法论坛》2004 年第 5 期，第 160 页。

案例3：周某梅辩护人伪造证据案
——侦查阶段介入的律师是否属于"辩护人"

一、基本情况

案　由： 伪造证据

被告人： 周某梅，女，33岁，汉族，四川省南充市人，系四川法典律师事务所律师。

二、诉辩主张

（一）人民检察院指控事实

四川省成都市青白江区人民检察院指控被告人四川法典律师事务所律师周某梅在接受犯罪嫌疑人何远俊之妻陈家琼委托担任何远俊侦查、起诉、审判阶段的辩护人期间，为达到证实何远俊没有将公款439530.17元据为己有的目的，分别实施了添加、引导和编造行为，即将有悖于证人原意且不知晓的情节添加在证人何世昌、王有恩、沈序清调查笔录中，引导证人曾顺和提供虚假证词，以及在调查笔录中违背证人曾顺和原意编造事实，意图将何远俊涉嫌贪污439530.17元的事实改变为"成都市龙粟米业有限公司领导班子集体研究决定为该公司与成都天作股份有限公司进行民事诉讼以及申请法院对土地进行执行过程中正常开支了公款"，从而达到证实"何远俊无罪"之目的。2003年12月22日法院公开审理何远俊贪污一案，律师昝夏宁、被告人周某梅作为辩护人出庭为何远俊辩护。法庭建议控辩双方进行证据交换时，律师昝夏宁将包括4份伪证在内的共14份证据在逐一征得周某梅同意后于12月24日交给法院，并经过法庭示证、质证，公诉人在法庭上对上述4份伪证明表示了异议。公诉机关认为，被告人周某梅的行为已构成辩护人伪造证据罪。

（二）被告人辩解及辩护人辩护意见

被告人周某梅辩称，证人证言的形成是被告人与另一个律师就侦查阶段工作的体现，也没有造成恶劣的后果，当案件进入起诉阶段至审理阶段，被告人没有任何辩护意见提交法庭，庭审的情况也不清楚，并没有构成辩护人伪造证据罪。

被告人周某梅的辩护人以假设调查笔录添加的内容是被告人所为为前提，提出了如下理由：（1）被告人在调查笔录中添加的内容是背着证人添加上去的，还是在现场当着证人添加上去的无从查证；四个证人分别证明的是他们自己证言上的情况，从数量上讲这是一个孤证。（2）笔录上添加的内容不违背证人的原意和客观事实。（3）笔录上添加的话对何远俊贪污一案没有造成任何不利后果，没有影响刑事诉讼活动的正常进行。

三、人民法院认定事实和证据

（一）认定犯罪事实

1. 一审人民法院认定事实

成都市青白江区人民法院经公开审理后，查明以下案件事实：2003年5月12日，原成都市龙粟米业有限公司法定代表人、董事长、总经理何远俊因涉嫌贪污犯罪被成都市青白江区人民检察院立案侦查。2003年5月16日，四川法典律师事务所律师周某梅、冯志荣接受犯罪嫌疑人何远俊之妻陈家琼的委托，担任何远俊在侦查期间的法律帮助人。被告人周某梅于2003年5月16日至5月27日期间，分别对原成都市龙粟米业有限公司董事、办公室主任曾顺和，公司董事何世昌，公司副总经理沈序清和原成都市青白江区粮食局局长王有恩四位证人调查取证，并制作形成律师调查笔录4份。调查取证结束后，被告人周某梅在对证人王有恩所作的调查笔录中添加了"花了不少钱，油厂又没摊。情况就这些"，在对证人何世昌所作的调查笔录中添加了"所有费用我们一家摊起，反正花了不少钱。有四五十万"，在对证人沈序清所作的调查笔录中添加了"他花了多少我们都同意，何远俊也不会贪污这个钱"等与检察院指控何远俊涉嫌贪污公款439530.17元的犯罪事实直接相关的内容。被告人周某梅对证人曾顺和所作的调查笔录曾顺和未当场签字。被告人周某梅在该份笔录上添加的主要内容在律师昝夏宁找证人曾顺和签字时，被曾顺和划去。2003年8月26日，何远俊涉嫌贪污一案被侦查终结并移送审查起诉。2003年8月28日，四川法典律师事务所律师周某梅、昝夏宁接受陈家琼委托担任何远俊在起诉期间的辩护人，被告人周某梅将上述4份调查笔录作为辩护证据交给了律师昝夏宁。2003年12月8日，成都市青白江区人民检察院以成青检刑诉字〔2003〕176号起诉书指控被告人何远俊涉嫌贪污公款439530.17元，向成都市青白江区人民法院提起公诉。2003年12月10日，四川法典律师事务所向法院出具编号为刑函C字第7号《律师事务所通知函》，指派周某梅、昝夏宁担任何远俊的辩护人。2003年12月22日，法院公开开庭审理何远俊被控贪污一案，被告人周某梅、律师昝夏宁作为辩护人出庭为何远俊辩护。2003年12月24日，律师昝夏宁将包括上述4份调查笔录在内的辩护证据交给了法院。其后法院又数次开庭审理此案，每次均发出《出庭通知书》通知被告人周某梅、律师昝夏宁作为辩护人出席法庭，被告人周某梅未再出庭。在法庭举证、质证过程中，公诉人对上述调查笔录明确表示了异议。青白区人民法院〔2003〕青白刑初字第204号生效判决书确认了何远俊贪污439530.17元的犯罪事实，上述调查笔录及辩护人关于何远俊无罪的辩护意见未被法院采信。

2. 二审人民法院认定事实

一审判决宣告后，被告人周某梅不服，提出上诉。上诉人周某梅诉称：其在接受何远俊家属的委托后对涉案当事人进行调查取证，所做的调查笔录包括事后在笔录中增添的内容是对证人反映的情况真实地记载，因何远俊的妻子陈家琼与证人串通作伪证而导致部分笔录失实，上诉人没有伪造证据为何远俊开脱罪责的故意，上诉人无罪。上诉人周某梅的辩护人辩称：（1）原判认定周某梅对证人何世昌、王有恩的证言进行添加、伪造的证据不足。（2）周某梅在证人何世昌、王有恩的调查笔录上添加的内容不是周某梅伪造的。（3）周某梅在调查笔录上添加内容的行为属不规范行为，未影响刑事诉讼的正常进行，尚未达到构成犯罪的程度。据此，辩护人请求对周某梅宣告无罪。

成都市中级人民法院审理查明的事实和采信的证据与原判一致。

（二）认定犯罪证据

人民法院认定的事实有以下证据证明：

1. 被告人周某梅对证人何世昌、沈序清、王有恩所作的调查笔录，证实添加的"有四五十万"、"花了不少钱，油厂又没摊"是原调查笔录中没有的内容。

2. 成都市公安局刑事技术鉴定书的鉴定结论，证实调查笔录的字迹是同一个人书写。

3. 证人何世昌、沈序清、王有恩的证言，证实调查笔录上的添加内容是被告人周某梅事后添加的。

4. 律师执业证、刑事案件委托书、出庭通知书等书证，证实被告人周某梅的律师及在何远俊贪污一案中的辩护人身份。

5. 被告人周某梅在供述中承认了对调查笔录进行添加的事实。

6. 被告人在对证人沈序清所作的调查笔录上添加的内容与该调查笔录中

沈序清陈述内容的核心意思是一致的，虽未经被调查人确认，但未对证人证言的内容进行虚构。

7. 经当庭质证的证人昝夏宁、曾顺和的证言及被告人周某梅的供述证实，被告人周某梅在对曾顺和的调查笔录上添加的主要内容在律师昝夏宁找曾顺和签字时，被曾顺和划去。

四、判案理由

成都市青白江区人民法院根据上述事实和证据认为：被告人周某梅接受委托作为被告人何远俊的辩护人，在刑事诉讼过程中对已经证人何世昌、王有恩签字确认的证人证言故意采用事后添加的手段，增添了原证人证言中没有的证言内容，且添加内容与何远俊贪污犯罪事实直接相关，其行为已构成辩护人伪造证据罪。公诉机关指控罪名成立。公诉机关关于被告人周某梅对证人曾顺和、沈序清的证言进行伪造以及引导证人曾顺和提供虚假证词的指控缺乏充分的证据和理由，法院不予支持。被告人周某梅辩称证人证言的形成只是与另外一名律师就侦查阶段工作的体现，不构成辩护人伪造证据罪的辩解理由不成立。律师接受被控告者的委托介入刑事诉讼，就是要为委托人提供法律帮助，提出委托人无罪、罪轻等意见。被告人周某梅在侦查、起诉、审判各诉讼阶段均接受了委托，作为被告人何远俊的辩护人，其在侦查阶段的调查取证行为已超出了律师帮助的范畴，其添加了内容的调查笔录亦在审判阶段作为辩护证据提交法院并进行了庭审质证。辩护人提出的公诉机关指控的犯罪事实证据不足，被告人周某梅不构成辩护人伪造证据罪的辩护意见中，关于公诉机关对被告人周某梅就证人沈序清、曾顺和的证人证言进行添加伪造及引导曾顺和提供虚假证词的指控证据不足的理由成立，法院予以采信；关于公诉机关对被告人周某梅就证人何世昌、王有恩的证人证言进行添加伪造的指控证据不足的辩护意见不成立。公诉机关指控被告人周某梅对证人何世昌、王有恩的证人证言进行添加伪造的事实有收集在案的物证、书证、鉴定结论、证人证言、被告人的供述等证据相互印证，形成了证据锁链，证据确实、充分。辩护人提出被告人周某梅添加的证人证言内容没有违背证人的原意和客观事实，没有影响刑事诉讼活动正常进行的辩护意见理由和依据不够充分，法院不予采信。

成都市中级人民法院根据上述事实和证据认为，上诉人周某梅在刑事诉讼中接受他人委托作为辩护人，未能正确行使法律赋予的权利，未能严格遵守法定程序，在其所收集的证人证言上添加虚假内容伪造证据，并作为辩护证据提交法庭，妨害了刑事诉讼的正常进行，其行为已构成辩护人伪造证据罪，但从其犯罪性质、情节、危害后果来看，属犯罪情节轻微。对于上诉人及其辩护人所提无罪的上诉理由及辩护意见，本院认为，上诉人所提何远俊的妻子陈家琼与证人串通作伪证而导致调查笔录部分内容失实的上诉理由，从本案的证据来看，何远俊的妻子陈家琼及证人何世昌、王有恩、曾顺和、沈序清均否认其相互串通作伪证，上诉人所提该上诉理由不成立；上诉人周某梅事后在证人证言上添加内容的行为有其所添加的证人证言、公安机关的鉴定结论及其所调查取证的证人予以证实，证明"添加行为"的证据充分；被告人周某梅作为一个具有法律素养且为社会提供法律服务的专业人员，应忠实履行法律赋予的权利和义务，忠于事实，但其在证人作证后，擅自在证人证言上进行添加，其伪造证据的主观故意明显；且被告人周某梅为何远俊作无罪辩护，所添加的内容直接对抗指控证据，其行为干扰了司法机关正常的刑事诉讼活动；故辩护人的辩护意见不成立，不予采纳。原判认定事实清楚，适用法律正确、审判程度合法、量刑适当。

五、定案结论

成都市青白江区人民法院依照《中华人民共和国刑法》第306条第1款、第30条，作出如下判决：周某梅犯辩护人伪造证据罪，免予刑事处罚。

成都市中级人民法院依照《中华人民共和国刑事诉讼法》第189条第1项之规定，作出如下裁定：驳回上诉，维持原判。

六、法理解说

本案的判决结果是正确的。

刑法第306条第1款规定："在刑事诉讼中，辩护人、诉讼代理人毁灭、伪造证据，帮助当事人毁灭、伪造证据，威胁、引诱证人违背事实改变证言或者作伪证的，处三年以下有期徒刑或者拘役；情节严重的，处三年以上七年以下有期徒刑。"根据最高人民法院《关于执行〈中华人民共和国刑法〉确定罪名的规定》和最高人民检察院《关于适用刑法分则规定的犯罪的罪名的意见》，本条罪名确定为"辩护人、诉讼代理人毁灭证据、伪造证据、妨害作证罪"。由于概括了多种行为类型，因此该罪名属于选择罪名，可以分解为辩护人毁灭证据罪、辩护人伪造证据罪、辩护人妨害证据罪、诉讼代理人毁灭证据罪、诉讼代理人伪造证据罪、诉讼代理人妨害作证罪等罪名。本案涉及辩护人伪造证据罪。本案涉及两大问题：（1）"辩护人"是否包括侦查阶段介入的律师？（2）辩护人伪造证据罪的既遂标准是什么？下文将对之依次展开论述。

（一）辩护人是否包括侦查阶段介入的律师的问题

辩护人是指接受犯罪嫌疑人、被告人及其法定代理人、近亲属的委托或者人民法院的指定，帮助犯罪嫌疑人、被告人行使辩护权以维护其合法权益的人。根据《刑事诉讼法》第32条的规定，下列的人可以被委托为辩护人：（1）律师；（2）人民团体或者犯罪嫌疑人、被告人所在单位推荐的人；（3）犯罪嫌疑人、被告人的监护人、亲友。委托辩护人存在时间上的限定。《刑事诉讼法》第33条第1款规定："公诉案件自案件移送审查起诉之日起，犯罪嫌疑人有权委托辩护人。自诉案件的被告人有权随时委托辩护人。"因此在公诉案件中只能在案件被移送审查起诉之后才能委托辩护人。但是，出于保护犯罪嫌疑人合法权利的考虑，我国允许律师在侦查阶段介入。《刑事诉讼法》第96条第1款规定："犯罪嫌疑人在被侦查机关第一次讯问后或者采取强制措施之日起，可以聘请律师为其提供法律咨询、代理申诉、控告。犯罪嫌疑人被逮捕的，聘请的律师可以为其申请取保候审。"由此可以看出，在刑事诉讼法层面上，侦查阶段介入的律师与辩护人在介入时间和具体工作上都有不同之处。律师可以介入侦查阶段的规定也为部分律师实施毁灭证据、伪造证据、妨害作证活动从而使犯罪嫌疑人逃脱罪责提供了一定机会和便利。

本案就属于这种情况。2003年5月12日何远俊因涉嫌贪污罪被成都市青白江区人民检察院立案侦查，周某梅作为律师于2003年5月16日接受委托为何远俊提供法律帮助，并在2003年5月16日至27日期间对曾顺和、何世昌、沈序清和王友恩等四位证人进行调查取证。经法院查明，取证结束后周某梅在调查笔录上擅自添加有利于何远俊的内容。但是何远俊案于2003年8月26日才被移送审查起诉，换言之，周某梅的伪造证据的行为发生在侦查阶段，其身份为侦查阶段介入的律师，不属于刑事诉讼法所规定的辩护人。如果承认侦查阶段介入的律师属于辩护人，则本案可以适用刑法第306条第1款；如果认为侦查阶段介入的律师不能被辩护人概念包含，则只能考虑适用其他罪名。

在理论上，对此问题主要有两种不同的观点。否定说认为，侦查阶段介入的律师与辩护人截然不同，不能成为辩护人、诉讼代理人毁灭证据、伪造证据、妨害作证罪的主体。否定说的主要理由有：（1）二者介入刑事诉讼的时间不同。（2）二者工作性质不同。辩护人在审查起诉和审判阶段进行的辩护工作与律师在侦查阶段提供的法律帮助区别显著。[①]（3）相关立法的章节安排

[①] 参见吴占英著：《妨害司法罪——立案追诉标准与司法认定实务》，中国人民公安大学出版社2010年版，第37~38页。

和具体表述说明了立法者对二者的不同态度。《刑事诉讼法》没有将律师可以介入侦查阶段的规定设置于第一编第四章"辩护与代理",而是将其编排在第二编第二章"侦查"中。而且《律师法》第28条第3项规定:"接受刑事案件犯罪嫌疑人的委托,为其提供法律咨询,代理申诉、控告,为被逮捕的犯罪嫌疑人申请取保候审,接受犯罪嫌疑人、被告人的委托或者人民法院的指定,担任辩护人,接受自诉案件自诉人、公诉案件被害人或者其近亲属的委托,担任代理人,参加诉讼。"此规定也能表明立法者对二者地位的不同态度。① 肯定说赞成通过扩大解释使辩护人包含侦查程序介入的律师。其主要理由有:(1)律师在侦查阶段所从事的为犯罪嫌疑人提供法律咨询、代理诉讼、控告等活动实际上具有辩护性质;(2)侦查阶段介入的律师大多会成为审查起诉和审判阶段的辩护人;(3)律师在侦查阶段实施的毁灭证据、伪造证据、妨害作证行为有可能会持续到审查起诉阶段,将其认为是辩护人,便于司法实务操作。② 在我国目前的司法实践中,多采用肯定说的观点。

我们赞成肯定说,理由在于:(1)律师在侦查阶段不但可以为犯罪嫌疑人解读相关法律,提供诉讼策略,而且可以通过代理申诉、控告、申请取保候审保证犯罪嫌疑人的人身自由不受非法侵犯,其目的在于最大程度地维护犯罪嫌疑人的合法权益。而辩护人在审查起诉和审判阶段提出当事人无罪、罪轻或者减轻、免除其刑事责任的材料和意见,目的同样是维护当事人的合法权益。虽然所属诉讼阶段不同,但二者工作性质相同。不同诉讼阶段的设置源于不同部门的诉讼职能和职权分工,通过部门间的分工负责、互相配合、互相制约可以实现有效打击犯罪和有力保障人权的刑事诉讼任务,从而实现公正这一刑事诉讼核心价值目标。可以认为,所处诉讼阶段不同或介入时间不同并不影响侦查阶段介入的律师和辩护人相同的工作性质和目的。(2)刑法第306条是在1997年修订刑法时增添的条款。1996年《刑事诉讼法》修正后,律师所能介入的诉讼阶段延伸,其职能得到了更好的发挥。但与此同时,出现了律师毁灭证据、伪造证据、妨害作证等行为。同时,考虑到维护律师形象和严密刑事法网,最终在刑法中确立了"辩护人、诉讼代理人毁灭证据、伪造证据、妨害作证罪"。通过考察本罪立法的资料,可以认为设立本罪的目的在于应对律师的妨害证据行为,因此辩护人能够包含侦查阶段介入的律师。(3)将侦查阶

---

① 参见陈洪兵:《关于辩护人、诉讼代理人毁灭证据、伪造证据、妨害作证罪司法适用问题》,载《浙江海洋学院学报》(人文科学版)2004年第1期,第48页。

② 参见黄京平主编:《妨害证据犯罪新论》,中国人民大学出版社2007年版,第80页。

段的律师解释为辩护人是扩大解释,并非类推适用。扩大解释与类推适用区别的关键在于解释的结果是否超出了条文可能具有的含义和公民的可能预测范围。在司法实务中,本罪的主体几乎都具备律师身份;而且在社会生活中,公民习惯将侦查阶段介入的律师与辩护人等同,二者可以相互替代。换言之,将侦查阶段介入的律师归于辩护人的范畴并未超出"辩护人"的文义射程,也不太可能出现公民难以接受此结论的情况。(4)进行法律解释时必须努力保证条文之间的协调。如果不将侦查阶段介入的律师归于辩护人范畴,则会出现条文不协调的情况。例如,侦查阶段的律师帮助当事人毁灭、伪造证据的,如果不适用刑法第306条,则只能考虑适用刑法第307条第2款帮助毁灭、伪造证据罪。但是帮助毁灭、伪造证据罪要求帮助当事人毁灭、伪造证据达到"情节严重"的程度,而刑法第306条并未对客观行为的法益侵害程度提出特别要求。如此就会导致这样的情况:侦查阶段介入的律师与审查起诉阶段介入的辩护人,二者工作性质相同,实施了同样的行为,却在犯罪成立的标准上有所不同。而二者之所以出现这种有失公平的现象仅仅是因为介入刑事诉讼的时间和具体工作的差别。因此,将侦查阶段介入的律师解释为辩护人能够保证刑法条文间的协调关系。

综上所述,被告人周某梅具备刑法第306条所要求的主体身份,其行为成立辩护人伪造证据罪。

需要说明的是,随着第二次修正的《刑事诉讼法》将于2013年1月1日施行,侦查阶段介入的律师是否为辩护人的问题也将迎刃而解。第二次修正的《刑事诉讼法》第33条第1款前段规定:"犯罪嫌疑人自被侦查机关第一次讯问或者采取强制措施之日起,有权委托辩护人;在侦查期间,只能委托律师作为辩护人。"此条将侦查阶段的律师定义为"辩护人",从而明确了侦查阶段律师的身份。

(二)辩护人伪造证据罪的既遂标准问题

在本案一审时,被告人周某梅辩护人辩称:笔录上添加的内容不违背证人的原意和客观事实;笔录上添加的话对何远俊贪污一案没有造成任何不利后果,没有影响刑事诉讼活动的正常进行。在二审时,其辩护人辩称,周某梅在调查笔录上添加内容的行为属不规范行为,未影响刑事诉讼的正常进行。这些辩护意见涉及伪造证据的含义和辩护人伪造证据罪的既遂标准问题。

1. 伪造证据的含义

伪造证据是指制造虚假的证据的行为。伪造证据是使证据的证明力"从无到有"的行为,而毁灭证据是使证据的证明力"从有到无"的行为。确定伪造证据的真实含义需要探讨伪造证据与毁灭证据的关系。

毁灭证据包括三种方式：破坏证据的物理形态，如烧毁书证、砸烂物证；保存证据物理形态，但直接破坏其证明力，如直接在书证上涂抹；转移证据的物理位置，如将证据抛入大海。判断是否为毁灭证据行为的关键在于查明行为是否造成证据的证明力减少或者丧失。

有观点认为毁灭证据不应包括隐匿证据①，但我们认为毁灭证据可以包括隐匿证据的行为，理由在于：（1）隐匿证据是将证据的物理位置予以转移的行为，尽管没有对证据本身造成损害，但依然对其证明力造成了破坏，使证据的价值丧失。此行为具有侵害正常的刑事司法活动秩序的危险。（2）如果承认丢弃证据的行为是毁灭证据，那么同样是使证据物理位置发生变化的隐匿的行为也可以被认为是毁灭行为。而且在某些情况下，丢弃与隐匿难以区分，例如被抛入大海的证据与被隐匿于大海某处的证据，难以判断此二者被再次发现之可能性大小的区别。（3）隐匿证据行为与律师的保密义务并不冲突。《律师法》第38条第2款规定："律师对在执业活动中知悉的委托人和其他人不愿泄露的情况和信息，应当予以保密。但是，委托人或者其他人准备或者正在实施的危害国家安全、公共安全以及其他严重危害他人人身、财产安全的犯罪事实和信息除外。"结合我国《刑事诉讼法》关于辩护人责任的规定，如果当事人向律师透露对自身不利的案件真实情况，而且当事人不愿使该情况泄露，那么律师有义务保守此秘密。这种行为不属于隐匿证据，而是保密义务对律师的执业要求。隐匿证据是将已有的能够证明案件事实的证据予以隐蔽、藏匿的行为。隐匿的对象是业已形成的、能够反映案件事实的证据，而非犯罪嫌疑人、被告人所需要保密的情况和信息。

有观点认为伪造证据包括变造证据，即辩护人、诉讼代理人变造证据的应以辩护人、诉讼代理人伪造证据罪定罪处刑。②但我们认为，这种情况应当认定为辩护人、诉讼代理人毁灭证据罪。理由如下：（1）变造证据是指通过加工、篡改已有证据从而实现对该证据证明力的变更。变造行为既可以使有罪、罪重证据变为无罪、罪轻证据，也可以使无罪、罪轻证据变为有罪、罪重证据。可以认为，变造行为是对证据证明力的变更，其实质是对证据证明力的破坏，使证据证明力减少或丧失。而毁灭证据行为判断的关键在于是否对已有证据的证明力产生了影响。因此，辩护人、诉讼代理人变造证据的行为应当认定为辩护人、诉讼代理人毁灭证据罪。（2）日本刑法第104条规定："隐灭、伪

---

① 参见黄京平主编：《妨害证据犯罪新论》，中国人民大学出版社2007年版，第60~61页。

② 参见张明楷著：《刑法学》，法律出版社2011年版，第953页。

造或变造有关他人刑事案件的证据，或者使用伪造或变造的证据的，处二年以下惩役或者二十万日元以下罚金。"可以看出日本刑法明确规制变造证据行为。但需要注意的是，该条罪名为"隐灭证据罪"，即该罪名概括了隐灭证据、伪造证据、变造证据等多种行为类型。而我国刑法第306条的罪名为选择罪名，可以分解出辩护人、诉讼代理人毁灭证据罪和辩护人、诉讼代理人伪造证据罪。虽然广义的伪造包括变造，但是在刑法第306条处罚毁灭证据行为的前提下，不能简单认为变造证据应被认定为辩护人、诉讼代理人伪造证据罪。

2. 辩护人伪造证据罪的既遂标准

刑法第306条的保护法益是刑事司法活动的正常秩序。根据对法益侵害程度的不同，可以将犯罪分为侵害犯与危险犯。"需要现实地侵害法益的称为侵害犯，以仅仅存在侵害危险为已足的称为危险犯。"① 危险犯又可分为具体危险犯与抽象危险犯。在具体危险犯的情况下，特定的危险必须作为构成要件要素，是否成立该犯罪需要司法上的具体认定。例如刑法第116条破坏交通工具罪要求"足以使火车、汽车、电车、船只、航空器发生倾覆、毁坏危险"，只有发生具体的危险才能成立刑法第116条的破坏交通工具罪。在抽象危险犯的情况下，并不以发生危险作为构成要件要素，而是将一般社会观念中对法益具有侵害危险的行为类型化为犯罪。辩护人、诉讼代理人毁灭证据、伪造证据、妨害作证罪即为抽象危险犯，而非侵害犯。因为刑法第306条的罪状未要求毁灭证据、伪造证据、妨害作证的行为造成现实的法益侵害，构成要件中不必发生特定的结果。当完全实施了构成要件的行为即实现犯罪既遂。

在刑法第306条中，辩护人、诉讼代理人毁灭证据的，以物理破坏、位置转移、变造等方式导致证据的证明力减少或丧失，即认为成立既遂。开始实行毁灭行为是辩护人、诉讼代理人毁灭证据罪的着手，一旦毁灭行为实施完毕，即形成对本罪保护法益的危险状态。

辩护人、诉讼代理人伪造证据的，以"从无到有"将证据现实创造出来并且向司法机关提交作为既遂标准；开始将伪造的证据向司法机关提交即为辩护人、诉讼代理人伪造证据罪的着手。要求伪造证据的必须在提交后才成立既遂的理由有：（1）刑法第306条第2款规定："辩护人、诉讼代理人提供、出示、引用的证人证言或者其他证据失实，不是有意伪造的，不属于伪造证据。"可以将其理解为：辩护人、诉讼代理人提供、出示、引用的证人证言或者其他证据是有意伪造的，属于伪造证据。这不仅强调行为人主观上有伪造证

---

① ［日］大塚仁著：《刑法概说（总论）》，冯军译，中国人民大学出版社2003年版，第136页。

据的故意,而且强调伪造的证据必须是经提交、出示、引用的证据。(2)如果辩护人、诉讼代理人在伪造出证据后,自行存放、未曾示人,则难以认为该行为具有刑事可罚性。(3)从司法实践角度来看,只有将伪造的证据向司法机关提交后才具备发案的可能性。

对辩护人、诉讼代理人妨害作证的,以通过威胁、引诱的方法使证人违背事实改变了证言或作出伪证为既遂标准。开始实施威胁、引诱行为是辩护人、诉讼代理人妨害作证罪的着手;如果证人并未违背事实改变证言或者作伪证,则行为人成立辩护人、诉讼代理人妨害作证罪的未遂。

在本案中,周某梅在何世昌和王有恩的证言上添加了违背二人真实原意的、对何远俊有利的内容;并由律师昝夏宁提交给法院。周某梅的辩护人在一审和二审中均提出,周某梅的行为并未影响刑事诉讼活动的正常进行,尚未达到构成犯罪的程度。辩护人伪造证据罪是抽象危险犯,不需要对保护法益造成现实的侵害,因此周某梅辩护人的辩护理由不成立。一审法院认为周某梅"增添了原证人证言中没有的证言内容,且添加内容与何远俊贪污犯罪事实直接相关,其行为已构成辩护人伪造证据罪",我们不赞同将单纯伪造证据的行为认定为辩护人伪造证据罪。二审法院认为,"上诉人周某梅在刑事诉讼中接受他人委托作为辩护人,未能正确行使法律赋予的权利,未能严格遵守法定程序,在其所收集的证人证言上添加虚假内容伪造证据,并作为辩护证据提交法庭,妨害了刑事诉讼的正常进行,其行为已构成辩护人伪造证据罪",本文认为周某梅伪造证据并提交法庭后才成立辩护人伪造证据罪的既遂状态,是否妨害了刑事诉讼活动的正常秩序属于量刑情节。

(整理人:葛恒浩)

三、妨害作证罪

案例1：李某妨害作证案
——指使作伪证却未获他人回应的，是否成立妨害作证罪既遂

一、基本情况

案　由：妨害作证

被告人：李某，男，汉族，大专文化，经商，住重庆合川市。因涉嫌诈骗罪，于2003年9月20日被德化县公安局刑事拘留，同年10月23日被逮捕。

二、诉辩主张

（一）人民检察院指控事实

福建省德化县人民检察院以李某犯诈骗罪，向德化县人民法院提起公诉。

（二）辩护人辩护意见

被告人李某辩护人辩称，李某的行为不构成诈骗罪。

三、人民法院认定事实

（一）一审人民法院认定事实

德化县人民法院经审理查明，2000年12月5日，在福建泉州万顺捷集团有限公司厦门办事处，被告人李某利用颜建葆管理的抽屉没有上锁之机，将事先伪造的福建泉州万顺捷集团有限公司向其借款人民币100万元的借条偷盖上福建泉州万顺捷集团有限公司的公章。2003年9月8日上午，被告人李某指使严丽美给福建泉州万顺捷集团有限公司法定代表人苏国平发传真，要求苏国

平将借款人民币 100 万元及利息人民币 30 万元支付到被告人李某指定的中国建设银行储蓄卡账户。同日下午被告人李某将伪造的借条传真给万顺捷集团有限公司。2003 年 9 月 9 日，被告人李某为通过诉讼达到非法占有他人财物的目的，以书面传真方式指使庄胜益作伪证，要求庄胜益在法院调查时谎称借给被告人李某人民币 100 万元用于放贷收取利息。严丽美在为被告人李某发传真给庄胜益时，错将该份传真发到万顺捷集团有限公司；被告人李某当即自行将该传真发给庄胜益。同日，被告人李某将借条、自述材料、身份证复印件等材料交给律师荆建忠，签订了诉讼委托合同并交纳了代理费用，委托荆建忠对福建泉州万顺捷集团有限公司提起民事诉讼。2003 年 9 月 9 日，苏国平向公安机关报案。因被告人被公安机关调查未提起诉讼。

（二）二审人民法院认定事实

宣判后，公诉机关、被告人均不服，分别提出抗诉和上诉。公诉机关抗诉称，原审被告人李某的行为构成诈骗罪，原判定罪不当，应予改判。上诉人上诉称，其行为属妨害作证未遂，尚未造成严重后果；系初犯，认罪态度较好，有悔罪表现。请求二审改判对其适用缓刑。上诉人的辩护人提出原判定罪准确，但量刑过重，请求对上诉人减轻处罚并适用缓刑。

二审法院认定的事实与一审法院一致。

四、判案理由

德化县人民法院经公开审理认为，被告人李某为达到通过诉讼非法占有他人财物的目的，指使他人作伪证，其行为已构成妨害作证罪，应当追究刑事责任。被告人李某采取给福建泉州万顺捷集团有限公司法定代表人苏国平发付款通知、借条传真件的手段，不可能使财物所有人或管理人产生错觉、信以为真，从而交出财物，其行为不符合诈骗罪的构成要件，故公诉机关对被告人李某犯诈骗罪的指控不能成立。辩护人关于被告人李某的行为不构成诈骗罪的意见，予以采纳；关于被告人李某指使他人作伪证，属诉讼欺诈行为，未造成严重后果，可免予刑事处罚的意见，不予采纳。

泉州市中级人民法院经审理认为，上诉人李某为达到通过诉讼骗取人民法院民事裁判非法占有他人财物的目的，伪造证据并指使他人作伪证，其行为已构成妨害作证罪。上诉人李某无论从主观故意或客观方面均表现出通过伪造证据骗取法院民事裁判占有他人财物的行为，原判认为其行为构成妨害作证罪是正确的。上诉人李某为了实现通过向人民法院提起诉讼骗取民事裁判而达到占有他人财物的目的，指使台商庄胜益作伪证。虽然，庄尚未答复及实施作伪证行为时即案发，但上诉人的指使行为已实施完毕，不能因为未提起诉讼而认定为未遂，应当确认上诉人的行为已实施终了，系属犯罪既遂。上诉人骗取财物的目的虽然没有实现，但是欲行骗取的数额特别巨大，本息高达130万元，应当从重处罚。因此，上诉人及辩护人提出关于未遂及量刑过重的主张均不能成立，不予采纳。泉州市人民检察院以泉检诉撤抗〔2004〕026号撤回抗诉决定书提出撤回抗诉，其申请没有违反法律的规定，可予准许。

五、定案结论

福建省德化县人民法院依照《中国人民共和国刑法》第307条第1款的规定，作出如下判决：

被告人李某犯妨害作证罪，判处有期徒刑三年。

福建省泉州市中级人民法院依照《中华人民共和国刑事诉讼法》第189条第1项、《中华人民共和国刑法》第307条第1款的规定，作出如下裁定：驳回上诉，维持原判。

依照《最高人民法院关于执行〈中华人民共和国刑事诉讼法〉若干问题的解释》第244条规定，另行制作裁定如下：准许泉州市人民检察院撤回抗诉。

六、法理解说

人民法院对罪名的认定是正确的。本案主要涉及李某的行为触犯何罪和妨害作证罪的既遂标准两个问题。

（一）诉讼诈骗情况下的法律适用

1. 在本案中，李某为占有福建泉州万顺捷集团有限公司（以下简称为"万顺捷公司"）的财物，伪造借条，指使庄胜益作伪证，并委托律师向人民法院提起民事诉讼。这是典型的诉讼诈骗行为。

诈骗罪，是指以非法占有为目的，用虚构事实或者隐瞒真相的方法，骗取数额较大的公私财物的行为。行为是否触犯刑法第266条，关键需要判断对方是否因为欺骗行为形成错误认识，并在此基础上处分财产。一般情况下，被骗人即为被害人；但在特殊情况下，被骗人可以与被害人分离，即财产处分人与被害人并非同一人。

本案被告人李某曾指使严丽美给万顺捷公司法定代表人苏国平发传真，要求苏国平将借款100万元及利息30万元支付到指定账户，而且李某伪造的借条也被传真到该公司。李某的行为并不构成诈骗罪。李某虽然伪造了借条,但是其不可能使作为万顺捷公司法定代表人的苏国平产生错误认识,误认为存在这笔借款,进而向李某支付该款项。因此该行为并不符合诈骗罪的犯罪成立条件。一审人民法院的判决对此也持相同观点。

诉讼诈骗是一个值得探讨的问题。诉讼诈骗,是指行为人通过提交伪造、变造的证据,使法院基于错误的认识而作出有利于行为人的民事裁判,从而使行为人占有他人财物的情况。诉讼诈骗行为符合诈骗罪的构成要件。但需要说明的是,2002年10月24日由最高人民检察院法律政策研究室发布的《关于通过伪造证据骗取法院民事裁判占有他人财物的行为如何适用法律问题的答复》认为:"以非法占有为目的,通过伪造证据骗取法院民事裁判占有他人财物的行为所侵害的主要是人民法院正常的审判活动可以由人民法院依照民事诉讼法的有关规定作出处理,不宜以诈骗罪追究行为人的刑事责任。如果行为人伪造证据时,实施了伪造公司、企业、事业单位、人民团体印章的行为,构成犯罪的,应当依照刑法第二百八十条第二款的规定,以伪造公司、企业、事业单位、人民团体印章罪追究刑事责任;如果行为人有指使他人作伪证行为,构成犯罪的应当依照刑法第三百零七条第一款的规定,以妨害作证罪追究刑事责任。"如果依照该答复的规定,诉讼诈骗行为并不能被认定为诈骗罪。

2. 就本案而言,李某的行为符合妨害作证罪的成立条件。刑法第307条第1款规定:"以暴力、威胁、贿买等方法阻止证人作证或者指使他人作伪证的,处三年以下有期徒刑或者拘役;情节严重的,处三年以上七年以下有期徒刑。"妨害作证罪的构成要件内容为以暴力、威胁、贿买等方法阻止证人作证或者指使他人作伪证。

"暴力、威胁、贿买等方法"是实现妨碍作证目标的手段或方式。如果以平和手段或教唆方式"阻止证人作证或者指使他人作伪证",本文认为成立妨害作证罪。理由在于,如果本条规定的行为方式为"暴力、威胁等方法",根据体系解释的要求,其他方法需要与"暴力"、"威胁"的程度或者性质相同或相似;但是"贿买"与"暴力"、"威胁"在行为性质和强度上显著不同,所以其他方法也不必拘泥于上述三项行为方式。

"证人"的具体范围尚存在争议。有的认为,"在法律中,'证人'之含义与'当事人'、'鉴定人'之含义有着明确的区别,对本罪的'证人'一词作如此的扩大解释,有违罪刑法定原则之嫌。"[①] 有的认为,"无论是'明示证

---

① 参见吴占英著:《妨害司法罪——立案追诉标准与司法认定实务》,中国人民公安大学出版社2010年版,第48页。

人'还是'潜在证人',都是与当事人、鉴定人、勘验人、记录人等相区别的。"① 但是,也有观点赞成对证人进行扩大解释,使之包括被害人和鉴定人。② 我们认为,"证人"既包括一般意义上的证人,又包括被害人和鉴定人。首先,同一词语完全有可能在不同的法律中具有不同的含义。刑法虽然是保障法,但是刑法文本也具有独立性。如果将某一法律术语完全按照其在其他法律中的含义解释,不但有悖刑法目的,也有可能使刑法文本的活力终结。其次,了解案件事实,能够证明案件情况的人都可以作为证人。被害人陈述和鉴定结论都是刑事诉讼中的重要证据。刑事诉讼法将被害人独立于证人,是出于维护其合法权益的需要;而将鉴定人独立于证人,是基于鉴定业务专业性的考虑。但不可否认的是,被害人和鉴定人都能发挥证人的作用。最后,"从实质意义而言,行为人以暴力、威胁、贿买等方法阻止被害人作出陈述、阻止鉴定人作出鉴定结论,与行为人以暴力、威胁、贿买等方法阻止狭义的证人作证,对司法活动客观公正性的妨害,没有任何实质区别。"③

如果行为人为阻止证人作证而剥夺证人的人身自由,不仅构成妨害作证罪,而且构成非法拘禁罪。有的观点认为这种情况属于"法条竞合",应该依照特别法优于普通法的原则处理;④ 也有的观点认为这种情况应当认定为"想象竞合",从一重罪论处。⑤ 我们认为这种情况属于想象竞合。法条竞合是实施一个行为,但因为法条之间错综复杂的关系,而同时符合数个法条的构成要件的情况;想象竞合是实施一个行为,但是侵害了数个法益,成立数个犯罪的情况。换言之,在法条竞合的情况下,虽然符合数个法条的规定,但只是构成一个犯罪;在想象竞合的情况下,一个行为符合数个犯罪,但最终只按照一个罪名处理。妨害作证罪的法益是国家司法机关的正常诉讼活动,而非法拘禁罪的法益是人身自由。通过剥夺人身自由而阻止证人作证,既侵害了司法活动的正常秩序,又侵害了他人的人身自由,因此同时触犯了妨害作证罪和非法拘禁罪,这显然属于想象竞合的情形。

在本案中,李某要求庄胜益"在法院调查时谎称借给被告人李某人民币

---

① 参见黄京平主编:《妨害证据犯罪新论》,中国人民大学出版社2007年版,第114页。
② 参见张明楷:《论妨害证据罪》,载《人民检察》2007年第8期,第20页。
③ 参见张明楷著:《刑法学》,法律出版社2011年版,第954页。
④ 参见赵秉志、田宏杰、于志刚著:《妨害司法罪》,中国人民公安大学出版社2003年版,第113页。
⑤ 参见黄京平主编:《妨害证据犯罪新论》,中国人民大学出版社2007年版,第142~145页。

100万用于放贷收取利息",属于指使他人作伪证的行为,而且本罪并未将行为仅限制于刑事诉讼中,因此应认定为妨害作证罪。

(二) 妨害作证罪的既遂标准

在本案中,庄胜益并未对李某的要求予以回复。本案二审法院认为,"庄尚未答复及实施作伪证行为时即案发,但上诉人的指使行为已实施完毕,不能因为未提起诉讼而认定为未遂,应当确认上诉人的行为已经实施终了,系属犯罪既遂。"换言之,该法院认为只要实施指使行为即成立妨害作证罪的既遂形态。在理论上有学者与该法院的观点相同,即认为:"至于证人是否因行为人所实施的妨害作证行为而没有作证,或者作了伪证,不影响妨害作证罪既遂未遂的区分,只在量刑时加以考虑。"① 也有的学者对此持不同观点,认为:"当行为人着手采用暴力等手段阻止证人作证或指使他人作伪证之后,若达到证人被阻止作证或他人作伪证之程度,可认定为本罪既遂。"② 因此,这一问题值得深入探讨。

我国刑法理论一般在犯罪既遂形态下讨论结果犯、行为犯、危险犯、举动犯的问题。结果犯是指不仅要实施具体犯罪构成客观要件的行为,而且必须发生法定的犯罪结果才构成既遂的犯罪;行为犯是指以法定犯罪行为的完成作为既遂标志的犯罪;危险犯是指以行为人实施的危害行为造成法律规定的发生某种危害结果的危险状态作为既遂标志的犯罪;举动犯是指按照法律规定行为人一着手犯罪实行行为即告犯罪完成和完全符合构成要件,从而构成既遂的犯罪。照此标准,妨害作证罪应当为行为犯。因为刑法第307条第1款的罪状描述并未要求成立妨害作证罪需要现实的、物质性的结果,也未要求发生某种侵害犯罪客体的危险状态,更不是举动犯的情形。举动犯有两种情形:一种是原本为预备性质的犯罪构成,如参加恐怖活动犯罪、参加黑社会性质组织罪等;另一种是教唆煽动性质的犯罪构成,如煽动民族仇恨、民族歧视罪,传授犯罪方法罪等。妨害作证罪显然不符合第一种情况;"指使他人作伪证"的行为也不符合第二种情况。之所以将煽动民族仇恨、民族歧视罪和传授犯罪方法罪等认为是只要着手实行即达到既遂的犯罪,是因为考虑到"这些犯罪的实行行为都是教唆性、煽动性的行为,针对多人实施,旨在激起多人产生和实行犯罪

---

① 参见赵秉志、田宏杰、于志刚著:《妨害司法罪》,中国人民公安大学出版社2003年版,第122页。

② 参见黄京平主编:《妨害证据犯罪新论》,中国人民大学出版社2007年版,第142页。

意图。因而这些犯罪的危害很大、危害范围也较广……"① 就妨害作证罪而言,"指使"行为是妨害作证罪的着手,但是单纯的"指使"行为并不会像煽动民族仇恨、民族歧视罪的"煽动"行为那样具有严重的社会危害,不能仅以实施"指使"行为即认定达到既遂形态。而且,我国的举动犯理论所针对的是某些特定的犯罪或者行为类型,并不能将其范围任意扩大。

在大陆法系刑法理论中,根据行为对法益的侵害程度不同,将犯罪分为侵害犯和危险犯。"将对法益的现实侵害作为处罚根据的犯罪称为侵害犯,将对法益侵害的危险作为处罚根据的犯罪称为危险犯。"② 危险犯又可进一步分为抽象危险犯和具体危险犯。具体的危险犯以发生危险作为构成要件要素,而抽象危险犯并不要求在构成要件中具备危险,而仅因行为本身所具有的危险而成立。妨害作证罪即为抽象危险犯,因为其构成要件既不需要对国家司法机关的正常诉讼活动秩序造成特定的危险,也不需要对该秩序造成实际的损害。但是,处罚抽象危险犯是基于其对法益的侵害危险,所以行为在不具备危险的情况下不属于抽象危险犯。因此,妨害作证罪的既遂形态需要具备国家司法机关的正常诉讼活动秩序的侵害危险。实施了"指使"行为,而他人作出伪证的,才达到妨害作证罪的既遂形态;开始实施"指使"行为是妨害作证罪的着手。对于"阻止证人作证"的情况而言,开始实行阻止行为是妨害作证罪的着手,只有实际上阻止或制止证人作证的才达到妨害作证罪既遂形态。

在本案中,李某虽然实施了指使行为,但是庄胜益没有回复其要求;李某的行为属于妨害作证罪的未遂形态,而不是既遂形态。因此,法院判决所认定的罪名正确,但应依照刑法第23条的规定对未遂形态予以处理。

(整理人:葛恒浩)

---

① 参见高铭暄、马克昌主编:《刑法学》,北京大学出版社、高等教育出版社2011年第5版,第148页。

② 张明楷著:《刑法学》,法律出版社2011年版,第167页。

案例2：罗发某妨害作证案
——指使他人向办案机关提交"顶包"证据的，应如何处理

一、基本情况

案　　由： 妨害作证
被告人： 罗发某，男，1973年7月22日出生。

二、人民检察院指控事实

莆田市涵江区人民检察院指控被告人罗发某犯交通肇事罪。

三、人民法院认定事实和证据

（一）认定犯罪事实

1. 一审人民法院认定事实

莆田市涵江区人民法院经审理认定，2010年11月28日18时许，被告人罗发某无证驾驶闽BCJ7××号二轮摩托车（实际车主为朱某某），从212县道往莆田市涵江区梧塘镇新丰村埔头方向行驶，途经新丰村道某某鞋厂围墙边路段时，撞到前方行人被害人雷某某，致被害人雷某某受伤。案发后，被告人罗发某立即送被害人雷某某到涵江医院治疗，并在涵江医院向公安机关报警。后公安机关在涵江医院抓获被告人罗发某。经法医学鉴定，被害人雷某某的损伤程度为重伤。2010年12月13日，莆田市公安局交通警察支队涵江大队对该事故做出认定，被告人罗发某负本事故的全部责任，被害人雷某某无责任。

案发后，在侦查期间，被告人罗发某指使罗某某向公安机关提供助力车替代肇事车辆二轮摩托车。2010年11月28日晚，朱某某（已被公安机关行政处罚）、罗某某将停放在川丰鞋面加工厂内的一辆助力车提供给公安机关，谎称该车即肇事车辆。2010年11月30日，肇事车辆闽BCJ7××号二轮摩托车

被盗，至今尚未追回。后经公安机关调查发现，肇事车辆为上述二轮摩托车。

另查明：2011年5月31日，被告人罗发某亲属朱某某与被害人雷某某就上述交通事故赔偿事宜达成协议，由被告人罗发某一次性赔偿被害人雷某某经济损失人民币4.5万元（已支付）。被害人雷某某对被告人罗发某的交通肇事行为予以谅解，并出具谅解书。

2. 二审人民法院认定事实

一审判决宣判后，被告人罗发某提出上诉。上诉人罗发某诉称：（1）其已全部赔偿被害人经济损失，获得被害人谅解，且有自首情节；（2）其主观上不具有妨害作证的动机，且当庭自愿认罪；（3）其系家庭主要劳动力，适用监禁刑家庭将无法维持，请求适用缓刑。

莆田市中级人民法院经审理查明，认定的事实与采纳的证据与一审一致。

（二）认定犯罪证据

认定上述事实，有原公诉机关向原审庭审提交的证人于某某、胡某某、朱某某、罗某某的证言、辨认笔录、道路交通事故现场图、道路交通事故现场勘查笔录、现场照片、法医临床鉴定书、道路交通事故认定书、报警登记表、122接出警单、机动车行驶证、驾驶人信息表、身份证、公安行政处罚决定书、户籍证明、公安机关出具的证明、抓获经过证明、和解协议书、谅解书、收条等证据证实。

四、判案理由

莆田市涵江区人民法院认为，被告人罗发某违反交通管理法规致发生重大交通事故，造成一人重伤，且负事故的全部责任；交通肇事后又指使朱某某、罗某某作伪证，其行为已分别构成交通肇事罪、妨害作证罪。案发后，被告人罗发某积极抢救被害人，并向公安机关报警，应视为自动投案，且如实供述自己的犯罪事实，系自首，故对其所犯交通肇事罪予以从轻处罚。被告人罗发某案发后通过亲属赔偿被害人经济损失，得到被害人谅解，并当庭自愿认罪，酌情从轻处罚。

莆田市中级人民法院认为，上诉人罗发某违反交通管理法规致发生重大交通事故，造成一人重伤，且负事故的全部责任；交通肇事后又指使朱某某、罗某某作伪证，其行为已分别构成交通肇事罪、妨害作证罪。上诉人关于其主观上不具有妨害作证的动机的上诉理由，经查，上诉人罗发某在侦查阶段多次供述称驾驶闽BCJ7××号二轮摩托车致事故发生后，其因不具有驾驶资格，遂指使证人罗某某、朱某某将一辆破损的助力车作为肇事车辆交到公安机关，该事实能得到证人朱某某证言的印证，故该上诉理由不能成立，不予采纳。上诉人罗发某关于其系家庭主要劳动力，适用监禁刑家庭将无法维持，请求适用缓刑的上诉理由，于法无据，不予采信。原判已充分考虑上诉人罗发某与被害人达成谅解协议、已全部赔偿被害人经济损失，获得被害人谅解，且有自首、自愿认罪等情节，量刑并无不当。原判认定事实清楚，证据确实充分，定罪准确、量刑适当、审判程序合法。

五、定案结论

莆田市涵江区人民法院依照《中华人民共和国刑法》第133条、第307条第1款、第67条第1款、第69条第1款，《最高人民法院关于审理交通肇事刑事案件具体应用法律若干问题的解释》第2条第2款第2项之规定，作出判决：被告人罗发某犯交通肇事罪，判处有期徒刑八个月；犯妨害作证罪，判处有期徒刑八个月；决定执行有期徒刑一年二个月。

莆田市中级人民法院依照《中华人民共和国刑事诉讼法》第189条第1项之规定，作出裁定：驳回上诉，维持原判。

六、法理解说

法院对罗发某的交通肇事行为的判罚是正确的，但罗发某是否成立妨害作证罪，是值得探讨的问题。

罗发某触犯交通肇事罪。最高人民法院《关于审理交通肇事刑事案件具体应用法律若干问题的解释》第2条第2款规定："交通肇事致1人以上重伤，负事故全部或者主要责任，并具有下列情形之一的，以交通肇事罪定罪处罚：（一）酒后、吸食毒品后驾驶机动车辆的；（二）无驾驶资格驾驶机动车辆的；（三）明知是安全装置不全或者安全机件失灵的机动车辆而驾驶的；（四）明知是无牌证或者已报废的机动车辆而驾驶的；（五）严重超载驾驶的；（六）为逃避法律追究逃离事故现场的。"罗发某无证驾驶摩托车将雷某某撞致重伤，并且负事故全部责任，根据以上规定，应当认定为交通肇事罪。

罗发某在肇事当天晚上，指使朱某某和罗某某将一辆破损的助力车代替肇事的摩托车提交给公安机关。一审法院和二审法院都将罗发某的这一行为认定为"指使朱某某、罗某某作伪证"，并判其触犯妨害作证罪。刑法第307条第1款规定："以暴力、威胁、贿买等方法阻止证人作证或者指使他人作伪证的，处三年以下有期徒刑或者拘役；情节严重的，处三年以上七年以下有期徒刑。"可以认定，罗发某确实存在指使他人的行为，但关键的问题是，朱某某和罗某某将助力车代替肇事摩托车提交给公安机关是否属于"作伪证"。

"所谓他人，包括知道案件事实情况的人和不知道案件事实情况的人，也不排除诉讼中的鉴定人、记录人、翻译人。"① 因此，"作伪证"是指作虚假的证言、供述、证明、鉴定、记录、翻译等。此处之"证"不能包括虚假的书证、物证、视听资料等，否则将导致"作伪证"行为与"毁灭、伪造证据"行为难以区分。

刑法第307条第2款规定："帮助当事人毁灭、伪造证据，情节严重的，处三年以下有期徒刑或者拘役。"帮助毁灭、伪造证据罪包括以下情形：（1）行为人教唆当事人毁灭、伪造证据的，行为人成立帮助毁灭、伪造证据罪；（2）当事人教唆行为人毁灭、伪造证据的，行为人成立帮助毁灭、伪造证据罪；（3）行为人为当事人毁灭、伪造证据提供便利条件的，行为人成立帮助毁灭、伪造证据罪；（4）行为人与当事人经通谋共同毁灭、伪造证据的，行为人成立帮助毁灭、伪造证据罪；（5）行为人与当事人无通谋，单独为当事人毁灭、伪造证据的，行为人成立帮助毁灭、伪造证据罪。"行为人所毁灭、伪造的证据，应限于物证、书证、鉴定结论、勘验、检查笔录与视听资料，物体化（转化为书面或者视听资料）的证人证言、被害人陈述、犯罪嫌疑人、被告人供述和辩解等。"② 为保证罪状完成行为定型之任务，有必要区分"作伪证"与"毁灭、伪造证据"。因此，必须将违背自身记忆、体验及经历且与客观事实不符的陈述行为认定为"作伪证"；将破坏已经物体化的证言的行为认定为"毁灭证据"，将冒用他人名义或编造姓名而制造假证言的行为认定为"伪造证据"。

在本案中，朱某某和罗某某在罗发某的指使下，将一辆助力车代替肇事摩托车交给公安机关，并谎称该车即肇事车辆。本文认为，朱某某和罗某某的行为属于帮助毁灭证据的行为。理由在于：（1）朱某某和罗某某的行为不属于作伪证，因为据上文分析，作伪证是作虚假的证言、供述、证明、鉴定、记录、翻译等的行为。朱某某和罗某某提交助力车的行为不是作证行为；二人谎称助力车即为肇事车辆，是提交助力车时所并发的辅助行为，也不能被认为是作证行为。（2）毁灭证据是使证据的证明力减少或者丧失的行为，伪造证据是使"证据"的证明力实现"从无到有"的过程。肇事车辆属于交通肇事罪

---

① 参见赵秉志、田宏杰、于志刚著：《妨害司法罪》，中国人民公安大学出版社2003年版，第108页。

② 参见张明楷著：《刑法学》，法律出版社2011年版，第959页。

的重要证据；朱某某和罗某某偷梁换柱，提交其他车辆，而不提交真正的肇事车辆，会造成证据证明力的丧失。因此，应将二人的行为认定为帮助当事人毁灭证据，而非伪造证据，更非作伪证。

犯罪嫌疑人、被告人教唆行为人毁灭、伪造证据的，犯罪嫌疑人、被告人不成立犯罪。具体原因为：（1）犯罪嫌疑人、被告人的行为缺乏期待可能性。期待可能性，作为规范责任论的核心概念，是指在行为时的具体情况下能够期待行为人实施合法行为而拒绝实施犯罪行为。有学者认为期待可能性的哲学基础是对人格权的尊重。① 人皆有自保之本能，因此，无法期待犯罪人在犯罪后妥当保存能够证明自身犯罪的各种证据。犯罪嫌疑人、被告人实施毁灭、伪造证据行为的，犯罪嫌疑人、被告人不成立犯罪；犯罪嫌疑人、被告人教唆他人毁灭、伪造证据的，犯罪嫌疑人、被告人也不成立犯罪。（2）犯罪嫌疑人、被告人亲自毁灭、伪造证据与教唆他人毁灭、伪造证据并无明显不同之处，这两种行为都在客观上影响正常的司法活动秩序。在我国刑法不处罚犯罪嫌疑人、被告人亲自实施的毁灭、伪造证据行为的情况下，如果认为犯罪嫌疑人、被告人教唆他人毁灭、伪造证据的行为成立帮助毁灭、伪造证据罪，这显然是不合理的结论。

在本案中，罗发某指使朱某某和罗某某向公安机关提供"顶包"证据，属于教唆他人毁灭证据，因不具备期待可能性，不成立犯罪。因此，罗发某仅成立交通肇事罪，不成立妨害作证罪。一审法院和二审法院认定罗发某犯妨害作证罪，是错误的。

（整理人：葛恒浩）

---

① 参见黄荣坚著：《基础刑法学（下）》，中国人民大学出版社2009年版，第408页。

案例3：皮某某、柴某某妨害作证案

——为受刑罚而指使他人虚假报案的，应如何认定

一、基本情况

案　由：妨害作证

被告人：皮某某，男，1968年10月20日出生。2007年3月12日因吸毒被渑池县公安局强制戒毒两年。其间因编造假盗窃案于2010年5月17日被刑事拘留，5月25日被逮捕。7月28日盗窃案被撤销。因涉嫌妨害作证于2010年7月28日被渑池县公安局刑事拘留，同年8月6日被执行逮捕。

柴某某，男，1961年10月20日出生。2003年11月12日因吸毒被郑州市公安局二七分局强制戒毒三个月，2007年12月19日因盗窃罪被郑州市金水区人民法院判处拘役两个月，2010年3月12日因吸毒被渑池县公安局强制戒毒两年。其间因编造假盗窃案于2010年5月17日被刑事拘留，5月25日被逮捕，7月28日盗窃案被撤销。因涉嫌妨害作证于2010年7月28日被渑池县公安局刑事拘留，8月6日被执行逮捕。

赵某某，男，1972年9月6日出生。1993年因盗窃罪被本院判处有期徒刑一年六个月，2007年1月14日因故意伤害罪被渑池县人民法院判处有期徒刑一年三个月，2007年8月21日刑满释放。因涉嫌帮助伪造证据于2010年7月7日被渑池县公安局刑事拘留，8月6日被渑池县公安局执行逮捕。

张某某，男，1962年11月12日出生。因涉嫌帮助伪造证据于2010年7月6日被渑池县公安局刑事拘留，8月6日被渑池县公安局执行逮捕。2010年8月11日被渑池县公安局取保候审。

二、人民检察院指控事实

渑池县人民检察院指控被告人皮某某、柴某某犯妨害作证罪，被告人赵某

某、张某某犯帮助伪造证据罪。

三、人民法院认定事实和证据

（一）认定犯罪事实

渑池县人民法院经审理查明：2010年3月12日，被告人皮某某、柴某某因吸毒被渑池县公安局强制戒毒两年。在灵宝戒毒所期间，皮某某、柴某某为逃避强制戒毒遂密谋编造一起小额盗窃案件，通过受到刑事追究逃避强制戒毒。后二人将盗窃时间、地点、金额、过程等情况通过被告人赵某某向在渑池县平板桥下小广场开编织袋门市的被告人张某某串通案情。二人根据密谋情况向渑池县公安局张村派出所做了该盗窃犯罪的供述。张某某向渑池县公安局张村派出所做了皮某某盗窃现金1000元的虚假报案材料，致使皮某某、柴某某二人于2010年5月7日被渑池县公安局立案追究，于5月25日被渑池县公安局执行逮捕，并于2010年6月13日向渑池县人民检察院审查起诉。2010年7月26日渑池县人民检察院以盗窃事实不清退回补充侦查，7月28日渑池县公安局决定撤销盗窃案。

（二）认定犯罪证据

上述事实，有以下证据予以证实：

1. 被告人皮某某、柴某某、赵某某、张某某在庭审中对犯罪事实供认不讳。

2. 证人孟某、宋某、李某等证言。

3. 渑池县公安局纪委建议书，证实发现皮某某、柴某某、张某某、赵某某编造假案，作伪证，让刑警队立案查处。

4. 受理张某某被盗案件登记表及立案侦查采取措施情况。

5. 渑池县人民检察院对皮某某、柴某某盗窃案退回补充侦查决定书。

6. 渑池县公安局撤销皮某某、柴某某盗窃案报告书及决定书，证实皮某某、柴某某为逃避戒毒编造假案，被立案侦查，经查盗窃案属编造，被撤销的事实。

7. 破案报告。

8. 四被告人的户籍证明。

四、判案理由

被告人皮某某、柴某某为逃避强制戒毒，二人预谋后编造虚假盗窃案件，并指使赵某某、张某某向公安机关作伪证，其行为均已构成妨害作证罪，被告人赵某某、张某某伪造证据，妨碍了正常的司法诉讼活动，其行为均已构成帮助伪造证据罪，被告人赵某某在前罪判处有期徒刑以上刑罚执行完毕后，五年内再犯应当被判处有期徒刑以上刑罚之罪，属累犯，依法应从重处罚。鉴于四被告人在庭审中认罪态度较好，可酌情从轻处罚。

五、定案结论

渑池县人民法院根据《中华人民共和国刑法》第307条，第25条第1款，第65条第1款，第72条第1款，第73条第2、3款之规定，判决如下：

被告人皮某某犯妨害作证罪，判处有期徒刑一年。

被告人柴某某犯妨害作证罪，判处有期徒刑一年。

被告人赵某某犯帮助伪造证据罪，判处有期徒刑一年。

被告人张某某犯帮助伪造证据罪，判处有期徒刑十个月，缓刑一年。

六、法理解说

法院对皮某某、柴某某行为的认定是正确的，但其对赵某某和张某某行为的认定是值得商榷的。本案主要涉及两个问题：一个是对赵某某、张某某行为的认定问题；另一个是对妨害作证罪法益的判断问题。下文将对这两个问题具体分析。

（一）对赵某某、张某某行为的认定

在本案中，皮某某、柴某某希望通过编造盗窃案件受到刑事处罚，从而达到逃避强制戒毒的目的。二人在编造盗窃的时间、地点、金额和过程后，通过赵某某向张某某串通案情。随后，皮某某、柴某某向当地派出所作二人犯盗窃罪的供述，张某某向该派出所作皮某某盗窃的虚假报案材料。认定赵某某、张某某的行为需要正确区分诬告陷害罪、伪证罪和帮助伪造证据罪。

刑法第243条规定："捏造事实诬告陷害他人，意图使他人受刑事追究，情节严重的，处三年以下有期徒刑、拘役或者管制，造成严重后果的，处三年以上十年以下有期徒刑。国家机关工作人员犯前款罪的，从重处罚。不是有意诬陷，而是错告，或者检举失实的，不适用前两款的规定。"诬告陷害罪，是指捏造犯罪事实诬陷他人，意图使他人受刑事追究，情节严重的行为。捏造是指无中生有，虚构他人的犯罪事实。捏造的内容是犯罪事实。成立诬告陷害罪必须有向司法机关或者其他能够对被告发人采取人身控制措施的单位告发的行为。在理论上，对本罪的法益尚存有争议。有观点认为，诬告陷害罪的法益是人身权利，因为我国刑法将诬告陷害罪置于侵犯公民人身权利、民主权利罪一章中，说明刑法规定本罪是为了保护公民的人身权利。① 也有观点认为，诬告陷害罪的客体为他人的人身权利和司法机关的正常活动。② 我们赞同诬告陷害罪的法益是人身权利。虽然张某某向公安机关虚假报案诬称皮某某盗窃，但是由于该盗窃案是由皮某某和柴某某编造，并通过赵某某告知张某某，皮某某、柴某某二人要求张某某虚假报案属于被害人承诺，阻却违法性。被害人承诺属于违法性阻却事由，其阻却违法性的依据在于：被害人同意或者请求他人侵害其法益，实际上是对法益的放弃，损害被放弃的法益的行为不具有违法性。诬告陷害罪的保护法益是人身权利，皮某某、柴某某二人主动放弃了人身自由，因此赵某某和张某某的行为符合诬告陷害罪的构成要件，但是不具备违法性，因此不成立诬告陷害罪。即便承认诬告陷害罪的法益是人身权利和司法机关的正常活动，因为皮某某、柴某某二人同意该诬告行为，赵某某和张某某的诬告陷害行为只是侵犯了司法机关的正常活动，并未侵犯他人人身权利，那么赵某某和张某某的行为也没有侵犯诬告陷害罪的法益——人身权利和司法机关的正常活动，二人依然无法成立诬告陷害罪。

刑法第305条规定："在刑事诉讼中，证人、鉴定人、记录人、翻译人对与案件有重要关系的情节，故意作虚假证明、鉴定、记录、翻译，意图陷害他人或者隐匿罪证的，处三年以下有期徒刑或者拘役；情节严重的，处三年以上七年以下有期徒刑。"因此，伪证罪是指在刑事诉讼中，证人、鉴定人、记录人、翻译人对与案件有重要关系的情节，故意作虚假证明、鉴定、记录、翻译，意图陷害他人或者隐匿罪证的行为。在本案中，张某某是作为"被害人"参加到诉讼中的，尽管其行为属于虚假报案，但是在这场原本不该发生的"刑事诉讼"中，张某某的身份仍然是"被害人"，而不是"证人"。因此，虽然他在刑事诉讼中做了虚假陈述，但是由于他并不具有陷害他人的故意，因此，其行为并不构成伪证罪，赵某某的行为同样不成立伪证罪。

刑法第307条第2款规定："帮助当事人毁灭、伪造证据，情节严重的，处三年以下有期徒刑或者拘役。"帮助伪造证据罪，是指帮助当事人伪造证据，情节严重的行为。帮助伪造证据罪包括以下情形：（1）行为人教唆当事人伪造证据的，行为人成立帮助伪造证据罪，当事人不成立犯罪；（2）当事

---

① 参见张明楷著：《法益初论》，中国政法大学出版社2003年版，第219页。
② 参见高铭暄、马克昌著：《刑法学》，北京大学出版社、高等教育出版社2011年版，第480页。

人教唆行为人伪造证据的，行为人成立帮助伪造证据罪，当事人不成立犯罪；（3）行为人为当事人伪造证据提供便利条件的，行为人成立帮助伪造证据罪，当事人不成立犯罪；（4）行为人与当事人经通谋共同伪造证据的，行为人成立帮助伪造证据罪，当事人不成立犯罪；（5）行为人与当事人无通谋，单独为当事人伪造证据的，行为人成立帮助伪造证据罪。当事人亲自实施伪造证据行为或者教唆他人实施伪造证据行为的，因为缺乏期待可能性，不成立犯罪。帮助伪造证据罪包括帮助伪造刑事言词证据的行为，此处的言词证据必须被限定为物体化的证人证言、被害人陈述、犯罪嫌疑人、被告人供述和辩解等。例如，行为人冒用证人名义为当事人制造证言的，成立帮助伪造证据罪。"被害人"无中生有虚假报案的，因为使用的是本人名义，所以不能认定为帮助伪造证据罪。否则，在证人提供虚假证言或被害人提供虚假陈述的情况下，难以区分帮助伪造证据罪与伪证罪。因此，在刑事诉讼中，证人提供虚假证言的，可能成立伪证罪；被害人提供虚假陈述的，则可能成立包庇罪或诬告陷害罪。但是在本案中，赵某某、张某某的行为虽然符合诬告陷害罪的构成要件，但是由于具备违法性阻却事由，因此也不成立诬告陷害罪。

综观本案具体情况，我们认为张某某的行为符合帮助当事人毁灭、伪造证据罪的构成要件。理由在于，张某某所作的虚假报案材料，完全可以解释成是一种"伪造证据"的行为，虽然这种伪造证据的行为会使被帮助的人受到刑事追究，但是，在请求其帮助的当事人（皮某某、柴某某）看来，张某某伪造证据的行为所带来的刑事追究却是对其有利的，也是其希望发生的。因此，张某某帮助伪造证据的行为虽然不具有包庇皮某某、柴某某，但是仍然是一种帮助伪造证据的行为，应构成帮助毁灭、伪造证据罪。法院对张某某行为的定性是正确的。

（二）妨害作证罪的法益

妨害作证罪，是指以暴力、威胁、贿买等方法阻止证人作证或者指使他人作伪证的行为。妨害作证罪包括两个基本的行为类型：（1）阻止证人作证；（2）指使他人作伪证。妨害作证罪的行为方法不限于"暴力"、"威胁"和"贿买"，还包括命令、劝说、哀求等平和方式。对于本罪的保护法益，尚存在不同观点。有的观点认为，"本罪的客体是国家司法机关的正常诉讼活动。"[1] 有的观点认为，"本罪的客体是司法机关在诉讼中的正常活动和公民依

---

[1] 参见高铭暄、马克昌主编：《刑法学》，北京大学出版社、高等教育出版社2011年第5版，第554页。

法作证的权利。"① 我们认为，妨害作证罪的保护法益是国家司法机关的正常诉讼活动，具体原因为：（1）作证不是证人的权利，而是证人的义务。第二次修正后的《刑事诉讼法》第60条第1款规定："凡是知道案件情况的人，都有作证的义务。"在我国现行法律中，没有任何条文规定作证是证人的一项权利。证人所享有的权利是为了确保证人的人身安全和作证活动的正常进行，并不能说明作证活动本身是一项权利。（2）刑法分则将妨害作证罪规定于第六章妨害社会管理秩序罪的第二节妨害司法罪中。根据类罪名和集合罪名（小类罪名），妨害作证罪侵犯的法益是正常的司法活动，具体而言是国家司法机关的正常诉讼活动，而不涉及其他利益。（3）行为人实施妨害作证的行为可能会侵犯其他法益，但是因为法益是犯罪行为必然侵犯的法保护的利益，所以不能简单将实施妨害作证行为过程中所可能侵犯的法益作为妨害作证罪的法益。

在本案中，皮某某和柴某某编造盗窃案件，并通过赵某某向张某某串通案情，由张某某向当地派出所报案。实际上，皮某某、柴某某和赵某某教唆张某某作伪证，符合妨害作证罪"指使他人作伪证"的规定。虽然皮某某和柴某某自愿放弃人身权利，但是妨害司法罪的保护法益是国家司法机关的正常诉讼活动，二人的行为仍然触犯了妨害司法罪。赵某某虽然没有参与编造盗窃案件，但不影响对其指使作伪证行为的认定。因此，对皮某某、柴某某和赵某某的行为都应认定为妨害作证罪。法院对皮某某和柴某某的判决是正确的，对赵某某行为的认定是错误的。

（整理人：周少华）

---

① 参见马克昌主编：《刑法学》，高等教育出版社2003年版，第582页。

四、帮助毁灭、伪造证据罪

案例1：黄HH、黄LL、涂XX、陈HH帮助毁灭证据案
——本罪之"帮助"与帮助犯之"帮助"的区分

一、基本情况

案　　由： 帮助毁灭证据

附带民事诉讼原告人： 刘XX，女，生于1947年7月27日，汉族，小学文化，重庆市奉节县人，农民。系本案被害人的妻子。

黄KK，男，生于1924年5月4日，汉族，小学文化，重庆市奉节县人，农民。系本案被害人的父亲。

黄X，男，生于1975年3月10日，汉族，初中文化，重庆市奉节县人，农民。系本案被害人的儿子。

黄SS，男，生于1979年1月15日，汉族，初中文化，重庆市奉节县人，农民。系本案被害人的儿子。

被告人： 陈XX，男，生于1963年4月11日，汉族，初中文化，重庆市奉节县人，农民。因涉嫌犯以危险方法危害公共安全罪，于2010年8月17日被重庆市奉节县公安局刑事拘留，同年9月20日经重庆市奉节县人民检察院批准，次日由重庆市奉节县公安局执行逮捕。现羁押于重庆市奉节县看守所。

黄HH，男，生于1955年11月15日，汉族，初中文化，重庆市奉节县人，农民，住重庆市奉节县吐祥镇新林村10组28号。因涉嫌犯以危险方法危害公共安全罪，于2010年8月15日被重庆市奉节县公安局刑事拘留，同年9月20日经重庆市奉节县人民检察院批准，次日由重庆市奉节县公安局执行逮捕。现羁押于重庆市奉节县看守所。

黄 LL，男，汉族，小学文化，重庆市奉节县人，农民。因涉嫌犯以危险方法危害公共安全罪，于 2010 年 8 月 15 日被重庆市奉节县公安局刑事拘留，同年 9 月 20 日经重庆市奉节县人民检察院批准，次日由重庆市奉节县公安局执行逮捕。现羁押于重庆市奉节县看守所。

涂 XX，女，生于 1963 年 9 月 8 日，汉族，小学文化，重庆市奉节县人，农民。因涉嫌犯以危险方法危害公共安全罪，于 2010 年 8 月 15 日被重庆市奉节县公安局刑事拘留，同年 9 月 20 日经重庆市奉节县人民检察院批准，次日由重庆市奉节县公安局执行逮捕。现羁押于重庆市奉节县看守所。系被告人陈 XX 妻子。

陈 HH，男，生于 1965 年 8 月 5 日，汉族，高中文化，重庆市奉节县人，农民。因涉嫌犯以危险方法危害公共安全罪，于 2010 年 8 月 15 日被重庆市奉节县公安局刑事拘留，同年 9 月 20 日经重庆市奉节县人民检察院批准，次日由重庆市奉节县公安局执行逮捕。现羁押于重庆市奉节县看守所。系被告人陈 XX 二弟。

二、诉辩主张

（一）人民检察院指控事实

重庆市人民检察院第二分院以渝检二分院诉一刑诉〔2010〕104 号起诉书指控被告人陈 XX 犯以危险方法危害公共安全罪，被告人涂 XX、黄 HH、黄 LL、陈 HH 犯帮助毁灭证据罪。

（二）被告人辩解及辩护人辩护意见

被告人陈 XX 对公诉机关指控的事实无异议，辩解称其主观上并没有致被害人死亡的故意；愿意依法赔偿附带民事诉讼原告人的经济损失。

其辩护人暨诉讼代理人认为被告人陈 XX 属于过失犯罪，应以过失以危险方法危害公共安全罪定罪处罚；陈 XX 有自首行为，可以从轻、减轻处罚；不应赔偿附带民事诉讼原告人的死亡赔偿金和精神抚慰金。

被告人涂 XX、黄 HH、黄 LL、陈 HH 对公诉机关指控的事实及罪名无异议。上列各被告人的辩护人均认为各被告人认罪态度较好，请求从轻处罚。

三、人民法院认定事实和证据

（一）认定犯罪事实

重庆市第二中级人民法院审理认定：2010 年 8 月初，被告人陈 XX 为防止动物啃食庄稼，未经批准在奉节县吐祥镇龙河村1组一座山上的承包地、自家房屋周围的小路边用细铁丝连通220伏电压私设电网，面积达百余亩。安装电网后，陈XX白天关闭电源、晚上通电，告知了到其承包地做农活的人安装有电网的情况，但未设立任何警示标志。2010年7月下旬的一天，即陈XX尚未安装电网前，被害人黄FF（本案死者，男，殁年66岁）从奉节县HH镇某村出发到奉节县四高镇黄泗村做工，途经陈XX家时曾到陈家休息，同年8月10日17时许，被害人黄FF从奉节县甲高镇黄泗村出发走路返回HH镇某村，在途经陈XX架设在路边的电网时触电身亡。8月11日上午8时许，被告人陈XX发现触电身亡的黄FF，便将黄的尸体拖到杂草中，后又背回家中肢解，并焚烧部分尸块。8月12日晚，被告人陈XX与涂XX共谋将黄FF的尸块隐藏起来。8月13日晚，被告人涂XX找来尼龙口袋，帮陈XX将黄FF尸块装入尼龙口袋中，并将锄头上的血迹洗掉。被告人陈XX将黄FF的尸块用背篓背到公路上，请黄HH、黄LL将装有黄FF尸块的背篓扔到奉节县HH镇大河村4组小地名"吊井窑子"的堰塘里，后陈XX又叫陈HH乘坐黄LL开的三轮摩托车到抛尸地点，陈HH与黄HH准备将堰塘内装尸块的背篓钩回来重新处理尸块，因背篓沉入水中，黄HH、黄LL、陈HH即离开现场。2010年8月16日，被告人陈XX到公安机关投案。

另查明，附带民事诉讼原告人刘XX有四个子女，均已成年；附带民事诉讼原告人黄KK有五个子女（含被害人黄FF在内）。刘XX、黄KK均是农村居民户口。

（二）认定犯罪证据

上述事实，有经当庭质证的下列证据予以证实：

1.《接受刑事案件登记表》、《立案决定书》、《公安机关抓获经过说明》、拘、捕等法律文书，证明2010年8月14日，奉节县HH镇某村村民报案发现一废弃矿井中有尸块，被告人陈XX于2010年8月16日到奉节县公安局吐祥派出所投案并供述其私设电网致黄FF死亡，以及分尸后伙同他人抛尸的经过。

2. 现场勘验检查工作记录、提取痕迹、物品登记表、现场图、现场照片、指认照片，证实（1）抛弃尸块现场位于奉节县吐祥镇大河村4组小地名"吊井窑子"的井口水塘，水塘内有一个竹背篓，内装三个编织袋，编织袋内有塑料口袋，塑料口袋内装有尸块及人体组织。对现场部分物品进行了提取。（2）陈XX安装电网的现场位于奉节县HH镇某村1组陈XX家周边，其家周边的土地围有电网，电网导电体为细轧铁丝，铁丝缠绑在短竹竿一端，另一端插入地里作支撑。陈XX家由西向东是一个竹棚和五间房屋，五间房屋分别为杂物间、卧室、堂屋、厨房和茅房。竹棚外侧西南角有一竖立的木杆，木杆顶部楔入一铁钉，铁钉上缠有细轧铁丝，此处即为电网起点。杂物间内发现多处疑似血迹，刀具上发现疑似肌肉组织。陈XX家西侧有一条小路，沿小路西北向上约50米的坡地处有一排东西走向的栅栏，栅栏与小路相交处有一小门，门外向北走有一条由西北向东的小路，该小路西北通往奉节县甲高镇黄泗村，小路向东通往陈XX家的羊圈。门内西侧有电网，往西南方向下延伸。顺电网向南下约100米处，有一腐败的野猪尸体，野猪尸体下压着一根与电网连接的细轧铁丝；小门东南侧1.5米、小路东侧起沿着小路约9米路段也有杂草枯萎呈黄色，杂草地面发现多处圆形孔洞，该孔洞大小与别处捆绑电网细轧铁丝的竹棍大小相当，有的洞内有残损的竹片。对现场部分物品、痕迹进行了提取。（3）被告人陈XX对安装电网、发现被害人尸体、分尸、抛尸的现场进行了指认。

3. 鉴定结论、尸检照片、情况说明，证明（1）根据DNA检验结果确认：奉节县HH镇大河村4组小地名"吊井窑子"的井口水塘处发现的尸块系失踪人员黄FF。（2）根据尸毒化检验结果：肝脏中未检出常见安眠药、常见农药及毒鼠强，可以排除以上常见毒物中毒致死的可能。（3）尸检见尸块不能拼合成完整的人体，残存尸块均高度腐败，部分骨质断端及皮肤烧焦碳化，残存尸块上未检见具有生活反应的工具损伤痕迹，考虑有死后分尸、焚尸的过程；根据残存尸块检验情况，无法排除机械性损伤、机械性窒息、电击、溺死、高低温损伤等致死的可能性。（4）根据残存皮肤及骨质断端整齐，部分尸块上可见砍痕、划痕等情况分析推断，分尸工具为具有一定质量的砍切器。

4. 被告人陈XX供述，他到公安机关来自首，2010年他在山上的承包地种了一百多亩玉米，由于山上野猪比较多，将他种的玉米啃了不少，于是他到奉节县吐祥镇上一个叫"杨铁匠"的人开的商店里买了17斤细铁丝，在2010年农历六月二十几请黄HH等人一起在承包的几十亩玉米地周围用买来的铁丝安装电网，然后用电线的一头和铁丝相连，通电时将电线插进家里的插板，整个电网就通上了电。他晚上将电网通上电，早上起床就将电断掉。过了两三天发现电网电死了一头野猪和一只"土猪"。2010年8月11日早上，他顺着电网查看时，发现由奉节县黄泗乡到吐祥镇的路上躺着一个人，上前认出是黄FF，黄FF右腋下夹着电网的铁丝，右腋下的一大片衣服被电烧糊了，已死去一段时间。他将黄FF的尸体拖到杂草中，后又将尸体扛到家里用弯刀和砍刀分尸，将尸体的衣服、裤子等东西烧掉后又将尸块和内脏放到炉子里烧，正在焚烧时妻子涂XX打来电话说黄FF家里的人上山来找黄FF，叫他把电网关了，怕上山来的人触电。他连忙将没来得及烧的尸块和部分内脏，以及炉子里没烧完的尸体装入口袋藏在羊圈下面,并将房间打扫干净。找黄 FF 的人上来后问他看见黄 FF 没有,他回答没有看见,他还安排两个人在另外一个屋子睡觉。8 月 12 日晚,他将黄 FF 被他家的电网电死以及处理尸体的情况告诉了妻子涂 XX,并商量如何将尸块隐藏。8 月 13 日晚,他给黄 HH 打电话叫黄 HH 喊黄 LL 开三轮摩托车来接他,晚上 11 点多左右,他将装尸块的两个尼龙口袋取出来,装入一个大尼龙口袋并放入大背篓中,涂 XX 在一旁打电筒帮他装尸块。他把尸块背下山看见黄 HH 和黄 LL 已在公路上等,于是他将装尸块的背篓放到黄 LL 的三轮摩托车上,并说明了是电网电死的黄 FF 的尸体,叫黄 HH 和黄 LL 拖出去找个地方扔了,答应给黄 LL500 元钱。回家后给黄 HH 打电话,黄 HH 告诉他把尸体扔进奉节县 HH 镇大河村路边一个小堰塘里,但没有沉下去。他又给陈 DD 打电话,叫陈 DD 找到陈 HH,让陈 HH 带绳子、铁钩、电筒等到小堰塘去找黄 HH。后来黄 HH 说尸体已经沉入堰塘了。8 月 14 日,他听说小堰塘发现了尸体,就逃到了湖北省恩施市板桥镇的徐斯元家,后来在家人的劝说下,徐 XX 陪他到公安机关投案自首。并证实黄 FF 平时和他家关系比较好,黄 FF 是个弹棉花的"弹匠",平时到黄泗乡去都要从他家经过,路过他家时有时还到他家歇一下。2010 年农历 6 月的一天,黄 FF 到黄泗乡去还到他家休息过,当时他到山上放羊去了,后来是涂 XX 对他说的。

5. 被告人陈 HH 供述,2010 年 8 月 14 日凌晨 2 时许,他被妹妹陈 DD 叫醒,说大哥陈 XX 叫他马上准备两个扁担用的铁钩、一根绳子和一根一丈长的棍子,准备好后就与黄 HH 联系。他准备好后就用陈建米的手机与黄 HH 联系,黄 HH 说其与黄 LL 在大河村的小堰塘扔了尸体。他出门赶往小堰塘,中途碰到黄 LL 开三轮摩托来接他,他就与黄 LL、黄 HH 到了那个小堰塘边,黄 LL 在公路上望风,他和黄 HH 用带来的绳子拴在铁钩上准备将堰塘内装尸块的背篓钩回来重新处理尸块,但试了几次没有成功,背篓沉入水里看不见了,因害怕时间长了被人发现,他们三人就离开了现场。

6. 被告人涂 XX 供述,因她家住房和庄稼位于山上比较偏僻,周围没有其他住户,山上的野猪经常糟蹋庄稼,丈夫陈 XX 于 2010 年 8 月 3 号左右找人在庄稼地周围拉上了电网,后来还烧死了两头野猪。8 月 11 日早上 6 点左右,她离开家,下午 2 点左右接到刘德培的电话说黄 FF 失踪了。8 月 12 日中午回家见黄昌海等人在她家说是寻找黄 FF,晚上黄昌海等人住在她家。当晚丈夫陈 XX 告诉她黄 FF 是被安在屋后路边的电网电死的,且被陈 XX 分尸后用口袋装好放在羊圈里。8 月 13 日晚,黄昌海等人离开了她的家,陈 XX 问怎么处理这件事,她说只有把尸体隐藏起来别让人发现。之后陈 XX 给黄 HH 打电话叫黄 HH 和黄 LL 开三轮摩托车一起在山脚的公路上来接。她打电筒照明并帮陈 XX 将黄 FF 尸块装入尼龙口袋并放入大背篓中，陈 XX 将黄 FF 的尸块背下山。大约第二天凌晨 2 时许，陈 XX 回到家中说把尸块交给了黄 HH 和黄 LL，并把黄 FF 是被电网电死的情况告诉了黄 HH 和黄 LL，叫他们将尸块扔掉。并供述大概 2010 年农历六月十几，即公历 7 月下旬，黄 FF 路过她家时在她家休息过，黄 FF 说是到山的另一边的几户人家去弹棉絮，还带有弹棉絮的工具，黄 FF 离开她家后就到山的另一边去了，直到 8 月 12 日她回家后听丈夫陈 XX 说黄 FF 回来经过她家时被电网电死的情况。

7. 被告人黄 LL 供述，2010 年 8 月 13 日晚 10 点多钟，黄 HH 找到他叫他开三轮摩托车去帮陈 XX 拉东西。之后他就开三轮摩托车与黄 HH 一起到了小地名"大石包"，大概第二天凌晨，陈 XX 背一个背篓从山上下来，将背篓放到他的车上，对他和黄 HH 说有人被陈 XX 安的电网电死了，叫他和黄 HH 把尸块找个地方扔了。他开始不答应，后来黄 HH 说都是亲戚帮个忙，他才答应，黄 HH 把陈 XX 给的钱给了他 300 元，他就和黄 HH 一起开车到黑堰塘岔路口附近，将尸块连同背篓一起扔到一个窑子里，听到了落水的声音。黄 HH 发现背篓漂在水面上，又打电话叫陈 HH 带铁钩、电筒等过来钩尸体。他开三轮摩托车将陈 HH 接到扔尸体的地方，陈 HH 和黄 HH 用铁钩把漂在水面上的尸块钩了几下回到车上，说已经沉入水中了，三人才离开。

8. 被告人黄 HH 供述，2010 年 8 月 13 日晚七八点左右，外侄陈 XX 打电话叫他坐黄 LL 的三轮摩托车到龙河村去接陈 XX。他找到黄 LL 后一起坐黄 LL 开的三轮摩托车到陈 XX 家山下的公路，当晚 12 点多钟，陈 XX 背着一个装有尼龙口袋的大背篓过来，将背篓放到三轮摩托车上后说安装的电网电死了人，请他们把尸体扔了。黄 LL 开始不答应，后来才同意，陈 XX 给他钱后他给了黄 LL300 元钱。他和黄 LL 就用三轮摩托车载着装尸体的背篓到了黑堰塘边的公路上，把背篓连同装的尸块一起扔进了黑堰塘的一个窑子里，看见背篓浮在水面上，陈 XX 打电话过来问怎么处理的，他们说背篓浮在水面上，陈 XX 叫把背篓捞起来重新想办法处理。陈 XX 还说叫陈 HH 来捞。他和黄 LL 开三轮摩托车接到陈 HH 后返回黑堰塘，陈 HH 和他用铁钩捞背篓但没有成功，看见背篓沉入水中就离开了现场。

9. 证人陈 DD 证实，2010 年 8 月 11 日晚，涂 XX 住在她家，晚上 11 点多钟，父亲叫涂 XX 给大哥陈 XX 说黄 FF 家里的人准备到陈 XX 家去找黄 FF，要陈 XX 把电网的电断了。她和涂 XX 连忙给大哥陈 XX 打电话，陈 XX 说已经把电网的电断了。第二天早上，嫂子涂 XX 就回家去了。8 月 14 日凌晨 1 点多钟，陈 XX 打来电话叫陈 HH 带绳子、扁担和铁钩去，她问出了什么事，陈 XX 没有说。

10. 证人任 XX、黄 DD 证实，2010 年农历六月二十几的一天，任 XX、黄 DD、黄 HH 应陈 XX 的邀请帮陈 XX 在玉米地周围安装了电网，玉米地边是小路的也安装了电网，小路平时很少有人走，但如果人在小路上行走能够碰到电网。

11. 证人甘 XX 证实，2010 年 8 月 14 日凌晨 3 点多钟，他听见家里的狗在附近的水塘边叫不停，他起床后听见"咚"的落水声。6 时许，妻子谭 XX 发现水塘里有一个大背篓，他打电话报警，后来听说背篓里装的是尸体。

12. 证人谭 XX 证实，2010 年 8 月 14 日凌晨，她和丈夫甘友业被自家狗叫声吵醒，6 点多钟，她看见离家不远的水塘里有一个背篓，丈夫报警后派出所的警察就来了，把背篓捞起来并把背篓里的口袋解开，她看见口袋里是人的尸块。并证实发现背篓的水塘是以前一个废弃的用于挖煤的吊井窑子。

13. 证人陈 NN 证实，他家住在奉节县甲高镇，他于 2010 年农历五月二十五（公历 7 月 6 日）到黄 FF 家请黄 FF 到他家去弹棉絮。黄 FF 于 2010 年农历 6 月十一（公历 7 月 22 日）从奉节县 HH 镇走山路到他家，农历七月初一（公历 8 月 10 日），黄 FF 的妻子叫黄 FF 回家，黄 FF 于当天下午 5 点多钟离开他家，第二天上午，黄 FF 的妻子打电话问他黄 FF 怎么没有回家，于是他就沿着黄 FF 来他家的路往回找，经过陈 XX 家时看见黄 FF 的家人也在找黄 FF，还看见陈 XX 家房子周围和路边安装了电网。

14. 证人郑 XX 证实，2010 年农历六月底至七月初，他在山上开荒，每天中午都在陈 XX 家做饭，看见陈 XX 家玉米地周围路边安装了电网。

15. 证人王某某证实，陈 NN 请黄 FF 来弹棉絮，她也请黄 FF 弹棉絮，2010 年农历七月初一（公历 8 月 10 日）下午 5 点多钟，黄 FF 走从黄泗乡至龙河村的山路回家，途中要翻一座山。第二天下午，黄 FF 家的人打电话说黄 FF 一直没有回家。

16. 证人杨德孝证实，2010 年 7 月二十几号，陈 XX 到他的五金门市买了一圈铁丝共 17 斤。

17. 证人刘 XX 证实，丈夫黄 FF 于 2010 年农历六月十一（公历 7 月 22 日）出门到陈 NN 家去弹棉絮，农历七月初二她打电话问陈 NN，陈 NN 说黄 FF 在农历七月初一下午就离开陈 NN 家了，于是她就找人帮忙去找黄 FF，去找黄 FF 的人回来说到陈 XX 家去过，闻到有烧肉的腥臭味，而且陈 XX 家周围安有电网，她当时怀疑黄 FF 可能被陈 XX 家的电网电死了。

18. 证人刘 DD 证实，2010 年农历七月初二晚上，姐姐刘 XX 说黄 FF 没有回家，叫她帮忙找一下。她想黄 FF 是到黄泗村去弹棉絮，回家要经过陈 XX 家，就给陈 XX 的妻子涂 XX 打电话，涂 XX 说没有看见黄 FF。当晚 8 点多钟,涂XX又打来电话说黄FF到黄泗乡去时路过涂XX的家,还在涂家休息了的。她就说要到涂家的山上去找黄FF,涂XX叫她在早上5点把电网的电关了再去。当晚11点多钟,村会计周前江说给陈XX说了叫把电网关了,于是她和其他人一起上山到了陈XX家。到陈XX家后闻到有烧肉的腥臭味,在找黄FF的过程中发现陈XX家电网旁边的小路上有胶鞋印和木棍杵在地上的印记,在陈XX家下面的小路上就没有上述的印记,且听陈NN说黄FF走的时候穿的一双胶鞋,拿的一根木棍。

19. 证人周昌银、周伟、周前将、黄畅兴、黄畅明、黄畅东证实,到陈XX家去找黄FF的经过以及发现的情况,与证人刘德配的证言基本一致。

20. 证人冉XX、黄开英证实,陈XX家田地周围安装了电网,陈XX说白天关了电的,是为了防野猪,他们上山开荒要经过电网,电网周围没有警示标志。

21. 证人黄SS证实,他到公安机关报警,2010年8月11日晚,母亲刘XX打电话说父亲黄FF不见了,黄FF是8月10日从黄泗乡出发的,一直没有回家。

22. 证人刘德辉、刘平证实,2010年8月14日凌晨,听见外面有狗在叫,过了20多分钟听见三轮摩托车开过的声音,半小时后又听见三轮摩托车开过的声音,此后就没听见其他车辆开过了。

23. 证人姚X、徐XX证实,陈XX说家里的电网把一个人电死了,他们就陪陈XX到派出所投案。

24. 辨认笔录及照片,证实(1)证人杨德孝从一组照片中辨认出到其五金门市买了一圈铁丝的陈XX;(2)被告人陈XX辨认出分解黄FF尸体所用的菜刀;(3)被告人陈XX辨认出分解黄FF尸体所用的弯刀。

25. 奉节县电力执法大队的回函,证实陈XX未经批准私设电网,电网是220伏电压,接触人体后人体其他部位又接触地面形成电流通路,足以能致人死亡。

26. 各被告人、附带民事诉讼原告人的户口证明、被害人死亡注销户口证明,证实各被告人、被害人、附带民事诉讼原告人身份等情况。

四、判案理由

刑法第14条规定:"明知自己的行为会发生危害社会的结果,并且希望或者放任这种结果发生,因而构成犯罪,是故意犯罪。"即故意犯罪的主观心理状态分为直接故意和间接故意。其中,直接故意是行为人明知自己的行为会发生危害社会的结果,并且希望这种结果发生的心理状态;间接故意是行为人明知自己的行为可能发生危害社会的结果,并且放任这种结果发生的心理状态。本案中并无证据证实被告人陈XX有希望被害人死亡的心理状态,故可以排除其主观上有直接故意的罪过形态。

刑法第15条规定:"应当预见自己的行为可能发生危害社会的结果,因为疏忽大意而没有预见,或者已经预见而轻信能够避免,以致发生这种结果的,是过失犯罪。"即过失犯罪的主观心理状态分为疏忽大意的过失和过于自信的过失。疏忽大意的过失是指行为人对自己行为所引起的危害结果,应当预见,因为疏忽大意而没有预见的心理状态;过于自信的过失是指行为人对自己行为所造成的危害结果,行为时已经预见而轻信能够避免的心理状态。根据本案查明的事实,被告人陈XX应当预见其安装的电网通电后可能造成行人触电死亡的结果,并且已经预见可能发生这种结果,故可以排除其主观上有疏忽大意的过失的心理状态。

本案控辩双方争议的焦点在于被告人陈XX主观罪过形态是间接故意还是过于自信的过失,即被告人的行为是构成以危险方法危害公共安全罪还是过失以危险方法危害公共安全罪。应当认为,被告人陈XX未经批准在承办地、房屋周围的小路边私设电网,明知私设电网的行为会发生致人触电死亡的结果,而未采取通常足以达到防止危害结果发生的措施,致使被害人黄FF途经设有电网的小路时触电死亡,其主观上对致路过设有电网的小路的不特定人会触电死亡的结果,持放任的心理状态,特别是被害人黄FF从奉节县吐祥镇龙河村到甲高镇黄泗村时经过陈XX家后,陈XX应当知道在其安装电网后黄FF会从其安装有电网的小路经过,而其没有告知黄FF安装电网的情况,被告人陈XX对被害人死亡的主观心态应当是放任的心理状态,其行为触犯了《中华人民共和国刑法》第115条第1款的规定,构成以危险方法危害公共安全罪。

五、定案结论

重庆市第二中级人民法院认定:

(一)被告人陈XX犯以危险方法危害公共安全罪,判处有期徒刑十五年,剥夺政治权利五年(刑期从判决执行之日起计算。判决执行以前先行羁押的,羁押一日折抵刑期一日,即自2010年8月16日起至2025年8月15日止)。

(二)被告人黄HH犯帮助毁灭证据罪,判处有期徒刑一年六个月(刑期从判决执行之日起计算。判决执行以前先行羁押的,羁押一日折抵刑期一日,即自2010年8月15日起至2012年2月14日止)。

（三）被告人黄LL犯帮助毁灭证据罪，判处有期徒刑一年六个月（刑期从判决执行之日起计算。判决执行以前先行羁押的，羁押一日折抵刑期一日，即自2010年8月15日起至2012年2月14日止）。

（四）被告人涂XX犯帮助毁灭证据罪，判处有期徒刑一年（刑期从判决执行之日起计算。判决执行以前先行羁押的，羁押一日折抵刑期一日，即自2010年8月15日起至2011年8月14日止）。

（五）被告人陈HH犯帮助毁灭证据罪，判处有期徒刑一年（刑期从判决执行之日起计算。判决执行以前先行羁押的，羁押一日折抵刑期一日，即自2010年8月15日起至2011年8月14日止）。

（六）查获的作案工具予以没收。

（七）被告人陈XX赔偿附带民事诉讼原告人刘XX因黄FF死亡的丧葬费15481.5元、被扶养人生活费12568元，赔偿附带民事诉讼原告人黄KK的被扶养人生活费3142元，赔偿附带民事诉讼原告人刘XX、黄X、黄SS交通费2000元、误工费8000元，共计41191.5元。限本判决生效后十日内付清。

（八）驳回附带民事诉讼原告人的其他诉讼请求。

六、法理解说

帮助毁灭、伪造证据罪在司法实务中不时地以共犯形态出现，而对本罪中"帮助"性质的理解往往影响共犯的成立与否及其范围。具体而言：

（一）共犯视域下的"帮助"

追溯历史，帮助毁灭、伪造证据的行为曾经是作为共犯来处理的。① 例如，加罗林纳刑法典与德国普通法就将其作为共犯的一种加以处罚的。即使在19世纪，将帮助毁灭、伪造证据的行为作为事后从犯处理，依旧支持者甚多。不过，在当下的大陆法系国家帮助毁灭、伪造证据的行为一般是作为独立的犯罪来处理的。如日本刑法典第104条规定："湮灭、伪造证据或变造关于他人刑事案件之证据，或使用伪造或变造之证据者，处二年以下惩役或二十万元以下罚金。"

我国现行刑法典也是将帮助毁灭、伪造证据的行为作为独立的犯罪来处理的。于是，共犯视域下帮助犯中的"帮助"与本罪中的"帮助"有实质性的不同。就前者而言，其是以正犯行为的存在为前提，即无正犯的实行行为即无帮助犯可言；就后者而言，"帮助"行为本身就是实行行为。据此，可以得出

---

① 参见张明楷著：《刑法学》（第四版），法律出版社2011年版，第957页。

以下几点结论:

(1) 行为人独自为当事人毁灭、伪造证据的,成立本罪。

(2) 行为人与当事人共同毁灭、伪造证据的,并不成立共犯,而分别成立帮助毁灭、伪造证据罪与妨害作证罪。在本案中,被害人黄FF触电身亡后被告人陈XX将其尸体背回家中肢解并焚烧部分尸块,后与涂XX(其妻)共谋将黄FF的尸块隐藏,无论是检察院还是法院均未对陈XX与涂XX的共谋隐藏尸块行为作出评价。在域外,这主要是以期待可能性理论为根据的。由于四要件犯罪论体系是有别于阶层化犯罪论体系,且四要件犯罪论体系的独特结构排斥期待可能性理论,因此,虽然期待可能性理论近年来在我国受到了追捧,但司法实践依旧对其保持着谨慎的态度。实际上,我国的刑事司法实务中并非不存在系属期待可能性理论范畴的内容,而这也并非不能为我国刑法典所容纳,只不过在四要件犯罪论体系下该部分内容呈散落的状态,或委身于主观恶性理论,或寄身于社会危害性理论,或藏身于刑罚理论,但大抵具有依附的属性。可见,检察院与法院的上述"不作为"实有难言之隐。

(3) 行为人为当事人毁灭、伪造证据提供各种便利条件的,行为人不成立帮助犯,而是正犯。

(4) 当事人教唆第三人为自己毁灭、伪造证据的,当事人是否成立本罪的教唆犯?德国刑法对此持肯定的态度(第257条)。在日本,尽管判例以"防御权的滥用"为根据,一贯持肯定的态度,但理论上的质疑并非不存在:对于犯人而言,既然连作为正犯都没有期待可能性,那么作为较正犯更轻的犯罪形式的共犯,更应该没有期待可能性而不可罚。① 在我国,帮助毁灭、伪造证据罪中的"帮助"包括教唆(唆使)是得到了审判实践的支持的,例如,在卢惠琴、王一伟、王雪萍帮助伪造证据案②中,判决指陈:"帮助伪造证据罪是指在诉讼活动中,唆使、协助当事人隐匿、毁灭、伪造证据,情节严重的行为。"理论上,部分学者支持以期待可能性为根据的否定说。③ 如前所述,四要件犯罪论体系的独特结构使得期待可能性理论在我国面临十分尴尬的境地。因此,审判实践在否定当事人成立帮助毁灭、伪造证据罪的教唆犯时,并不叙明理由。在本案中,被告人陈XX将黄FF的尸块用背篓背到公路上,请被告人黄HH与黄LL将装有黄FF尸块的背篓扔到奉节县HH镇大河村4组小

---

① [日]西田典之著:《日本刑法各论》,刘明祥、王昭武译,武汉大学出版社2005年版,第320页。

② 参见天水市麦积区人民法院〔2010〕麦刑初字第187号。

③ 参见张明楷:《论帮助毁灭、伪造证据罪》,载《山东审判》2007年第1期。

地名"吊井窑子"的堰塘里，司法机关在评价中并不涉及是否成立共犯的问题。显然，这似乎是有意回避的。

(二) 本罪与包庇罪之区别

帮助毁灭、伪造证据罪是1997年刑法典新增的罪名，此前理论与实务中对于"消灭罪迹与毁灭罪证"的行为是按照包庇罪来定罪量刑的。由于刑法典在包庇罪条款中规定了"作假证明包庇的"，尽管该条款也明确了"明知是犯罪的人"，但这不能使二者的区分变得更为容易。

在理论上，诸多学者进行了有益的探索。例如，有学者主张，包庇罪是指在犯罪分子犯罪后，行为人为帮助其逃避司法机关的抓捕而实施帮助的行为，因此，它发生在刑事诉讼阶段之前；帮助毁灭、伪造证据罪是帮助当事人毁灭证据，因此，它发生在各类案件诉讼期间。① 又如，有学者主张帮助民事、行政案件的当事人毁灭、伪造证据，情节严重的，依据帮助毁灭、伪造证据罪定罪量刑；帮助刑事案件的当事人毁灭、伪造证据的，依据包庇罪定罪量刑。② 再如，有学者主张包庇罪中的"作假证明包庇"仅限于作使犯罪人逃避或减轻法律责任的假证明，而毁灭有罪、重罪证据的行为不符合"作假证明包庇"的要件，但伪造无罪或罪轻证据的行为，则可能符合"作假证明包庇"的要件，对此，可能属于竞合犯（法条竞合犯或想象竞合犯），应依据竞合犯原理解决（倾向于想象竞合犯)③ 等。

应该说，帮助毁灭、伪造证据罪独立后，包庇罪中"作假证明包庇的"与帮助毁灭、伪造证据罪中伪造证据便有了不同的立法趣旨。不过，以诉讼阶段为标准划分帮助毁灭、伪造证据罪与包庇罪的界限，似乎甚为轻率，而导致陷入这一轻率误区的根源似乎是"当事人"的诱导。一般来说，"当事人"只能存在于诉讼阶段。然而，帮助毁灭、伪造证据罪中的"当事人"之要义在于：刑法上使用"当事人"的概念，是为了将行为人毁灭、伪造自己作为当事人案件的证据的行为排除在犯罪之外，而不意味着将本罪的行为局限于诉讼过程中。

实际上，同属于"妨害司法罪"的伪证罪与辩护人、诉讼代理人毁灭证据、伪造证据、妨害作证罪中均明文规定了"在刑事诉讼中"，而帮助毁灭、

---

① 参见最高人民法院中国应用法学研究所：《中国人民法院案例选（2002年第2辑)》，人民法院出版社2002年版，第60~61页。

② 参见赵敏：《论帮助刑事案件的当事人毁灭、伪造证据的行为认定》，载《河南司法警官职业学院学报》2006年第4期。

③ 参见张明楷：《论帮助毁灭、伪造证据罪》，载《山东审判》2007年第1期。

伪造证据罪中却没有"在刑事诉讼中"或"诉讼中"的表述，也从侧面提供了依据。因此，认为帮助毁灭、伪造证据的行为，既可以发生在诉讼活动之前①，也可以发生在诉讼过程中与诉讼结束后的执行阶段②，似乎并不缺乏合理性。在日本，尽管隐灭证据罪的证据仅限于刑事证据，但"为了保护刑事司法活动，另外，也是为了确保有关虽然尚未提起公诉但将来足以成为刑事被告案件的证据，除了目前正在法院审理的被告案件之外，正在调查中的案件，调查开始之前的刑事案件也包括在内（通说）。"③其实，发生于诉讼活动之前及诉讼结束后的执行阶段的帮助毁灭、伪造证据的行为，在对司法活动客观公正性的侵害上，并无本质性差异。

就以诉讼类型为标准区别帮助毁灭、伪造证据罪与包庇罪，更是荒谬之论调。理由是：在1997年刑法典之前实务中对于"消灭罪迹与毁灭罪证"的行为是按照包庇罪来定罪量刑的，1997年刑法典之后"消灭罪迹与毁灭罪证"的行为却一分为二的成立帮助毁灭、伪造证据罪与包庇罪。若似此，则刑法典在帮助毁灭、伪造证据罪或包庇罪条文中必然予以明示，至少司法解释中有所明示——罪刑法定原则的基本要求。然而，这并不符合实际情形。因此，以诉讼类型为标准将帮助毁灭、伪造证据罪局限于在民事、行政诉讼中帮助当事人毁灭、伪造证据且情节严重的行为，是于法无据的荒谬论调。

笔者以为，在1997年刑法典叙明了罪刑法定原则之后，合理区分帮助毁灭、伪造证据罪与包庇罪应受该原则拘束。因此，对包庇罪中的"作假证明"不宜作扩大解释，即对"作假证明"以外的其他方法实施包庇行为的，不能以包庇罪定罪量刑。此外，1997年刑法与1979年刑法之间在包庇罪罪状描述上并无差异，故在新增了帮助毁灭、伪造证据罪之后，再将帮助毁灭、伪造证据的行为纳入包庇行为之中，既不合法也不合理。④

虽然如此，但因"作假证明"所引起的犯罪，是论以一罪还是成立数罪，是值得仔细研究的问题。其中，一罪说又有竞合说与吸收说的区别。前者是指"作假证明"以图逃避或减轻刑事责任的行为，同时符合帮助毁灭、伪造证据罪与包庇罪的犯罪构成，应依据竞合犯原理论以包庇罪一罪；后者是指在行为

---

① 参见张明楷：《论帮助毁灭、伪造证据罪》，载《山东审判》2007年第1期。
② 参见吴占英：《帮助毁灭、伪造证据若干问题探微》，载《中南民族大学学报》（人文社会科学版）2006年第4期。
③ ［日］大谷实著：《刑法讲义各论》（新版第2版），黎宏译，中国人民大学出版社2008年版，第546页。
④ 参见冯江菊：《帮助当事人毁灭罪证行为的认定》，载《河南社会科学》2009年第1期。

人既帮助毁灭、伪造证据，又作假证明包庇时，尽管行为人的数个行为触犯了不同的犯罪构成，但二者因吸收关系的存在而仅以包庇罪一罪定罪量刑。① 笔者以为，1997年刑法将帮助毁灭、伪造证据行为从包庇罪中独立出来，其趣旨至少有加大对帮助毁灭、伪造证据行为的惩处之意。因此，在行为人既帮助毁灭、伪造证据，又作假证明包庇而有数个行为时依据吸收犯原理处以包庇罪一罪之刑，似乎有违立法初衷。可见，吸收说欠缺合理性。事实上，行为人既窝藏包庇，又帮助毁灭、伪造证据的，审判实践中是以数罪并罚处理的。例如，刘博故意杀人，张秀云帮助毁灭证据、窝藏案②中，张秀云即被判以成立窝藏罪与帮助毁灭证据罪数罪并罚的。据此，因"作假证明"行为所引起的犯罪，依据竞合犯原理论以包庇罪一罪说较为合理。

本案中，被告人黄HH、黄LL、涂XX、陈HH帮助被告人陈XX毁灭证据的行为，在1997年以前会被评价为包庇罪，但1997年刑法典新增帮助毁灭、伪造证据罪后，其将被评价为帮助毁灭证据罪；又本案中被告人黄HH、黄LL、涂XX、陈HH均不存在"作假证明"的行为，因此，不存在帮助毁灭证据罪与包庇罪的竞合问题，仅成立帮助毁灭证据罪。

（整理人：梁云宝）

---

① 参见冯江菊：《帮助当事人毁灭罪证行为的认定》，载《河南社会科学》2009年第1期。
② 参见商洛市中级人民法院〔2010〕商中刑一初字第01号判决书。

案例2：高某妨害作证、王某帮助伪造证据案

——帮助伪造证据罪行为特点的把握

一、基本情况

案　　由：帮助伪造证据

上诉人（原审被告人）：高某，男，1970年3月14日出生，汉族，出生地江苏省南京市，文化程度大学本科，住广州市越秀区华乐街六居委和平路32号。2004年11月3日因犯虚报注册资本罪被广州市天河区人民法院判处有期徒刑一年六个月，2005年2月21日刑满释放。因本案于2006年7月29日被羁押，同年8月1日被刑事拘留，同年9月7日被逮捕。现押于广州市越秀区看守所（槎头）。

王某，女，1976年9月25日出生，汉族，出生地四川省西充县，文化程度高中，住四川省西充县双凤镇商业街44号（现改为双凤镇龙凤大道附276号）。因本案于2006年7月29日被羁押，同年8月1日被刑事拘留，同年9月7日被逮捕。现押于广州市越秀区看守所（槎头）。

二、诉辩主张

（一）人民检察院指控事实

广州市越秀区人民检察院指控原审被告人高某犯妨害作证罪、伪造居民身份证罪及原审被告人王某犯帮助伪造证据罪、伪造居民身份证罪。

（二）上诉人（原审被告人）辩解及辩护人辩护意见

上诉人高某提出的上诉意见主要是：其没有侵害司法机关的诉讼活动，不构成妨害作证罪；其只是出钱购买假身份证，没有亲自伪造居民身份证，不构成伪造居民身份证罪。

高某的辩护人提出的辩护意见是：1. 高某有权向王某转让债权，王某才是民事诉讼的当事人，高某的行为没有侵害司法机关的诉讼活动，故高某的行为不构成妨害作证罪；2. 高某不是亲自伪造的居民身份证，且伪造的居民身份证没有使用，情节轻微，其行为不构成伪造居民身份证罪。

上诉人王某提出的上诉意见主要是：借据和高某转让债权是真实的，其行为不构成帮助伪造证据罪；其出钱购买假身份证，但从未使用假身份证从事违法活动，不构成伪造居民身份证罪。

王某的辩护人提出的辩护意见是：1. 王某没有帮助伪造证据的犯罪故意，不构成帮助伪造证据罪；2. 王某只是提供相片并购买假身份证，没有伪造行为，也未使用假的身份证去实施其他犯罪活动，不应认定是犯罪。

三、人民法院认定事实和证据

（一）认定犯罪事实

广州市越秀区人民法院审理认定：

1. 妨害作证、帮助伪造证据的事实

2003年6月至7月间，被告人高某分两次共借款人民币500万元给被害人陈某某，并因此取得被害人陈某某亲笔签名的空白内容的《借款收据》一张。2005年6月，被告人高某与被害人陈某某经协商一致，约定双方的债务总额为本息合计1200万元。其后，被告人高某在未征得被害人陈某某同意的情况下，私自在原空白收据上填写上："今收到王某借给我的借款人民币20000000元"等字样，并指使被告人王某在原《借款协议书》的贷款方一栏中签署了姓名。2005年10月9日，被告人高某、王某凭借该伪造的证据，以王某的名义向广州市中级人民法院提起民事诉讼，要求法院判处陈某某偿还王某借款人民币2000万元。2005年11月22日，被告人高某又以购买陈某某名下广州市金盛房地产开发有限公司开发的金宝怡庭首层商铺为诱，骗得被害人陈某某以调解的形式确认了与王某虚假的2000万元债务。调解书生效后，被告人高某、王某即向广州市中级人民法院申请强制执行，致使被害人陈某某名下价值5000多万元的资产被法院查封。

2. 伪造居民身份证的事实

被告人高某、王某于2006年3月潜逃至四川省西充县，冒用谢仕宇的名义，使用高某的照片，伪造了一张居民身份证，在南充东方医院住院期间使用。同年7月，被告人高某、王某又去至湖北省武汉市，使用其二人的照片，分别冒用李永、张艳的名义，伪造了两张居民身份证。案发后，公安人员于

2006年7月29日将上诉人高某、王某抓获归案,并当场缴获包括三张伪造身份证在内的违禁物品一批。

(二)认定犯罪证据

1. 原判认定妨害作证、帮助伪造证据的事实所采信的证据有:

(1)被害人陈述

被害人陈某某(广州金盛房地产开发有限公司负责人)的陈述证实:2003年6月,因金盛公司需要资金周转,其向高某借款200万元,其实际收到180万元,高某扣其利息20万元,其写了借款200万元的借据给高某。之后20天左右,其又向高某借款300万元,高某叫其将300万元和原来的200万元写成一张500万元的收据,其同意后,高某叫一名律师所职员将一张空白的借据送到其办公室给其签名,由于当时300万元未到账,所以其只是在借款人一栏上签了陈某某的名字,被借款人、借款金额、日期都没有填写。空白收据是高某叫一名律师所职员给其签的,当时讲好如果能够借到300万元,收据就可以写500万元,如果不是300万元就按实际金额填写,后来高某将300万元转入其账户。2005年6月25日、26日,高某及王和到其办公室商谈有关还款的问题,高某叫其负担银信通与越秀建行2800万元的担保费,金额是290.6万元,其同意了,并答应支付原借款的利息480多万元给高某,连同原来向高某借的435万元(向高某借的480万元在高某坐牢期间,以现金形式给回了高某的母亲刘某某45万元),一齐写了张1200万元的借据给高某,当时其要求高某还回原来的借据,高某答应了但一直没有归还。2005年9月,其接到广州市中级人民法院通知,其被高某公司的王某起诉要求其还借款2000万元。2005年11月21日,高某、王和来到其办公室,高某称要向其公司购买本市中山三路金宝怡庭的商铺,以75000元每平方米的价格购买2200平方米的商铺,总价1.65亿元,协议约定高某先交4000万元的预付款,高某答应从香港公司划过来2000万元,另外2000万元由借据抵扣。高某提出要收取中介费800万元,由中介费800万元加上原来其写的1200万元借条共2000万元作为高某购买商铺的首期资金的一部分予以抵扣。11月22日晚,其与高某签订了金宝怡庭的商铺认购书。其与高某达成所谓的2000万元债务和解协议,并吩咐双方代理律师于2005年11月23日在广州市中级人民法院办理调解事宜,当时高某答应达成和解协议后叫王某写一份2000万元的收据给其,但后来没有这样做。高某购买商铺的首期没有到其账户上,高某也没有和其去香港取款。后来才发现高某、王某利用空白的借据、伪造证据诈骗其财产,致其财产损失。

(2)证人证言

①证人王和(广州市银信通顾问有限公司职员)的证言证实:2003年初

其介绍公司老板高某认识陈某某，同年6月，高某借出200万元给陈某某。后来陈某某又提出多借300万元，高某也借给了他。2003年8月高某被抓后，高某的母亲刘某某于同年9月中旬让其带着王某找陈某某还钱，其一个人上去找陈某某拿了30万元现金后交给王某。2004年9月中旬，其又到陈某某处拿了10万元给刘某某，次日，刘某某自己又到陈某某的办公室拿了5万元，所以陈某某共还45万元给高某的母亲刘某某。2005年6月下旬，高某与其一起到陈某某办公室，经商谈，陈某某同意还款1200万元给高某。之后，高某认为要起诉陈某某才能拿回钱，但何时起诉其并不清楚。2005年10月12日，陈某某要其与高某到办公室，质问高某以王某名义起诉的2000万元借款是怎么回事，高某无法回答，只说是律师叫他这样做的。2005年11月22日上午10时左右，高某与其一起到陈某某办公室谈还钱的事，高某提出要购买陈某某金宝怡庭的商铺，总价1.65亿元，并要求陈某某和王某签署和解协议，和解协议的金额要写成2000万元，作为他购买商铺的首期款抵扣。陈某某同意并与高某签订了《金宝怡庭认购书》、《买卖合同补充协议》，陈某某又签署和解协议后交给高某再转交给王某签名的。11月23日上午陈某某与王某的代理人双方到市中级人民法院达成了调解。陈某某欠王某2000万元的借款收据是不真实的，因为王某和陈某某之间不可能存在2000万元的借贷关系。高某与陈某某商谈债务的过程每次都是由其与高某一起到陈某某办公室谈的，高某从没有带王某去过陈某某的办公室。2005年10月，陈某某收到法院传票后，曾打电话问其确认是高某女朋友王某起诉他偿还2000万元债务。实际上陈某某没有欠王某2000万元，只是欠高某1200万元，陈某某只是为解决问题同意增加800万元债务。高某向陈某某认购金宝怡庭之前，曾向陈某某了解过该房产是否被法院查封，陈某某回答被珠海市中级法院查封过。

②证人刘超（广东合众拓展律师事务所律师）的证言证实：2005年9月上旬，高某和王某来到律师事务所要其代理起诉一起借款债务纠纷，并递交了一份借据和借款协议书。经其审查，是陈某某借王某2000万元的借款纠纷，借款收据和借款协议有陈某某的签名，其认为无问题，于是到法院办理了起诉程序。2005年11月23日，在法院开庭前一天，其接到王某的电话，说他们已与陈某某达成和解，2000万元作为购买金宝怡庭商铺的部分首期款抵扣。后高某说该项目没有办理房产预售证，便委托其到法院申请强制执行。

③证人伍红（广东金山石律师事务所职员）的证言证实：2003年6月左右，其受高某指派找陈某某签过三次借款文件，第一次是400万元，收据内容是填好的；第二次是200万元，收据内容也是填好的；第三次是2003年6月底，当时高某和陈某某还没有最后确定借款金额，所以借款文件上没有填具体

内容，当时陈某某在借款文件上签了名，但具体内容是空白的，陈某某对其说，已和银信通公司领导说好了，等实际到款后再补填上去，其就拿着这份空白内容的文件交给了高某。

④证人朱建群（广东合众拓展律师事务所律师助理）的证言证实：其协助刘超代理高某、王某与被害人陈某某合同纠纷诉讼的事实，并参与实质性工作，见过王某和高某到律师事务所两次。

⑤证人麦美容（广州市银信通顾问有限公司出纳员）的证言证实：被害人陈某某曾向广州银信通顾问咨询有限公司借款400万元、300万元两次，其中400万元已经归还，有关收据均在高某处保管。

⑥证人赵以敏（广东金轮律师事务所律师）的证言证实：2005年其代理陈某某被王某起诉要求偿还2000万元债务的民事诉讼的过程及后来与对方达成和解协议的情况。不了解陈某某与高某具体的债权债务关系。

⑦证人刘某某（高某的母亲）的证言证实：陈某某曾分两次给其15万元，作为对高某的还款。

（3）书证

①关于高某与陈某某之间债务往来的书证：

A. 陈某某提供的银行存折复印件证实：陈某某的建设银行账户曾接受过高某转账过来的180万元、300万元。

B. 建设银行提供的取款凭条复印件证实：2003年6月6日、7月1日高某通过转账方式将180万元、300万元借与陈某某。

C. 公证书、中国建设银行广东分行个人额度借款及担保合同。

D. 中国建设银行广州市越秀支行通知。

E. 兴业银行及建设银行查询记录证实：2003年6月3日，高某汇出400万元给陈某某的广州市世纪林装饰材料有限公司，2003年6月5日归还，划入3320550010100239642账户，户名高某。

②关于王某向本市中院起诉陈某某借款纠纷的民事诉讼材料：

A. 民事起诉状证实：王某在2005年10月9日向市中院起诉陈某某要求陈某某返还借款本金2000万元。事实与理由是：陈某某因资金紧张多次向王某借款，还款期为2005年6月23日，期限届满后经多次催款至今未还。

B. 王某向本市中院提交的2003年6月23日的借款收据，内容是："今收到王某借给我借款人民币2000万元，借款期2003年6月23日至2005年6月22日止，借款人陈某某"、借款协议书复印件。

C. 广东省广州市中级人民法院〔2005〕穗中法民一初字第10号民事调解书及双方达成的调解协议书复印件证实：该院在2005年11月23日主持调解，

达成调解协议，调解书规定陈某某在十五日内支付 2000 万元给王某。

D. 申请执行书、广东省广州市中级人民法院〔2006〕穗中法执初字第 54 号执行通知书证实：王某在 2005 年 12 月 9 日向法院申请强制执行。

E. 广州市中级人民法院〔2006〕穗中法执初字第 54—1、54—2 号民事裁定书两份、协助执行通知书，裁定书认为：鉴于珠海中级人民法院的执行案件中，涉及陈某某的标的为 70136245.88 元本金，而被执行人陈某某以该房产抵扣贷款 2800 万元，现尚余本金 11287017.19 元需在贷款期满内归还，而本案执行标的为 2000 万元，故目前被执行人陈某某名下的所有债权合计约为本金人民币 101423263.07 元，而珠海中级人民法院委托的评估机构对查封标的物之一、被执行人名下的位于广州市荔湾区南岸路 18 号前后栋房产（世纪金源装饰材料城的房屋建物）评估价格为 160072750 元，已经足以清偿上述债权；市中院查封的被执行人陈某某名下其他财产已经超出了执行标的额度。故市中院裁定轮候查封属于陈某某所有的位于广州市荔湾区南岸路 18 号前后栋房产共 21 间。

F. 广州市公安局越秀区分局致广州市中级人民法院函〔2006〕45 号证实：陈某某在 2005 年 12 月 23 日向越秀分局报案，该局作为合同诈骗刑事案件立案侦查。

G.〔2006〕穗中法执初字第 54—2 号民事裁定书证实：广州市中级人民法院在 2006 年 4 月 14 日裁定对该案中止执行。

H. 广州市中级人民法院〔2007〕穗法中审监民再字第 1 号民事判决书证实：广州市中级法院在 2007 年 9 月 17 日作出一审判决，一、撤销本院〔2005〕穗中法民一初字第 10 号民事调解书；二、驳回王某的诉讼请求。

I. 金宝怡庭认购书、买卖合同补充协议证实：2005 年 11 月 22 日，被告人高某与陈某某签订上述合同，约定高某购买陈某某名下广州市金盛房地产开发有限公司开发的金宝怡庭首层商铺 2200 平方米，总成交价 1.65 亿元，合同签订当日高某支付 4000 万元给陈某某，其中 2000 万元从欠款中扣除；同日，高某出具《确认书》确认陈某某出具给高某的 1200 万元借据作废。

③广州市公安局穗公经技文检字〔2006〕第 105 号刑事技术文检鉴定书证实：(1)《调解协议书》落款处甲方栏是被告人王某签名；(2)《金宝怡庭认购书》、《买卖合同补充协议》、《确认书》中落款处乙方栏高某签名是被告人高某本人签名。

④广州市公安局电子物证检查工作记录证实：公安人员对在高某住处查获的软盘 1 张、笔记本电脑 1 台进行检查，软盘中有 1 个文件名为协议书，其内容含有甲方将位于广州市中山三路 125151 号地段的金宝怡庭首层商铺出售给

乙方等字样。该文件的创建时间为 2005 年 6 月 2 日。

⑤关于金宝怡庭产权状况的证据材料：

A. 金宝怡庭商品房预售许可证、广州市房地产产权情况表、房地产开发企业资质证书、中华人民共和国建筑工程施工许可证、中华人民共和国建设用地规划许可证、建设用地批准书、国有土地使用证、建设工程规划许可证、建设工程审核书证实：广州市房地产局于 2006 年 8 月 21 日核发广州市中山三路 125151 号地段金宝怡庭的商品房预售许可证给广州市金盛房地产开发有限公司。

B. 广东省珠海市中级人民法院民事裁定书证实：珠海市中级法院在 2006 年 4 月 20 日查封广州市中山三路 125151 号地段第二、三、四、五层房产。

C. 广州市国土资源和房屋管理局复函证实：金宝怡庭商品房预售许可证真实。

D. 广州市越秀区公安分局出具的《说明》一份证实：国土房管局法规处答复土地和物业被查封后，不能进行公开交易，新建的物业需有预售许可证才能出售。但可签订内部认购合同，内部认购产生的纠纷由法院解决。

⑥各涉案公司的企业资料：

A. 广州金盛房地产开发有限公司企业法人营业执照、税务登记证复印件、中华人民共和国组织机构代码证复印件。

B. 广州银信通顾问有限公司租赁证明、租赁合同、业户资料、企业法人营业执照、租赁补充协议。

C. 广州市世纪林装饰材料有限公司企业资料。

2. 原判认定伪造居民身份证的事实所采信的证据有：

（1）广州市公安局越秀区公安分局经济犯罪侦查大队出具的《破案报告》、《抓获经过》证实本案的侦破情况及公安人员于 2006 年 7 月 29 日在湖北省武汉市宝丰路日豪水都洗浴中心抓获被告人高某、王某的经过。

（2）名为李永、张艳的假身份证照片。

（3）扣押物品清单证实：扣押名为李永、张艳的假身份证各一张、一把气枪、两把刀具等物品，这两张假身份证是在湖北省武汉市抓获被告人时，从其随身行李中搜出来的。

（4）广州市公安局越秀区分局经侦大队出具的情况说明及名为谢仕宇的假身份证的复印件证实：名为谢仕宇的假身份证是从被告人高某使用的号牌为粤 A8V193 的小客车内缴获，现扣押在越秀区分局经侦大队。

（5）广东省公安厅治安管理局户政处关于居民身份证鉴定证明证实：李永、张艳的身份证均不符合居民身份证的制证技术标准和防伪特征，属假居民身份证。

（6）署名为谢仕宇的身份证一张及相应的户籍材料证实高某以谢仕宇的名字入户的情况。

（7）被告人高某的病历材料证实：高某在南充东方医院住院期间使用的是谢仕宇的名字。

（8）四川省公安厅纪委的复函、四川省西充县公安局仁和派出所的《情况说明》证实：谢仕宇的户口及身份证是高某于2006年3月使用虚假证明采取欺骗手段获得的。

（9）被告人王某的供述证实：其和高某使用的署名为李永、张艳的身份证是假的，是2006年7月，其二人在武汉市时，在街边找专门办假证的人，其与高某在路边的档口用电脑拍摄好照片，然后交给办假证的人，其使用张艳、高某使用李永的署名分别伪造了两张假的身份证。高某使用的署名为谢仕宇的身份证也是假的，2006年2、3月，其和高某在西充县托他人伪造的。高某在南充东方医院住院治疗是使用谢仕宇假身份证进行登记的。

（10）广州市天河区人民法院〔2004〕天法刑初字第1309号刑事判决书及广州市第三看守所《释放证明》证实：被告人高某于2004年11月3日因犯虚报注册资本罪被天河区人民法院判处有期徒刑一年六个月，2005年2月21日刑满释放的前科情况。

（11）被告人高某的网上户籍资料证实被告人高某的身份情况；四川省西充县公安局经济案件侦查大队出具的关于被告人王某的户籍资料证实被告人王某的身份情况。

四、判案理由

原判认为，被告人高某无视国家法律，指使他人作伪证，严重侵害了国家司法机关正常的诉讼活动，情节严重；并违反国家居民身份证管理法规，伪造居民身份证，其行为分别触犯了《中华人民共和国刑法》第307条第1款、第280条第3款的规定，构成妨害作证罪和伪造居民身份证罪。被告人王某故意帮助当事人伪造证据，严重侵害了国家司法机关正常的诉讼活动，情节严重；并违反国家居民身份证管理法规，伪造居民身份证，其行为分别触犯了《中华人民共和国刑法》第307条第2款、第280条第3款的规定，构成帮助伪造证据罪和伪造居民身份证罪。

广东省广州市中级人民法院二审认为，上诉人高某指使他人作伪证，严重侵害了国家司法机关正常的诉讼活动，情节严重；并违反国家居民身份证管理法规，伪造居民身份证，其行为分别构成妨害作证罪和伪造居民身份证罪。上诉人王某故意帮助当事人伪造证据，严重侵害了国家司法机关正常的诉讼活动，情节严重；并违反国家居民身份证管理法规，伪造居民身份证，其行为分别构成帮助伪造证据罪和伪造居民身份证罪。依法应对上诉人高某、王某数罪并罚。上诉人高某曾因犯罪被判处有期徒刑，刑罚执行完毕后五年内又犯罪，是累犯，依法应当从重处罚。上诉人高某、王某及其辩护人所提上诉理由，经查均不能成立，本院不予采纳。

五、定案结论

广州市越秀区人民法院一审认定：（一）被告人高某犯妨害作证罪，判处有期徒刑五年；犯伪造居民身份证罪，判处有期徒刑二年，决定执行有期徒刑六年；（二）被告人王某犯帮助伪造证据罪，判处有期徒刑二年；犯伪造居民身份证罪，判处有期徒刑一年六个月，决定执行有期徒刑三年；（三）将扣押在案的气枪一把、匕首一把、刀一把、伪造汽车车牌四副、伪造身份证三张依法予以没收。

宣判后，原审被告人不服，均提起上诉。广东省广州市中级人民法院二审认为，原判认定事实清楚，证据确实、充分，定罪和适用法律准确，量刑适当，审判程序合法。上诉人高某、王某及其辩护人所提上诉理由，经查均不能成立，不予采纳，依法裁定：驳回上诉，维持原判。

六、法理解说

帮助毁灭、伪造证据罪，是司法实务中的高频犯罪。尽管现行刑法第307条中帮助毁灭、伪造证据罪规定："帮助当事人毁灭、伪造证据，情节严重的，处以三年以下有期徒刑或者拘役。"但是，无论是理论上还是实务中对该罪犯罪构成诸要件的理解，均不尽一致。其聚焦点大抵如下：

（一）"帮助"之前提

通常帮助毁灭、伪造证据罪中的"帮助"是针对"当事人"而言的，无"当事人"即无"帮助"可言，无"当事人"的违法犯罪行为也无"帮助"可言。例如，在"高某妨害作证，王某帮助伪造证据案"中，无当事人高某即无王某的"帮助"行为，无当事人高某的犯罪行为——妨害作证罪——即无王某的"帮助"行为。问题是："当事人"是否仅限于刑事诉讼（包括附带民事诉讼）中的"当事人"？

在我国，刑事诉讼"当事人"之范围与行政诉讼"当事人"、民事诉讼"当事人"不尽一致。就前者而言，依据《中华人民共和国刑事诉讼法》第106条规定，刑事诉讼"当事人"是指被害人、自诉人、犯罪嫌疑人、被告人、附带民事诉讼的原告人和被告人。就后者而言，行政诉讼"当事人"与民事诉讼"当事人"在广义上均包括第三人，其中《中华人民共和国民事诉讼法》第56条将第三人细化为有独立请求权的第三人与无独立请求权的第三人，而《中华人民共和国行政诉讼法》第27条虽规定了第三人，但并没有明确是有独立请求权的第三人还是无独立请求权的第三人。实际上，行政诉讼的性质决定了行政诉讼中的第三人，只能是"无独立请求权"的第三人。"在行政诉讼中，由于原告和被告之间争议的是行政法律关系，当事人不可能对诉讼标的有独立的请求权。行政诉讼中不存在这样的第三人，而是把本诉中的原告、被告都作为被告，重新提出一个独立的诉讼请求。因此，行政诉讼中的第三人在性质上类似于民事诉讼中无独立请求权的第三人。但民事诉讼中无独立请求权的第三人是与案件的处理结果有利害关系的人，而行政诉讼中的第三人是认为同提起诉讼的具体行政行为有利害关系的人，在范围上有所不同。"① 因此，部分学者主张行政诉讼第三人包括有独立请求权的第三人，并属于帮助毁灭、伪造证据罪中"当事人"的范畴，② 确系误解。

那么，帮助毁灭、伪造证据罪中"当事人"是否仅限于刑事诉讼中的"当事人"？例如，有论者主张："本罪仅限于帮助毁灭、伪造刑事诉讼证据。例如，在民事诉讼中，行为人帮助被告人毁灭被告人持有的对原告有利的证据的，不可能成立任何犯罪。"③ 答案是否定的。毕竟，由体系性解释的角度观之，同属于"妨害司法罪"的伪证罪与辩护人、诉讼代理人毁灭证据、伪造证据、妨害作证罪中均明文规定了"在刑事诉讼中"，而帮助毁灭、伪造证据罪中却没有"在刑事诉讼中"的表述，因此，帮助毁灭、伪造证据罪之"当事人"不应限于刑事诉讼。至于将"当事人"扩及行政诉讼与民事诉讼中，并不会导致刑罚处罚范围的不当扩张！因为帮助毁灭、伪造证据罪中"情节严重"是本罪成立的要件之一，足以过滤相应的不当罚的行为。

---

① 参见林莉红著：《行政诉讼法学》，武汉大学出版社2011年版，第120页。
② 参见刘杰：《帮助毁灭、伪造证据罪若干问题研究》，载《中国人民公安大学学报》2004年第3期。
③ 参见张明楷著：《刑法学》（第四版），法律出版社2011年版，第959页。严格地说，在我国的民事诉讼中并不存在"被告人"的称呼，而是"被告"，只有在刑事附带民事诉讼中才存在"被告人"。

部分学者以最高人民检察院法律政策研究室2002年《关于通过伪造证据骗取法院民事裁判占有他人财物的行为如何适用法律的答复》为依据，主张："如果行为人伪造证据骗取法院民事裁判占有他人财物的行为不构成伪造公司、企业、事业单位、人民团体印章罪、妨害作证罪，是否追究行为人伪造证据犯罪的刑事责任，该答复持明确的否定态度。"① 似有值得商榷之处。仔细研究该答复后，不难发现：该答复是对行为人自己伪造证据及"指使他人作伪证"等行为作出明确的定性，而未涉及对帮助毁灭、伪造证据行为的定性。本案中，被告人高某与被告人王某恰恰通过伪造证据的方式骗取法院裁定书，占有被害人陈某某2000万元，依据上述答复，高某成立妨害作证罪与伪造居民身份证罪，而王某的行为除成立伪造居民身份证罪外，同时成立帮助伪造证据罪！这与上述最高人民检察院法律政策研究室的答复并不相悖，其是对上述答复内容的一次补充与完善。

（二）"帮助"行为之内容

一般认为，帮助毁灭、伪造证据罪中的"帮助"不应局限于为当事人毁灭、伪造证据"创造便利条件"，而仅意味着排除"当事人"自身的毁灭、伪造证据行为，否则将导致对帮助者实施毁灭、伪造证据的行为处罚无据。② 若似此，则隐藏与变造证据是否为毁灭及伪造所包含？

在我国刑法分则中，伪造与变造在部分罪名里截然不同。例如，伪造货币罪与变造货币罪，伪造、变造金融票证罪，伪造、变造国家有价证券罪等。以伪造货币与变造货币为例，前者是指"本无货币印制权或铸造权之人，模仿真币而印刷或铸造具有真币外形，使人极易误认为真币的伪币"；后者则指"就现具有强制通用力的真币加以改造，使其得以混充票额不同的其他真币，或使本限于甲地流通的真币得在乙地使用"。③ 尽管这一阐释受到了一定的质疑，④ 但其依旧是理论与实务中的通说。大陆的情形如出一辙。

然而，现行刑法典并未在帮助毁灭、伪造证据罪上对伪造与变造作上述的严格区分。因此，理论上呈现出两种截然不同的观点：其一，区分说主张变造

---

① 参见郏习定、郏习峰：《帮助毁灭、伪造证据罪若干问题实证探微》，载《湖北社会科学》2009年第5期。

② 参见陈兴良著：《刑法疑难案例评释》，中国人民公安大学出版社1998年版，第455页。

③ 参见林山田著：《刑法各罪论（下册）》（修订五版），北京大学出版社2012年版，第224~225页。

④ 参见刘柏江：《刑法上"伪（变）造"的解释——学理与实务的对话》，载《军法专刊》2009年第6期。

证据的行为不属于伪造证据；① 其二，合一说主张伪造既可能是变造之外的伪造，也可能包含变造。② 由此产生的问题是：变造证据行为入罪是否是违反罪刑法定原则的类推解释？部分学者认为，对帮助毁灭、伪造证据罪中的伪造作"不仅包括有形伪造与变造，而且包括无形伪造与变造"，不是扩大解释，更不是类推解释，而是选择了伪造概念中的广义含义。③ 这种观点与司法实务中的通行做法大体相当。例如，本案中，被告人王某与被害人陈某某之间2000万元的借款收据，是严格意义上"变造"的证据，因为该借款收据无论是被害人陈某某的签名还是借款收据纸张等均为真实有效的。

实际上，伪造与变造除在"破坏金融秩序罪"中作了严格区分外，伪造涵盖变造甚至得到了司法解释的明确支持。例如，现行刑法第227条规定了伪造、倒卖伪造的有价票证罪，但2000年最高人民法院《关于对变造、倒卖变造邮票行为如何适用法律问题的解释》肯定了"对变造、倒卖变造邮票行为"应当按照伪造、倒卖伪造的有价票证罪定罪处罚。

至于隐藏证据是否是毁灭证据，则简单得多。理由是：隐藏证据与物理性毁灭证据，在使证据不能发挥证明客观事实这一关键点上并无二异，因此，对帮助毁灭、伪造证据罪中的"毁灭"作功能或效力降低与丧失的理解，并无不妥。其实，这也受到了域内外理论与实务的双重支持。

（三）"证据"之范围

帮助毁灭、伪造证据罪中的"证据"是否包括证人与被害人，尤其是休克中的被害人。对此，域内外理论与实务中分歧严重。肯定说认为，帮助毁灭、伪造证据罪中的"证据"应当包括证人、被害人等。例如，有学者认为帮助抛弃昏迷中的被害人的行为，成立帮助毁灭证据罪。④ 在日本，隐匿证人、隐匿参考人等行为也属于隐灭证据罪中的隐灭。⑤ 与之相对，否定说主张隐匿证人与被害人等行为，符合妨害作证罪的构成要件（阻止证人作证），不

---

① 参见陈洪兵：《帮助毁灭、伪造证据罪探析》，载《四川警官高等专科学校学报》2004年第3期。

② 参见陈正沓：《帮助毁灭、伪造证据罪认定中的疑难问题探析》，载《政治与法律》2004年第4期。

③ 参见张明楷：《论帮助毁灭、伪造证据罪》，载《山东审判》2007年第1期。

④ 参见郐习定、郐习峰：《帮助毁灭、伪造证据罪若干问题实证探微》，载《湖北社会科学》2009年第5期。

⑤ 参见[日]西田典之著：《日本刑法各论》，刘明祥、王昭武译，武汉大学出版社2005年版，第322页。

以本罪论处，迫使证人、被害人等改变证言的，也不成立本罪。①

笔者以为，就我国法律体系中的"证据"形式而言，《中华人民共和国刑事诉讼法》所确立的形式最为广泛，其第48条规定："可以用于证明案件事实的材料，都是证据。证据包括：（一）物证；（二）书证；（三）证人证言；（四）被害人陈述；（五）犯罪嫌疑人、被告人供述和辩解；（六）鉴定意见；（七）勘验、检查、辨认、侦查实验等笔录；（八）视听资料、电子数据。证据必须经过查证属实，才能作为定案的根据。"据此，自然人意义上的证据形式，在我国现行的法律体系中不被认可——"物体化"的证人证言、被害人陈述、犯罪嫌疑人/被告人供述和辩解等才能成为证据的有效形式，这是对人价值的尊重。因此，隐匿证人、被害人等行为不成立帮助毁灭证据罪。当然，这并不意味着在现行刑法体系下抛弃昏迷中的被害人不可能构成犯罪，而只是不成立帮助毁灭证据罪而已（仍可能成立其他罪名）。在此意义上，否定说在我国既有的法律体系下似乎更为可取。

（整理人：梁云宝）

---

① 参见张明楷著：《刑法学》（第四版），法律出版社2011年版，第959页。

案例3：张某某帮助伪造证据案
——司法人员伪造证据的行为如何定罪

一、基本情况

案　由：滥用职权

被告人：张某某，男，1947年5月12日出生，甘肃省天水市北道人，中共党员，汉族，初中文化，原任北道区马跑泉镇司法助理员、副所长，住北道区渭滨南路马跑泉镇政府家属院，无前科。2003年5月7日因涉嫌滥用职权罪被取保候审。

二、诉辩主张

（一）人民检察院指控事实

1998年8月10日，被告人张某某在北道区马跑泉镇司法所担任司法助理时，以司法所的名义，为北道区个体户张伟出具了一份虚假的司法调解证明，将时间写为1997年8月10日。之后，张某某又在该所1997年的《纠纷收结简易登记簿》中伪造补写了"1995年3月15日接收张伟与马跑泉木器厂债务纠纷"的虚假记录。

1999年7月29日，张伟依据被告人张某某出具的虚假书证，以原告身份向北道区人民法院提起民事诉讼。同年12月16日，北道区人民法院对上述证据予以采信后，以〔1999〕北经初字第84号民事判决书判决张伟胜诉。判决生效后，马跑泉木器厂在2000年4月18日至12月20日，先后被北道区人民法院查封三次，并缴纳执行款2万元。

2000年8月2日，北道区马跑泉木器厂向北道区人民检察院提出申诉。北道区人民检察院于2000年11月8日以北检〔2000〕民行建提字第01号提请抗诉报告书，建议天水市人民检察院予以抗诉。天水市人民检察院提出抗诉后，2001年5月17日天水市中级人民法院裁定："由北道区人民法院再审。"

北道区人民法院以〔2002〕北法再经初字第 21 号民事判决书认定："原审原告张伟与张某某相互串通，由张某某以马跑泉司法所的名义出具的证明，属虚假证明，导致原判错误，应予纠正。判决撤销本院〔1999〕北经初字第 84 号民事判决书，驳回原审原告张伟的诉讼请求。"被告人张某某身为国家机关工作人员，利用职务之便为民事诉讼当事人开具虚假证明材料，编造虚假的调解记录，导致北道区人民法院错误判决。判决执行期间，马跑泉木器厂民事案件诉讼时间长达三年之久，北道区人民法院、天水市中级人民法院、北道区人民检察院、天水市人民检察院投入了大量人力、物力，造成了严重的司法资源浪费。同时由于错误的判决和执行，严重影响了国家司法机关的声誉，造成了恶劣的社会影响。北道区人民检察院指控被告人张某某的行为构成滥用职权罪，请求依法判处。

（二）被告人辩解及辩护人辩护意见

被告人张某某辩称，其行为不构成犯罪，是民事违法行为，法院已作了罚款处理。

辩护人的辩护意见是，检察机关指控被告人张某某滥用职权罪主体不当，其行为不是滥用职权的行为，而是妨害民事诉讼的违法行为，没有造成严重后果，被告人张某某无罪。

三、人民法院认定事实和证据

（一）认定犯罪事实

北道区人民法院经公开审理后，查明以下案件事实：

1996 年被告人张某某担任北道区马跑泉镇司法助理员、司法所副所长期间，北道区个体户张伟曾于 1991 年给马跑泉木器厂销售木材一批，至 1993 年底张伟多次催要贷款未果，后再未主张过此债务权利。1998 年 8 月 10 日，被告人张某某应张伟的要求，以镇司法所的名义给其出具了证明于 1993 年、1995 年、1997 年向马跑泉镇司法所申请，催促解决与马跑泉木器厂的经济纠纷未果，可向人民法院提起诉讼的虚假证明，将落款时间写为 1997 年 8 月 10 日，并加盖了该所公章。被告人张某某还在该所 1997 年的《纠纷收结简易登记簿》中补写了"1995 年 3 月 15 日接收张伟与马跑泉木器厂债务纠纷"的虚假记录。

1999 年 7 月 29 日，张伟依据被告人张某某出具的虚假书证，将已超过诉讼时效的与马跑泉木器厂拖欠贷款一案，以原告身份向区法院提起民事诉讼。区法院对该书证予以采信，并以〔1999〕北经初字第 84 号民事判决书判决张伟胜诉。该判决生效后，区法院在执行中，于 2000 年先后三次查封马跑泉木器厂部分机器、车间和产品，并收缴执行款 2 万元。后经木器厂申诉，北道区人民检察院提请抗诉，2002 年 6 月 21 日以〔2002〕北法再经初字第 21 号民事判决书，裁定撤销〔1999〕北经初字第 84 号民事判决书，驳回原告张伟的诉讼请求。

（二）认定犯罪证据

人民法院经过公开审理，认定了以下案件证据：

1. 被害人陈述

马跑泉木器厂营业执照和证明 3 份，厂长杨应有等陈述。证明由于张某某的行为导致该厂被三次查封，使其生产经营受到严重影响。

2. 书证

（1）北道区司法局证明、马跑泉镇政府证明。证实被告人张某某系马跑泉镇政府干部，1996 年担任该区司法助理员和镇司法所副所长。

（2）民事诉状、庭审笔录、法院民事裁定书、解封笔录、收款收据。证实张伟持被告人张某某出具的虚假证明，向法院提起民事诉讼，北道区人民法院采信后，导致错误判决，执行中先后三次查封马跑泉木器厂部分机器、车间和产品，并收缴执行款 2 万元的事实。

3. 证人证言

证人张伟、李金泉提供的证言。证实 1993 年前，张伟曾委托他人就其与木器厂之间的经济纠纷，问过镇法律服务所工作人员李金泉，后再未找过马跑泉镇司法所。1998 年 8 月 10 日，被告人张某某给张伟出具虚假的证明，并伪造纠纷收结简易登记簿的事实。

4. 被告人供述

被告人张某某的供述。证实其应张伟的要求，为张伟出具了虚假的证明，并伪造了收结简易登记簿的事实。

四、判案理由

北道区人民法院经过审理后认为，被告人张某某身为国家机关工作人员，未正确行使职权，帮助民事诉讼案件的当事人伪造主要证据，造成人民法院对民事案件错误判决和执行，诉讼时间长达三年之久，严重妨碍了人民法院的审判活动，情节严重，其行为触犯了帮助伪造证据罪。检察机关指控的犯罪事实成立，但指控的罪名和适用法律不当。被告人张某某和辩护人的无罪辩护意见与案件事实不符，法院不予采纳。

五、定案结论

北道区人民法院根据《中华人民共和国刑法》第 307 条第 2 款之规定，作出如下判决：

被告人张某某犯帮助伪造证据罪，判处有期徒刑 1 年 6 个月，缓刑 2 年。

六、法理解说

本案涉及帮助伪造证据罪与滥用职权罪的区别问题。

关于该二罪的区别，应当从犯罪构成要件进行分析。

所谓滥用职权罪，是指国家机关工作人员违反法律规定的权限和程序，非法地行使职务范围内的权力，或者超越其职权实施有关行为，致使公共财产、国家和人民利益遭受重大损失的行为。而帮助伪造证据罪，是指帮助当事人伪造证据，情节严重的行为。

二罪的区别是：在客体方面，前罪侵害的是国家机关的正常管理活动，后罪侵害的是司法机关正常的诉讼活动；在客观方面，前罪表现为国家机关工作人员滥用职权，致使公共财产、国家和人民利益遭受重大损失，后罪表现为行为人帮助案件当事人伪造证据、情节严重的行为；在主体方面，前罪是特殊主体，即国家机关工作人员，后罪是一般主体。

由于本案的特殊性，区分二罪的关键在于客观方面。检察机关因被告人张某某利用职务上的便利，不正当地、非法地行使职权，为他人出具虚假的证明材料，导致法院作出错误的判决，造成马跑泉木器厂被查封，造成停产或半停产状态，给企业造成了重大损失，其行为符合滥用职权罪的特征，因而指控被告人张某某犯滥用职权罪。虽然被告人张某某身为国家机关工作人员，但是，他实施了帮助民事案件当事人伪造证据的行为，其行为造成法院的错误判决，并对被告的财产三次查封，严重影响了司法机关的正常诉讼活动，且情节严重，其行为符合帮助伪造证据罪的特征，所以，法院认定被告人张某某犯帮助伪造证据罪。

我们认为，从形式上看，本案中被告人张某某实施一个行为，同时触犯了两个罪名，是想象竞合犯，应当从一重罪处罚。但是，被告人张某某的行为并不构成滥用职权罪。根据我国司法解释规定，构成滥用职权罪，必须是滥用职权的行为造成公共财产、国家和人民利益的重大损失。根据 2002 年 1 月 1 日施行的《人民检察院直接受理立案侦查的渎职侵权重特大案件标准（试行）》规定，重大损失，是指致人死亡 2 人以上，或者重伤 5 人以上，或者轻伤 10

人以上的,或者造成直接经济损失50万元以上的,应以滥用职权罪立案。本案被告人张某某的行为虽然造成马跑泉木器厂停产,间接损失较大,但尚未达到立案标准的50万元;虽然给国家司法机关的正常活动造成一定影响,但未造成恶劣的社会影响。因此,被告人张某某的行为虽然符合滥用职权罪的特征,但是因为行为轻微,不构成该罪。可见,被告人张某某的行为只能构成帮助伪造证据罪一罪,因而法院的定性是正确的,量刑也是适当的。

(案例来源:甘肃省天水市北道区人民检察院　王永宏

整理人:邓思清)

五、打击报复证人罪

案例1：陈某某打击报复证人、寻衅滋事，施某、顾某某打击报复证人案
——逼迫证人写下欠条是否属于"打击报复"

一、基本情况

案　由：打击报复证人案、寻衅滋事

被告人：陈某某，男，1977年5月12日生，汉族，出生地上海市松江区，初中文化，农民，住上海市松江区李塔汇镇新中村127号，1999年2月9日因本案被刑事拘留，同年3月19日被依法逮捕。

施某，男，1980年2月24日生，汉族，出生地上海市松江区，小学文化，农民，住上海市松江区李塔汇镇金闸村142号，1998年1月因盗窃罪被本院判处有期徒刑1年，1999年2月9日因本案被刑事拘留，同年3月19日被依法逮捕。

顾某某，男，1972年8月27日生，汉族，出生地上海市青浦县，小学文化，农民，住上海市青浦县沈巷镇李庄村8队。1989年1月因盗窃被上海市青浦县公安局决定劳动教养2年，1993年3月因盗窃罪被上海市青浦县人民法院判处有期徒刑6个月。1999年2月9日因本案被刑事拘留，同年3月19日被依法逮捕。

二、诉辩主张

（一）人民检察院指控事实

上海市松江区人民检察院指控被告人陈某某犯打击报复证人罪、寻衅滋事

罪，被告人施某、顾某某犯打击报复证人罪。

（二）被告人辩解及辩护人辩护意见

被告人陈某某、施某、顾某某对上述指控的事实均没有异议。

三、人民法院认定事实和证据

（一）认定犯罪事实

上海市松江区人民法院经公开审理查明：1999年2月4日晚，被告人施某在本区快活林大酒店与被告人陈某某、顾某某饮酒时，提出要对曾指证其盗窃的证人朱某某进行报复。当晚8时许，3名被告人酒后至该酒店三楼舞厅时，适遇朱某某前来舞厅跳舞，遂上前对其实施殴打，后又将其拖至该店二楼的厕所内对其继续实施殴打，并强迫朱某某写下欠施某5000元，于2月8日还清的借条。2月8日晚，当3名被告人按约再次至该酒店向朱某某收取人民币5000元之后，被民警当场抓获。

1998年12月2日下午，被告人陈某某伙同陆辉权（另案处理）等人为对曾与陆某某（另案处理）等人发生斗殴的人进行报复，在陆某某的纠集下，携带斧头、铁棒、木棍等凶器，窜至本区华阳镇东门村一桌球房，对正在该处打桌球的陈某、王某进行殴打，致使陈某头及双下肢多处软组织挫裂伤、王某头皮裂伤及全身多处软组织挫裂伤，并均经法医鉴定属轻伤。

（二）认定犯罪证据

1. 被害人朱某某关于曾因指证被告人施某盗窃而被3名被告人殴打报复并迫使其写下5000元借条和抓获被告人经过的陈述。

2. 上海市松江区人民法院〔1998〕松刑初字第12号刑事判决书认定的被害人指证被告人施某盗窃事实的证据和缴获的借条、赃款。

3. 3名被告人对施某因盗窃被被害人指证判刑后而对被害人实施上述报复的供述。

4. 被害人陈某、王某关于被被告人等人用凶器殴打致伤的经过陈述。

5. 同案犯陆某某、陆辉权关于伙同被告人陈某某对曾与陆某某发生斗殴的陈某、王某用凶器进行殴打的经过供述。

6. 证人张艳杰关于目击一伙人用凶器对被害人实施殴打的经过陈述。

7. 上海市公安局法医吕红、王大勇关于对两被害人的伤势经鉴定属轻伤的损伤鉴定报告。

四、判案理由

上海市松江区人民法院经公开审理认为，被告人陈某某、施某、顾某某采用殴打、敲诈的手段对证人进行打击报复，3 名被告人的行为均已构成打击报复证人罪；被告人陈某某还随意殴打他人致伤，情节恶劣，其行为已构成寻衅滋事罪，公诉机关指控上述犯罪的事实清楚，证据确凿，罪名成立。且被告人陈某某系犯两罪，应对其数罪并罚，被告人施某在刑释后 5 年内又犯新罪，系累犯，应从重处罚。

五、定案结论

上海市松江区人民法院经审理认定：被告人陈某某的行为触犯《中华人民共和国刑法》第 308 条之规定，构成打击报复证人罪，同时触犯《中华人民共和国刑法》第 293 条第 1 项的规定，构成寻衅滋事罪，且被告人陈某某犯两罪，根据《中华人民共和国刑法》第 69 条之规定，应两罪并罚。被告人施某的行为触犯《中华人民共和国刑法》第 308 条之规定，构成打击报复证人罪，且被告人施某系累犯，根据《中华人民共和国刑法》第 65 条第 1 款之规定，应从重处罚。被告人顾某某的行为触犯《中华人民共和国刑法》第 308 条之规定，构成打击报复证人罪。

依照《中华人民共和国刑法》第 308 条、第 293 条第 1 项、第 25 条第 1 款、第 69 条第 1 款、第 65 条第 1 款的规定，判决如下：

（一）被告人陈某某犯打击报复证人罪，判处有期徒刑二年，犯寻衅滋事罪，判处有期徒刑二年，决定执行有期徒刑三年九个月。

（二）被告人施某犯打击报复证人罪，判处有期徒刑二年十个月。

（三）被告人顾某某犯打击报复证人罪，判处有期徒刑二年。

六、法理解说

目前，在我国诉讼程序中尤其是在刑事诉讼程序中，证人拒绝出庭作证的现象已经成为影响我国司法机关依法审理案件的严重问题。证人拒绝作证的首要原因就是证人担心在作证后遭受打击报复，而且司法实践中证人在作证后遭受打击报复的现象也屡见不鲜，致使证人有心作证，而不敢作证。针对这一现象，我国立法机关先后通过立法的形式对证人的人身及财产安全作了相应的规定，如现行刑法第 308 条规定了打击报复证人罪，依据该条规定："对证人进行打击报复的，处三年以下有期徒刑或者拘役；情节严重的，处三年以上七年以下有期徒刑。"我国刑事诉讼法第61条规定："人民法院、人民检察院和公安机关应当保障证人及其近亲属的安全。对证人及其近亲属进行威胁、侮辱、殴打或者打击报复，构成犯罪的，依法追究刑事责任；尚不够刑事处罚的，依法给予治安管理处罚。"以上立法能够鼓励证人依法作证，保护证人的利益，从而保障诉讼活动的顺利进行。

（一）打击报复证人罪的主体要件

关于打击报复证人罪的犯罪主体，刑法第308条未作明确限定。在刑法理论上，有论者主张该罪的犯罪主体是一般主体，"既可能是被作证案件的当事人、嫌疑人或被告人本人，也可能是其家属或亲戚，以及其他人。"也有论者认为"本罪的主体是一般主体，多为诉讼案件一方当事人的亲友，或者其他与案件的处理有利害关系的人"。上述两种观点的主要分歧在于：打击报复证人罪的主体，是否必须是与案件的处理结果有利害关系的人。第二种观点认为构成打击报复证人罪的主体要件必须是与案件的处理结果有利害关系，而第一种观点并不主张限制本罪的主体条件，即实施本罪的主体是一般主体，即使与案件的处理结果没有利害关系的人也可以成为本罪的主体。笔者同意第一种观点。首先，从立法上看，我国刑法第308条对本罪的主体资格未作特殊的限制性规定，即未将该罪的主体限定在与案件的处理有利害关系的人的范围之内，其次，从司法实践中看，日常生活中也经常存在个别人基于"朋友义气"而对证人实施打击报复，这类行为不仅从另一侧面侵害了证人的人身及财产安全，而且对司法机关的正常诉讼活动也会造成阻碍，如果将这类人排除在打击报复证人罪的主体范围之外，则不能适应打击犯罪的需要，有放纵犯罪之嫌。所以，本罪的主体为一般主体，即凡年满16周岁，具有刑事责任能力的人都可以成为本罪的主体。结合以上分析，本案中被告人陈某某、顾某某，二人实施打击报复证人的原因是因为证人朱某某曾在审理其朋友施某盗窃一案中作为证人出庭作证，是基于"朋友义气"行事，二人均是与原来案件没有利害关系的人，如果此时把二人排除在打击报复证人罪的行为主体之外，则有违刑法第308条设定的初衷，有放纵罪犯之嫌，更不利于打击犯罪。

（二）打击报复证人罪的客观行为要件

打击报复证人罪的客观方面的表现为，对证人进行打击报复的行为。所谓打击报复，是指因证人在诉讼中提供证言而对其实施侵害的行为。此种行为通常表现为以下方式：（1）直接侵害证人的人身，方式多种多样，如人身侵害、精神威胁、侮辱人格、毁坏名誉、限制自由等；（2）间接侵害证人，如毁坏证人的财产，以威胁的方式对证人索要财物或者骚扰证人的人身安宁等；（3）滥用职权迫害证人，如利用职权的证人予以降级、降职、降薪、停薪辞退、解雇、压迫晋升、扣压工资福利等。本罪的侵害行为指向是作证公民的人身权利和财产权利，包括生命、健康、财产、名誉等权益。对这些权利的保护在法条中有诸多体现如杀人罪、伤害罪、侮辱罪、损害公私财物罪等，而对被害人进行打击报复的行为也主要以这些方式实施。无论行为方式为何，只要出于打击报复的动机对证人实施了打击报复行为就可以定性为本罪。本案中，被告人施某、陈某某、顾某某对曾在施某盗窃一案中作证的证人朱某某进行殴打报复并迫使其写下5000元借条，其行为属于以敲诈的手段对证人进行打击报复，是间接侵害证人的一种表现形式，行为已经符合打击报复证人罪的客观方面的表现形式之一。

（三）打击报复证人罪的对象要件

按照刑法第308条的规定，打击报复证人罪的行为对象是证人，对该证人的内涵和外延，刑法本身未作进一步规定。比较一致的看法是，本罪中的证人不限于刑事诉讼中的证人，也包括民事、行政诉讼中的证人，因为对这些证人的权利侵害的性质是一致的，即都会对法律程序可能造成侵害——即妨害法律程序的正常进行。但是至于本罪中的证人是仅限于诉讼法意义上的证人（狭义证人），还是也包括狭义证人之外其他提供证据的人（广义证人），则存在不同理解。狭义证人说认为，刑法对证人这一概念的解释应与诉讼法保持一致，而我国三大诉讼法均将证人和其他提供证据的人分别予以规定。譬如，刑事诉讼法第42条规定的证据种类包括证人证言、被害人陈述、犯罪嫌疑人、被告人的供述和辩解；民事诉讼法第63条和行政诉讼法第31条规定的证据种类均包括证人证言和当事人的陈述。根据此说，证人是指与案件无直接利害关系的、向司法机关提供自己知道的案件情况的诉讼参与人，而被害人、犯罪嫌疑人、被告人以及民事、行政诉讼中的当事人，由于其自身牵涉案件之中，案件裁判结果与其具有直接利害关系，故均不属于证人，不能成为打击报复证人罪的对象。

广义证人说主张，在刑法中对证人这一概念的解释不必拘泥于诉讼法的规定，其外延可以超出诉讼法规定的范畴。按照这种观点，打击报复证人罪的犯罪对象就不仅包括狭义上的证人，而且还包括刑事诉讼中的被害人，民事、行政案件的原告、第三人，以及鉴定人、勘验人。笔者认为，在打击报复证人罪的认定中，应坚持狭义证人说，即只有诉讼法意义上的证人才能成为本罪对象。首先，从立法目的考察，基于证人的不可替代性，刑法设立打击报复证人罪的目的是要对证人提供一种特殊保护，其所要保护的就是那些原本与案件无直接利害关系但为了履行公民义务而敢于向司法机关作证的人。而证人之外的人，如被害人，犯罪嫌疑人、被告人，民事、行政诉讼中的当事人，以及勘验人、鉴定人，他们的陈述或意见虽然也可以作为证据使用，但他们或者与案件具有利害关系，或者是出于履行工作职责，因此刑法并不对他们提供额外保护。其次，广义证人说把在诉讼法上不具有证人身份的人解释为打击报复证人罪的对象，实际是对证人这一概念作了扩张解释。但是扩张解释的扩张，只能限制在刑法被规定用语的可能文义的范围。只有这样，才能防止扩张解释的泛化，从而维护刑法的罪刑法定原则。而且，一旦本罪中证人的概念突破了诉讼法规定的限制，则如何确定扩张解释的边际也将成为问题。如果但凡能和证据扯上关系的人就都可以算作证人的话，那证人的概念将毫无确定性可言。可见，在打击报复证人罪的认定中，应当严格依照诉讼法的规定来解释证人的含义。最后，从刑法基本原则来看，我国刑法规定的三大原则中，第一个就是罪刑法定原则。该原则的基本含义是"法无明文规定不为罪，法无明文规定不处罚"。作为贯穿刑法典的这一原则，应该对刑法分则的适用具有指导意义，既然刑法第308条明确规定打击报复证人罪的犯罪对象是证人，那么，对于打击报复证人以外的其他诉讼参与人（如被害人）定打击报复证人罪，既于法无据，又严重背离了罪刑法定原则。因此，对证人应当严格坚持字面解释的立场，不能将之与其他种类的诉讼参与人相混淆，从而不恰当的扩大刑法第308条的适用范围，给司法实践带来不必要的阻碍。

另外，对于对证人以外的其他诉讼参与人实施打击报复的行为，刑法并不缺乏规定。就打击报复证人罪而言，当遭到打击报复的对象不具有诉讼法上的证人身份的时候，如果涉案行为可以无争议地被评价为故意伤害罪、侮辱罪或报复陷害罪等其他犯罪，那么就可以直接认定为相应的犯罪；如果涉案行为不符合其他任何罪名，则说明打击报复的情节较轻，行为的社会危害性尚未达到非动用刑罚制裁不可的程度（但可能对之予以治安处罚），仍然没必要对证人作扩张解释。因此，对于出于报复动机伤害刑事诉讼中的被害人，民事、行政案件的原告、第三人以及鉴定人、勘验人等其他与案件有关的人员的侵害行为符合其他罪名的，应直接以相应罪名认定，这也使得刑事法律即刑事实体法和刑事诉讼法的规定得以统一。

（四）打击报复证人罪的主观方面要件

本罪只能由故意构成，过失不能构成本罪。而且鉴于本罪具有明确的目的性即"报复"，因而本罪的罪过形式只能是直接故意，具体目的就是对作出对自己或者与自己有关的他人不利的证言的证人予以报复。从认识因素上讲，"行为人必须认识到对方是证人而打击报复，才能构成本罪。虽有暴力行为，但不是因为证人作证而是行为人与以前作证的人之间有尚未结清的债务纠纷或者其他过节，或者误将证人作为一般的打击对象实施侵害的不构成本罪"。

（五）打击报复证人罪的界定

1. 打击报复证人罪与报复陷害罪之界定

报复陷害罪，是指国家机关工作人员滥用职权、假公济私，对控告人、申诉人、批评人、举报人实行报复陷害的行为。打击报复证人罪与报复陷害罪有相似之处，如两罪都是故意犯罪，且均有报复的目的，客观上行为性质及手段也有相同或相似之处，两罪的行为对象都是特定的，两罪均侵犯他人的合法权益，等等。但是两者的区别也很明显：其一，侵害的客体不同。报复陷害罪侵害的是公民的民主权利，即公民的控告权、申诉权、批评权、举报权，同时该罪还妨害了国家机关的正常工作秩序，损害了国家机关的威信，其中以公民的民主权利为主。而打击报复证人罪侵害的客体则是司法机关的正常诉讼活动以及公民的人身权、财产权，其中以司法机关的诉讼活动为主。其二，犯罪主体不同。报复陷害罪的主体是特殊主体，限于国家机关工作人员，非国家机关工作人员不能构成本罪。而打击报复证人罪的犯罪主体是一般主体，既可以是国家机关工作人员，也可以是其他公民。其三，客观方面不同。报复陷害罪在客观方面行为人必须利用职权，假公济私，进行报复陷害。而打击报复证人罪中由于其主体是一般主体，所以对证人的打击报复则不要求利用职权的行为。其四，行为对象不同。打击报复证人罪的行为对象是各类诉讼活动中依法作证的证人。而报复陷害罪的行为对象是控告人、申诉人、批评人、举报人。

2. 打击报复证人罪与妨害作证罪

妨害作证罪，是指以暴力、威胁、贿买等方法阻止证人作证或者指使他人作伪证的行为。打击报复证人罪与妨害作证罪有相同或相似之处，如二者都是直接故意犯罪，都妨害司法机关正常的工作秩序，都是一般主体，都是与证据相关的犯罪等。两者的主要不同在于：（1）在时间方面，本罪一般发生在证人依法作证之时或作证之后；后罪则主要发生在证人作证之前。（2）客观方面不同。首先，行为表现不同。前罪的行为表现是，对证人进行打击报复的行为；而后罪的行为表现是，以暴力、威胁、贿买等方法阻止证人作证或者指使他人作伪证的行为。其次，行为基本方式不同。前罪的行为基本方式一般为作为，但不作为也可以构成该罪；而后罪只可能是作为，不可能是不作为。（3）行为对象不完全相同。前罪的行为对象专指"证人"；而后罪的行为对象为"证人"或"他人"。（4）在客观方面，本罪采取暴力、威胁等手段对证人进行报复，造成证人人身、精神上的伤害；后罪则采取暴力、威胁等手段阻止证人依法作证或采取威胁、贿买等手段指使他人作伪证。（5）犯罪目的不同。前罪行为人的目的是报复作证的证人；而后罪行为人的目的是阻止证人作证或指使他人作伪证。

（整理人：闫春丽）

案例2：林某打击报复证人案
——证人证言之真伪是否影响打击报复证人罪成立

一、基本情况

案　由：打击报复证人
被告人（上诉人）：林某，男，1978年8月30日出生于福建省诏安县，汉族，中专文化，待业，住诏安县南诏镇光良街阳光东路50号。因本案于2000年9月5日被刑事拘留，2000年9月17日转逮捕。

二、诉辩主张

（一）人民检察院指控事实

福建省诏安县人民检察院指控被告人林某犯打击报复证人罪。

（二）被告人辩解及辩护人辩护意见

被告人林某辩称：公诉机关指控的内容不属实，林某没有动手打陈某某，是陈某某在后面骂沈某某（被告人之母），并且先动手打沈某某等人。陈某某出庭作的是伪证。

辩护人的辩护意见：双方是互殴性质，不是打击报复证人，沈某某、蒲某某经法医鉴定均属轻微伤害，用去医疗费1204元。陈某某在林某某职务侵占一案中作了伪证，作了伪证的证人不受法律保护。因此，被告人林某不构成犯罪，应作无罪判决。

三、人民法院认定事实和证据

（一）认定犯罪事实

福建省诏安县人民法院经公开审理查明：2000年8月30日上午，诏安县人民法院刑事审判庭开庭审理林某某涉嫌职务侵占一案，陈某某以证人身份出庭作证，被告人林某到庭旁听，约 11 时许，法庭休庭，林某先离开法院往县政府方向走去，随后，陈某某也骑自行车往同一方向行驶到县消防大队门口附近（第二根电灯杆处），林某抓住陈某某自行车，并用拳头击中陈某某头部，后经人劝止。案发后，陈某某的伤情经诏安县公安局法医鉴定，属轻微伤害。陈某某在诏安县医院住院治疗 8 天，由其丈夫护理，用去医疗费 1379.8 元（包括伤害证明 10 元），出院后的门诊治疗（没有处方）医疗费 603.7 元。

（二）认定犯罪证据

1. 由公安机关依法收集，公诉机关向法庭提供的证据：

（1）被害人陈某某的陈述，证实林某用左手抓住陈某某的自行车车头，用右拳打中陈某某的头顶部，并到诏安县医院住院治疗。

（2）证人陈后应证言，证实 2000 年 8 月 30 日上午 11 时许，林某等一班人到县消防大队门口，站在下坡第二根电灯杆处没有走动，当陈某某骑自行车到距离林某等人约十步左右远时，林某冲在前面，并用手抓住陈某某的左肩头衣服，把陈某某从自行车上拉下来，接着，林某用右拳打中陈某某的头部。经人劝架并报警，双方才平息。

（3）证人沈莘亮证言，证实 2000 年 8 月 30 日上午 11 时许，沈莘亮骑摩托车经过县消防大队门口时，看见一个男人（约二十多岁，身高一米六多，具体姓名不详），从县消防大队门口冲过去殴打一个女人（四十岁左右，具体姓名不详）。

（4）证人陈孝顺证言，证实其与陈后应各骑自行车走到光良街上坡路段（县消防大队门口）时，林某某的儿子林某冲过来朝骑在自行车上的陈某某头部出手就打，并同时将她拉下车。

（5）证人陈建华证言，证实 2000 年 8 月 30 日上午，法院开庭结束后，陈建华与其姐、小妹、姐夫，陈后应等人一起要回家，走到县消防大队门口，见上面有十多人，当陈某某骑一辆自行车到林某等人面前时，林某先冲过来抓住陈某某的自行车，然后用拳头打中陈某某的头部一下，并报警。

（6）证人陈丽卿证言，证实庭审结束后，她们在陈某某后面走，距离陈某某有十步左右远，当陈某某骑自行车到县消防大队门口第二根电灯杆时，看见林某先冲过来用手抓住陈某某的自行车车头，然后用拳头打中陈某某的头部一下。

（7）证人叶永辉证言，证实当陈某某走到县消防大队门口附近时，沈某某、林某等十多人在县消防大队门口，这时，林某向陈某某冲过来，后面跟着沈某某等十多人也冲过来，林某首先用手抓住陈某某自行车车头，并用拳头打中陈某某的头部。

（8）证人蒲某某证言，证实看见林某用拳头击中陈某某的头部一下。

（9）证人陈文斌、陈松水、沈志敏、沈克德、沈武汉等证言，均证实2000年8月30日上午11时许，在县消防大队门口发生打架。

（10）诏安县公安局法医鉴定，证明陈某某受损伤情是右侧胸、右上臂共三处软组织挫伤，头部局部压痛，伤后无昏迷，陈某某受损伤程度评定为轻微伤害。

（11）2000年8月30日，诏安县人民法院通知：陈某某于2000年8月30日上午8：30时到法院大法庭作证。

2. 附带民事诉讼原告人陈某某向法庭提供的证据：

（1）诏安县医院伤害证明书：诊断陈某某伤情为脑震荡；头顶部、头皮挫伤；胸部、腰部、右臂部软组织挫伤。

（2）福建省医疗机构门诊收费票据8张，金额共计1983.5元，其中住院8天，医疗费3张，金额共计1369.8元及伤害证明书10元；门诊治疗（没有医疗处方）5张，金额共计603.7元。

四、判案理由

福建省诏安县人民法院经审理认为：在法院审理林某某涉嫌职务侵占一案中，陈某某出庭作证，被告人林某对陈某某心怀不满，在陈某某回家的路上动手殴打其头部，致轻微伤害，被告人林某的行为符合打击报复证人罪的构成要件，公诉机关指控罪名成立，应予支持。被告人林某犯打击报复证人罪，依法应追究刑事责任。被告人的犯罪行为致被害人遭受的经济损失，应予赔偿。附带民事诉讼原告人（被害人）陈某某住院8天，花掉医疗费（包括伤害证明书）1379.80元，护理费102.40元，住院伙食补助费80元，合计1562.20元，对其请求，应予支持。但其他请求超过有关规定标准或证据不足，故不予采纳。被告人的辩解及辩护人的辩护意见均不能成立，不予采纳。

一审判决宣判后，林某不服，上诉至福建省漳州市中级人民法院。漳州市中级人民法院经审理查明：原判认定被告人林某犯打击报复证人罪事实清楚，证据确实充分。二审查明认定的事实和证据与一审查明认定的相一致。漳州市中级人民法院认为：上诉人林某对在法院审理林某某涉嫌职务侵占一案中出庭作证的证人陈某某心怀不满，在陈某某回家的路上动手殴打陈某某的头部，致陈某某轻微伤害，其行为已构成打击报复证人罪，依法应追究其刑事责任。上诉人还应对因其犯罪行为致被害人所遭受的经济损失承担民事赔偿责任。

上诉人提出陈某某在林某某案件中作了伪证，因而不应受法律保护。依照法律规定，打击报复证人罪是指对证人进行打击报复的行为。上诉人对作为林某某涉嫌职务侵占一案的证人陈某某进行殴打，其行为符合打击报复证人罪的构成要件。因此，上诉人的该上诉理由不能成立。原判事实清楚，证据确实充分，定性准确，量刑适当，审判程序合法，判令赔偿经济损失数额合理，应予维持。上诉人称其没有殴打陈某某的头部及证人陈某某等人证言不能采信的理由，经查与事实不符，不予采纳。上诉人还提出陈某某作伪证不应受法律保护的理由与法不符，不予采纳。

五、定案结论

福建省诏安县人民法院根据《中华人民共和国刑法》第308条和《中华人民共和国民法通则》第119条的规定，作出判决如下：

（1）被告人林某犯打击报复证人罪，判处有期徒刑一年。

（2）被告人林某应在本判决发生法律效力的十日内赔偿附带民事诉讼原告人陈某某医疗费、护理费、住院伙食补助费合计1562.20元。

漳州市中级人民法院依照《中华人民共和国刑事诉讼法》第189条第1项之规定，裁定驳回上诉，维持原判。

六、法理解说

目前司法实践中，证人因害怕在作证后遭受打击报复而拒绝作证的现象已经成为阻碍司法机关依法顺利审理案件的主要障碍之一，为了保障证人的安全，消除作证的顾虑，以便使其顺利地配合司法机关的诉讼活动，新刑法第308条专门规定了打击报复证人罪，以加强对证人的保护。

（一）林某案件能否定性为打击报复证人罪问题

本案事发后，公诉机关以打击报复证人罪对被告人提起诉讼，上诉人提出陈某某在林某某案件中作了伪证，因而不应受法律保护。我国刑法第308条规定："对证人进行打击报复的，处三年以下有期徒刑或者拘役；情节严重的，处三年以上七年以下有期徒刑。"据此规定，打击报复证人罪是指对证人进行打击报复的行为。换言之，行为人出于报复的故意，对在诉讼中提供证言的证人实施了侵害其合法权益的行为，就可能定性为打击报复证人罪，而不论证人证言的真实性与否。首先，刑法设立打击报复证人罪的目的在于通过保护证人的人身和财产的方式保护诉讼程序的顺利进行，其终极目的是对国家机关正常活动的支持。如果以证人提供证言的真实性作为对其提供保护的条件的话更不利于鼓励证人出庭作证；其次，我国刑事诉讼法第 59 条规定："证人证言必须在法庭上经过公诉人、被害人和被告人、辩护人双方质证并且查实以后，才能作为定案的根据。法庭查明证人有意作伪证或者隐匿罪证的时候，应当依法处理。"对于证人作伪证的行为，自然由相关的司法机关进行处理，不能由当事人自行解决。所以，此处被告人关于法院开庭审理林某某涉嫌职务侵占一案，陈某某以证人身份出庭作伪证为理由，而予以打击报复的辩解不足以采纳，其行为已经构成打击报复证人罪。

另外，依据本案上诉人的辩护人意见主张，双方是互殴性质，不存在打击报复行为，对被告人应作无罪判决。关于这一主张，法庭在审理过程中经过多方质证，各证据之间足以相互印证，形成一个完整的证据链条，所有证据都能证明本案是被告人林某出手殴打证人陈某某，而不是互殴性质，所以上诉人林某对在法院审理林某某涉嫌职务侵占一案中出庭作证的证人陈某某心怀不满，在陈某某回家的路上动手殴打陈某某的头部，致陈某某轻微伤害，其行为已构成打击报复证人罪，依法应追究其刑事责任。

(二) 打击报复证人罪构成要件

1. 本罪的主体要件。从法条规定来看，我国刑法第 308 条对打击报复证人罪的主体资格未作特殊的限制性规定，即未将该罪的主体限定在与案件的处理有利害关系的人的范围之内，所以，一般主体也可构成。另外，如果把本罪的主体限定在与案件处理结果有利害关系的范围之内，就可能导致把与本案没有利害关系的当事人的哥们或朋友出于哥们义气而打击报复证人的行为排除在本罪之外，这样既不利于打击犯罪的需要，也不利于鼓励当事人出庭作证。基于以上理由，笔者认为本罪的主体是一般主体，即年满 16 周岁，具有刑事责任能力的自然人都可以构成，而不论其是否与本案的处理结果有利害关系。

2. 本罪的对象要件。根据法条规定，打击报复证人罪针对的对象为"证人"。这里的"证人"，是指诉讼案件中的证人，而非对其他某种非诉讼事情提供证据的证人。涉及打击报复证人罪的对象问题，有以下问题值得研究：

第一，这里所言"证人"，证人是指是在诉讼过程中已经依法提供证明的证人，包括在各种诉讼过程中依法向法院提供证明的证人以及在刑事诉讼中向公安、检察等司法机关提供证明的证人，应包括刑事、民事、行政诉讼在内的证人。因为现行刑法对本罪对象的"证人"范围未明确规定为"刑事诉讼案件中的证人"，因而，此处对证人的理解应当涵盖各种诉讼中的证人，这样更有利于保障各种诉讼程序的顺利进行，更符合刑法立法精神。但是知悉案情但尚未作证的人，不是本罪的对象。

第二，出于报复证人而对证人的财产进行毁坏，能否构成本罪的问题？本罪打击报复的对象的确只能是依法作证的证人，但对证人打击报复的方式很多，可以是加害其人身，也可以是毁坏其财产。所以出于报复证人而对证人的财产进行毁坏也可以构成本罪。

第三，为报复证人，对证人的亲友打击报复能否构成本罪？对此，笔者认为，本罪的对象不包括证人的亲友。其一，从现行刑法规定的角度看，本罪的对象只能是证人，把证人的亲友也包括在内，就违背了罪刑法定这一刑法基本原则。其二，现行刑事诉讼法第49条虽然规定对证人及其近亲属进行打击报复，构成犯罪的，依法追究刑事责任，但我们绝不能由此断说对证人的打击报复包括为报复证人而对其近亲属的打击报复。笔者认为，从"应然"的角度讲，适当扩大本罪的对象范围有其合理性，但从"实然"的角度看，既然现行刑法未将证人的亲朋好友纳入本罪的对象范围，那么，将为报复证人而对证人亲朋好友予以打击报复证人的行为，以打击报复证人罪论处即是不符合现行刑法规定的。其三，行为人出于打击报复证人的目的而对其亲友进行打击报复的行为可以通过刑法相关法条来解决，如果行为人出于报复证人的故意而打伤、打死证人亲友的，可以分别依照刑法第234条、第232条故意伤害罪、故意杀人罪定罪处罚；如果行为人对证人的亲友实施伤害未达轻伤程度，但情节恶劣、影响极坏的，可以依照刑法第293条第1项之规定，对行为人以寻衅滋事罪定罪处罚；如果行为人是国家机关工作人员利用职务之便、假公济私对证人亲友以前的控告行为打击报复的，完全可以依照刑法第254条规定的报复陷害罪定罪处罚。可见，即便出于打击犯罪的需要，也不必把打击报复证人的亲友行为牵强附会为打击报复证人罪。

第四，本罪对象中的"证人"是否与诉讼法相关条文中规定的"证人"的含义相一致的问题。在司法实践中，对"证人"一词的理解曾有不同看法：第一种观点认为，对于刑法第308条中规定的"证人"，不能作字面理解，应作扩大解释，包括证人，刑事诉讼中的被害人，民事、行政案件的原告，第三人以及鉴定人、勘验人；此观点认为，只有作这样的扩大解释，才能有效遏制那些对被害人、原告人、鉴定人、勘验人打击报复的行为，保证公民依法行使诉讼权利，保障司法机关诉讼活动的顺利进行。第二种观点认为：此处的"证人"与诉讼法相关条文中规定的"证人"含义完全相同，即证人是知道案情并具有辨别是非和正确表达能力的自然人，区别于被害人、被告人、鉴定人等其他诉讼参与人的一类诉讼参与人。在诉讼过程中，证人有着独立完整的诉讼地位，承担着特殊的法律义务，并依法享有相应的诉讼权利。因此对证人应严格坚持字面解释的立场，不能把他与其他种类的诉讼参与人相混淆，从而不恰当地扩大刑法第308条的适用范围。笔者同意第二种观点，首先，刑法规定打击报复证人罪是有其特定的立法目的的，在诸多的诉讼参与人中，刑法单独把证人突出出来重点保护，恰恰是因为证人较之其他诉讼参与人更容易成为打击报复的对象，而且其他的诉讼参与人或者与案件的处理结果有利害关系，或者是出于履行工作职责。因此，刑法并不对他们提供额外的法律保护，唯独证人，其一方面与案件的处理结果没有法律上的利害关系，另一方面又无职责义务要求约束，出于自我保护意识，其也不愿出庭作证。其次，采广义说观点的学者实际上是在扩张解释的基础上得出的结论。但是对证人的理解应限于字面解释，因为在早期严格的罪刑法定主义下是绝对禁止类推和扩大解释的，即使是相对罪刑法定主义流行的当代，对于允许扩大解释也是严格限制的，即扩张解释的扩张，只能限制在被规定用语的可能文义的范围。只有这样，才能防止扩张解释的泛化，从而维护刑法的罪刑法定原则。具体到本罪，笔者认为，在没有有效的解释出台之前，司法实践中对"证人"不得进行任何扩张解释，而应与诉讼法关于"证人"的规定相一致。最后，从刑法基本原则罪刑法定原则来看，该原则的基本含义是"法无明文规定不为罪，法无明文规定不处罚"。作为贯穿刑法典的这一原则，应该对刑法分则的适用具有指导意义，既然刑法第308条明确规定打击报复证人罪的犯罪对象是证人，那么，对于打击报复证人以外的其他诉讼参与人定打击报复证人罪，既于法无据，也严重背离了罪刑法定原则。

第五，同案犯是否具有证人身份？与被指证的犯罪嫌疑人、被告人身处同一刑事诉讼程序，并不必然导致指证人丧失证人资格。关于这个问题，应当分情况对待：判断某一刑事诉讼程序中的同案犯能否成为证人，关键是看其指证的罪行是亲身参与的，还是仅仅知道而未参与的。如果是前者，则其供述属于犯罪嫌疑人、被告人供述和辩解，而不属于证人证言，则其不具有证人身份；如果是后者，由于其指证的罪行没有自身的参与，与自己不存在利害关系，故其所作的陈述属于证人证言，而非犯罪嫌疑人、被告人供述和辩解，则此时其可以成为证人。

（三）打击报复证人罪的时间问题

这里的"时间"是指从证人作证到因作证而遭受打击报复之间的时间。实践中也的确发生过证人作证后，过了很多年又遭受打击报复的案件。对于这种作证后过了多年又对证人打击报复的行为是否仍按打击报复证人罪定罪量刑？对此，司法实践中有两种不同的观点。第一种意见认为，不应受时间限制，因为刑法第308条对打击报复证人罪并未规定时间限制，司法实践中应当尊重法律的明文规定，若对其作时间限制则于法无据。第二种意见认为，应当对打击报复证人罪规定一个时间限制，采此说的论者认为从刑法的预测、教育和引导功能的角度来看，应当使普通民众认识到依法作证是公民的法定义务，打击报复证人就要受到刑法的处罚，如果对作证与打击报复之间的时间间隔不做限制，证人作证后经过很长时间再遭受打击报复，民众很难把以前的作证行为和后来遭受打击之间建立联系，如果法院此时以打击报复证人罪对行为人定罪量刑，民众就很难理解，这样，就大大降低了刑法的一般预防作用。笔者同意第一种观点，对本罪的成立在时间上进行限制，首先，有违立法宗旨，刑事司法必须严格贯彻刑法所确立的罪刑法定原则，刑法第308条对打击报复证人罪并未规定时间限制，司法实践中应当尊重法律的明文规定，若对其作时间限制则于法无据。其次，不利于有效遏制犯罪，如果给打击报复证人罪作一个时间限制，容易给人造成假象，似乎过了法定的时限，对证人打击报复法律就管不着了。这样，实际上会鼓励一些人隐忍等待过了法定时限后再对证人实施打击报复，有放纵犯罪之嫌。再次，在时间上限制打击报复证人罪的成立，操作起来也有难度，具体应该限定多长时间很难有一个科学的标准。最后，从相反的角度来说，如果不规定时限，那么会让有心报复证人的人意识到任何时候出于对证人作证不满而进行报复行为都是犯罪行为，从而基于对法律的畏惧更有可能放弃报复意图。综上，认为对打击报复证人罪不宜作时间限制。即行为人在证人作证后无论经过多长时间，对证人实施打击报复，都应以打击报复证人罪定罪处罚。

（整理人：闫春丽）

案例3：高某刚等打击报复证人案
——殴打证人情节较轻是否影响定罪

一、基本情况

案　由：打击报复证人
被告人：高某刚，男，1972年7月8日出生，初中文化，无业。
高某新，男，1975年2月18日出生，初中文化，个体工商户。

二、诉辩主张

（一）人民检察院指控事实

1998年11月10日中午，被告人高某刚伙同高某新窜至翟宏兵、陈亚晴家中，殴打在高某刚与殷秀春买卖一案中作证的证人翟宏兵、陈亚晴，致使陈亚晴的眼、鼻受伤。据此，江苏省大丰市人民检察院认为，被告人高某刚、高某新的行为已触犯《中华人民共和国刑法》第308条之规定，均构成打击报复证人罪，依法要求惩处。

（二）被告人辩解及辩护人辩护意见

被告人高某刚、高某新对起诉指控的事实未提出异议，但认为找陈亚晴是为了对证的，并没有故意去打击报复。

其辩护人提出的辩护意见是：被告人的主观目的是核证，由于陈亚晴将咸菜甩到高某新的脸上，才发生纠纷的，被告人主观上没有打击报复证人的故意，不构成犯罪。

三、人民法院认定事实和证据

（一）认定犯罪事实

江苏省大丰市人民法院经公开审理后，查明以下案件事实：1998年11月

10日上午,大丰市人民法院告诉申诉庭再审开庭审理高某刚与殷秀春夏利轿车买卖纠纷一案,庭审中,审判人员当庭宣读了未到庭证人陈亚晴、翟宏兵的证言。庭审结束后,被告人高某刚、高某新于当日中午11时许,即来到汽车修理厂去责问翟宏兵,遭到翟宏兵的拒绝。随后两名被告人又来到陈亚晴家中责问陈亚晴,并拉陈亚晴欲到翟宏兵处对质,遭到陈亚晴的拒绝。在推拉过程中,陈亚晴将拿在手上的咸菜甩到被告人高某新的脸上,被告人高某新即拳击陈亚晴面部,致其眼、鼻部位受伤。

(二)认定犯罪证据

人民法院经过公开审理后,认定了以下案件证据:

1. 被害人陈述

(1)被害人陈亚晴的陈述。证实1998年11月10日中午11点多钟,当时手里抓了一把咸菜洗了准备烧汤,这时来了两个小青年,一高一矮,矮个子问其是否叫陈亚晴,陈亚晴回答是的,矮个子抓住其衣领朝外拖,并说:"你作伪证,我损失好几千元。"这时陈亚晴因被拖也发了火,就将手中的咸菜朝他脸上一甩,矮个子就动手打了陈亚晴。

(2)被害人翟宏兵的陈述。证实1998年11月10日上午11点左右,来了两个青年责问其是否作了伪证,翟宏兵拒绝回答,最后他们就走了。

2. 证人证言

(1)证人汪书鹏提供的证言。证实他到现场时,看到陈亚晴满脸是血,就问是谁动手打的,矮个子说是他打的,并说陈亚晴作证使他损失好几千元钱。

(2)证人陆恒富提供的证言。证实1998年11月10日中午,他听人说陈亚晴被打,他就跑到陈亚晴的家,当时打架已停止,陈亚晴满脸是血,手上、地上都有血,他就拨打了110报了警。

3. 书证

被害人陈亚晴受伤照片。证实陈亚晴脸部、手部等多处受伤的事实。

四、判案理由

江苏省大丰市人民法院经过公开审理后认为,被告人高某刚、高某新在民事案件开庭审理结束后,即去找证人翟宏兵、陈亚晴进行责问,并对陈亚晴实施拖拉、殴打,具有打击报复证人的故意,且实施殴打证人的行为,侵犯了司法机关正常的诉讼活动和证人的人身权利,其行为已触犯《中华人民共和国刑法》第308条之规定,构成打击报复证人罪。公诉机关指控罪名成立。两名被告人的辩解及其辩护人的辩护意见与事实和法律不符，不能成立，故不予采纳。在共同犯罪中两被告人的作用地位相当，故以一般共同犯罪论处。

五、定案结论

江苏省大丰市人民法院根据《中华人民共和国刑法》第308条、第25条第1款之规定，作出如下判决：

（1）被告人高某刚犯打击报复证人罪，判处有期徒刑6个月。
（2）被告人高某新犯打击报复证人罪，判处有期徒刑6个月。

六、法理解说

本案涉及打击报复证人罪的以下三个具体问题：

第一，打击报复证人罪中的证人范围问题。即本案被害人翟宏兵、陈亚晴是否属于法律保护的证人范畴。因为在审理高某刚与殷秀春汽车买卖纠纷一案中，法院在审理时仅宣读了翟宏兵、陈亚晴的书面证言，翟宏兵、陈亚晴并未到庭作证，在最终法院对该案作出判决时，这两人的证言也未作为定案的证据。因而他们是否属于该民事案件中的证人，成为本案争议的一个问题。

在目前司法实践中，对于证人有不同的理解，有人认为证人是指了解案件事实情况而被司法机关通知到案作证的人。即证人的范围局限于刑事案件或民事案件到庭作证的人。依此观点，本案翟宏兵、陈亚晴未到庭作证，其证言也未被法院作为定案的根据，因而不能以证人对待，这样被告人高某刚、高某新的行为就不构成打击报复证人罪。

我们认为，这种观点是片面的。根据刑事诉讼法、民事诉讼法的规定，向司法机关提供自己知道的案件情况的人，均可以成为证人。公民向司法机关作证的方式有多种形式，如出庭作证、向司法机关提出书面证言等，法律并未规定证人都要到庭作证，证人的作证方式并不影响其证人的地位。所以，翟宏兵、陈亚晴属于我国法律保护的证人范畴。

对于这两名证人证言未被法院采信的问题，证人就所知道的案件情况向司法机关提供的证言，其效力如何，是否作为定案依据，应当由审判人员根据其他证据进行综合确定。证人证言是否被法院采信，以及证人证言是否证实，都不是决定证人身份的因素。因此，我们不能要求所有证人提供的证言都被法庭采用，也不能因为证人的证言不被采信，而将其排斥于证人范畴之外。

第二，打击报复证人罪中行为人故意的内容问题。即本案两名被告人主观上是否具有打击报复证人的故意。被告人及辩护人均认为，两名被告人找瞿宏兵、陈亚晴是为了对质，主观上并没有打击报复证人的故意，最后之所以殴打陈亚晴，也是因为她先动手打人，出于自卫才进行殴打的。但是，我们从两个被告人的一系列行为可以看出，其主观上具有打击报复证人的故意内容。因为被告人高某刚、高某新在民事案件庭审结束后，就找证人瞿宏兵、陈亚晴进行责问，并拖拉陈亚晴，最后又殴打陈亚晴，这些客观行为表明其出于对证人所作证言的一种不满动机，而去找证人责问，进而将这种对证人的不满变为实际行为（拖拉、殴打）进行发泄，这充分反映了其报复证人的犯罪故意。

第三，构成打击报复证人罪的情节问题。即本案被告人高某刚、高某新未造成陈亚晴轻伤是否构成本罪的问题。我们认为，从刑法的规定看，打击报复证人罪属于行为犯，只要行为人实施了对证人进行打击报复的行为，不管结果如何，即构成本罪。但是，根据刑法总则第13条的规定，行为人实施危害行为，其情节显著轻微危害不大的，不认为是犯罪。本案中，两名被告人对两个证人进行责问，对其中一个证人进行殴打，并造成轻微伤害，其行为不应当属于显著轻微，应当构成犯罪。但是，两名被告人的殴打并未给陈亚晴造成太大的伤害，在量刑时应当从轻处罚。因此，人民法院认定两名被告人犯打击报复证人罪，并从轻判处其有期徒刑6个月，都是正确的。

（案例来源：江苏省大丰市人民检察院；

整理人：邓思清）

六、扰乱法庭秩序罪

案例1：马某扰乱法庭秩序案
——庭审中被告殴打原告律师并纠集亲友哄闹的，应如何认定

一、基本情况

案　由：扰乱法庭秩序

被告人：马某，又名马某某，男，1981年7月8日出生于甘肃省天水市麦积区，汉族，大学文化，拘留前系天水市卫生局卫生监督所干部，住天水市麦积区陇昌路天安园小区14栋3单元303室，无前科。2010年9月16日因涉嫌犯扰乱法庭秩序罪、诬告陷害罪被天水市公安局麦积分局刑事拘留，同月30日被逮捕，现羁押于麦积区看守所。

二、诉辩主张

（一）人民检察院指控事实

天水市麦积区人民检察院指控被告人马某犯扰乱法庭秩序罪。

（二）被告人辩解及辩护人辩护意见

被告人马某及其辩护人辩称：一、起诉书指控被告人马某犯扰乱法庭秩序罪事实不清、证据不足，主要理由是：其一，起诉书认定"庭审过程中，双方因证据问题发生争吵，被告人马某突然起身窜至对方当事人的代理律师金石录处，跳上金面前的茶几踢打金"的证据不足。公诉机关提交的证据，仅有证人证言且证言互相矛盾。其二，起诉书认定"期间，被告人马某亲属及其朋友多人闻讯而至，在法院一楼大厅吵闹多时，致法院另外一起正在开庭审理的案件被迫休庭"亦与事实不符。案发当天，法院一楼大厅虽聚集人数众多，

但均无证据证明上述人员系被告人马某亲属。其三，起诉书认定"马某亦入住天水市第二人民医院检查诊治，其亲属市二院质控科科长卢惠琴于当日下午指使他人伪造了被告人马某右耳外伤性鼓膜穿孔的虚假检查报告单等，被告人家属遂以此为据，虚假报案和上访，造成了恶劣的社会影响"的事实有误。被告人马某对其右耳骨膜穿孔报告的虚假性不明知。其四，起诉书认定"被告人马某殴打司法工作人员"没有事实依据，律师不属司法工作人员范围。二、被告人马某主观上没有扰乱法庭秩序的故意，亦未希望自己的行为干扰法庭秩序，客观上也没有实施聚众哄闹、冲击法庭或者殴打司法工作人员，严重扰乱法庭秩序的行为，其行为不符合扰乱法庭秩序罪的构成要件。

三、人民法院认定事实和证据

（一）认定犯罪事实

天水市麦积区人民法院经审理认定，2010年8月25日上午，天水市麦积区人民法院依法公开开庭审理原告刘晓薇与被告马某离婚纠纷一案。当庭审进行至法庭质证阶段时，被告人马某与刘晓薇的委托代理人金石录因证据问题发生言语冲突，后被告人马某突然起身跳上金面前的茶几，率先动手，与金石录等人撕打在一起，撕打中，被告人马某将金石录拉倒在地，法院工作人员及时予以制止并对此事做了初步处理。处理期间，被告人马某不听劝告，多次拨打电话，告知其父马占元等人，自己在法院被打。不久，被告人马某亲属及朋友多人闻讯而至，聚集在法院一楼门厅内，大声喧哗、吵闹达两小时之久，被告人马某亦躺在门厅内拒绝前往医院检查治疗且大声吵闹不止，从而致法院审理的该起离婚案件及另外一起正在开庭审理的案件被迫休庭。当日中午，金石录入住天水市第四人民医院检查治疗，被告人马某亦入住天水市第二人民医院检查治疗。检查过程中，被告人马某亲属天水市第二人民医院质控科科长卢惠琴（另案处理）于当日下午指使他人伪造了被告人马某右耳外伤性鼓膜穿孔的虚假检查报告单及右耳膜棱形穿孔的会诊记录单，被告人家属遂以此为据，连续虚假报案和上访，造成了恶劣的社会影响。2010年10月8日，经天水市麦积区公安司法鉴定中心法医学人体损伤程度鉴定，依据《人体轻微伤鉴定标准》第5.1条、第5.3条之规定，金石录四肢软组织损伤、左尺神经损伤系轻微伤。

（二）认定犯罪证据

上述事实，有经原审庭审质证确认，并经本院核实无误的以下证据予以证实：

1. 麦积区人民法院书记员魏华、麦积区人民法院庭长王平、离婚案件原告刘晓薇、刘晓薇舅妈王淑英的证言、被害人金石录的陈述、被告人马某在侦查机关的供述。以上证据证实了2010年8月25日上午,天水市麦积区人民法院依法公开开庭审理原告刘晓薇与被告马某离婚纠纷一案的事实。

2. 麦积区法院书记员魏华、麦积区法院庭长王平、离婚案件原告刘晓薇、刘晓薇舅妈王淑英的证言、被害人金石录的陈述。以上证据共同证实了案发当天,庭审进行至法庭质证阶段时,被告人马某与刘晓薇的委托代理人金石录因证据问题发生言语冲突,后被告人马某突然起身跳上金面前的茶几,率先动手,与金石录等人撕打在一起,撕打中,被告人马某将金石录拉倒在地的事实。

3. 麦积区法院副院长周海、麦积区法院书记员魏华书写的情况说明、被告人马某在侦查机关的供述、马某父亲马占元的证言。以上证据共同证实了处理纠纷期间,被告人马某不听劝告,多次拨打电话,告知其父马占元等人,自己在法院被打的事实。

4. 麦积区法院副院长周海、麦积区法院副院长赵少华、麦积区法院书记员魏华书写的情况说明、麦积区法院副院长陈江勇书写的证明材料、马某父亲马占元的证言、马某姐夫周森峰的证言、被告人马某在侦查机关的供述。以上证据共同证实了案发当天,被告人马某亲属及朋友多人闻讯而至并聚集在法院一楼门厅内,大声喧哗、吵闹达两小时之久,被告人马某亦躺在门厅内拒绝前往医院检查治疗且大声吵闹不止的事实。

5. 麦积区人民法院民一庭庭长郭红及代理审判员曹晓明的证明材料。证实案发当天,由于被告人马某及其亲属、朋友多人在法院大厅内喧哗、吵闹,导致法院另外一起正在开庭审理的案件被迫休庭的事实。

6. 被害人金石录的陈述、证人马占元的证言、天水市第二人民医院会诊记录单、天水市第四人民医院病历。证实2010年8月25日中午,金石录入住天水市第四人民医院检查治疗,被告人马某亦入住天水市第二人民医院检查治疗的事实。

7. 天水市第二人民医院质控科科长卢惠琴、耳鼻喉科副主任王一伟、耳鼻喉科护士王雪萍的证言,天水市第二人民医院会诊记录单、天水市第二人民医院耳鼻喉检查报告单。证实了被告人马某亲属天水市第二人民医院质控科科长卢惠琴于当日下午指使他人伪造了被告人马某右耳外伤性鼓膜穿孔的虚假检查报告单及右耳膜棱形穿孔的会诊记录单的事实。

8. 马某父亲马占元、姐夫周森峰的证言、网名仗义执言在天水市委书记、市长留言板上的留言、马占元向天水市公安局麦积分局桥南派出所递交的报案人马某的报案材料。以上证据证实了被告人马某家属以伪造的右耳鼓膜穿孔检查报告为据，连续虚假报案和上访，造成了恶劣的社会影响的事实。

9. 天水市麦积区公安司法鉴定中心（天）公（麦）鉴（活）字〔2010〕第435号法医学人体损伤程度鉴定书。证实2010年10月8日，经天水市麦积区公安司法鉴定中心法医学人体损伤程度鉴定，依据《人体轻微伤鉴定标准》第5.1条、第5.3条之规定，金石录四肢软组织损伤、左尺神经损伤系轻微伤的事实。

四、判案理由

天水市麦积区人民法院认为，被告人马某作为诉讼参与人，在庭审过程中，为挑起事端而公然违反法庭纪律，冲击法庭，致伤诉讼参与人，后又拒绝配合解决纠纷，恣意扩大事态，电话叫来亲朋多人聚众哄闹，致使庭审无法正常进行，造成了恶劣的社会影响，其行为已严重扰乱了法庭秩序，确已构成扰乱法庭秩序罪，公诉机关指控的罪名及适用法律的意见成立，应予支持。对被告人叶期中、裴虎斌所提被告人马某行为不符合扰乱法庭秩序罪构成要件的辩护意见及被告人马某关于其行为不构成扰乱法庭秩序罪的辩解意见均不予采纳。但对公诉机关起诉书中关于被告人马某随意殴打司法工作人员的指控，根据刑法第94条规定，司法工作人员是指侦查、检察、审判、监管职责的工作人员，本案被害人金石录身为律师，不属司法工作人员的范围，故对公诉机关该指控意见不予采纳，辩护人相关辩护意见应予采纳。

对辩护人叶期中、裴虎斌关于本案现有证据不足以证实聚集法院一楼门厅进行哄闹、喧哗的均是被告人马某亲属的辩护意见，经查，对被告人马某亲属聚集法院进行哄闹的事实，有麦积区法院副院长陈江勇、赵少华、周海以及麦积区法院工作人员魏华书写的情况说明予以证实，同时，被告人马某父亲马占元、姐夫周淼峰的证言亦证实了案发当天，有马某亲属多人聚集法院一楼门厅，间接证实了上述事实，故认定该事实的证据充分，对辩护人该辩护意见不予采纳。

对辩护人叶期中、裴虎斌关于被告人马某对虚假检查报告不具有明知性辩护意见，综合全案，现有证据虽不能证明被告人马某对虚假检验报告的明知，但该伪造行为具有明显违法性，被告人马某亲属据此虚假报案和上访，客观上与被告人亲属在法院聚众哄闹行为互相呼应，进一步印证了案发当天，被告人马某亲属在法院一楼门厅实施的聚众哄闹行为，故对辩护人上述辩护意见不予以采纳。

庭审中，被告人马某虽自行辩解无罪，但鉴于其在庭审后能够主动向法庭提交悔罪书并明确表示认罪伏法，积极赔偿被害人经济损失，取得被害人谅解，故对被告人马某可酌情从轻处罚。综上，对被告人马某所犯罪行应根据其犯罪情节和对社会的危害程度予以判处。

五、定案结论

天水市麦积区人民法院经审理认定：被告人马某犯扰乱法庭秩序罪，判处有期徒刑八个月缓刑一年。

六、法理解说

法庭审判是刑事诉讼活动的重要组成部分，是人民法院代表国家行使审判权的重要活动。法庭更是国家司法机关行使审判权、依法审理案件、进行诉讼活动的庄严场所，法庭审理活动的有序进行，不仅是人民法院行使审判权严肃性的要求，也是国家审判机关正确处理各类诉讼案件的需要。严重扰乱法庭秩序的行为，不仅极大地破坏了法庭审理活动的正常顺利进行，而且是对法律权威和尊严的蔑视和践踏，具有严重的社会危害性。为了进一步维护好法庭秩序、保证各类诉讼案件的顺利进行，我国相关的法律均对在法庭审理过程中的各类违法违规行为作出相应的规定。如《中华人民共和国民事诉讼法》第101条规定："诉讼参与人和其他人应当遵守法庭规则。

人民法院对违反法庭规则的人，可以予以训诫，责令退出法庭或者予以罚款、拘留。

人民法院对哄闹、冲击法庭，侮辱、诽谤、威胁、殴打审判人员，严重扰乱法庭秩序的人，依法追究刑事责任；情节较轻的，予以罚款、拘留。"

第102条："诉讼参与人或者其他人有下列行为之一的，人民法院可以根据情节轻重予以罚款、拘留；构成犯罪的，依法追究刑事责任：

……

（四）对司法工作人员、诉讼参加人、证人、翻译人员、鉴定人、勘验人、协助执行的人，进行侮辱、诽谤、诬陷、殴打或者打击报复的……"

《中华人民共和国刑事诉讼法》第194条规定："在法庭审判过程中，如果诉讼参与人或者旁听人员违反法庭秩序，审判长应当警告制止。对不听制止的，可以强行带出法庭；情节严重的，处以一千元以下的罚款或者十五日以下的拘留。罚款、拘留必须经院长批准。被处罚人对罚款、拘留的决定不服的，可以向上一级人民法院申请复议。复议期间不停止执行。

对聚众哄闹、冲击法庭或者侮辱、诽谤、威胁、殴打司法工作人员或者诉讼参与人，严重扰乱法庭秩序，构成犯罪的，依法追究刑事责任。"

《中华人民共和国法庭规则》第12条规定："对哄闹、冲击法庭侮辱、诽谤、威胁、殴打审判人员等严重扰乱法庭秩序的人，依法追究刑事责任；情节较轻的，予以罚款、拘留。"

《中华人民共和国行政诉讼法》第49条规定："诉讼参与人或者其他人有下列行为之一的，人民法院可以根据情节轻重，予以训诫、责令具结悔过或者处一千元以下的罚款、十五日以下的拘留；构成犯罪的，依法追究刑事责任：

……

（六）对人民法院工作人员、诉讼参与人、协助执行人侮辱、诽谤、诬陷、殴打或者打击报复的。"

《中华人民共和国刑法》第309条规定："聚众哄闹、冲击法庭，或者殴打司法工作人员，严重扰乱法庭秩序的，处三年以下有期徒刑、拘役、管制或者罚金。

在法庭审判过程中，案件的当事人、法定代理人、诉讼参与人、辩护人、证人、鉴定人、翻译人员以及在场的旁听群众和记者等人员都必须自觉地遵守法庭纪律。为保证法庭审判的顺利进行，开庭前，书记员都要当庭宣读法庭纪律，如在法庭上，想要发言必须先经过审判长同意；法庭上不得高声喧哗、吵闹；未经允许不得摄像、拍照、记录；听从审判长指挥等。如果有人违反法庭纪律，扰乱法庭秩序，审判长应当警告，告诉其行为的法律后果，并对其行为加以制止；对不听制止，仍然继续违反法庭秩序的，可以让法警将其强行带出法庭；对那些态度恶劣，造成的后果、影响比较坏，损害法庭的尊严，使审判活动不能正常进行的，可以处1000元以下的罚款或者15日以下的拘留。对聚众哄闹、冲击法庭或者殴打司法工作人员，严重扰乱法庭秩序的，依照刑法第三百零九条规定以扰乱法庭秩序罪追究其刑事责任。"

（一）马某案件能否定性为扰乱法庭秩序罪问题

为了保障人民法院正确适用法律，实现国家审判职能，1997年3月14日，八届全国人大五次会议通过了修订后的新刑法，该法第309条明确规定"聚众哄闹、冲击法庭，或者殴打司法工作人员，严重扰乱法庭秩序的"构成扰乱法庭秩序罪。扰乱法庭秩序罪是指在法庭开庭审理过程中，诉讼参与人或旁听人员聚众哄闹、冲击法庭或者殴打司法工作人员，严重干扰法庭秩序的行为。

1. 扰乱法庭秩序罪侵害的客体是法庭开庭审理案件的正常活动和秩序。

法庭是人民法院行使国家审判权、审理诉讼案件、进行诉讼活动的场所。法庭审理案件，必须有良好的法庭秩序，严重扰乱法庭秩序，是一种藐视国家权利、粗暴践踏法律的行为。本罪所指的法庭，是指人民法院依法审理诉讼案件的场所。既包括专门审理案件而设立的正规的固定场所，如人民法院专门设立的人民法庭；也包括非正规的临时审理案件的场所，如在农村、街道或借用临时场地审理案件的地方法庭以及巡回法庭等。而且，此处的法庭审理不限于刑事审判程序，同时也包括民事诉讼审理程序和行政诉讼审理程序，只要是在代表国家行使审判权的法庭审理过程中实施了聚众哄闹、冲击法庭或者殴打司法工作人员并造成严重后果的行为就可以定性为本罪。扰乱法庭秩序罪的犯罪对象主要有以下两种：（1）人身对象。即司法工作人员的人身安全。（2）财产对象。它包括法庭的门窗、桌椅、扩音设备等。

2. 本罪的犯罪客观方面表现为：行为人必须实施了聚众哄闹、冲击法庭或者殴打司法工作人员的行为。"聚众哄闹"是指纠集多人，公然违反法庭秩序，不听审判人员及法警的劝阻，在法庭里大声喧哗、讲演或者在法庭里打架、斗殴以及其他扰乱法庭秩序的行为。"聚众冲击法庭"是指在审判人员开庭的情况下，违反法庭纪律，纠集多人擅自进入审判场所或者审判区域。从这一角度来讲，本案中被告人马某在法庭审理过程中，故意纠集其家属在法庭审判区域内不听管理人员劝阻、聚众喧闹，最终导致审理该案的审判程序及另一案件的审理程序被迫中断，达到了本罪中的情节严重的情形，构成扰乱法庭秩序罪。"殴打司法工作人员"是指以暴力的方法对依法执行职务的法官、书记员、检察官、法警施以人身的伤害。对于此处的"司法工作人员"的理解，学界有以下几种观点：（1）认为它是指"进行法庭工作的审判人员、公诉人员、抗诉人员、书记员以及司法警察"；（2）认为这里的"司法工作人员"，"包括审判员、陪审员、书记员、法警、公诉人等，也包括接受司法机关聘请出庭担任翻译、陈述鉴定意见的人员，还包括依法参加诉讼的代理人、辩护人"；（3）认为"这里的司法工作人员是指参加庭审活动的有侦查、检察、审判、监管等职责的工作人员"；（4）认为这里的"司法工作人员"，是指审判人员、公诉人员，也包括维持秩序的司法警察。我国现行刑法第94条明确规定："本法所称司法工作人员，是指有侦查、检察、审判、监管职责的工作人员。"具体到本罪中作为殴打对象的"司法工作人员"，应当是指审判人员（这里的"审判人员"系广义，包括审判员、人民陪审员、书记员）、检察人员、司法警察。而接受司法机关聘请出庭担任翻译、陈述鉴定意见的人员以及依法参加诉讼的代理人、辩护人，虽然参与庭审活动，但由于他们不具有司法工作人员的职责，因而不是司法工作人员，当然也就不属于作为本罪行为之一的"殴打"对象。在法庭上殴打司法工作人员之外的其他人,因而构成犯罪的,按照行为所触犯的相关的罪名处理。所以此处马某殴打对方当事人的代理律师金石录致伤的行为不能理解为本罪中的"殴打司法工作人员"的行为要件,因为律师不是本罪的行为对象。

3. 本罪的犯罪主体是一般主体且只限于自然人。即凡是年满16周岁,具有刑事责任能力的公民都可以构成此罪。它既可以是案件当事人,也可以是其他任何人。

4. 本罪犯罪主观方面只能是直接故意,过失行为不构成此罪。即行为人应明知自己的行为会造成法庭审判活动无法进行的危害结果,依然实施扰乱法庭秩序的行为。

根据新刑法第309条规定,聚众哄闹、冲击法庭或者殴打司法工作人员,严重扰乱法庭秩序的,处三年以下有期徒刑、拘役、管制或者罚金。然而,对于那些由于情绪激动,坚持自己看法而在原、被告之间互相大声辩论,乃至行为有所不当、言语过激而主观上并无干扰法庭秩序的行为,不应以犯罪论处。只有严重干扰法庭秩序造成严重后果的行为才能构成本罪,这也是区别罪与非罪的界限。即只要上述行为达到严重后果,就可以依照本罪定罪量刑。构成本罪的严重后果主要指以下情形:第一,造成法庭秩序严重混乱的;第二,造成法庭审理被迫中断的;第三,致使案件无法正常审理下去的等。据此,被告人马某作为诉讼参与人,在庭审过程中,为挑起事端而公然违反法庭纪律,冲击法庭,致伤诉讼参与人,后又拒绝配合解决纠纷,恣意扩大事态,电话叫来亲朋多人聚众哄闹,致使庭审无法正常进行,造成了恶劣的社会影响,其行为已严重扰乱了法庭秩序,确已构成扰乱法庭秩序罪。

(二)扰乱法庭秩序罪之界定

1. 扰乱法庭秩序罪与扰乱社会秩序罪的区别

扰乱社会秩序罪,是指聚众扰乱社会秩序,情节严重,致工作、生产、营业和教学、科研无法进行,造成严重损失的行为。依据我国刑法第290条规定:聚众扰乱社会秩序,情节严重,致使工作、生产、营业和教学、科研无法进行,造成严重损失的,对首要分子,处三年以上七年以下有期徒刑;对其他积极参加的,处三年以下有期徒刑、拘役、管制或者剥夺政治权利。

扰乱法庭秩序罪与扰乱社会秩序罪两罪都是直接故意犯罪,客观上都实施了扰乱秩序的行为而且情节严重,从本质上讲,法庭秩序是社会秩序的一个方面,扰乱法庭秩序也是扰乱社会秩序的一个具体表现形式,在现行刑法典颁布以前,曾将严重干扰法庭审判程序的行为定性为扰乱社会秩序罪。扰乱社会秩序罪作为一个普通法条,它与扰乱法庭秩序罪之间的关系,属于普通法条与特别法条之间的关系，一般地，当行为人的行为同时涉及本罪与扰乱社会秩序罪之时，以法条竞合的处理原则即按照特别法条优于普通法条的处理原则，对严重扰乱法庭秩序的行为不应按扰乱社会秩序罪定性处罚，而应当按照扰乱法庭秩序罪进行论处。从现行刑法的规定来看，它们两者之间的区别主要表现在：（1）侵犯的客体不同。扰乱法庭秩序罪侵犯的客体是法庭审理案件的正常活动和秩序；而扰乱社会秩序罪侵犯的客体则是社会的公共秩序。（2）客观方面的行为方式不同。扰乱法庭秩序罪在客观上表现为行为人在法庭审理案件过程中，聚众哄闹、冲击法庭或者殴打司法工作人员，严重扰乱法庭秩序的行为；而扰乱社会秩序罪在客观上则表现为行为人扰乱社会秩序情节严重，致使工作、生产、营业、教学、科研活动无法进行，国家和社会遭受严重损失的行为。（3）犯罪主体范围不同。在扰乱法庭秩序罪中，对于参与犯罪的行为人，只要严重扰乱了法庭秩序的，不管是首要分子还是其他参与者，一般都要给予刑事制裁；而在扰乱社会秩序罪中，只能对首要分子和其他积极参加者才能给予刑事追究。

2. 扰乱法庭秩序罪与妨害公务罪的区别

妨害公务罪，是指以暴力、威胁的方法，阻碍国家工作人员、人民代表及在一定条件下的红十字会工作人员依法执行职务或履行职责，或者以暴力、威胁以外的方法故意阻碍国家安全机关、公安机关依法执行国家安全工作任务，造成严重后果的行为。

扰乱法庭秩序罪与妨害公务罪两罪有相似之处，两罪都是故意犯罪，前罪的行为人殴打司法工作人员，严重扰乱法庭秩序的，其行为实际上也符合妨碍公务罪的特征，但是两罪的区别也很明显：（1）侵犯的客体不同。扰乱法庭秩序罪侵犯的客体仅限于法庭开庭审理案件的正常活动和秩序，其范围较为狭窄；而妨害公务罪侵犯的客体是国家正常的公务活动，它除了包括司法工作人员审理案件的司法活动外，还包括其他国家公务人员依法从事的公务活动，其范围比较宽。（2）客观方面的行为方式不同。扰乱法庭秩序罪的客观方面表现为行为人在法庭开庭审理案件过程中，聚众哄闹、冲击法庭、殴打司法工作人员，严重扰乱法庭秩序的行为。从其行为方式来看，既包括暴力方式，也包括非暴力的方式，而妨害公务罪的客观方面则表现为行为人以暴力、威胁的方法阻碍国家公务人员依法执行职务的行为。从其行为方式来看，虽然少数犯罪行为对行为人使用的暴力、威胁的方法没作要求，但是绝大多数犯罪都有暴力、威胁方法上的特定要求。因此，其客观行为表现方式较之扰乱法庭秩序罪要窄得多。另外，前罪只能以作为的方式实施，后罪多数情况下表现为积极的作为形式，但是消极的不作为也可以构成该罪。（3）犯罪发生的场合不同。

扰乱法庭秩序罪只能发生在人民法院开庭审理案件的过程中,从时间上看,只限于人民法庭宣布开庭起至宣布闭庭止这一期间,从空间上看,只限于法庭开庭审理案件的所在地。而妨害公务罪则是发生于国家公务人员依法执行公务期间,从时间上,是在国家公务人员已经着手执行职务尚未结束之前,从空间上来看,是在国家公务人员执行职务的场所,它既包括在国家机关内,也包括在特定的其他场所。很显然,妨害公务罪发生的时空范围较之扰乱法庭秩序罪要宽得多。所以司法实践中,妨害司法工作人员执行公务的行为如果发生在某一案件审理的过程中,即在法庭上以暴力、威胁方法阻碍司法工作人员执行法庭审理职务的,属于本罪与妨碍公务罪的法条竞合,按照相关的法学理论,法条竞合时特殊法条优先,按照刑法规定,就只能按扰乱法庭秩序罪处理,而不应当依照妨害公务罪定性处罚。

(三)扰乱法庭秩序罪之此罪与彼罪

在司法实践中,此问题涉及本罪与故意毁坏财物罪或故意伤害罪、故意杀人罪的竞合问题。对扰乱法庭秩序的犯罪分子,在实施扰乱行为的过程中,又实施了其他犯罪行为的,究竟是按一罪进行处罚,还是按数罪进行并罚,是一个有必要分析的问题。比如,行为人在聚众哄闹法庭的同时或者在冲击法庭的过程中,故意毁坏公私财物造成公共设施的大面积破坏或毁损,在此情况下,行为人的行为属于一行为同时触犯扰乱法庭秩序罪与故意毁坏财物罪两个罪名,对此应按想象竞合犯的处理原则处理;又如,行为人殴打司法工作人员的行为,如果仅造成轻微伤害的,可按扰乱法庭秩序罪一罪处罚,若造成司法工作人员重伤或者死亡,则应当按照想象竞合从一重罪处断。

(整理人:闫春丽)

案例2：毛某扰乱法庭秩序案
——在法庭中哭闹、谩骂并冲进审判区殴打司法警察的行为，应当如何定罪

一、基本情况

案　由：扰乱法庭秩序

被告人：毛某，女，1952年8月出生，某省某县人，大学文化程度，某单位干部。1998年6月20日因本案被逮捕。

二、诉辩主张

（一）人民检察院指控事实

1998年5月25日上午10时许，某省某市中级人民法院在某县人民法院审判庭公开审判戴某（被告人毛某之子，被一审判处死刑）等5名被告人盗窃一案时，毛某与其女儿戴某（另案处理）等人带头在法庭内哭喊、谩骂；毛某还不听劝阻，强行冲进审判区，并殴打上前制止的司法警察，致使法庭秩序大乱。之后，毛某等人在法院大门口吵闹，阻拦囚车出门，并几次冲击法院大门，采用嘴咬、拿雨伞打等手段，对抗维持秩序的司法警察，致使值勤的司法警察人员多人受伤。事后，毛某的认罪态度较好。据此，某县人民检察院认为毛某的行为已触犯扰乱法庭秩序罪，依法向人民法院提起公诉，请求依法惩处。

（二）被告人辩解及辩护人辩护意见

被告人毛某认为，自己虽然在法庭上哭闹，是由于自己无法控制感情，没有冲击法庭的故意，自己在法院门口采取过激的行为，是值勤的司法警察拉扯引起的，自己是自卫行为，不构成犯罪。

被告人的辩护律师的辩护意见是：被告人毛某在法庭上哭闹事出有因，由于受其儿子被判死刑，精神上受刺激，不能自控造成的，其主观上没有扰乱法

庭秩序的故意，不构成犯罪。被告人毛某在法院门口殴打法院值勤的司法警察，也是在其精神不正常的情况下发生的，不存在犯罪的故意，因而被告人毛某的行为不构成犯罪。

三、人民法院认定事实和证据

（一）认定犯罪事实

某县人民法院经过公开审理后，查明以下案件事实：1998年5月25日上午10时左右，某市中级人民法院在某县人民法院审判庭公开审判戴某（被告人毛某之子，被一审判处死刑）等5人被告人盗窃一案时，被告人毛某与其女儿戴某（另案处理）等人带头在法庭内哭喊、谩骂审判法官，引起法庭混乱。之后，被告人毛某还不听劝阻，强行冲进审判区，并殴打上前制止的司法警察，致使法庭秩序大乱，无法继续。被告人毛某被强行带出法庭之后，毛某等人在法院大门口继续吵闹，阻拦囚车出门，并几次冲击法院大门，而且采用嘴咬、拿雨伞打等手段，对抗维持秩序的司法警察，致使值勤的司法警察人员多人受伤。

（二）认定犯罪证据

人民法院经过公开审理后，认定了以下犯罪证据：

1. 证人证言

（1）证人戴某（毛某之女）提供的证言。证实于1998年5月25日上午10时左右，法院在审理其哥哥戴某等5人盗窃案件时，当听到法院宣判其哥哥死刑时，她与其妈妈一起哭闹，扰乱了法庭的审判秩序。之后，在法院大门口，毛某继续吵闹，她没有吵闹，还劝说毛某不要这样，但毛某不听，而且还用雨伞打了值勤的民警。

（2）证人张某（被告人毛某的妹夫）提供的证言。证实在1998年5月25日上午10时左右，中级人民法院在审理戴某等5人盗窃案件时，当法院宣告戴某死刑时，其姐毛某带头哭闹，并带他们一起冲进审判区，造成法庭混乱。之后，经过值勤民警制止，他退出了法庭，他不知道毛某是否殴打值勤民警。在法院大门口，他没有殴打值勤民警，但被告人毛某继续吵闹，并阻拦囚车出门，还打了值勤民警。

（3）证人李某（法院值勤民警）提供的证言。证实在1998年5月25日上午10时左右，中级人民法院在县法院审判庭审理戴某等5人盗窃案件时，当法院宣告戴某死刑时，被告人毛某等人带头哭闹，并冲进审判区，他们几个值勤的司法警察前去制止，毛某不听，还踢打他们，致使他腿部受轻伤。

（4）证人王某（法院值勤民警）提供的证言。证实在1998年5月25日上午10时左右，中级人民法院在审理戴某等5人盗窃案件时，当法院宣告戴某死刑时，被告人毛某等人哭闹并冲进法庭，使法庭审判无法继续。当被告人毛某被强行带出法庭后，毛某等人在法院大门口继续吵闹，阻拦囚车出门，并几次冲击法院大门，而且用雨伞殴打他们维持秩序的司法警察，致使他手部、胸部等受轻伤。

2. 书证

（1）县医院对司法警察李某、王某的治疗病历。证实李某、王某曾于1998年5月25日中午11点半左右来院检查，发现李某腿部有青肿和表皮擦伤；王某手部有划伤、胸部有青肿现象。

（2）某市中级人民法院〔1998〕刑初字第12号刑事判决书。证实被告人戴某等5人犯盗窃罪，因盗窃珍贵文物，情节严重，被一审判处死刑。

（3）毛某的户口簿。证实戴某是毛某的儿子，1998年被法院判刑时，时年20岁。

3. 鉴定结论

公安机关的鉴定机构对毛某的精神状况进行鉴定得出的结论是：毛某无精神病的历史，其精神正常。

四、判案理由

某县人民法院经过公开审理后认为，被告人毛某公然藐视国家法律，在法庭宣判期间，聚众哄闹、冲击法庭，并采用暴力手段殴打司法人员，严重扰乱了法庭秩序，其行为已构成扰乱法庭秩序罪。被告人毛某和辩护人认为，毛某主观上不存在扰乱法庭秩序的故意，与客观事实不符，认为被告人毛某精神失常，缺乏证据支持，且与鉴定结论不一致，故法院不予采纳。鉴于被告人毛某在案发后认罪态度较好，在审理过程中，主动承认错误，依法可以酌情从轻处罚。

五、定案结论

某县人民法院根据《中华人民共和国刑法》第309条之规定，作出如下判决：

被告人毛某犯扰乱法庭秩序罪，判处有期徒刑6个月，缓刑1年。

六、法理解说

本案涉及如何正确理解扰乱法庭秩序罪的问题。

关于扰乱法庭秩序罪，我国刑法第309条规定："聚众哄闹、冲击法庭，或者殴打司法工作人员，严重扰乱法庭秩序的，处三年以下有期徒刑、拘役、管制或者罚金。"扰乱法庭秩序罪，是指聚众哄闹、冲击法庭，或者殴打司法工作人员，严重扰乱法庭秩序的行为。本罪具有以下犯罪特征：

（1）在犯罪客体方面，本罪侵害的客体是法庭的正常审判秩序。

（2）在客观行为方面，本罪表现为聚众哄闹、冲击法庭，或者殴打司法工作人员，严重扰乱法庭秩序的行为。所谓聚众哄闹，是指行为人进行煽动、纠集多人在法庭内进行喧哗、吵闹等。所谓聚众冲击法庭，是指行为人进行煽动，并纠集多人强行进入法庭，破坏法庭设备等。所谓法庭，是指人民法院行使国家审判权，审理诉讼案件，进行诉讼活动的场所。这里的法庭不限于设置于法院内的固定场所，还包括法庭外临时审理案件的场所，如巡回法庭、公审法庭等。所谓殴打司法人员，是指使用暴力对审判人员及其辅助人员进行打击、伤害等行为。这些行为必须发生在法庭审判活动过程中，或者与法庭审判活动密切联系的活动过程中，如开庭准备、合议庭评议过程中，如果行为发生在法庭审判活动尚未开始或者结束之后，就不构成本罪。例如在法庭审判活动之前或之后，实施聚众哄闹法院的，可以构成聚众冲击国家机关罪；对庭外调查取证的司法工作人员实施人身攻击的，可以构成妨害公务罪。所谓法庭秩序，是指为了保障法庭审理案件的各种诉讼活动得以顺利进行，而要求诉讼参与人及旁听群众共同遵守的秩序。本罪要求扰乱法庭秩序必须严重，即使法庭秩序严重混乱，如果干扰法庭秩序情节轻微，经劝阻、制止即停止实施干扰行为的，不应以犯罪论处。

（3）在犯罪主体方面，本罪要求的犯罪主体为一般主体。即凡年满16周岁的自然人都可成为本罪的犯罪主体。

（4）在犯罪主观方面，本罪要求是故意。即行为人必须认识到自己所扰乱、冲击的场所是法庭，且法庭正在进行审理案件的诉讼活动，其目的在于使法庭的审理活动难以继续进行下去。如果行为人误将法庭审判活动认为是一般国家机关正在进行的会议活动或者其他活动而进行哄闹、冲击或干扰的，可以分别成立妨害公务罪或者聚众冲击国家机关罪，而不构成本罪。如果行为人明知法庭正在审理A案件，但是为了申诉B案件而聚众冲击法庭的，也构成本罪。

在认定本罪时，应当注意以下两个问题：

（1）共同犯罪问题。为了扰乱正在进行的法庭审判活动而聚众闹事的，如果聚众者之间有分工，有的负责扰乱法庭秩序，有的负责在法庭外的公共场所或者其他国家机关附近扰乱社会秩序，借以向法院施加压力的，应当成立本罪的共犯。

（2）本罪与其他犯罪的竞合问题。如果行为人在聚众冲击法庭时，并砸毁法庭重要设备的，则构成本罪与故意毁坏财物罪的想象竞合犯；如果行为人在殴打司法工作人员时，致其重伤的，则构成本罪与故意伤害罪之间的想象竞合犯，等等。对于想象竞合犯，应当从一重罪处断。

在本案中，被告人毛某实施了聚众哄闹、冲击法庭的行为，在司法人员前来制止的情况下，又实施了殴打司法工作人员的行为（司法警察属于法院的司法工作人员范畴）。因而被告人毛某的行为符合扰乱法庭秩序罪的客观要件。同时，被告人毛某明知法庭正在进行审判活动，其聚众哄闹、冲进审判区会扰乱法庭的审判活动而为之，其主观上具有扰乱法庭秩序的故意，符合该罪的主观要件。由于被告人毛某的行为，致使法庭秩序混乱，无法继续，因而属于扰乱法庭秩序严重的情况，符合该罪的客观要件。因此，被告人毛某的行为构成扰乱法庭秩序罪。此外，被告人毛某在实施扰乱法庭秩序的行为时，其殴打司法工作人员的行为属于伤害行为。由于该行为致使司法工作人员轻微伤，不认为犯罪，因而不存在想象竞合犯的问题，所以法院认定被告人毛某犯扰乱法庭秩序罪，是正确的。

（整理人：邓思清）

七、窝藏、包庇罪

案例1：崔某、任某、胡某某、单某某、石某某等包庇案
——单纯的知情不举是否构成包庇罪

一、基本情况

案　　由：窝藏、包庇

被告人：崔某，男，1975年5月28日出生于河南省洛阳市，汉族，初中文化程度，无业，住本市涧西区6554601号。1992年6月因盗窃罪被判处有期徒刑一年，缓刑一年。1999年5月7日因涉嫌包庇犯罪被刑事拘留，同年6月7日因涉嫌包庇犯罪被取保候审，同年7月25日因涉嫌包庇犯罪被刑事拘留，同年7月28日因涉嫌包庇犯罪被逮捕。

任某，男，1976年3月11日出生于河南省洛阳市，汉族，初中文化程度，中国一拖集团公司模型厂工人，住本市涧西区6102501号。1999年5月6日因涉嫌包庇犯罪被刑事拘留，同年6月2日因涉嫌包庇犯罪被逮捕，同年7月9日被取保候审，同年7月22日解除取保候审继续执行逮捕。

胡某某，男，1974年8月16日出生于浙江省宁海县，汉族，初中文化程度，农民，暂住本市郊区浅井头村东新街29号。1999年7月16日因涉嫌包庇犯罪被刑事拘留，同年7月28日因涉嫌包庇犯罪被逮捕。

单某某，男，1977年12月5日出生于河南省郸城县，汉族，初中文化程度，农民，暂住本市涧西区丝绸之路歌舞厅内。1999年7月24日因涉嫌包庇犯罪被刑事拘留，同年7月28日因涉嫌包庇犯罪被逮捕。

石某某，男，1978年6月1日出生于河南省洛阳市，汉族，中专文化程度，中国一拖集团公司装备公司工人，住本市涧西区29131402号。1999年

7月24日因涉嫌包庇犯罪被刑事拘留，同年7月28日因涉嫌包庇犯罪被逮捕。

二、诉辩主张

（一）人民检察院指控事实

洛阳市涧西区人民检察院指控被告人崔某、任某、胡某某、单某某、石某某犯包庇罪。

（二）被告人辩解及辩护人辩护意见

被告人崔某及其辩护人辩称：崔某包庇犯罪情节一般，认罪态度较好，可酌定从轻处罚。

被告人任某对起诉书指控的犯罪事实不持异议。

被告人胡某某及其辩护人辩称：1. 胡某某并不知道崔波系"1·10"重大杀人案的嫌疑人。2. 胡某某主观上不知道崔波是犯罪的人，也未作假证明包庇崔波，起诉书认定公安人员明确告知胡某某崔波系"1·10"重大杀人案嫌疑人没有证据证实，公诉机关指控被告人胡某某犯包庇罪缺乏构成要件。

被告人单某某及其辩护人辩称：1. 单某某没想到崔波、崔涛会在那里（南村刘家街86号其租住的民房）居住那么久。2. 公诉机关指控被告人单某某犯包庇罪证据不足。

被告人石某某及其辩护人辩称：1. 石某某并不知道崔波、崔涛系负案在逃人员，且50元钱是借给他们的。2. 公诉机关指控被告人石某某犯包庇罪证据不足。3. 被告人石某某在本案中情节明显轻微，并积极配合公安机关，提供重要线索，一贯表现较好，建议对其免予刑事处分。

三、人民法院认定事实和证据

（一）认定犯罪事实

河南省洛阳市涧西区人民法院经审理认定，1999年4月中旬一天，被告人崔某、任某二人明知崔波（已判刑）、崔涛（已判刑）系故意伤害案负案在逃嫌疑人，还多次与该二人联系，崔某到本市郊区南村其姐家中取出崔波、崔涛的衣服同自己的100元钱交给任某、吕某某（在逃），让转交给崔波、崔涛。任某、吕某某在本市涧西区牡丹广场将崔某所交的钱物转交崔波、崔涛，任某还将自己的50元钱也交给崔波、崔涛。次日早上7时许，任某、吕某某在本市郊区谷水汽车站将崔波、崔涛送上开往新安县的长途汽车潜逃。1999

年 6 月 26 日，被告人胡某某接到王志敏（已判刑）给其打的传呼，并告知胡某某：王志敏和王某（已判刑）、崔波一起去上海打工，让胡某某到火车站送，胡某某因有事未送。1999 年 7 月 14 日上午，被告人胡某某被传唤到公安机关，其明知崔波系故意伤害案负案在逃嫌疑人，但在公安人员对其进行法律、政策教育，并明确告知其若知道崔波行踪，应如实向公安机关反映的情况下，仍拒不讲出崔波去处，隐瞒事实。1999 年 10 月 22 日，被告人单某某明知崔波、崔涛故意伤害他人，仍让二人在其租赁的本市郊区南村刘家街 86 号民房里居住，并交纳房租，直到崔波、崔涛制造"1·10"重大杀人抢枪案后仍在此潜住。1999 年 3 月，公安机关多次询问单某某，并告知崔波、崔涛系负案在逃嫌疑人，但单某某一直隐瞒崔波、崔涛在南村居住过的事实。1999 年 1 月 9 日下午 5 时许，被告人石某某明知崔波、崔涛故意伤害他人，仍在洛阳工学院北大门同二人见面，并资助二人 50 元钱。

（二）认定犯罪证据

上述事实，有经原审庭审质证确认，并经本院核实无误的以下证据予以证实：

1. 被告人崔某、任某供述、被告人崔波、崔涛供述及吕某某供述，证实了被告人崔某、任某明知崔波、崔涛系故意伤害负案在逃人员，仍为其提供钱物，帮助二人逃匿事实。

2. 被告人胡某某供述及王志敏、王某供述，涧西公安分局刑警三中队出具的证明材料，证实了被告人胡某某明知崔波系故意伤害负案在逃人员，却拒不向公安人员讲出该崔波去处，隐瞒事实的事实。

3. 被告人单某某供述及崔涛、崔波供述证实了被告人单某某明知崔波、崔涛二人故意伤害他人，仍让二人在其租住的民房居住，并对公安机关隐瞒不报的事实。

4. 被告人石某某供述、崔波供述、证人张健证言、市公安局刑侦支队一大队出具的证明材料证实被告人石某某明知被告人崔波、崔涛故意伤害他人却资助二人 50 元钱的事实，同时证实被告人石某某曾于 1999 年 6 月向公安机关提供发现崔波行踪的线索的事实。

四、判案理由

被告人崔某、任某、胡某某、单某某、石某某明知崔波、崔涛故意伤害他人而仍为其提供隐藏处所、财物并作假证明包庇，其行为均已构成包庇罪，公诉机关指控罪名成立；被告人石某某犯罪情节轻微，且能主动向公安机关提供发现崔波行踪的线索。

五、定案结论

被告人崔某犯包庇罪，判处有期徒刑一年零六个月。被告人任某犯包庇罪，判处有期徒刑一年零六个月。被告人胡某某犯包庇罪，判处有期徒刑一年。被告人单某某犯包庇罪，判处有期徒刑一年。被告人石某某犯包庇罪，免予刑事处罚。

六、法理解说

本案中，认定崔某、任某、单某某、石某某的行为构成包庇罪不存在任何疑问，但是认定胡某某的行为构成包庇罪，却值得商榷。按照判决书查明的事实，胡某某"明知崔波系故意伤害案负案在逃嫌疑人，但在公安人员对其进行法律、政策教育，并明确告知其若知道崔波行踪，应如实向公安机关反映的情况下，仍拒不讲出崔波去处，隐瞒事实"。但是，这种单纯的知情不举行为，不能认定为包庇罪。

1. 单纯的知情不举并没有违反不作为犯的作为义务。根据刑法第310条的规定，包庇罪是指明知是犯罪的人而作假证明包庇的行为。本案的判决认为，包庇罪既可以由作为构成，也可以由不作为构成。例如，本案被告人崔某、任某、单某某、石某某为犯罪人提供衣物、钱财或者隐藏处所，这些行为直接侵犯了司法机关的侦查活动，是危害行为的作为形式，因此构成包庇罪。但是，本案被告人胡某某并没有实施侵害侦查活动的作为，而只是"拒不讲出崔波去处，隐瞒事实"的不作为。这种单纯的知情不举行为并未违反不作为犯的作为义务。

如果一个犯罪既可以由作为实行，也可以由不作为实行，那么这个犯罪就是不真正的不作为犯。例如，故意杀人罪，既可以由作为的刀杀、枪杀行为构成，也可以由不作为的见死不救行为构成。但并非所有人的见死不救都会构成故意杀人罪，只有具有特定救助义务者的见死不救行为才会构成故意杀人罪。这就涉及不作为犯的义务来源问题。

我国传统观点认为不作为犯的义务来源有四种：法律明文规定的作为义务、职业或业务要求的作为义务、法律行为引起的作为义务、先行行为引起的作为义务。正是根据这种观点，本案判决认定胡某某的行为构成包庇罪。因为我国刑事诉讼法明文规定："凡是知道案件情况的人，都有作证的义务"（新刑事诉讼法第60条、旧刑事诉讼法第48条)。正是因为刑事诉讼法有明文规定,所以根据传统观点,被告人知情不举隐瞒实情,就是不履行作证义务,就是违反了法律明文规定的作为义务,因而构成不作为的包庇罪。但是,这种从形式上判断不作为犯义务来源的做法,扩大了犯罪的成立范围。而且,刑事诉讼法只是规定证人有作证的义务,并没有规定违背此义务的一律构成犯罪;违背刑事诉讼法的行为并不等同于违背刑法的行为。

　　正是因为从形式上判断不作为犯义务来源的做法存在缺陷,所以,德日等国的刑法理论早就开始探讨实质的义务来源,我国刑法学的有力观点也主张从实质上探讨不作为犯的义务来源。例如,张明楷教授认为,要使不作为犯符合作为犯的构成要件,一方面,要求有危险的产生→危险增大→危害结果出现的过程,另一方面,由于危险不是行为人的行为产生的,故只有行为人处于阻止危险的地位时,才可能与作为相当,从而符合作为犯的构成要件。不作为导致法益侵害结果的过程可以分为三种类型:其一,由危险源产生的危险→危险增大→实害结果的现实化。在这一过程中,只有切断危险源,才能够避免实害结果的发生。基于对危险源的支配产生的监督义务,就是一项实质的义务来源。其二,由于某种原因法益处于无助状态,因而出现危险→危险增大→实害结果的现实化。在这一过程中,法益的保护具体地依赖于特定人时,特定人就具有保护义务。其三,基于某种原因,在特定领域法益出现危险→危险增大→实害结果的现实化。在这一过程中,法益的保护依赖特定领域的管理者,该特定领域的管理者负有阻止义务。因此,从实质上来看,不作为犯的义务来源包括三种——监督义务、保护义务与阻止义务。①

　　就本案而言,胡某某仅仅知道崔波、崔涛是故意伤害罪的犯罪人,而不负有监督或阻止崔波、崔涛实施犯罪的义务,更加不负有抓捕崔波、崔涛的义务。包庇罪的法益在于包庇行为干扰司法的危险性,但是胡某某知情不举的行为并没有产生干扰司法的危险,更没有增加这种危险。单纯知情不举的行为只是消极地不配合司法活动,这种积极的不配合虽然也违反了刑事诉讼法的规定,属于违法行为,但是并没有积极地制造或者增加干扰司法的危险。包庇罪不同于包庇黑社会性质组织罪、包庇毒品犯罪分子罪:后两罪的主体是国家机关工作人员或者缉毒人员,他们原本就负有打击犯罪防治法益侵害的监督义务、保护义务或者阻止义务,因此,他们的不作为完全可以构成特定的包庇罪。但是普通包庇罪的主体仅仅明知他人是犯罪人;侦破犯罪、抓捕犯罪人是司法机关的义务,普通知情者有配合的义务,司法工作人员不履行

---

① 参见张明楷著:《刑法学》(第四版),法律出版社2011年版,第155页。

司法义务可以构成特定的包庇罪,但是普通知情者不履行配合义务并不能构成包庇罪。

2. 负有保护义务的知情不举行为,可以构成包庇罪。我们可以用另一个知情不举的案例来说明包庇罪的成立条件。犯罪嫌疑人刘某,是深圳市福田区皇岗口岸的一名行李搬运工。2005年7月,史某欲从皇岗口岸转道香港出国。史某刚下车,刘某就上前主动要求帮助史某搬运行李。史某考虑到自己随身携带的行李较多,就将其中一个大旅行包交给刘某。史某走在前面,刘某走在后面。此时,另一犯罪嫌疑人江某(在逃)走到刘某的面前小声说:"把他的包拖走。"刘某不答应。江某不死心,一直跟在刘某的后面。这时,刘某搬运的大旅行包由于内装的物品过多,拉链突然断裂,其中一个笔记本电脑包(电脑包内有一台价值2万元人民币的笔记本电脑和2万元美金)掉了出来。江某见状,上前抓住史某的笔记本电脑包便走。刘某见状一声不吭,反而想"也许江某会分一点钱给我"。到了前往香港的关口,史某发现少了笔记本电脑包,就问刘某。刘某说不知道,史某遂报警。在该案中,刘某基于先行行为对于搬运的财物是有监管的义务的。当江某对其实际控制的财物实施侵害行为时,刘某负有保管的义务;当江某携带笔记本电脑包逃匿时,为了财物的安全,刘某负有阻止的作为义务。但刘某基于个人的私利,以不作为的方式让江某携带史某的财物安然逃匿。刘某在主观上有帮助江某逃跑的故意,客观上具有不作为的方式客观帮助江某逃匿的行为,所以,刘某的行为符合窝藏、包庇罪的构成要件,应该按照窝藏、包庇罪来定罪处罚。①

3. 从刑法第310条与第311条的关系来看,单纯的知情不举也不应该构成包庇罪。刑法第310条规定:"明知是犯罪的人而为其提供隐藏处所、财物,帮助其逃匿或者作假证明包庇的,处三年以下有期徒刑、拘役或者管制;情节严重的,处三年以上十年以下有期徒刑。"刑法第311条规定:"明知他人有间谍犯罪行为,在国家安全机关向其调查有关情况、收集有关证据时,拒绝提供,情节严重的,处三年以下有期徒刑、拘役或者管制。"可见,只有在"明知他人有间谍犯罪行为",并且"情节严重"时,知情不举的行为才会构成犯罪。间谍犯罪是危害国家安全的犯罪,其犯罪的性质重于普通犯罪(这一点反映在刑法对特殊累犯与一般累犯的不同规定上)。因此,如果普通犯罪的知情不举者被认定为包庇罪,就会导致刑法第311条与第310条之间的不协调:明知他人有较重的间谍犯罪行为,并且情节严重的知情不举行为,处三年

---

① 参见吴学斌、田期智:《不作为形式窝藏罪的司法认定》,载《人民检察》2006年第10期。

以下有期徒刑、拘役或者管制；而明知他人有较重的普通犯罪行为，只要是知情不举，哪怕是情节较轻，也会被处三年以下有期徒刑、拘役或者管制，情节较重的，处三年以上十年以下有期徒刑。这显然是不合理的。因此，对于普通犯罪的知情不举行为，即使是情节严重，也不应该作为包庇罪来处理。

（整理人：周少华）

案例2：李国某故意伤害，何正某、李某祥包庇案
―― 包庇罪与帮助毁灭证据罪的界定问题

一、基本情况

案　　由：故意伤害；包庇

上诉人（原审被告人）：李国某，曾用名从生，男，1989年12月20日出生，彝族，云南省楚雄市人，初中文化，农民。因本案于2008年11月24日被刑事拘留，同年12月8日被逮捕。现羁押于楚雄市看守所。

原审被告人：何正某，女，1968年3月5日出生，彝族，云南省楚雄市人，文盲，农民。因本案于2008年11月24日被刑事拘留，同年12月8日被释放。

李某祥，男，1969年7月15日出生，彝族，云南省楚雄市人，文盲，农民。

二、诉辩主张

（一）人民检察院指控事实

云南省楚雄彝族自治州人民检察院诉李国某故意伤害罪，何正某、李某祥包庇罪。

（二）被告人的辩解及辩护人辩护意见

原审被告人李国某以其属过失致人死亡，本案系因家庭矛盾引发，被害人有过错，且归案后认罪悔罪，原判量刑过重。

三、人民法院认定事实和证据

（一）认定犯罪事实

2008年11月16日20时许，被害人李某保酒后回到自家厨房时，因家庭琐事与上诉人李国某及原审被告人何正某发生争吵。争吵过程中，李某保从火塘里拿了一根正在烧着的木棒打何正某、李国某，李国某遂从火塘里拿了一根木棒向李某保头部打了一棒并致其倒地。尔后，李国某、何正某发现李某保已死亡，二人当晚便将李某保的尸体背到斗干利村苍蝇树山上掩埋。同月18日6时许，何正某将李国某打死李某保之事告诉原审被告人李某祥，李某祥便将此事隐瞒，同时通知同村村民来帮忙处理丧葬之事。同日，李国某带领部分同村村民又将李某保尸体挖出，按当地风俗习惯火化。次日，李国某捡了几块李某保被火化后的骨头装入土罐，后安葬在斗干利村老祖坟山。2008年11月23日22时许，李国某和何正某在家中被公安民警抓获归案，同时查获李某祥。

（二）认定犯罪证据

上述事实，有经原审庭审质证确认，并经本院核实无误的以下证据予以证实：

1. 李××证言及报案书证实：2008年11月22日，其回大过口做客时听亲戚说，其侄儿李某保非正常死亡。经其了解，李某保可能是被其子李国某所杀，遂报案。

2. 李××、李××、李××证言证实：2008年11月18日，三人在李国某的带领下，到干利村苍蝇树山上一山箐内将李某保的尸体挖出来火化，并从体貌特征上确认死者系李某保。

3. 现场方位图、现场勘查、提取、指认笔录及照片证实：李某保被害的现场情况；现场提取手电筒、锄头、竹篮各一件；上诉人李国某及原审被告人何正某对作案现场、毁灭罪证地点和作案工具手电筒、锄头、竹蓝进行了指认。

4. 原审被告人何正某、李某祥和上诉人李国某的供述，三人对案发原因、经过和最后处理的交代相吻合，并与其他证据能相互印证，足以认定。

四、判案理由

上诉人李国某因家庭琐事持棒故意伤害其父李某保，并致李某保死亡，其行为已构成故意伤害罪；原审被告人何正某、李某祥明知李国某的犯罪行为而为其掩盖罪行，妨碍了公安机关的侦查活动，其行为均已构成包庇罪。李国某犯罪情节恶劣，后果严重，有悖于社会公德，有悖于传统伦理和社会公序良俗，应依法惩处。原判鉴于本案系因家庭矛盾引发，对李国某已作从轻处罚。上诉人李国某关于原判量刑过重的上诉理由不能成立。

五、定案结论

原判定罪准确，量刑适当，审判程序合法。依照《中华人民共和国刑事诉讼法》第189条第1项之规定，裁定如下：驳回上诉，维持原判。

六、法理解说

本案的裁判理由是："原审被告人何正某、李某祥明知李国某的犯罪行为而为其掩盖罪行，妨碍了公安机关的侦查活动，其行为均已构成包庇罪。"但是这一裁判理由很不充分，"明知是犯罪行为而掩盖其罪行，妨碍侦查活动"并非必然构成"包庇罪"，还有可以构成"帮助毁灭证据罪"。因此，在认定本案的性质之前，必须先理解包庇罪与帮助毁灭证据罪的关系。

（一）包庇罪与帮助毁灭证据罪的关系

1979年刑法只规定了包庇罪，包庇罪涵盖力很大，"成为除窝藏以外帮助犯罪分子逃避法律制裁的所有行为都涵括在内的一个罪名"。[①] 按照当时的立法，帮助毁灭、伪造证据的行为当然属于包庇罪。但是1997年刑法在包庇罪之外增设了帮助毁灭证据罪，因此，有必要区别两罪的界限，不能把所有"明知是犯罪行为而掩盖其罪行，妨碍侦查活动"的行为都解释为包庇罪。一般认为两罪的关系如下：

1. 两罪的行为方式不同。包庇罪的行为是作假证明包庇，"仅限于作使犯罪人逃避或减轻法律责任的假证明。单纯毁灭有罪、重罪证据的行为本身，不符合'作假证明包庇'的要件"；帮助毁灭证据罪的客观要件是帮助当事人毁灭证据，"毁灭证据，并不限于从物理上使证据消失，而是包括妨害证据显现、使证据的证明价值减少、消失的一切行为"[②]。

2. 两罪的对象不同。包庇罪是指明知是犯罪的人而向司法机关作假证明予以帮助，包庇的对象是犯罪的人；帮助毁灭证据罪则是帮助当事人毁灭证据，帮助的对象是当事人。当事人的范围要远远大于犯罪人。已经进入刑事诉

---

① 参见陈兴良著：《判例刑法学》（下），中国人民大学出版社2009年版，第489页。
② 参见张明楷著：《刑法学》（第四版），法律出版社2011年版，第965、959页。

讼程序中的"犯罪人"当然属于"当事人",尚未进入刑事诉讼程序中的"犯罪人"也应当属于"当事人";不能对立案前帮助犯罪人毁灭证据的行为定包庇罪,而对立案后帮助犯罪人毁灭证据的行为定帮助当事人毁灭证据罪,因为同样的行为不能因刑事诉讼的启动与否而定不同的罪。①

3. 两罪之间是并列关系而非牵连关系。实践中有人认为,帮助毁灭证据罪与包庇罪之间存在手段与目的的牵连关系,而包庇罪的法定刑重于帮助毁灭证据罪,所以对于同一行为人实施的包庇行为与帮助毁灭证据行为,应该按照牵连犯原理,以包庇罪论处。但是,正如陈兴良教授所说,"无论是包庇罪还是帮助毁灭证据罪,都存在帮助犯罪分子逃避刑事追究的目的,只是手段不同而已。在这个意义上说,包庇罪与帮助毁灭证据罪之间是一种并列关系而非牵连关系……被告人既实施了包庇行为,又实施了帮助毁灭证据行为,应以数罪论处"。②

(二)本案的定性

1. 本案不应该定包庇罪。

根据刑法第310条的规定,包庇罪是指明知是犯罪的人而作假证明包庇的行为。"作假证明包庇"行为,是指行为人通过向司法机关提供虚假证明,企图影响司法机关判断,最终为犯罪的人开脱的行为。作假证明的人可能是以证人的身份提供虚假的"证人证言",也可能是制造假的物证等,但一般情况下,"作假证明包庇"不会致使案件上的真实证据的外在形状发生改变,甚至行为人在"作假证明包庇"的过程中根本就不曾有机会接触到当事人的证据,更别说"毁灭证据"了。

在本案中,何正某将李国某打死李某保之事告诉原审被告人李某祥,李某祥便将此事隐瞒,同时通知同村村民来帮忙处理丧葬之事。同日,李国某带领部分同村村民又将李某保尸体挖出,按当地风俗习惯火化。显然,妨害公安机关侦查活动的,并非被告何正某、李某祥作假证明的行为,而是他们掩埋、火化尸体的行为。何正某、李某祥的行为并不符合包庇罪的客观要件。

2. 本案应定帮助毁灭证据罪。

第一,尸体是重要的证据,掩埋、火化尸体就是毁灭证据。我国刑事诉讼法第48条规定,可以用于证明案件事实的材料,都是证据。证据有物证,书证,证人证言,被害人陈述、犯罪嫌疑人、被告人供述和辩解,鉴定意见,勘验、检查、辨认、侦查实验等笔录,视听资料、电子数据八种。依据诉讼法理

---

① 参见陈兴良著:《判例刑法学》(下),中国人民大学出版社2009年版,第493页。
② 参见陈兴良著:《判例刑法学》(下),中国人民大学出版社2009年版,第496页。

论通说，刑事证据具有客观性、关联性和合法性三个基本特征，即证据事实必须是伴随案件的发生、发展的过程而遗留下来的，不以人们的主观意志而存在，同案件事实存在某种必然联系，对案件事实具有证明的价值和意义，并且依照法律规定的诉讼程序，进行收集、固定、保全和审查认定。在有被害人的刑事案件中，被害人作为身体器官机能正常、身体完整、生命健康的自然人个体，在受到外力的侵害以后，身体器官机能正常、身体完整、生命健康的特质发生变化，这个变化是伴随刑事案件的发生、发展的过程而遗留下来的，对证明案件事实本身具有相当的证明价值和意义。从我国的刑事审判实践看，被害人尸体，在司法工作人员法律思维中已经作为刑事证据在收集、固定、审查、核实，只不过在形式上将其演变、转化成刑事诉讼法规定的合法的证据种类，如尸体检验鉴定结论、勘验检查笔录。① 本案中，何正某、李某祥掩埋、火化尸体的行为将使得尸体检验鉴定、勘验检查等无法进行，显然属于毁灭证据的行为。

第二，帮助毁灭证据罪不要求发生在刑事诉讼中。刑法第307条规定的罪状是"帮助当事人毁灭证据"。对于民事和行政案件来说，没有诉讼也就没有当事人；但是，刑事案件有所不同。刑事案件采用的是国家公诉制度，只要有犯罪行为存在就必须受到追究，因此而产生的刑事诉讼也就不可避免。既然如此，从犯罪行为发生之时起，犯罪行为人就理应受到司法机关的追究，因而他们必然将具备"当事人"的身份。即使司法机关还未来得及将有的犯罪行为人纳入当事人的范围，但是，除非有法定的特殊情况，他们将来必定要成为当事人（犯罪嫌疑人和被告人），这一发展趋势是肯定的。那么，帮助他们毁灭证据，就是帮助当事人毁灭证据。何正某、李某祥在明知李国某实施杀人行为后，帮助其掩埋、火化尸体的行为，就是帮助当事人毁灭证据。

第三，实践中对于掩埋尸体的行为多以帮助毁灭证据罪论处。例如，2004年11月7日凌晨1时许，羊某、覃某与林日红（已判刑）一起在林日红家的前楼客厅坐玩。其间，林日红去了房屋的后楼客厅，发现其弟林日明在打骂自己的母亲。林日红劝母亲上了楼，然后开始指责林日明。林日明非常恼火，开始追打林日红，并拔出一把弹簧刀指着林日红，刀被林日红抢下。双方缠斗中，林日红持该刀朝林日明身上乱刺，致林日明当场死亡。事后，林日红返回前楼，借用覃某的小灵通叫周某开车过来，并借故支走了覃某。随后，林日红将杀死弟弟林日明的情况告诉了坐在客厅的羊某。之后，林日红再返回后楼，

---

① 参见郁习顶、郁习峰：《帮助毁灭、伪造证据罪若干问题实证探微》，载《湖北社会科学》2009年第5期。

用雨衣和装肥料的包装袋包裹好林日明的尸体。不久，周某驾车来到了林日红家后门口。林日红遂叫羊某帮忙，两人将林日明的尸体从后门抬出，放到了周某车的后车厢。林日红还拿了锄头、铁铲放进了后车厢。后周某驾车载着林日红、羊某离开了林日红家。途中，林日红把其杀死弟弟林日明和准备前往别处掩埋其尸体的实情告诉了周某。不久，车开至一水库码头附近的坡地停下，林日红用锄头挖坑，羊某用铁铲帮忙，坑挖好后，林与羊一起把尸体从后车厢抬下，丢进坑内进行掩埋，锄头铁铲则被丢进了水库。完事后，三人坐车来到一桥下，林日红和羊某清洗了车厢上的血迹，并把血衣及作案的匕首丢进了水沟。随后，三人驾车离开现场。案发后，被告人羊某到公安局投案自首。海南省儋州市检察院以被告人周某、羊某犯包庇罪，向儋州市人民法院提起公诉。儋州市人民法院审理认为，被告人周某、羊某主观上出于故意，客观上明知林日红杀人，而帮助其转移尸体，毁灭罪证，其行为均构成包庇罪。宣判后，被告人周某不服，上诉至海南省海南中级人民法院。海南中级人民法院审理后认为，上诉人周某、原审被告人羊某明知林日红杀人，而帮助其转移尸体，毁灭罪证，其行为符合帮助毁灭证据罪的特征，应认定构成帮助毁灭证据罪；原审判决认定事实清楚，证据确实充分，审判程序合法，但定性不准，应予纠正。①

（整理人：周少华）

---

① 参见彭志新：《如何判别帮助毁灭证据罪与包庇罪》，载《中国审判》2008 年第 1 期。相似的判决参见周道鸾、张军主编：《刑法罪名精释》，人民法院出版社 2007 年版，第 608~609 页；李岩、张鹏：《析帮助毁灭、伪造证据罪中之帮助行为》，载《人民司法》2009 年第 2 期。

案例3：汪某某窝藏、帮助毁灭证据案
—— 窝藏犯罪嫌疑人并帮助其毁灭证据的行为，
应当定包庇罪还是窝藏罪

一、基本情况

案　由：包庇

被告人：汪某某，男，1958年7月15日出生，汉族，初中文化程度，农民，家住仙桃市西流河镇新垸村4组。2003年6月5日被刑事拘留，因涉嫌窝藏罪，于2003年6月24日经仙桃市人民检察院批准逮捕，次日由仙桃市公安局执行。

二、诉辩主张

（一）人民检察院指控事实

2002年12月16日，仙桃市西流河镇妇女段某某因和丈夫闹矛盾，而离家出走到武汉，经人介绍，与在武汉踩"麻木"（三轮车）的被告人汪庆某共同生活在一起。2003年5月29日，段某某因思念小孩，偷拿了汪庆某的200元钱，又回到西流河。同年6月3日，汪庆某来到西流河，找到段某某询问究竟，段某某说不想理汪庆某了，汪庆某拿出照相机对着段某某照了一张相，便离开了。当天下午4时许，被告人汪庆某与弟媳彭某到西流河塘湾街上补桶，汪庆某向段某某家走去，被段某某的丈夫杨某某发现，杨某某即跑出家门，拿出一根木棍追打汪庆某，汪庆某扭头就跑，汪庆某被杨某某的侄子杨玉某骑自行车追上并抓住。随后，杨某某和段某某坐"麻木"赶到，杨某某抓住汪庆某并打了汪两拳，段某某向汪要照相机（欲取出胶卷），汪庆某不给。段某某即搜汪庆某的包，搜到了匕首，便喊："他有刀子！"汪庆某夺过匕首，朝杨某某的背部等处连刺数刀后，逃离现场。杨某某被刺后当场死亡。经法医鉴定，杨某某系被他人用刺器刺破右肺，失血性休克死亡。

2003年6月4日晚8时许，汪庆某窜至被告人汪某某家，汪某某将汪庆某带到自家楼上，把衣服给汪庆某换了，并给汪吃饭，还为汪买来香烟和消炎药。汪庆某将作案时的衣服和匕首以及随身带的照相机和存折留在汪某某家后离开。次日，汪某某将汪庆某的衣服烧毁，将匕首藏匿。据此，汉江分院指控被告人汪庆某的行为构成故意杀人罪；被告人汪某某的行为构成包庇罪。

（二）被告人辩解及辩护人辩护意见

被告人汪某某及其辩护人的辩护意见是：被告人汪某某在实施行为时，其主观故意是为了避免汪庆某被刑事追究，而不是窝藏被告人。

三、人民法院认定事实和证据

（一）认定犯罪事实

湖北省汉江中级人民法院经公开审理后，查明以下案件事实：2002年12月中旬，被告人汪庆某在武汉打工时，经其妹汪所娇等人介绍，与仙桃市西流河镇妇女段某某共同生活在一起。2003年5月底，段因思念小孩，瞒着汪庆某拿了汪的200元钱回到西流河家中。同年6月3日，汪庆某找到段家，段未予理睬，汪即拿出照相机对着段照了一张相后离开。当日下午4时许，被告人汪庆某与弟媳彭某到街上补桶，汪朝段某家走去，被段的丈夫杨某某发现，杨某某持一根木棍追汪，汪庆某就逃跑，被杨玉某抓住。乘"麻木"（三轮车）赶到的杨某某、段某某夫妇抓住汪，就向汪要照相机，汪不给。杨某某即打汪两拳，并与段某一起搜汪的提包，段看到汪身上的匕首，喊："他有刀。"汪抽出匕首朝杨某某的背部等处连刺数刀后逃离现场，杨某某被刺后当场死亡。

次日晚8时许，被告人汪庆某窜至被告人汪某某家，汪某某明知汪庆某杀人了，还将汪庆某带上自家二楼，从家中找了一套衣服给汪庆某穿上，安排汪庆某吃饭，并为汪买来香烟和消炎药。汪庆某将作案时穿的衣服和匕首等物留在汪某某家后逃走。2003年6月5日上午7时许，被告人汪庆某逃窜至西流河中心村一鱼棚内被公安人员抓获。被告人汪某某听说汪庆某被抓后，遂将汪庆某留在其家中的衣服烧毁、将匕首藏匿。

（二）认定犯罪证据

汪某某涉嫌窝藏罪的证据如下：

1. 证人证言

（1）证人黄耀山（村赤脚医生）提供的证言。证实2003年6月4日晚上八九点钟，汪某某到其开的小卖部买了4包消炎用的灭菌结品磺胺，还买了一包尔胡烟和一包游泳烟,共 5 元钱。汪某某说他爱人的脚扎伤了,要买红霉素软膏,黄说用消炎粉好些,汪某某要了 4 包,黄问他买这么多干什么,他说他在洗鱼池子,脚经常被扎伤。

（2）证人黄建新提供的证言。证实 2003 年 6 月 4 日晚上,汪某某到他开办的小卖部买了 4 包游泳烟,共 4 元,他没有付钱,是记的账。并附记录复印件 1 份。

（3）证人刘红荣（村支书）提供的证言。证实 2003 年 6 月 3 日,为了抓获汪庆某,他在广播中通知了 3 遍。

2. 被告人供述和辩解

被告人汪某某所作的供述。证实 2003 年 6 月 3 日晚上,其正在鱼池割鱼草,听到村里广播,说其叔伯哥哥汪庆某在塘湾街上拿刀伤了人。汪某某回家后就看见派出所的人在隔壁汪庆某家里搜寻。到了 6 月 4 日晚上 8 点多钟,汪某某在屋里,就看见有人进了屋,一看是汪庆某,汪某某对汪庆某说:"楼下有人,到楼上去!"汪庆某要水喝,汪某某就弄了一点水给他喝。后汪某某买了 4 包烟和消炎药给他,他就出门走了,他出门时把他上身的衣服脱下来放在了二楼,汪某某把自己的一件蓝色上衣给了他。到今天上午 8 点多钟的时候,汪某某听说汪庆某被抓住了,就把汪庆某丢在楼上的衣服丢到灶里烧了,并把衣服里的一把匕首藏在了厨房内的墙脚柴草堆里。下午,派出所的人来村里叫汪某某把匕首拿出来了。

四、判案理由

被告人汪某某明知被告人汪庆某是犯罪的人而为其提供隐藏处所、提供财物帮助其逃匿；在公安机关抓获被告人汪庆某后,被告人汪某某又将汪庆某换在其家中的衣服烧毁,将匕首藏匿,其行为分别构成窝藏罪和帮助毁灭证据罪。

五、定案结论

湖北省汉江中级人民法院根据《中华人民共和国刑法》第 310 条第 1 款、第 307 条第 2 款、第 69 条第 1 款之规定,作出如下判决：

1. 被告人汪庆某犯故意杀人罪,判处死刑,剥夺政治权利终身。

2. 被告人汪某某犯窝藏罪,判处有期徒刑 3 年；犯帮助毁灭证据罪,判处有期徒刑 1 年。数罪并罚,决定执行有期徒刑 3 年。

六、法理解说

本案涉及窝藏罪和帮助毁灭证据罪。关于汪某某的行为是否构成窝藏罪、帮助毁灭证据罪,控辩双方存在分歧,这也是我们应当研究的问题。

我国刑法第310条规定:"明知是犯罪的人而为其提供隐藏处所、财物,帮助其逃匿或者作假证明包庇的,处三年以下有期徒刑、拘役或者管制;情节严重的,处三年以上十年以下有期徒刑。犯前款罪,事前通谋的,以共同犯罪论处。"所谓窝藏罪,是指明知是犯罪的人而为其提供隐藏处所、财物,帮助其逃匿的行为。

本罪的犯罪特征是:

(1) 在客体方面,本罪侵害的客体是司法机关依法惩罚犯罪的正常活动。

(2) 在客观方面,本罪表现为窝藏犯罪人的行为。从司法实践看,窝藏犯罪人的行为方式多种多样,如为犯罪的人提供隐身之处,使其不被司法机关发现;或者为其提供金钱、衣物、食品或其他生活用品,使其能够继续隐藏;或者为犯罪嫌疑人提供交通工具、化装用品,或为其伪造通行证明、指示逃匿方向和路线等方面的帮助,使其逃脱搜捕的行为。

需要指出的是,被窝藏者,是指已经实施了犯罪行为的人,其中包括被人民法院依照刑事诉讼程序判决有罪后脱逃的犯罪人,也包括实施犯罪行为后负案潜逃的人,或者被司法机关关押之后人民法院作出具有法律效力的有罪判决之前脱逃的犯罪嫌疑人。另外,根据我国刑法第362条的规定,旅馆业、饮食服务业、文化娱乐业、出租汽车业等单位的人员,在公安机关查处卖淫、嫖娼活动时,为违法犯罪人通风报信,情节严重的,也以本罪论处。即这种行为也属于窝藏犯罪人的行为。

(3) 在主体方面,本罪要求一般犯罪主体。即年满16周岁的公民都可成为本罪的犯罪主体。

(4) 在主观方面,本罪要求行为人主观上具有故意。即明知是犯罪的人并基于自己的意愿对其实施窝藏。所谓明知,是指知道或者应当知道自己窝藏的人实施了刑法规定为犯罪的行为。应当指出的是,虽然在实施窝藏行为之初不知道窝藏对象是犯罪的人,但发现了其犯罪行为以后仍然继续进行窝藏的,也构成本罪。

在实践中,司法机关认定窝藏罪时,应当与知情不举相区别。所谓知情不举,是指明知是逃匿的犯罪人而不向司法机关举报,听任其继续逍遥法外的行为。可见,知情不举的行为是一种不作为,与以作为形式构成的窝藏罪存在明显的区别。同时,根据我国刑法规定,一般的知情不举的行为,不构成犯罪,但是法律有特别规定的除外。例如根据《中华人民共和国人民警察法》的有关规定，对明知是逃匿的犯罪人而不履行应尽职责的人民警察，可以按照玩忽职守罪论处。

根据我国刑法第 307 条第 2 款规定，所谓帮助毁灭证据罪，是指帮助诉讼当事人毁灭证据，情节严重的行为。

本罪的主要特征是：

（1）犯罪客体是司法机关正常的诉讼活动。

（2）客观方面表现为帮助刑事、民事、行政案件的当事人毁灭证据，且情节严重的行为。所谓"帮助"，是指为诉讼当事人毁灭证据提供条件、出谋划策、提供场所等便利条件，或者直接参与诉讼当事人毁灭证据的活动，共同实施毁灭证据的行为。所谓诉讼当事人，是指在刑事、民行案件中具有诉讼当事人地位或身份的诉讼参与人，包括刑事案件的犯罪嫌疑人、被告人、被害人和自诉人，民事案件的原告、被告、第三人和共同诉讼人。

（3）犯罪主体为一般主体。

（4）主观方面是故意。

本案被告人汪某某在明知汪庆某实施犯罪的情况下（汪某某在干活时，从村里的广播中听到此消息），当汪庆某找到其家时，为了避免其被派出所干警查获，而将其窝藏在家中的二楼房间里，并为汪庆某找衣服换、为其买药、买香烟等。可见被告人汪某某主观上具有窝藏犯罪人的故意，客观方面实施了窝藏犯罪人的行为。由于被告人汪某某的上述行为，使得派出所的民警当天没有抓获汪庆某，影响了正常的刑事诉讼活动。可见，被告人汪某某的行为严重干扰了司法机关的正常诉讼活动。同时被告人汪某某是已满 16 周岁的自然人，符合窝藏罪的主体要件。因此，被告人汪某某的行为构成窝藏罪。

本案被告人汪某某除了实施窝藏行为外，还实施了另一种行为，即毁灭证据的行为。在本案中，被告人汪某某在给汪庆某一套衣服后，汪庆某将换下的带有血迹的衣服留在了汪某某家里，汪庆某外出时，还特意交代汪某某要把脏衣服和匕首扔掉，即要毁灭犯罪证据。汪某某在得知汪庆某被公安机关抓获后，就按照汪庆某原先的要求，将带血的脏衣服烧掉了，毁灭了犯罪证据。可见，被告人汪某某又实施了帮助汪庆某毁灭证据的行为，这种行为使得司法机关失去了证明犯罪的重要证据（物证）。因此，被告人汪某某的这种行为，明显符合帮助毁灭证据罪的犯罪特征，构成帮助毁灭证据罪。

法院在本案的判决中，将被告人汪某某的行为分为两个阶段：一是为汪庆某提供衣食、药物，帮助其逃匿的行为，这种行为构成窝藏罪；二是当被告人汪某某知道汪庆某被抓获后，将汪庆某换在家中的衣服烧毁，将匕首藏匿，这一行为构成帮助毁灭证据罪。故法院判决被告人汪某某构成窝藏罪和帮助毁灭证据罪，实行数罪并罚。所以，法院的判决是正确的。

（案例来源：湖北省人民检察院汉江分院公诉处　王宏燕；
整理人：邓思清）

八、掩饰、隐瞒犯罪所得、犯罪所得收益罪

案例1：尚某龙、冯某军掩饰、隐瞒犯罪所得收益案
——拉运尸骨、联系出售尸骨的行为该如何定性

一、基本情况

案　由：掩饰、隐瞒犯罪所得、犯罪所得收益

被告人：曹某国，男，汉族，1971年10月30日出生，小学文化，陕西甘泉县人。因涉嫌盗窃罪被逮捕。

冯某民，男，汉族，1977年11月9日出生，文盲，陕西甘泉县人，因涉嫌盗窃罪被逮捕。

封某，男，汉族，1954年12月20日出生，小学文化，陕西子长县人。因涉嫌盗窃罪被逮捕。

刘某科，男，汉族，1949年9月4日出生，初中文化，陕西甘泉县人。因涉嫌盗窃罪被逮捕。

尚某龙，男，汉族，1977年1月24日出生，小学文化，陕西延长县人。因涉嫌盗窃罪被取保候审。

冯某军，男，汉族，1976年7月17日出生，文盲，陕西佳县人。因盗窃罪被逮捕。

二、诉辩主张

（一）人民检察院指控事实

甘泉县人民检察院指控被告人曹某国、冯某民、封某犯盗窃罪、盗窃尸体

罪；被告人刘某科犯盗窃尸体罪；被告人尚某龙、冯某军犯掩饰、隐瞒犯罪所得收益罪。

（二）被告人辩解

庭审中，被告人曹某国、冯某民、封某、刘某科、尚某龙、冯某军对公诉机关指控的犯罪事实不持异议，且未做辩解。

三、人民法院认定事实和证据

（一）认定犯罪事实

甘泉县人民法院经审理查明下列事实（省略盗窃羊只事实）：

1. 2009年12月23日凌晨1时许，被告人曹某国伙同宋某祥（已移送清涧县公安局，批捕在逃）、刘某科，在甘泉县劳山乡杨庄科村山上，盗窃刘仲芳的尸骨，卖给子长县南沟岔镇的沈爱如用于"冥婚"，卖得赃款10000元（所得赃款已挥霍，尸骨已追回并发还受害人）。

2. 2010年5月，被告人曹某国伙同刘某科，在甘泉县石门乡海眼沟山上，盗窃许桂英的尸骨，后通过冯某军介绍，卖给榆林市佳县螅镇的李世启用于"冥婚"，卖得赃款10000元（所得赃款已挥霍），冯某军分得2000元（所得赃款已挥霍，尸骨已追回并发还受害人）。

3. 2011年10月16日凌晨1时许，被告人曹某国伙同冯某民、封某，在甘泉县下寺湾镇井家崾村山上，盗窃刘海珍的尸骨，后雇用尚某龙的出租车将尸骨运至甘泉县城内藏匿，当天中午卖给延长县黑家堡镇的鲍金龙用于"冥婚"，卖得赃款14000元（所得赃款已挥霍，尸骨已追回并发还受害人）。

综上，被告人曹某国盗窃尸体三次；被告人冯某民盗窃尸体一次；被告人封某盗窃尸体一次。被告人刘某科盗窃尸体二次；被告人尚某龙拉运尸骨一次；被告人冯某军联系出售女尸骨一次。

（二）认定犯罪证据

认定上述犯罪事实的证据有：

1. 甘泉县公安局刑事案件登记表证实，2011年10月19日下午17时许甘泉县下寺湾镇井家崾村民张生香到公安局报称，今天其在山上收割庄稼时发现他母亲的尸骨被盗，要求查处；2010年6月26日甘泉县石门乡海眼沟村民张生泉到公安局报称其母亲的尸骨被盗，要求查处；2010年3月22日甘泉县劳山乡杨庄科村民刘仲珍到公安局报称其妹妹刘仲芳的尸骨被盗，请求查处。

2. 甘泉县公安局抓捕经过证实，该案经立案侦查曹某国有重大作案嫌疑，2011年10月24日10时40分在甘泉县北关"满意招待所"将其抓获；同日在宝塔区东关解放剧院、宝塔山下过境路边将同案犯冯某民、封某抓获；2011年11月1日7时20分许在甘泉县北关黑龙沟将嫌疑犯冯某军抓获。

3. 辨认笔录及照片证明，被告人曹某国、冯某民、刘某科对他们盗窃尸骨的地点和现场予以指认的事实。

4. 现场勘查笔录证实，甘泉县公安局于2011年10月19日在甘泉县下寺湾镇井家峁村后山上对报案人张生香母亲尸骨被盗现场勘查的事实。

5. 扣押物品清单证实，甘泉县公安局对被告人所盗窃的尸骨以及现场遗留物予以扣押的事实。发还物品清单证实将扣押的物品发还给被害人的事实。

6. 证人李建安、李世启的证言证实，被告人冯某军向李世启以10000元的价格售过一具女尸骨的事实；证人折完成、折廷占、沈爱如的证言证实，他们在不认识的甘泉人手中买过一具女尸骨，价格10000元，是沈爱如付的钱；证人李合平、鲍金龙的证言证实，他们曾在不认识的甘泉人手中以14000元的价格买过一具女尸骨的事实。

7. 张生香证实她母亲的尸骨被盗；张生全证实其母亲的尸骨被盗；刘仲珍证实其妹妹刘仲芳的尸骨被盗请求查处的事实。

8. 被告人曹某国供述其盗窃尸体三次的事实；被告人冯某民供述其参与盗窃尸骨一次的事实；被告人封某供述参与盗窃尸骨一次的事实；被告人刘某科供述其参与盗窃尸骨两次；被告人尚某龙供述其拉运尸骨一次；被告人冯某军供述其给被告人曹某国联系出售了一具女尸骨的事实。

9. 户籍证明被告人曹某国生于1971年10月30日；冯某民生于1977年11月9日；封某生于1954年12月20日；刘某科生于1949年9月4日；尚某龙生于1977年1月24日；冯某军生于1976年7月17日。以上被告人在犯罪时均已达完全刑事责任年龄。

四、判案理由

甘泉县人民法院认为，被告人曹某国伙同宋玉祥（已移送清涧县公安局批捕在逃）、冯某民、封某以非法占有为目的，采取秘密手段，多次盗取他人山羊及尸骨，其行为已构成盗窃罪和盗窃尸体罪；被告人刘某科伙同他人采取秘密手段，两次盗窃尸骨，其行为构成盗窃尸体罪；被告人尚某龙受他人雇用，为谋取利益开车为其拉运赃物，其行为已构成掩饰、隐瞒犯罪所得收益罪；被告人冯某军明知是他人盗窃的尸骨，为其联系买主，从中获利，其行为已构成掩饰、隐瞒犯罪所得收益罪。公诉机关指控六被告人所犯罪名及事实成立。被告人曹某国在盗窃羊只和盗窃尸骨犯罪中积极组织并实施，系主犯，并应实行数罪并罚。且在原判刑罚执行完毕五年内又犯新罪，属累犯，应当从重处罚。被告人冯某民采取秘密手段积极实施盗窃羊只及盗窃尸骨犯罪应为主犯，但其作用相对较小，并应实行数罪并罚。被告人封某在盗窃羊只和盗窃尸骨案中起次要作用，属从犯，对其可从轻处罚，但应实行数罪并罚。被告人刘某科在盗窃尸骨犯罪中起次要作用，属从犯，应从轻处罚。被告人尚某龙系出租车司机，为谋取利益，明知是盗窃所得赃物而多次为他人拉运，但其认罪态度较好，确有悔罪表现，故可酌情从轻处罚。被告人冯某军认罪态度较好，确有悔罪表现，可酌情对其从轻处罚。

五、定案结论

甘泉县人民法院一审认定，被告人曹某国犯盗窃罪，判处有期徒刑六年又六个月，并处罚金10000元人民币；犯盗窃尸体罪，判处有期徒刑二年；数罪并罚，合并执行有期徒刑七年，并处罚金10000元人民币。被告人冯某民犯盗窃罪，判处有期徒刑五年，并处罚金10000元人民币；犯盗窃尸体罪，判处有期徒刑一年；数罪并罚，合并执行有期徒刑五年，并处罚金10000元人民币。被告人封某犯盗窃罪，判处有期徒刑一年又六个月，并处罚金5000元人民币；犯盗窃尸体罪，判处有期徒刑一年；数罪并罚，合并执行有期徒刑二年，并处罚金5000元人民币。被告人刘某科犯盗窃尸体罪，判处有期徒刑一年又六个月。被告人尚某龙犯掩饰、隐瞒犯罪所得收益罪，判处有期徒刑二年，宣告缓刑，缓刑的考验期限为三年，并处罚金20000元人民币。被告人冯某军犯掩饰、隐瞒犯罪所得收益罪，判处有期徒刑一年，宣告缓刑，缓刑的考验期限为二年，并处罚金10000元人民币。

六、法理解说

在我国刑法中，以尸体为特定对象构成特定犯罪的是盗窃、侮辱尸体罪，就盗窃尸体罪而言，在构成要件的意义上，尸体是犯罪对象；在构成要件实现的结果上，尸体是犯罪所得。需要研究的问题是，盗窃所得的尸体能否成为掩饰、隐瞒犯罪所得罪的犯罪对象，也即明知是盗窃的尸体而对其实施掩饰、隐瞒行为是否构成掩饰、隐瞒犯罪所得罪。对此问题，理论界观点不一，有的肯定，有的否定；司法判例也是各异，就像本案例，一审判决对明知是盗窃的尸骨而实施拉运、联系出售的行为认定为掩饰、隐瞒犯罪所得罪，但是，有的地方法院对同样的行为却认定为侮辱尸体罪。分歧的关键在于对两个问题的理解：一是如何认识掩饰、隐瞒犯罪所得罪的犯罪对象，即什么是犯罪所得，尸体是否包括在内；二是收购、运输、出卖盗窃所得尸体的行为侵犯了什么客体，其行为性质是掩饰、隐瞒尸体，妨害司法活动，还是侮辱尸体，有伤社会风尚。本文试就上述问题做一探讨。

（一）对犯罪所得的基本认识

刑法第312条规定的掩饰、隐瞒犯罪所得、犯罪所得收益罪，是指行为人明知是犯罪所得及其产生的收益而予以窝藏、转移、收购、代为销售或者以其他方法掩饰、隐瞒的行为。可见，该罪有两个犯罪对象，即犯罪所得和犯罪所得产生的收益，很显然，犯罪所得是其中的核心。作为特定的犯罪对象，犯罪所得既是该罪成立的一个要件，也是该罪不同于其他犯罪的显著特点，因此，认识犯罪所得是认识该罪的基础。

犯罪所得是法定概念，但刑法并没有揭示其内涵和外延，司法解释也没有明确统一的规定，因此，对犯罪所得加以界定就成为理论研究的任务。就本文的主题而言，对犯罪所得的研究应该注意两个问题：一是在一般意义上如何界定犯罪所得；二是一般意义上的犯罪所得是否都能够成为掩饰、隐瞒犯罪所得罪的犯罪对象。

1. 一般意义上的犯罪所得

犯罪所得，顾名思义就是行为人通过实施犯罪行为已经取得、得到的某种东西。这一概念反映了两种关系：一是犯罪与所得的关系，所得来源于犯罪，犯罪是因，所得是果；二是所得与行为人的关系，所得归属于行为人，由其占有、控制、支配。把握犯罪所得需要注意下列问题：

（1）犯罪所得之"犯罪"的含义。在刑法学上，犯罪的含义是多重的，但作为产生所得的"犯罪"既不要求是完全符合犯罪构成要件的犯罪，也不要求是被裁判认定的犯罪，这里的"犯罪"是指某种具体的犯罪行为事实，即只要行为人实施了刑法分则规定的某种罪的客观方面的行为，具备承担刑事责任的客观基础，就可以认为是"犯罪"，至于行为人是否被实际地追究刑事责任则在所不问。也就是说，只要某种具体的犯罪行为事实发生，并通过这种具体的犯罪行为事实产生"所得"，就可以认定这种"所得"是犯罪所得。

（2）犯罪所得之"所得"的内容。所得是指某种物质利益和物质性利益，不包括精神利益。所得的表现形式是各种物，既有有体物，也有无形物，前者如黄金，后者如电力；有体物包括不动产和动产，也包括其他物品，如记载财产权利的凭证和文书，还包括违禁品和假劣产品，因此，不是所有的犯罪都能产生犯罪所得，也不是只有财产犯罪产生犯罪所得。

（3）犯罪所得的产生过程。犯罪之所得是行为人通过实施犯罪行为实际获得之物。从实践看,犯罪所得的产生方式一般有:一是行为人的犯罪行为直接作用于具体的犯罪对象所得到之物,如抢劫被害人的手机(犯罪对象)得到的手机(犯罪所得);二是行为人先实施某种行为获取犯罪物品,然后再利用犯罪物品求得欲得之物,如先伪造信用卡,然后出售或使用伪造的信用卡以获取钱财,伪造的信用卡和利用伪造的信用卡获得的钱财都是犯罪所得,因此,不能仅仅把行为人最终想得到之目的物作为犯罪所得。

(4)犯罪所得与相关概念的区别。犯罪所得与犯罪对象联系密切,区别明显,没有犯罪对象就没有犯罪所得,但是有犯罪对象未必就有犯罪所得,比如,行为人盗窃金店,柜中却无金银;或者柜中存有金银,窃取时却被抓获。犯罪所得与犯罪结果的关系也是如此,犯罪所得是一种犯罪结果,但犯罪结果不等于犯罪所得,比如,行为人为抢劫手机而杀害了李某并取得手机,犯罪结果有两项:一是李某的死亡;二是手机被非法占有。其中,只有占有的手机是犯罪所得,李某的死亡不是犯罪所得。犯罪所得不同于犯罪工具,犯罪工具是行为人借以实施和实现犯罪目的的手段,作用在于为犯罪创造条件和加工于犯罪对象,犯罪所得则是行为人利用犯罪工具所要达到的目的。如抢劫时使用的枪支,盗窃金库使用的钥匙,需要注意的是,在某些情况下,一个罪的犯罪所得可能是另一个罪的犯罪工具,因此,犯罪所得和犯罪工具的区分具有相对性。

2. 作为掩饰、隐瞒犯罪所得罪犯罪对象的犯罪所得

掩饰、隐瞒犯罪所得、犯罪所得收益罪侵犯的是国家司法机关的正常刑事司法活动,这是该罪的本质。因此,哪些犯罪所得能够成为该罪的犯罪对象,必须从这一本质去理解。具体来说,作为该罪犯罪对象的犯罪所得,除了具备一般意义上的犯罪所得的基本特点外,还有一些自身的特点。

(1)必须是他人的犯罪所得,不能是行为人自己的犯罪所得。虽然,行为人对自己的犯罪所得也会采取窝藏、转移、销售等方式加以掩饰、隐瞒,也会妨害国家司法活动,但由于这种行为依附于其先行的犯罪行为,是行为人实现犯罪意图的产物,属于一个整体犯罪行为的组成部分,不能再另行定罪处罚。

(2)必须是他人犯罪所得中的现实存在的有体物,包括动产和不动产,不能是无形物。受掩饰、隐瞒犯罪所得罪的性质和行为方式所决定,作为该罪犯罪对象的犯罪所得必须具有这样的特点:产生于犯罪终止之后,独立地存在于外部,占据一定的空间,能够被人实际掌握,作为物证反映与犯罪的具体联系。只有这样的犯罪所得才能被他人所掩饰、隐瞒,也才能妨害司法活动,很显然,只有犯罪所得中的有体物才能满足这样的要求。在犯罪所得是无形物的

场合，这种"所得"体现在行为人对无形物的直接利用的过程中，是被一次性"消费"的，与犯罪行为结为一体，不可能外在于犯罪行为而之后存在，犯罪行为结束，所得也将归于无形，如电力是无形物，盗窃电力的所得是电力，这种所得与对电力的使用是一体的，没有办法分开的，盗窃的过程就是使用电力的过程，盗窃行为结束，不可能像盗窃手机那样留下手机这样的所得，"电力所得"已经被消耗了。因此，无形物可以作为犯罪所得，但是，犯罪所得中的无形物却难以成为掩饰、隐瞒犯罪所得罪的犯罪对象。

（3）他人的犯罪所得是特定物，具有不可替代性。犯罪所得除了具有物的一般属性外，还具有被害性和证据性。犯罪所得的被害性和证据性是指，犯罪所得是他人权益遭受侵害的结果，反映了与具体犯罪行为之间的内在联系，是反映犯罪事实的一种证据。因此，在具体的案件中，任何犯罪所得不论其物本身是种类物还是特定物，在法律上，都是特定物，不能被其他同类物所替代。

（4）不同的掩饰、隐瞒方式所掩饰、隐瞒的犯罪所得不同。在犯罪所得中，动产可以是任何掩饰、隐瞒方式的对象，不动产不能成为窝藏和转移的对象，但可以成为收购和代为销售的对象。

3. 掩饰、隐瞒犯罪所得罪的对象应该包括作为犯罪所得的尸体

作为盗窃尸体的所得，尸体能够成为掩饰、隐瞒犯罪所得罪的犯罪对象。这不仅是因为尸体在形式上具备犯罪所得的一切属性，而且也符合掩饰、隐瞒犯罪所得罪的立法要求。

（1）从立法规定看，刑法第312条既没有限定产生犯罪所得的犯罪的范围，也没有限定犯罪所得的范围，因此，通过盗窃获得的尸体，作为一种犯罪所得，没有理由被排除在该罪的犯罪对象之外。需要指出的是，在尸体是否为"物"的问题上，理论界观点不一，但是，承认尸体作为"物"的存在却是一个无法否认的客观事实，因此，从犯罪所得的角度看，承认尸体的"物"的属性，也为尸体作为犯罪所得提供了有力支撑。

（2）从掩饰、隐瞒犯罪所得罪的本质看，盗窃所得的尸体应该成为该罪的犯罪对象。被盗窃尸体作为一种犯罪所得，就不只是尸体本身，而具有了被害性和证据性，是证明盗窃尸体犯罪行为的事实根据，反映了一种犯罪关系和刑事责任关系，对这样的尸体进行掩饰、隐瞒必然会对国家司法机关调查盗窃尸体犯罪事实和追究盗窃尸体行为人的刑事责任的活动造成妨害，使得犯罪行为人有机会有条件逃避打击。因此，将盗窃所得的尸体作为本罪的犯罪对象是维护国家正常司法活动的需要。

（3）从实际情况看，将盗窃所得的尸体作为掩饰隐瞒犯罪所得罪的对象，

有利于从源头上遏制针对尸体的犯罪行为。在人们的经验认识中，通常不会在一般财物的意义上看待尸体，只是将尸体作为一个人曾经活着的证据和亲友们祭祀、纪念的对象，但从实际发生的情况看，尸体本身的利用价值被人们不断地挖掘，除了本案中为了"冥婚"外，盗窃尸体或摘取尸体中尚有用的器官作为教学、科研、器官移植的案件时有发生，这些利用尸体的行为为盗窃尸体这样的犯罪行为提供了广阔的市场，甚至形成一条针对尸体犯罪的链条：盗窃尸体—介绍买卖尸体—运输尸体—出卖尸体—收购尸体。依据刑法规定，盗窃、侮辱尸体罪的法定刑是三年以下有期徒刑、拘役或者管制，掩饰、隐瞒犯罪所得、犯罪所得收益罪有两个法定刑幅度，基本法定刑是三年以下有期徒刑、拘役或者管制；加重法定刑，即情节严重的，处三年以上七年以下有期徒刑，并处罚金。可见，盗窃、侮辱尸体罪是轻罪，掩饰、隐瞒犯罪所得、犯罪所得收益罪是重罪。因此，对明知是盗窃等犯罪行为所得的尸体而窝藏、运输、代为销售、购买的，应该以掩饰、隐瞒犯罪所得罪定罪处罚，这样才能罚当其罪。

（二）收购、出卖他人盗窃所得尸体的行为应定性为掩饰、隐瞒犯罪所得罪

据报道，2005年在广东省东莞市翠松园和永宁园两墓园发生了127个头骨盗窃案，经审理，东莞市人民法院对以盗窃手段获得尸骨并出卖给他人的黄某等四人判处盗窃尸体罪，对以营利为目的，从黄某等四人处收购尸骨并转卖给河南省郑州市卫生学校牟利的宋某判处侮辱尸体罪。法官对判处宋某侮辱尸体罪的理由解释为，宋某以牟利为目的，将尸体作为商品进行买卖，其行为是对死者的侮辱，并对死者亲属的感情造成严重伤害，应以侮辱尸体罪论处。[①]

发生在东莞的这起案件中，宋某购买盗窃尸骨的行为与本案行为人拉运、联系出售盗窃的尸骨的行为在主观意图、对象、行为方式和犯罪动机上是一致的，但是，两地法院的判决结论却显著不同。这种判决的不同恰好提出了一个需要讨论的问题，即以他人犯罪所得的尸体为对象的掩饰、隐瞒犯罪所得罪与侮辱尸体罪之间有哪些重要的区别？在本文看来，这些区别主要表现在下列几个方面：

（1）对象和客体不同。掩饰、隐瞒犯罪所得罪的对象是作为犯罪所得的尸体，尸体来源于其他犯罪行为，尸体作为该罪对象具有间接性，其客体是国家正常的司法活动。侮辱尸体罪的对象是尸体，一般情况下，这种尸体不是来

[①] 参见南方网2006年2月23日题为"墓园127个头骨被盗，骸骨转卖给郑州卫校"中的报道，http//www.southcn.com。

源于他人的犯罪所得，而是行为人自己直接发现、取得尸体并对尸体直接施加各种侮辱行为，尸体作为该罪对象具有直接性，其客体是社会风尚和公共秩序。如果行为人对他人盗窃所得的尸体只是实施单纯的侮辱行为，则构成侮辱尸体罪。

（2）行为人主观故意的内容和动机不同。掩饰、隐瞒犯罪所得罪和侮辱尸体罪都是直接故意犯罪，但二者的故意内容是不同的。在以犯罪所得的尸体为对象的掩饰、隐瞒犯罪所得罪中，行为人的故意内容主要是掩饰、隐瞒他人犯罪所得的尸体，或者帮助本犯行为人逃避打击，或者利用尸体的价值满足自己的需要，主观上没有侮辱尸体的意图。当然，有些掩饰、隐瞒方式本身可能会在客观上产生侮辱尸体的效果，如将尸体当作商品进行买卖，但这是掩饰、隐瞒行为附带产生的，并非行为人直接追求的，因此，行为人主观故意的内容不是侮辱尸体而是掩饰、隐瞒尸体。在侮辱尸体罪中，行为人的主观意图是通过直接对尸体施加凌辱，满足某种需要，对其行为损害死者人格利益和伤害死者亲属情感持追求或放任的态度，侮辱尸体行为的发生一般是因为行为人与死者或死者亲属存在某种利害关系，行为人借以发泄不满和报复，除此之外，行为人因为人格变态或者出于迷信，而凌辱尸体，比如奸污女尸，用尸体作为祭祀物品等。

（3）行为方式不同。掩饰、隐瞒犯罪所得罪的方式有窝藏、转移、收购、代为销售和其他方式，这些方式除了具有不公开的秘密性外，还有一个共同的特点，即一般不改变尸体的物理形态，维持原状，甚至为了便于出售，还要妥善保管尸体，对尸体进行适当的处理。而在侮辱尸体罪中，行为人要达到侮辱的效果，要以各种方式直接作用在尸体本身，如毁损尸体、猥亵尸体、抛尸于河中、敞露尸体、污秽尸体等，侮辱行为可能是公然的，甚至会采取暴力手段。

（4）针对犯罪所得的尸体实施的掩饰、隐瞒行为，如果同时也侮辱了尸体，则可能出现掩饰、隐瞒犯罪所得罪与侮辱尸体罪的竞合问题。如为了便于窝藏盗窃所得的尸体而肢解尸体，或者为了便于出售尸体而对尸体的外观和结构进行改造等，本文认为，这种情况属于刑法上的想象竞合犯，即一个行为触犯两个不同的罪名，且两个不同的罪名的犯罪构成之间不存在包容或交叉关系的犯罪现象。想象竞合犯的处理原则是从一重罪定罪处罚，如前所述，掩饰、隐瞒犯罪所得罪较之于侮辱尸体罪为重，因此，对行为人应以掩饰、隐瞒犯罪所得罪定罪处罚。

通过上述分析，本文认为，所选案例中的法院对明知是他人盗窃的尸骨而实施拉运尸骨、联系出售尸骨的行为人判处掩饰、隐瞒犯罪所得罪是准确的，东莞市人民法院对收购并出卖他人盗窃尸骨的宋某判处侮辱尸体罪属于定性不准，宋某行为的本质是对盗窃尸骨的掩饰隐瞒，而非侮辱，其行为应构成掩饰、隐瞒犯罪所得罪。退一步讲，即使认为宋某的行为侮辱了尸体，但由于侮辱行为是发生在对盗窃尸骨掩饰、隐瞒的过程中，那么，也应按照想象竞合犯的原则处理，对宋某判处掩饰、隐瞒犯罪所得罪，而非侮辱尸体罪，否则，就有轻纵宋某之嫌。

（整理人：张补联）

案例2：刘某掩饰、隐瞒犯罪所得案
——介绍买卖赃物型掩饰、隐瞒犯罪所得罪的认定

一、基本情况

案　由：掩饰、隐瞒犯罪所得

被告人：刘某，男，1989年12月21日出生，河南省桐柏县人，汉族，小学文化，农民。因本案于2007年1月17日被羁押，次日被刑事拘留，同年2月14日被逮捕。

二、诉辩主张

（一）人民检察院指控事实

北京市大兴区人民检察院指控：2007年1月14日21时40分许，郭凤坤、贺朋、荆海波（三人均另案处理）抢劫事主梁国良白色桑塔纳汽车（车牌号：京GJR518，价值人民币25000元）一辆，后三人联系到被告人刘某，2007年1月16日，刘某在明知该车系犯罪所得的情况下，仍帮助郭凤坤等人将该车以人民币3000元的价格销售，被告人刘某从中获利人民币300元。被告人刘某的行为已构成掩饰、隐瞒犯罪所得罪。被告人犯罪时已满十六周岁未满十八周岁，应当依法从轻或者减轻处罚。

（二）被告人辩解及辩护人辩护意见

被告人刘某辩解称：当时销售的时候，其是被郭凤坤等人叫过去的。郭凤坤等人在车里交易时，其只是在旁边看着，没有直接参与销赃。

其指定辩护人的辩护意见是：刘某犯罪时尚不足十八周岁，应当从轻或者减轻处罚，且系初犯、偶犯，犯罪情节相对较轻，危害不大，建议对刘某判处缓刑或减轻处罚。

三、人民法院认定事实和证据

（一）认定犯罪事实

大兴区人民法院经审理查明，2007年1月14日21时40分许，郭凤坤、贺朋、荆海波（三人均另案处理）抢劫事主梁国良白色桑塔纳汽车（车牌号：京GJR518，价值人民币25000元）一辆，后三人联系到被告人刘某，2007年1月16日，刘某在明知该车系犯罪所得的情况下，仍帮助郭凤坤等人将该车以人民币3000元的价格销售，被告人刘某从中获利人民币300元。被告人犯罪时已满十六周岁未满十八周岁。

（二）认定犯罪证据

上述事实有下列证据证明：

1. 郭凤坤的供述，证实2007年1月14日22时许，其与贺朋、荆海波在大兴区亦庄开发区抢劫了一辆白色普通型桑塔纳汽车。过了两天，其通过一个叫"二哥"的人帮忙找一个买主，这时其的一个叫刘某的朋友正好来找其玩，其就问刘某这辆车能不能给卖掉，刘某告诉其刘某的一个朋友正想要一辆桑塔纳，于是与刘某、荆海波、贺朋就坐957公交车去了大红门找到了刘某的朋友，因这车没有手续刘某的朋友不要。四人就打车回槐房村，在路上刘某问其车是怎么来的，其开始没说，这时出租车司机对这辆车感兴趣也问车的事，荆海波与贺朋对司机说车是抢来的，后来出租车司机就没再提，刘某听到了，也应当清楚了车的情况，回到槐房村后；其又开始联系卖车的事，这时"二哥"打来电话说他要，并约好在四环的集美家具城见面，于是四个人就去了，到了晚上七点，四人在家具城门口见到了对方，商量好3000元成交，后其与荆海波、贺朋各分了800元，这时荆海波提出刘某也为卖车的事出力了，每人拿出100元给刘某，于是分了刘某300元好处费，剩下约100元大家在当晚吃了顿饭，之后就散了。

2. 贺朋、荆海波关于抢劫白色普通型桑塔纳汽车以及刘某参与销赃的供述与郭凤坤的供述一致。

3. 证人梁国良的证言，证实2007年1月14日22时许，其驾驶白色桑塔纳汽车在大兴区亦庄开发区"趴活"时，被三名男子抢劫。

4. 张敏的供述，证实2007年1月16日，其将偷车的三名男子手中的一辆白色普通桑塔纳汽车介绍给"大宝"，"大宝"以人民币3000元的价格收购，后这三名男子中的一名男子给了其500元辛苦费。

5. 北京市大兴区发展和改革委员会价格认证中心出具的价格鉴定结论书，证实车牌号为京G/JR518的白色桑塔纳330K8BLOL型一辆，价值人民币

25000元。

6. 户籍材料，证实被告人刘某的身份情况。

7. 到案经过，证实被告人刘某于2007年1月17日被抓获的情况。

四、判案理由

北京市大兴区人民法院根据上述事实和证据认为，被告人刘某明知是抢劫的机动车而予以介绍买卖，其行为触犯了《中华人民共和国刑法》第312条，最高人民法院、最高人民检察院《关于办理与盗窃、抢劫、诈骗、抢夺机动车相关刑事案件具体应用法律若干问题的解释》第1条第1项，其行为已构成掩饰、隐瞒犯罪所得罪，应予惩处。北京市大兴区人民检察院指控被告人刘某犯掩饰、隐瞒犯罪所得罪，事实清楚，证据充分，罪名成立。刘某犯罪时已满十六周岁未满十八周岁，依法对其从轻处罚，被告人刘某的辩解及其辩护人的辩护意见，酌予采纳。

五、定案结论

北京市大兴区人民法院依照《中华人民共和国刑法》第213条、第52条、第53条及最高人民法院、最高人民检察院《关于办理与盗窃、抢劫、诈骗、抢夺机动车相关刑事案件具体应用法律若干问题的解释》第1条第1项之规定，以被告人刘某犯掩饰、隐瞒犯罪所得罪，判处有期徒刑十个月，并处罚金人民币2000元。

六、法理解说

本案事实清楚，情节简单，但从一审判决的认定事实、判案理由和定案结论看，如何认识被告人刘某的行为却是一个比较复杂的问题。

根据一审判决的陈述，可以这样描述刘某在2007年1月16日的行为：开始为赃车联系买主时，刘某尚不知该车的来历，虽然联系到了买主，但却没有成交。在得知是赃车后，仍继续联系其他买主。就在其联系当中，抢劫行为人事先联系的另一个介绍人"二哥"为该车找到了买主，刘某跟随到了交易现场。交易成功后，抢劫行为人认为刘某为卖车也出力了，从卖车所得的3000元赃款中分给刘某300元。一句话总结刘某的行为，即刘某介绍的没有成交，成交的虽不是刘某介绍的，但刘某却从中分得了赃款。

因此，面对一审判决认定，刘某在明知该车系犯罪所得的情况下，仍帮助郭凤坤等人将该车以人民币 3000 元的价格销售，从中获利人民币 300 元，其介绍买卖的行为构成掩饰、隐瞒犯罪所得罪。我们需要思考几个问题：一是介绍买卖犯罪所得及其收益（以下简称赃物）的行为构成掩饰、隐瞒犯罪所得罪的成立条件和犯罪形态；二是如何认识刘某的介绍行为？判决认定刘某帮助郭凤坤等人将赃车销售 3000 元是否符合事实？三是对刘某归罪的事实根据。

（一）介绍买卖赃物行为构成掩饰、隐瞒犯罪所得罪的条件和犯罪形态

刑法第 312 条规定掩饰、隐瞒犯罪所得罪有五种行为方式，即窝藏赃物、转移赃物、收购赃物和代为销售赃物以及其他方式。介绍买卖赃物属于哪一种行为方式，是收购赃物的形式，还是代为销售的形式，抑或是一种独立的行为方式，以及介绍买卖赃物成立本罪的条件和犯罪形态等，诸如此类的问题，需要认真研究。

1. 介绍买卖赃物的形式特征

所谓介绍买卖赃物，是指明知是他人犯罪所得的赃物，在赃物出售方与购买方之间居间沟通促使双方建立买卖关系的行为。

在形式上，介绍买卖赃物具有这样几个特征：第一，从主体上看，介绍人是获取赃物的犯罪人以外的其他人，将自己犯罪所得的赃物向他人介绍出卖不是这里的介绍人，其行为一般被认为是犯罪后之不可罚行为。第二，从对象上看，所介绍的是他人犯罪所得的赃物。这里的赃物一般是有体物，动产和不动产均可，但无形物如盗窃的电力因其使用的一次性和不可定型性，不能成为介绍的对象。这里的他人不是泛指，而是特指赃物的出卖方。第三，从主观上看，介绍人必须明知所介绍的是赃物，并且是作为买卖的标的物。如果不是为买卖赃物而介绍，而是有其他用途或目的，不属于介绍买卖赃物，可能属于本罪的其他行为方式，如窝藏赃物或转移赃物。第四，从介绍关系形成的过程看，一般情况下，介绍人是受赃物出售方的委托联系购买方，但也存在受赃物购买方的委托联系赃物出售方的情况。第五，从介绍的内容上看，介绍的作用在于为赃物的买卖双方牵线搭桥，居间沟通、传递买卖信息，是否确立赃物买卖关系完全取决于买卖双方的意愿。因此，介绍行为人并不是赃物买卖的主体，介绍行为也不是赃物买卖关系的要素。第六，从效果上看，介绍人之意图在于促成买卖，但介绍行为之成立则不以买卖关系的建立为必要。第七，介绍行为可以是有偿的，也可以是无偿的。

2. 介绍买卖赃物属于独立的掩饰、隐瞒方式

介绍买卖赃物属于哪一种掩饰、隐瞒方式，这个问题实际上是其与收购赃物和代为销售赃物两种方式之间的关系问题。

关于赃物收购。收购赃物，是指明知是他人犯罪所得的赃物而予以收购的行为，收购是购买行为，但购买不等于收购。收购与一般购买的区别主要体现在数量和用途上，收购意味着大量购买物品，可以是一次性大量购买，也可以是连续、多次地购买大量物品，收购同时也意味着大量购买物品是为了满足某种特殊的需要，这种需要可以是生产经营的需要，也可以是集中产生的生活需要。因此，收购赃物，主要是指明知是赃物而大量购买，或者以出卖为目的而购买赃物。因此，一般情况下，买赃自用是违反治安管理的违法行为，不构成本罪。但是，根据司法解释的规定，买赃自用，情节严重的行为属于收购赃物，要定本罪。[1] 行为人收购赃物，既可以自己直接购买赃物，也可以委托他人为自己购买赃物；既可以自己寻找赃物买卖信息，也可以委托他人为自己提供赃物买卖信息和联系赃物出卖者。

关于代为销售赃物。代为销售赃物，是指明知是他人犯罪所得的赃物而替他人进行销售的行为。代为销售赃物首先意在强调，销售赃物的人不能是犯罪人自己，销售自己的犯罪所得不构成本罪，代为销售的行为人只能是犯罪人之外的其他人。代为销售赃物存在两重关系：一是内部关系；二是外部关系。内部关系是行为人与犯罪人之间的关系，犯罪人委托行为人出售赃物；外部关系是行为人与购买人的关系。在代为销售关系中，行为人可以以自己的名义，也可以以犯罪人的名义或者以其他方式向他人出售赃物，无论何种方式，行为人都是买卖关系的实际参与者，是赃物的出售方。

如前所述，由于介绍买卖赃物是为赃物的出售方或赃物的购买方牵线搭桥居间联系，促成交易，对买卖赃物的任何一方都具有帮助作用，因此，在认识介绍买卖赃物与收购赃物和代为销售赃物的关系上，就可能出现以下三种观点：第一种观点是区别对待，即为赃物购买方介绍出售方的，就属于收购赃物行为；为赃物出售方介绍购买方的，就属于代为销售行为。第二观点认为介绍买卖赃物应该作为代为销售赃物的一种形式。虽然介绍买卖赃物，既可以是为赃物的购买方联系卖主，也可以是为赃物的出售方联系买主，但从介绍行为在赃物买卖关系中的地位和作用看，由于以明知是赃物为条件，在为购买方联系

---

[1] 1992年12月11日起施行的最高人民法院、最高人民检察院《关于办理盗窃案件具体应用法律的若干问题的解释》第8条第2项规定：代为销售，既包括把赃物卖给他人，也包括以低价买进、高价卖出的行为。买赃自用，情节严重的，也应按销赃罪定罪处罚。以后有关盗窃案件的解释中没有这样的规定。但从2007年5月11日起施行的最高人民法院、最高人民检察院《关于办理与盗窃、抢劫、诈骗、抢夺机动车相关刑事案件具体应用法律若干问题的解释》第1条规定看，买卖明知是盗窃、抢劫、诈骗、抢夺的机动车行为，包括买赃自用的行为，要以掩饰、隐瞒犯罪所得罪定罪处罚。

出售方时，只有在联系到卖方，明知所介绍的是赃物，其介绍行为才侵犯了国家司法机关的正常活动。其行为的主要方向是使赃物由出售方向购买方流动，属于销售行为，应该属于代为销售的一种形式。① 第三种观点认为，介绍买卖赃物行为属于一种独立的行为方式，既不依附于代为销售，也不归属于收购。介绍买卖赃物对赃物的购买方或出售方具有的帮助作用，不是认识和确立介绍买卖赃物行为独立性的根据。介绍买卖赃物行为的独立性在于它既不是出售赃物的行为，也不是购买赃物的行为，而是为赃物的买卖双方居间沟通。居间沟通、促成交易是介绍买卖赃物行为的本质属性，前两种观点混同了赃物买卖关系与赃物买卖介绍关系的区别，将介绍行为等同于买卖行为。上述三种观点，前两种观点可称之为依附论，第三种观点可称之为独立论。

本文持第三种观点，即介绍买卖赃物属于一种独立的掩饰、隐瞒方式。主要理由除了前述的行为方式的内容和性质不同外，还有两点理由，一是从掩饰、隐瞒赃物的方式和作用上看，在赃物收购关系中，收购人的目的是通过支付对价获取赃物，通过"买"实际取得赃物，使赃物脱离犯罪人，因此，收购行为能够直接产生对赃物的掩饰、隐瞒效果。在代为销售关系中，出售方将赃物转让给犯罪人之外的其他人，也使得赃物脱离犯罪人，因此，代为销售行为也能够直接产生对赃物的掩饰、隐瞒效果。但是，在介绍买卖赃物关系中，介绍行为的作用在于在收购方与出售方之间建立一种联系，其本身并不直接能够对赃物产生掩饰、隐瞒作用。二是从行为构成犯罪的条件上看，如果将介绍买卖赃物归属于收购赃物或者代为销售赃物，就必须回答一个问题，行为人明知是赃物将其介绍给他人购买或帮助他人出售，如果他人没有购买赃物或者放弃出售赃物，那么，行为人的行为是否构成犯罪？很显然，按照依附论的观点，行为人是无罪的，因为，对于被介绍的购买人来说，其明知是赃物而不购买或者虽然不知是赃物，但也不购买，被介绍的购买人是无罪的；对于出售赃物的犯罪人来说，无论其是否出售赃物，其行为都不构成本罪，那么，依附于收购赃物或者代为销售赃物的介绍买卖赃物行为自然也是无罪的。但是，这样的结论显然是不能被接受的，因为这样的话，介绍买卖赃物行为的犯罪性不是由其自身的性质和社会危害性决定的，而是由收购赃物或代为销售赃物的行为决定的。因此，应该认为，介绍买卖赃物是不同于收购赃物和代为销售赃物的

---

① 多数观点认为，介绍买卖赃物属于代为销售赃物，参见张明楷著：《刑法学》，法律出版社2003年版，第833页；赵秉志、田宏杰、于志刚著：《妨害司法罪》，中国人民公安大学出版社2003年版，第273页；周光权著：《刑法各论讲义》，清华大学出版社2003年版，第430页。

一种独立的行为方式。

3. 介绍买卖赃物行为构成本罪的条件及其犯罪形态

介绍买卖赃物行为构成本罪的条件要根据刑法第312条第1款确定。从罪状看，刑法第312条第1款对本罪的成立没有附加犯罪结果、犯罪数额、犯罪情节等因素的要求，只是把"情节严重"作为提高法定刑的一个条件。按照文理解释，依据刑法原理，可以认为本罪是"行为犯"，即只要明知是犯罪所得及其产生的收益，实施窝藏、收购、转移、代为销售或者其他掩饰、隐瞒行为的，就构成本罪。这样理解本罪的成立条件符合立法精神和犯罪客体理论，刑法将本罪归属于妨害司法罪，说明本罪的社会危害性的本质是对国家司法活动的侵犯，这种侵犯性主要是通过主观故意支配下的掩饰、隐瞒行为体现出来，对他人犯罪所得及其产生收益进行掩饰、隐瞒的行为本身就足以反映行为人的主观恶性和对国家司法活动的妨害，不再需要其他因素作为成立的条件，可以看出，立法对这类犯罪行为持严厉打击的态度。

要明确本罪的成立条件，还必须区分本罪成立的条件和本罪的犯罪形态的构成条件。在刑法理论上，在直接故意犯罪的场合，犯罪成立和犯罪形态有着根本的不同。犯罪的成立是指犯罪的有无，犯罪形态是指在犯罪成立的前提下，将犯罪区分为预备、未遂、中止和既遂四种形态。因此，不能将犯罪的成立条件与犯罪形态的构成条件混同一起。从实践中看，在犯罪成立与犯罪形态的关系上，最容易把犯罪成立与犯罪既遂相混淆，对此，理论上已是讨论许久，本文不打算在此展开，本文只是强调两点，一是关于犯罪成立与犯罪预备行为的关系。在直接故意犯罪的场合，由于我国刑法总则规定处罚预备犯，所以，有理由认为，犯罪的成立是从实施犯罪预备行为开始的，即只要行为人在直接犯罪故意的支配下为着手实行犯罪、准备犯罪工具或者制造犯罪条件，其行为就构成犯罪，因此，实际上，犯罪预备行为的成立条件就是犯罪的成立条件。二是关于犯罪成立与犯罪实行行为的关系。应该确认，刑法分则所规定的直接故意犯罪客观方面要件中的行为应该是相应犯罪的实行行为，因此，不能把实行行为当作犯罪的开始，不能把实施实行行为作为犯罪成立的条件，因为，是否实施实行行为与犯罪成立没有关系，但与犯罪是否既遂有关系。

就本罪来说，本罪的实行行为是掩饰、隐瞒行为，窝藏、转移、收购、代为销售以及其他掩饰、隐瞒方法是不同的行为方式，因此，在其他主客观条件具备的前提下，只要行为人为实施窝藏、转移、收购或代为销售赃物等实行行为准备犯罪工具或制造犯罪条件，本罪就具备了成立的条件，当行为人实施具体的掩饰、隐瞒行为时，所涉及只是犯罪的未遂或既遂问题。不管掩饰、隐瞒赃物的行为方式是刑法明文列举的四种行为方式，还是其他行为方式，其共同特点都是赃物已经处于掩饰、隐瞒的状态之下，这种状态已经足以对国家司法机关追查犯罪活动和追缴赃物构成妨害。因此，在本罪实行行为着手的判断上应该坚持这样的标准：只要上述行为方式对赃物开始产生实际的掩饰、隐瞒的作用，就标志着本罪实行行为的开始。至于是否达到既遂状态，则要根据不同的行为方式对赃物所起到的掩饰、隐瞒效果具体确定。具体来说，关于窝藏赃物，仅仅提供了藏匿的场所，但赃物还没有被藏匿，就只是为窝藏赃物做准备，一旦接收了赃物，就是窝藏的着手，同时也是窝藏的既遂。关于转移赃物，如已经准备了运输的车辆，但还没有装载赃物，也只是为转移做准备，一旦装载赃物，即使没有开动，也成立转移的着手，只有将赃物搬离原藏匿的地点使赃物处于司法机关难以追查的状态，才是转移的既遂。关于收购赃物，购买人只是与出售方进行接触，了解情况或者讨价还价，但没有达成买卖"契约"的，其行为还处于为收购做准备的阶段，只要与出售方达成买卖"契约"，建立买卖关系，就是收购的着手，一旦赃物脱离出售方进入交付状态，即使收购人没有实际接收赃物，也成立收购的既遂。关于代为销售赃物，行为人在接受犯罪人出售赃物的委托后，还在寻找购买人或者只是与所谓的购买人进行具体的联系，但没有确立买卖关系的，其行为处于预备阶段，只要与购买人确立买卖关系，代为销售赃物的着手就成立，一旦将赃物交付，即使购买方还没有实际收到赃物，代为销售赃物的行为也已经既遂。

介绍买卖赃物行为成立本罪的条件以及犯罪形态的认定也应该坚持上述观点和标准。在赃物的买卖双方之间居间沟通、促成交易是介绍买卖赃物行为的本质特征，因此，对介绍买卖赃物行为成立本罪的条件以及犯罪形态的认定，要注意两个问题：一是要区分介绍的意图与介绍行为。行为人接受赃物出售方或购买方的委托，承诺联系相对方，行为人只是产生了介绍买卖赃物的犯罪意图，只是答应介绍，但还不是介绍，行为人还没有实施具有刑法意义的行为，因此，不能把行为人接受赃物买卖双方委托介绍的行为认为是本罪的犯罪行为。二是要区分介绍预备行为与介绍实行行为。介绍是一种沟通双方的行为。行为人接受委托后，散布赃物买卖信息，寻找潜在的买卖人，打听买卖意向，这些行为是为在介绍做准备，是介绍的条件，但不是介绍的开始，只有当行为人将具有买卖意向的具体的出售方或购买方介绍给相对方时，使双方开始处于联系状态时，行为人的介绍实行行为才开始着手实施。需要注意的是，行为人为出售方和购买方建立联系后，其介绍行为并不立即终结，行为人可能会在双方之间反复进行沟通，说服双方建立买卖关系，完成交易，因此，介绍行为并不是一次性的，而是具有反复性。

基于上述认识，本文认为，从刑法理论上看，介绍买卖赃物行为成立本罪应该始于行为人实施的上述介绍预备行为。当行为人在具体的赃物出售方和购买方之间进行联系、沟通，使双方开始建立联系时，介绍买卖赃物行为就进入实行阶段，行为人的介绍买卖赃物行为就只有未遂和既遂之分。对于介绍买卖赃物行为构成本罪既遂的标准，可能会出现三种不同观点：第一种观点，认为只要经介绍，被介绍双方建立了联系，介绍行为就既遂，至于被介绍的双方是否建立买卖关系和完成交易，不是既遂的条件；第二种观点，认为只有被介绍的双方建立了买卖关系，才是既遂；第三种观点，认为只有被介绍的双方完成了赃物买卖交易，才是既遂。本文认为，确定介绍买卖赃物行为的既遂标准应该注意与收购行为和代为销售行为的既遂标准保持协调，第一种观点失之苛刻，第三种观点又失之宽松，第二种观点妥当，因此，介绍买卖赃物行为构成本罪的既遂应以被介绍双方确立赃物买卖关系为标准，至于赃物买卖交易是否完成则在所不问。

最后，需要说明的是，虽然说，根据刑法总则处罚预备犯的规定，本罪的成立始于行为人实施掩饰、隐瞒赃物的预备行为，但是，由于预备行为毕竟还没有对赃物产生直接具体实际的掩饰隐瞒作用，对国家司法机关追查赃物下落和追究犯罪人刑事责任的妨害程度尚不十分严重，因此，在一般情况下，对情节显著轻微的掩饰、隐瞒的预备行为可以根据刑法第13条"但书"的规定，不以本罪论处。因此，从这个意义上说，本罪原则上不处罚预备犯，主要处罚实行犯。

（二）刘某行为的基本特征：介绍的没有成交，成交的不是其介绍的

对以介绍买卖赃物方式构成掩饰、隐瞒犯罪所得罪的成立条件和犯罪形态的讨论，对本案而言，其目的是解决被告人刘某行为的定性和责任问题。而准确地把握刘某行为的基本特征则是正确认定刘某行为性质的事实基础。尽管一审判决对刘某的行为已有定性，但在本文看来，从一审判决描述的犯罪事实和采纳的犯罪证据看，一审判决关于赃车是通过刘某的介绍得以3000元价格出售的认定与事实不符。

首先，刘某的介绍行为因为"二哥"的出现而被中断。现有证据表明，刘某在开始向其朋友介绍涉案车辆时，还不知道该车的不法来源，因此，刘某介绍的虽然是赃车，但是，其行为在性质上不属于介绍买卖赃物。在第一次介绍未果后，刘某在知道车辆的不法来源的情况下，仍然"联系卖车的事"，为赃车寻找买主，刘某行为的性质就发生了根本的转变，其行为就是介绍买卖赃物，就具有掩饰、隐瞒他人犯罪所得的性质。就在刘某联系买主的过程中，抢劫行为人事先联系的另一个介绍人"二哥"即张敏为赃车找到了买主"大宝"，最终双方完成了赃车交易。因此，刘某的介绍行为因为"二哥"的出现

而中断。

其次，成交的赃车交易是"二哥"张敏介绍促成的，而不是刘某。"二哥"张敏是抢劫行为人委托的另一个介绍人，与刘某互不认识，刘某与"二哥"张敏虽然都在为同一部赃车联系买主，但行为之间却互不相干。购买赃车的买主"大宝"是"二哥"张敏联系的，是"二哥"张敏将"大宝"介绍给抢劫行为人，使得双方之间取得联系，并建立买卖关系以致最终完成赃车交易的。因此，可以说，当"二哥"张敏为赃车找到新的买主"大宝"后，刘某的介绍行为就已经结束了。

最后，刘某也没有以其他方式为成交的赃车交易提供帮助。证据反映，在三名抢劫行为人与买主"大宝"交易的过程中，刘某也跟随去了交易现场，并参与了交易价格的协商，还获得了300元好处费。本文认为，这些证据不能作为认定刘某参与成交的赃车交易的根据。原因是，刘某跟随去交易现场不等于刘某参与了成交的赃车交易，刘某所获得的300元好处费也与成交的赃车交易行为本身没有关系，是因为刘某也在为赃车联系买主。至于刘某是否参与了3000元交易价格的协商，刘某的供述与抢劫行为人的供述之间并不一致，刘某供述抢劫行为人与买主之间的交易是在车里完成的，否认自己参与协商交易价格和交易过程。抢劫行为人对刘某是否参与协商交易价格的供述实际上是含糊其词的，从供述笔录记录的内容看，并不能得出刘某也参与协商3000元交易价格的结论（具体见郭凤坤的供述笔录），介绍人"二哥"张敏在供述中也没有提到刘某是否参与了协商。在本文看来，刘某的供述是可信的，因为，刘某只是被动地跟随郭凤坤等人来到了交易现场，刘某既不是赃车的所得者，也不是买主的介绍人，更不是买主，因此，具体的交易内容要由赃车的买卖双方协商确定，介绍人从中斡旋，刘某没有必要也没有资格参与协商交易价格。退一步讲，即使刘某也参与协商交易价格，刘某所起的作用实际上也是微不足道的。

据上所述，本文认为，一审判决关于刘某帮助郭凤坤等人将赃车以3000元价格出售的认定与事实不符。该认定的错误之处在于：一方面，张冠李戴，将"二哥"张敏的介绍行为等同于刘某的介绍行为；另一方面，夸大其词，刘某本没有参与成交的赃车交易，判决却认定该交易是刘某促成的。

（三）对刘某归罪的事实根据

虽然成交的赃车交易不是刘某介绍促成的，一审判决以刘某帮助郭凤坤等人将赃车得以3000元价格出售为由认定刘某犯有掩饰隐瞒犯罪所得罪缺乏事实根据，但就全案来看，刘某确实又实施了介绍买卖赃物的行为，还跟随去了成交的赃车交易现场，并获得了300元好处费。因此，一审判决对刘某介绍买卖赃物的行为和获得300元好处费的事实是否构成本罪实际上并没有认定。也就是说，一审判决对刘某归罪的事实根据与刘某的行为事实是脱节的。本文认为，从形式上看，刘某实际上是以两种不同的行为方式实施了掩饰、隐瞒赃物的行为：一是介绍买卖赃物的方式；二是窝藏赃物的方式。

关于介绍买卖赃物的方式。刘某介绍买卖赃物的行为尚处于预备阶段，还没有为赃物买卖双方建立联系。如前所述，刘某先后为抢劫行为人出售赃车做了两次介绍，第一次介绍虽然为抢劫行为人与"买主"建立了联系，但这时刘某尚不知赃车的不法来源，因此，刘某的行为不属于介绍买卖赃车。第二次介绍时，刘某已经知道赃车的不法来源，其行为属于介绍买卖赃车，但判决书对刘某第二次介绍行为的描述非常简略，只是说刘某在到回槐房村后，又开始联系卖车的事，但具体是怎么联系的，有没有联系到具体人，判决书没有进一步的交代。这说明，刘某已经产生了介绍买卖赃车的犯罪意图，也在联系打听买主，但由于没有联系到确定的购买人，赃车出售方究竟与谁要建立联系，都还没有确定，因此，刘某的行为还处在为赃车寻找买主的阶段，是在为赃车的出售方与购买方建立买卖关系做准备，属于介绍的预备行为。就在刘某联系买主的过程中，"二哥"的介绍成功使得刘某的介绍行为失去了意义，刘某的介绍行为得以中断，刘某不得不放弃继续联系买主，因此，本文认为，刘某明知汽车是他人犯罪所得，仍然介绍买卖，其行为构成掩饰、隐瞒犯罪所得罪，但属于本罪的预备犯。

关于窝藏赃物的方式。刘某接受300元好处费的行为是以窝藏的方式掩饰、隐瞒赃物。在"二哥"介绍的赃车买卖交易中，刘某明知抢劫行为人要出售赃车，仍跟随去交易现场，并获得300元好处费。在上述行为中，跟随行为是纯事实行为，如果认为刘某跟随是参与赃车出售的行为，那么，这种参与仅仅具有形式的意义，而不具有实质的意义，因为是三名抢劫行为人通过"二哥"的介绍与买主"大宝"发生赃车买卖关系并完成交易的，刘某只是一个局外人和旁观者，因此，不能认为刘某跟随的行为就是参与赃车的出售的行为。300元好处费来自于赃车出售所得款项，在性质上属于犯罪所得产生的收益，因此，刘某明知是犯罪所得产生的收益，仍然以好处费的名义予以接受，其行为属于以窝藏的方式掩饰、隐瞒犯罪所得所产生的收益。

综上所述，本文认为，刘某明知是他人犯罪所得及其产生的收益，采取介绍买卖和窝藏的方式掩饰、隐瞒赃物，其行为构成掩饰、隐瞒犯罪所得、犯罪所得收益罪，但是，由于刘某的介绍行为上处于预备阶段，成交的赃车买卖不是刘某介绍促成的，刘某所接受的300元车款数额较小，加之刘某是未成年人，又是初犯，本文认为，刘某犯罪情节轻微，根据最高人民法院《关于审理未成年人刑事案件具体应用法律若干问题的解释》的相关规定，对刘某应当免予刑事处分，或者至少应当适用缓刑，因此，一审判决对刘某的量刑过重，当然这是由于一审判决认定事实不当所致。

（整理人：张补联）

案例3：王某某掩饰、隐瞒犯罪所得案
——特定明知的理解和认定

一、基本情况

案　　由：掩饰、隐瞒犯罪所得

被告人：王某某，女，1980年某月某日出生，回族，初中文化，住河北省沧州市沧县某某区某某村。2011年10月16日因涉嫌犯掩饰、隐瞒犯罪所得、犯罪所得收益罪被尚义县公安局刑事拘留，2011年10月25日因涉嫌犯掩饰、隐瞒犯罪所得、犯罪所得收益罪被尚义县公安局执行逮捕。

二、诉辩主张

（一）人民检察院指控事实

尚义县人民检察院指控被告人王某某犯掩饰、隐瞒犯罪所得罪。

（二）被告人辩解

被告人王某某对指控其犯罪事实供认不讳，称其不是明知，不知道是偷的，是贪便宜，自己的行为错了，但其是主动去沧州市运河区公安局刑警队投的案，希望法庭能够宽大处理。

三、人民法院认定事实和证据

（一）认定犯罪事实

张家口市尚义县人民法院经审理查明，2011年8月28日上午9时许，提某某（另案处理）在尚义县南壕堑镇河东街某某巷武某某家盗得黄金项链一条、黄金挂佛两个、黄金珠子两粒。回到沧州后用两个黄金挂佛、两粒黄金珠子和半截黄金项链，让金店老板加工了一个黄金戒指。2011年8月底被告人王某某在沧州市碰见了提某某，看见提某某手指上戴了一个黄金戒指，就以明显低于市场价格的 500 元人民币买下该金戒指。第二天，又以明显低于市场价格的 500 元人民币买下提某某剩余的半条黄金项链。在向提某某问清楚加工用材和加工地点的情况下，被告人王某某又向加工该金戒指的金店老板要回 1800 元人民币。2011 年 10 月 15 日在沧州市开发区小园村，被告人王某某被抓获，赃款、赃物已退还。

（二）认定犯罪证据

上述事实有下列经庭审举证、质证的证据证实：

1. 被告人王某某对指控其犯罪事实供认不讳。

2. 证人提某某证实，2011 年 8 月 28 日上午 9 时许，他在尚义县南壕堑镇河东街某某巷武某某家盗得黄金项链一条、黄金挂佛两个、黄金珠子两粒。回到沧州后用两个黄金挂佛、两粒黄金珠子和半截黄金项链，让金店老板（林某某）加工了一个黄金戒指。2011 年 8 月底，他在沧州市步行街狗市闲逛时碰见了被告人王某某，以 500 元人民币的价格将金戒指卖给了王某某，并应王某某的要求带着王某某找到了给他打戒指的地方，去了后他就走了。第二天，又以 500 元人民币的价格将剩下的半截黄金项链卖给了王某某。在他卖给王某某东西时王某某的丈夫（张某某）不在场。

3. 证人林某某证实，2011 年 10 月 16 日前的一天，提某某拿着一条黄金项链、两个小金佛、黄金项链上掉下的一个小金珠、还有一点黄金项链上连接的小环去他的店里卖，因为没有发票他没有收。后来提某某就让他用这些黄金加工一个金戒指，他就用提某某拿来的两个小金佛、黄金项链上掉下的一个小金珠、一点黄金项链上连接的小环，还有项链上的一段加工了一个金戒指。当时加工戒指时没用那么多黄金，剩下的就从模子里流了出来被他留下了。提某某走后，第二天有个女的（王某某）找来了，说昨天在他店里加工戒指上当了，他就给了王某某一千元钱。第三天王某某又去了，说他给的一千元有点少，还和他要钱，他怕麻烦，就又给了王某某八百元钱。

4. 证人张某某（王某某丈夫）证实，他在 2011 年 9 月的时候见过小乐（提某某），具体时间记不住了，王某某买提某某黄金首饰的事他不知道。

5. 对王某某的辨认笔录证实王某某是购买提某某黄金首饰的人。

6. 尚义县公安局的提取笔录、扣押物品、文件清单及照片证实赃物情况。

7. 尚义县物价局出具的涉案资产价格认证结论书证实被购买赃物的价值。

8. 被告人王某某的户籍证明信证实被告人的身份情况。

9. 尚义县公安局发还物品、文件清单证实赃款、赃物已退还。

10. 沧县公安局刑警大队纸房头刑警队出具的抓获经过证实王某某在其居住的小区内被抓获。

四、判案理由

尚义县人民法院认为，被告人王某某明知是犯罪所得而予以收购，其行为已构成掩饰、隐瞒犯罪所得罪，应予定罪处罚。尚义县人民检察院指控被告人王某某犯掩饰、隐瞒犯罪所得罪，事实清楚，证据确实、充分，指控罪名成立。被告人王某某在明显低于市场价格的情况下购买了一枚黄金戒指和半条黄金项链，应当明知所购物品是犯罪所得，故对其不知是偷来的辩护意见不予采信；其辩称有自首情节的意见，无事实依据，亦不予采信。

五、定案结论

尚义县人民法院认定被告人王某某犯掩饰、隐瞒犯罪所得罪，判处有期徒刑六个月，并处罚金人民币9000元。

六、法理解说

在这起王某某购买提某某盗窃所得的黄金案件中，犯罪客观方面的事实是清楚的，存在争议的是主观方面的事实，即王某某在从提某某手里购买黄金时是否知道黄金是犯罪所得的赃物。王某某的供述是不知道黄金是偷来的，因为图便宜而购买，一审法院则以王某某购买黄金的价格明显低于市场价格为由认定王某某应当明知黄金是犯罪所得，判决其行为构成掩饰、隐瞒犯罪所得罪。面对争议的事实和判决结论，我们需要思考的主要问题是，明知黄金是犯罪所得对于确认王某某犯有掩饰、隐瞒犯罪所得罪具有什么意义，针对王某某的否认辩解，现有证据能否证明王某某存在明知，法院关于王某某具有明知的认定有无根据和理由。本文打算从实体法和证据法两个方面，结合案情谈谈对本罪明知的理解和明知的认定问题。

（一）"明知是犯罪所得及其产生的收益"是掩饰、隐瞒犯罪所得、犯罪所得收益罪成立所必须的主观要件

根据刑法第312条，掩饰、隐瞒犯罪所得、犯罪所得收益罪是故意犯罪。本罪的故意在认识因素上主要表现在两个方面：一是对特定对象的明知，即明知是他人的犯罪所得及其产生的收益；二是对自己行为的明知，即明知自己在对他人的犯罪所得及其产生的收益实施窝藏、转移、收购、代为销售或者其他掩饰、隐瞒行为。其中，对他人犯罪所得及其产生的收益的明知是前提，是认定行为具有掩饰、隐瞒性质的主观基础，没有明知，即使行为在客观上对他人

的犯罪所得及其产生的收益具有隐瞒、掩饰的效果,也不能认定行为构成本罪。可见,对他人犯罪所得及其产生的收益的明知是本罪成立的关键要件。对本罪明知的理解,应该注意下列问题。

1. 立法规定明知要件的必要性

我国刑法将掩饰、隐瞒犯罪所得、犯罪所得收益罪归属于妨害司法罪并限定为故意犯罪,一方面说明本罪的社会危害性集中地表现为对国家司法活动的侵害;另一方面说明故意对他人犯罪所得及其产生的收益实施掩饰、隐瞒行为是立法打击的重点。虽然,实际上也存在因过失而"掩饰"、"隐瞒"他人的犯罪所得及其产生的收益,也会在客观上对国家司法活动造成妨害,但是,立法仍然将本罪的过失行为排除在外,这里的主要考虑是:故意对他人的犯罪所得及其产生的收益进行掩饰、隐瞒的行为较之于过失的掩饰、隐瞒行为具有更为严重的社会危害性,体现了行为人更为强烈的主观恶性和人身危险性,因此,理应受到刑法的重点关注。如果规定过失行为也构成本罪,就意味着人们要承担一种刑法上的义务,即在从事商品交易或者接受他人对物的托管请求时,要对所交易或托管之物的来源进行合法性审查,如果人们应该认识到所交易或托管之物属于犯罪所得或其产生的收益,因为疏忽大意或轻信而没有认识到,那么,人们的交易行为或托管行为将构成犯罪而被追究刑事责任。且不说在其他法律没有对人们施加此种义务的情况下,刑法能否规定这种义务,即使这样规定,也必须考虑人们是否具有这样的判断能力和判断条件。果真如此,国家司法活动也许能够得到充分的保障,但因此惹来的巨大代价可能是我们所不愿看到的或是不能承受的,无论是从事商品交易还是物的托管,人们将心存疑虑、战战兢兢,生怕因赃物而受到牢狱之灾。很难想象,当防范、戒备、怀疑、不信任的情绪弥漫于市场和人们的日常交往中的时候,商品的自由流通和人际信任关系的建立能够成为可能!因此,刑法关于本罪明知要件的规定避免了刑法的苛刻和严酷,实际上是刑法对人性弱点的顺从和宽容,是对商品自由流通的保障,是刑法应该适度介入和干预社会生活的谦抑性原则的体现。

2. 明知的对象和内容

作为本罪的犯罪对象,他人犯罪所得及其产生的收益就其本身而言是客观存在,其所具有的赃物性质决定于产生其的来源行为的犯罪性,与行为人是否明知没有关系。但是,当它作为认识对象成为本罪构成要件时,它就将行为人的认识从对象到内容限定在一定范围内,即行为人不仅要认识到他人犯罪所得及其产生的收益作为"物"的存在,而且还要认识到这种"物"与犯罪的联系,因此,这种认识不是纯粹客观的事实认识,而是带有法律评价性质的规范认识。具体来说,这种认识具有两个主要特点:

首先，这种认识是对他人犯罪的认识。对他人犯罪的认识只要求认识到有犯罪事实发生即可，不要求对他人犯罪的性质、情节、触犯的罪名和应否追究刑事责任有具体的认识，因此，这种认识是抽象的、概括的、一般的认识。

其次，这种认识是对他人犯罪产生了赃物的认识，即要认识到他人犯罪与赃物之间的因果关系。对他人犯罪与赃物之间因果关系的认识也不要求是确切的、具体的，只要概括的、一般的认识到是他人犯罪所得或犯罪所得产生的收益即可，至于是何种犯罪所得及其产生的收益，也在所不问。

因此，如果对他人犯罪没有认识，没有认识到财物的赃物性则不能构成本罪。如果因为认识错误，将自己的犯罪所得及其产生的收益误认为是他人犯罪所得及其产生的收益，或者将本不是赃物的财物认为是赃物的，因行为缺乏对法益的实质侵害，尽管有主观犯意，也不构成本罪。

3. 明知的存在和程度

明知的存在是明知的有无问题，是指行为人对财物产生于他人犯罪的这种联系事实有没有认识，认识到这种联系，就具有明知，没有认识到这种联系，就不具有明知。明知的程度是指行为人对财物与他人犯罪之间的联系程度的认识，是行为人内心确信的程度。一般认为，明知在程度上包括两种情形：一是确知是赃物；二是认识到可能是赃物。确知是赃物是指对财物是他人犯罪所得及其产生的收益有清楚地了解和明确的认识，能够确认就是赃物。认识到可能是赃物是指对财物是他人犯罪所得及其产生的收益具有高度怀疑，认为属于赃物的可能性非常大，但又不能确切的肯定就是赃物。确知是赃物和认识到可能是赃物都是对赃物有认识，只是认识的程度有差别。可见，只有确定存在明知，才能进一步分析明知的程度，因此，应该将明知的存在和明知的程度加以区分，而不能混同。

明知的存在是事实问题，只有明知与没有明知的对立，没有第三种状态。在具体案件中，明知的存在需要认定，认定明知的根据是证据和其他事实，运用证据和其他事实认定明知需要一定的方法。这个问题将在本文第二部分进行讨论。在此，需要明确的是明知的程度对本罪构成的影响。

在理论上，根据明知的程度结合意志因素可以将本罪区分为直接故意犯罪和间接故意犯罪。行为人确知是他人犯罪所得及其产生的收益而实施掩饰、隐瞒行为的，构成本罪的直接故意犯罪。行为人认识到可能是他人犯罪所得及其产生的收益而实施掩饰、隐瞒行为的，是否构成本罪，需要最终确认行为人掩饰、隐瞒的就是他人的犯罪所得及其产生的收益。这是因为，虽然行为人对财物的赃物性具有高度怀疑，但财物不是犯罪所得及其产生的收益的可能性仍然存在，没有被完全排除，所以，行为人主观上认识到可能是犯罪所得及其产的收益，就必须在客观上排除不是犯罪所得及其产生的收益这种情形，只有这样，才符合主客观相统一的认定犯罪的原则。因此，在具体案件中，认定行为人因间接故意构成本罪，必须证明财物是犯罪所得及其产生的收益。

4. 明知的根据和标准

作为本罪的构成要件，明知是主观的，反映的是行为人的思想认识和心理态度。但是，作为本罪的构成事实，明知的存在必须是客观的，即要确认行为人具有明知这个事实。确认明知既需要事实根据，也需要判断的标准。

确认明知必须立足案情，从案件所反映的客观事实出发，既不能单纯依赖行为人的主观供述，也不能不考虑行为人的认知能力而搞客观认定。对本罪的明知"应当结合被告人的认知能力，接触他人犯罪所得及其收益的情况，犯罪所得及其收益的种类、数额、犯罪所得及其收益的转换、转移方式以及被告人的供述等主、客观因素进行认定"。①

在明知的判断标准上，理论界向来有一般人标准说、行为人标准说和折中说三种观点的分野。一般人标准说又称客观说，是指在具体的客观环境下，根据一般的经验、常识，一般人都能够认识到是赃物的，那么，行为人也就能够认识，从而具有明知。行为人标准说又称主观说，是指应根据行为人的年龄、知识水平、社会阅历等个体情况，行为人应当或可以认识到是赃物性质的，才能认为行为人具有明知。折中说认为，一般人标准说忽略了行为人自身在认识能力上的差别，行为人标准说则忽略了客观环境对人的认识能力的影响，二者均有缺陷，因此，认定行为人的"明知"，既要考虑到行为人自身的认识能力，又要考虑案件发生时的具体情况。从讨论情况看，大部分学者认为一般人标准说即可能冤枉无辜又可能放纵罪犯；折中说看似完善实则含糊其词、模棱两可；行为人标准说则体现了责任主义的要求，且能够为认定明知提供明确清晰的判断标准，因此，应该采用行为人标准说认定明知。② 本文认同这种观点。但是，从"两高"发布的司法解释看，司法解释对本罪明知的判断标准似乎是兼采一般人标准说和行为人标准说，但又不同于所谓的折中说，即将一般人标准作为认定具有明知的积极标准，同时又将行为人标准作为否定具有明

---

① 参见2009年11月11日起施行的最高人民法院《关于审理洗钱等刑事案件具体应用法律若干问题的解释》第1条第1款规定。

② 参见赵秉志、田宏杰、于志刚著：《妨害司法罪》，中国人民公安大学出版社2003年版，第283~284页。

知的消极标准。①

5. 明知的形成时间

本罪的明知是指行为人在实施掩饰、隐瞒的行为时，明知所掩饰、隐瞒的是他人犯罪所得及其产生的收益，因此，明知的时间是在行为时。理解本罪明知的形成时间需要注意两个问题：

一是本罪与产生赃物的其他犯罪（上游犯罪）之间的关系。从立法规定本罪与上游犯罪之间的罪质和逻辑关系看，本罪只能发生在上游犯罪之后，那么，是否可以认为，本罪的明知时间也只能在上游犯罪发生之后呢。本文认为，对他人犯罪所得及其产生收益的明知的时间既可以在上游犯罪发生之后，也可以在上游犯罪发生之前，甚至在上游犯罪发生的过程中，只要本罪行为人与上游犯罪行为人没有形成通谋关系，都符合本罪明知形成的时间条件。因此，那种认为本罪的明知只能发生在上游犯罪既遂之后的观点是不妥当的。当然，在上游犯罪发生之前或进行之中、尚未完成之前，只是知道他人将要实施犯罪或者正在实施犯罪，这虽然不是本罪构成要件中的明知的时间要求，但它的重要意义在于可以作为行为人对掩饰、隐瞒的是他人犯罪所得及其收益具有明知的证据。

二是要区分掩饰、隐瞒的具体情形，分别考察本罪明知的形成时间。对本罪的掩饰、隐瞒行为，法条列举了窝藏、转移、收购、代为销售或者以其他方法掩饰、隐瞒等方式。这几种行为方式具有不同的特点，明知的存在时间也会有不同。（1）窝藏方式中的明知时间。窝藏具有一定的时间持续性，明知可以存在于整个窝藏没有结束的期间，在窝藏结束前知道是赃物仍予以窝藏的，构成本罪。"窝藏"结束后得知是赃物的，不构成本罪。（2）转移方式中的明知时间。转移也具有一定的时间持续性，原则上，明知可以存在于转移期间，转移结束后才知道是赃物的，不构成本罪。但是由于转移方式的多样性和转移时间长短的不确定性，明知的形成时间会发生变化从而对本罪的成立产生影响，比如，转移发生后尚未结束前，知道是赃物的，但已经无法阻止转移继续或完成的，其行为不构成本罪；转移发生后尚未结束前，知道是赃物的，但仍有时间和条件阻止转移继续或完成的，而不阻止，其行为构成本罪。（3）收购方式中的明知时间。在收购情形中，明知只能发生在事前，收购后知道是赃物的，不构成本罪。（4）代为销售方式中的明知时间。在代为销售情形中，

---

① 笔者认为，2009年11月11日起施行的最高人民法院《关于审理洗钱等刑事案件具体应用法律若干问题的解释》第1条第2款关于将7种情形认定为具有明知的规定体现了上述观点。

明知只能发生在事前和销售的过程中,销售后知道是赃物的,不构成本罪。

根据上述分析,在本案中,仅仅查明被告人王某某购买了提某某所窃取的被害人武某某的黄金的事实尚不能认定王某某的行为构成掩饰、隐瞒犯罪所得罪,还必须确认一个关键事实,即王某某在购买黄金时对黄金是犯罪所得要具有明知。王某某是否具有明知不是王某某是否承认的问题,而要根据案件事实运用证据和证明规则加以认定和确认。因此,本罪明知的确认在具体案件中就从一个实体法问题转化为诉讼证明问题,而这正是问题的复杂所在。

(二) 本罪明知的诉讼确认

从实践看,本罪案件往往是在上游犯罪案件被查处后,在追查上游犯罪所取得的赃物的过程中被发现的,因此,这类案件在证据上的一个鲜明特点是,财物属于犯罪所得及其收益的证据是充分的、确实的,本罪行为人与上游犯罪行为人存在赃物的交易或者赃物的托管的事实也是清楚的,但是,在本罪行为人对财物的赃物性是否明知的问题上,证据可能是不充分的,本罪行为人会称不知是赃物,上游犯罪人也会供述没有告诉是赃物,从而发生认定上的困难。这其中的主要原因是,赃物的交易或托管具有物的交易或托管的一般属性,具有形式上的合法性,在客观上为本罪行为人进行辩解否认其具有明知提供了有利条件。这是本罪与其他故意犯罪在明知认定上的一个重要区别,就像在本案中,盗窃黄金的提某某无法否认自己没有明知,因为入室窃取被害人武某某的黄金行为本身就具有非法性,就充分证明了提某某的明知和犯罪故意。而王某某购买黄金的行为本身却不能直接说明行为的非法性,不能说明王某某具有明知和犯罪故意,王某某完全可以否认自己不知道黄金是偷来的赃物。黄金是赃物有充分证据,但王某某是否知道黄金是赃物却存在认定上的困难。因此,如何运用证据和证明规则认定和确认明知就成为这类案件的关键。

在刑事审判中,确认本罪行为人是否具有明知,无外乎两种方式:一是运用证据证明的方式;二是通过推定认定的方式。这两种方式在"两高"颁布的涉及本罪的司法解释中都有规定。① 存在争议的是司法解释中的哪些条款是对推定认定明知方式的规定,推定认定方式与运用间接证据证明方式有何区别,还有,在本罪明知的确认上是否应该将"应当知道"认定为具有明知等。

---

① 笔者认为,2009年11月11日起施行的最高人民法院《关于审理洗钱等刑事案件具体应用法律若干问题的解释》第1条第1款是关于运用证据认定明知的规定,2007年5月11日起施行的最高人民法院、最高人民检察院《关于办理与盗窃、抢劫、诈骗、抢夺机动车相关刑事案件具体应用法律若干问题的解释》第6条是关于通过推定认定明知的规定。

下文将围绕上述问题进行讨论。

1. 对本罪明知要件事实的证据证明

证据是案件事实的基石，运用证据证明明知的存在从来都是第一位的。运用证据对本罪明知的证明需要注意下列问题：

首先，这种证明是对单一构成要件事实的证明。本罪明知是主观要件，因此，对本罪明知要件事实的证明属于对单一要件事实的证明。但是，由于明知要件与本罪其他构成要件尤其是客观方面的要件存在相互依存的密切联系，因此，证明其他要件事实的证据也会成为证明明知的证据。也就是说，对明知要件事实的证明要放在对本罪构成事实的整体证明中去认识。

其次，对本罪明知的证明要立足于首先运用直接证据加以证明。直接证据能够直接说明案件事实，不需要推理，只需要确证，因此，直接证据对明知的证明就在于直接证据所包含的事实信息本身就说明了行为人的思想认识和心理活动，确证了明知的存在。证明明知的直接证据可以是一个，也可以是多个。这些直接证据包括：本罪行为人承认明知的供述、同案犯关于共谋的供述、上游犯罪行为人承认告诉本罪行为人赃物的供述、证明本罪行为人具有明知的证人证言、本罪行为人目睹上游犯罪的发生、知道上游犯罪人正在受到追查而购买或托管赃物等。直接证据的证明力很强，如果一个案件存在充分的直接证据能够证明明知的存在，就可以认定本罪行为人具有明知。直接证据对明知程度的证明结论是确知，而不是知道可能是赃物。

最后，如果直接证据不能证明明知的存在，那么，运用间接证据证明明知就成为第二选择。间接证据又称情况证据，其对明知的证明具有这样的特点：（1）通过推理确定明知。间接证据所显示的事实信息本身不能直接说明行为人的思想认识和心理活动，但是其所潜藏的信息却能够反映行为人的思想认识和心理活动，因此，间接证据对明知的证明存在一个推理的过程，这是间接证据证明方式与直接证据证明方式的显著区别，前者是通过推理间接"反映"明知，后者是通过陈述事实直接"说明"明知。这种推理的根据是间接证据所反映的事实与一般社会经验常识所认识的事实之间具有某种内在联系。从司法实践看，反映赃物交易或托管过程的下列间接证据可以证明行为人对赃物具有明知：一是从赃物交易或托管双方的身份、职业、熟悉程度、联系方式方面，反映明知；二是从赃物交易或托管的时间、地点、双方接触方式方面，反映明知；三是从所交易或托管的赃物本身的种类、特征和性质方面，反映明知；四是从赃物交易或托管的具体方式和手段方面，反映明知；五是从赃物交易或托管的价格、费用方面，反映明知；六是从赃物交易或托管后对赃物处置方面，反映明知。（2）要遵循间接证据证明规则的一般要求。由于根据单一的间接证据通过推理所形成的结论不具有唯一性和确定性，因此，运用间接证据证明明知也要满足间接证据证明规则的一般要求：a. 据以定案的间接证据已经查证属实；b. 据以定案的间接证据之间相互印证，不存在无法排除的矛盾和无法解释的疑问；c. 据以定案的间接证据已经形成完整的证明体系；d. 依据间接证据认定的案件事实，结论是唯一的，足以排除一切合理怀疑；e. 运用间接证据进行的推理符合逻辑和经验判断。[①]（3）间接证据证明的明知程度可以是确知，也可以是知道可能是赃物。

2. 对本罪明知要件事实的推定认定

所谓刑事推定，是指在刑事诉讼中，为了缓解司法证明的困难，国家基于一定的刑事政策和价值选择，依法允许控方和裁判机关通过确认某一基础事实而直接认定犯罪构成某一要件事实存在的一种案件事实认定机制。[②] 作为推定的重要内容，对明知的推定主要存在于以特定明知为构成要件的犯罪中，具体到本罪，所谓通过推定认定明知，是指以本罪案件中已经存在的某一确定的基础事实为根据直接认定行为人对所交易或托管的财物属于他人犯罪所得及其产生的收益具有认识，从而确认明知要件事实的存在。对本罪明知的推定认定固然有其特殊性，但同样必须遵循推定的一般规则。

首先，推定只有在运用证据不能或难以证明犯罪构成某一要件事实的情况下才能依据法律或司法解释的规定适用。允许推定的目的主要是为了缓解司法证明的困难，体现国家的刑事政策，比如对重点犯罪的严厉打击要求，因此，推定在一定程度上降低了控方对犯罪的证明程度，将部分案件事实的证明责任转移给被告人，对被告人不利，因此，推定必须遵循法律和司法解释的规定，不得随意扩大推定的适用范围。

其次，推定的基础事实必须限定在法律或司法解释规定的范围内，且必须有充分的证据证明。在刑事推定中，作为推定的前提事实是某一基础事实，根据基础事实得出的未知事实是推定事实，也就是需要确定的案件事实。之所以能够从某一基础事实推定出未知事实的存在，其根据是因为社会常识和经验表明该已知的基础事实通常会与该未知事实并存，而且这种并存的概率非常高，

[①] 最高人民法院、最高人民检察院、公安部、国家安全部、司法部《关于办理死刑案件审查判断证据若干问题的规定》第33条规定。

[②] 参见樊崇义、史立梅：《推定与刑事证明关系之分析》，载《法学》2008年第7期。

即"甲事实存在",则"乙事实存在"。① 推定规范设定后,裁判者就有一种事实认定义务,即只要基础事实存在,就必须确认推定的事实,被告人如果不能对推定进行有效的反驳,就必须承受被定罪处罚的不利后果。可见,基础事实是推定的基石,基础事实的范围大小和真实性的程度以及与推定事实之间的并存程度决定着推定的适用范围,关系到无罪推定原则、证据裁判主义和控方承担证明责任等原则和规则在刑事诉讼中的贯彻和执行。正因为如此,为了防止滥用推定规则,推定的基础事实必须由法律或司法解释作出明确规定,从这个意义上讲,基础事实具有法定性。② 基础事实依法确定后,具体案件是否存在基础事实,必须有充分的证据证明,要达到事实清楚的程度,只有这样才能进行推定。

再次,推定事实是法定事实。推定事实不是现有证据证明的结果,而是基于基础事实与推定事实之间所具有的常态联系(非必然联系)所作出的一种选择,具有假定性,即通常情况下,存在基础事实,推定事实也会存在,但是,假如出现例外情况,推定事实就可能不会出现,这种推定就会失真。就是说,推定事实在客观上具有一定的或然性,不具有唯一性和确定性。因此,推定事实不是基于证据通过严密逻辑论证的产物,而是立法基于社会常识进行刑事政策选择的产物。在这个意义上说推定事实就是法定事实。

最后,推定将部分案件事实的证明责任转移给了被告人。在推定规则中,控方承担对基础事实的证明责任,然后依据法律或司法解释的规定,根据基础事实得出推定事实。被告方为了推翻推定事实,必须提出证据证明基础事实与推定事实之间存在例外关系,即在本案中,不能根据基础事实得出推定事实,那么,推定事实就不能得到认定。否则,推定事实就依法成立。

基于对推定的上述认识,在本文看来,在"两高"颁布的涉及本罪明知要件事实认定的司法解释中,只有2007年5月11日施行的"两高"《关于办理与盗窃、抢劫、诈骗、抢夺机动车相关刑事案件具体应用法律若干问题的解释》规定了推定规范。该解释第6条规定:"行为人实施本解释第一条、第三条第三款规定的行为(注解),涉及的机动车有下列情形之一的,应当认定行

---

① 参见[美]乔恩·R.华尔兹著:《刑事证据大全》,何家弘等译,中国人民公安大学出版社1993年版,第314页。

② 比如,2007年5月11日起施行的最高人民法院、最高人民检察院《关于办理与盗窃、抢劫、诈骗、抢夺机动车相关刑事案件具体应用法律若干问题的解释》第6条规定的推定认定明知的两种情形:没有合法有效的来历凭证以及发动机号、车辆识别代号有明显更改痕迹,没有合法证据的,这两项事实就是基础事实,是法定事实。

为人主观上属于上述条款所称'明知'：（一）没有合法有效的来历凭证；（二）发动机号、车辆识别代号有明显更改痕迹，没有合法证明的。"该解释第6条应该属于明知的推定规范。主要理由是：一是该解释明确限定了基础事实的范围。解释中的（一）和（二）是基础事实。这两项基础事实不是一般的生活事实，具有典型性，从反面反映了法律对机动车管理的基本要求，即机动车买卖、修理、改装、拆解等必须要有合法有效的来历凭证，机动车的发动机号、车辆识别代号等标示车辆身份的重要信息和标志不得随意更改。二是基础事实与推定事实之间的常态联系符合法律对机动车管理的基本要求和社会一般人的认识水平。在通常情况下，能够从这两项基础事实推定出车辆来源非法的事实，这是因为，这两项基础事实违反了法律对机动车管理的基本要求。也就说，只有来源非法的车辆才没有合法的来历凭证和合法的更改证明。三是推定车辆来源非法是推定行为人具有明知的前提，没有推定车辆来源非法，就不能推定行为人具有明知。四是该解释将否定车辆来源非法的证明责任转移给行为人，即只要行为人对该车辆提供了合法的来历凭证和合法更改证明，或者确实无法知道该机动车来源非法的，就可以推翻其知道该车辆来源非法的认定，进而推翻其具有明知的认定。比如，出卖方提供的机动车交易凭证非常逼真，仅凭肉眼和经验难以识别真伪，行为人认为具有合法的来历凭证而购买的，就不能认定为行为人具有明知。五是如果行为人不能提出证据证明机动车的合法来历或合法更改证明的，或者否定其知道机动车来源非法的，就会被认定为对车辆来源非法具有明知，既然明知车辆来源非法，仍然实施买卖、拆解、改装、更改车辆颜色、提供有关机动车证明和凭证等行为的，其行为就构成掩饰、隐瞒犯罪所得罪。很显然，在上述司法解释中，对行为人具有明知的确认是根据两项基础事实直接认定的结果，而不是运用证据证明的结果。基础事实需要证据证明，但推定的明知事实却是建立在其与基础事实通常具有的内在联系的基础上，是司法解释选择的结果。

通过上述分析，可以看出推定认定明知与间接证据证明明知具有一定的相似性，即作为推定前提的基础事实也是案件中的一些间接证据，推定事实就是从作为间接证据的基础事实中得出的，这与运用间接证据证明案件事实如出一辙；像推定中基础事实与推定事实之间要具有常态性联系一样，运用间接证据对未知案件事实的证明也需要从社会生活经验和常识中寻找和发现间接证据所反映的问题与未知案件事实之间是否存在某种内在联系；另外，二者对未知案件事实的确认都是间接的等。但是，二者之间存在重大区别，不能混同。

推定与运用间接证据的证明之间的主要区别在于：（1）在证明责任的分配上，在推定中，控方在承担基础事实的证明责任后，就将部分案件事实的证明责任转移给了被告人；而运用间接证据证明案件事实的责任依然全部在控方，不存在证明责任转移问题。（2）在对证据的充分性要求上，推定的要求程度上要低于间接证据的证明要求。在推定中，推定事实的证明力依靠的是基础事实是否具有代表性和典型性，在于基础事实与推定事实之间的常态联系是否具有高度的并存性。基础事实与推定事实的并存程度越高，推定事实就越真实可靠，一个基础事实的存在就可以推定另一个待证事实的存在，因此，基础事实与推定事实之间往往是一对一的关系；在间接证据证明中，间接证据与所要证明的案件事实之间不具有常态性的联系，而是偶然的、具体的、几乎没有并存性，间接证据对未知案件事实的证明力取决于间接证据本身是否充分与真实，因此，间接证据对案件事实的证明常常是多对一的关系，多个间接证据综合起来证明一个完整的案件事实。（3）在对未知案件事实的选择和确定上，推定事实是设定的事实，具有法定性和不可选择性。间接证据所证明的案件事实则是不确定的。因为，推定规范具有强制性，只要出现法定的基础事实，在被告人不能有效否定的情况下，裁判方就只能根据基础事实确认推定事实，不能进行自由心证。运用间接证据对未知案件事实的证明需要进行严密的逻辑论证，是裁判官自由心证的产物，裁判官不同，得出的证明结论可能不同。（4）推定是法律或司法解释创设的认定案件事实的规范，是法律问题，涉及法律风险在不同主体之间的分配，体现了某种刑事政策和价值观的需要。运用间接证据的证明遵循的是证据裁判主义，是事实问题，不涉及法律风险在不同主体之间的分配。

依据上述对推定和运用间接证据的证明之间界限的理解，本文认为，2009年11月11日施行的高法《关于审理洗钱等刑事案件具体应用法律若干问题的解释》第1条第2款对认定明知的7种情形的规定，不是认定明知的推定规范，而是对运用间接证据证明明知的提示性和注意性规定。首先，该解释规定的7种情形所反映的是本罪客观方面的行为事实，是掩饰、隐瞒行为的具体手段、方式和途径以及其他情状。这些作为本罪客观方面要件的事实因素，能够从客观方面反映行为人的思想认识和心理态度，即行为人对其协助转换、转移、收购的他人财物属于非法来源的财物是具有认识的，至少是认识到可能是赃物，因而具有明知。这种对明知认定的证据基础来源于案件事实本身，且是通过严密的逻辑论证得出的，没有跨越推理和论证的环节，不是直接认定的。这与推定的认定机制有着重大不同。其次，该解释没有改变控方和行为人在证明责任关系中的地位，证明明知的责任没有转移给行为人，控方仍然承担证明明知的完全责任。最后，该解释对明知的认定规定不具有强制性。该解释明确指出，对具有7种情形之一的，可以认定为具有明知，同时规定有证据证明确实不知道的除外。这与推定规范所具有的强制性有着显著差别。

3. 是否应该将"应当知道"认定为明知

在本罪明知的认定中，还有一个争议的问题，即是否应该将"应当知道"认定为明知。这一争议源自司法解释的规定。1992年12月11日"两高"联合发布的《关于审理盗窃案件具体应用法律的若干问题的解释》，规定将"应当知道"认定为明知。该解释第8条第1项规定："认定窝赃、销赃罪（即现行刑法第312条所规定的掩饰、隐瞒犯罪所得、犯罪所得收益罪——笔者注）的'明知'，不能仅凭被告人的口供，应当根据案件的客观事实予以分析。只要证明被告人知道或者应当知道是犯罪所得的赃物而予以窝藏或者代为销售的，就可以认定。"但是，最高人民法院在随后发布的与本罪明知认定有关的两个司法解释则取消了将"应当知道"认定为明知的规定。这两个司法解释分别是1997年11月4日最高人民法院通过的《关于审理盗窃案件具体应用法律若干问题的解释》和2009年11月4日最高人民法院发布的《关于审理洗钱等刑事案件具体应用法律若干问题的解释》。需要说明的是，"两高"就其他一些以对特定赃物具有明知为构成要件的犯罪案件所做的司法解释，仍然规定将"应当知道"认定为具有明知。①

至少从形式看，司法解释将"应当知道"认定为明知的规定可能在理论上和法律上面临一些问题。在法理上，将应当知道认定为知道（明知）混淆了法律问题和事实问题的界限。应当知道是知道义务与知道能力的统一，是对行为人的规范要求，是法律问题。而知道（明知）是事实问题，只有知道与不知道的区分和在知道程度上的差异。应当知道而不知道其实就是不知道，将应当知道认定为知道等于将不知道认定为知道，这是荒谬的。在法律上，将应当知道认定为明知混淆了犯罪故意或犯罪过失的界限，违反了法律只处罚故意犯罪的规定。将应当知道认定为明知，就是要求行为人在进行物的交易或托管时要对物的来源是否合法进行审查，如果行为人对赃物本应知道也能够知道，但因属于审查而不知道的，这是由于过失造成的，不是故意。但是，依据司法解释的规定，却要认定为明知，也就等于说，因过失而不知道也是故意，也要定罪处罚。在这里，犯罪故意和犯罪过失之间的界限消失了，本不应受到处罚的过失行为也要被认定为故意犯罪。显然是违反法律规定的。

上述对司法解释的批评意见，是建立在对应当知道通常含义理解的基础

---

① 参见2000年11月22日施行的最高人民法院《关于审理破坏森林资源刑事案件具体应用法律若干问题的解释》第10条规定，2007年12月25日起施行的最高人民法院、最高人民检察院、公安部《办理毒品犯罪案件适用法律若干问题的意见》第2条规定。

上。如果撇开这种通常理解，从司法解释所要表达的真实意图和目的来看，也许要对这一规定进行重新理解。在本文看来，可以从三个方面把握这一规定的内涵：一是"应当知道"的中心是"知道"，而不是不知道，即行为人知道是赃物。因此，不能把"应当知道"理解为"事实上不知道"但"应当知道"。二是"应当知道"的关键是"应当"，"应当"不是对行为人知道义务和知道能力的要求，而是面对行为人否认明知的辩解，意在强调行为人对赃物是知道的，是对行为人辩解的否定。三是"应当知道"表达的是一种司法认定，即站在裁判的立场也认为行为人对赃物是有认识的，具有明知。上述理解可能符合司法解释的本意，但却背离了应当知道的通常含义。因此，为了避免因词不达意所造成的误解，最好的办法就是取消这样的规定，用另一种方式表达司法解释的真正意图。既然将"应当知道"认定为明知，那么，可以采用这样的表述方式：具有什么情形的，可以认定行为人明知是犯罪所得及其收益；或者，具有什么情形的，应当认定行为人明知是犯罪所得及其收益。也许是认识到这种规定的缺陷，最高人民法院在就本罪明知认定的司法解释中取消了将应当知道认定为明知的规定。

（三）确认王某某明知黄金是犯罪所得的根据和理由

在上述问题分析的基础上，回头再看本案。面对被告人王某某否认明知的辩解，一审判决认定王某某具有明知，其行为构成掩饰、隐瞒犯罪所得罪。本文认同一审判决的定案结论，但同时认为，从判决书表述的内容看，一审判决仅以购买黄金的价格明显低于市场价为由认定王某某具有明知，而没有结合其他证据进行充分的推理论证，有失于简单之嫌；一审判决沿用"应当知道"的表述有违现行司法解释的规定；且本案在证据上似乎存在一些瑕疵，使得一审判决的证据基础不够扎实。接下来，本文拟结合本案证据和事实对如何确认王某某具有明知展开讨论。

首先，本案没有认定王某某具有明知的直接证据。从证据与本罪构成事实之间的证明关系看，本案客观方面的犯罪事实有较为确实充分的证据证明，主要表现在：王某某的供述和提某某的证言证明王某某两次购买被盗黄金的事实；提某某的证言证明黄金是赃物的事实；金店店主林某某的证言证明了提某某欲出售赃物黄金的事实和王某某借机索要漏失黄金价钱的事实；物价局的涉案资产价格认证书证明了被盗黄金市场价格的事实。上述证据既有直接证据，也有间接证据；既有被告人的供述，也有证人证言；既有言词证据，也有实物证据。这些证据分别从赃物买卖的对象、方式、次数、价钱等方面对王某某购买提某某所盗黄金的行为事实做了全面反映。但是，本案主观方面的事实即王某某是否明知黄金是犯罪所得缺少直接证据的证明，主要表现在：王某某供述不知道黄金是偷来的，提某某的证言显示提某某没有告诉王某某黄金是偷来的，王某某的丈夫也称不知王某某购买了黄金。因此，对王某某明知的认定无法运用直接证据加以证明。

其次，综合全案证据能够间接证明王某某具有明知。尽管没有直接证据证明王某某具有明知，但是综合全案证据可以认定王某某明知黄金是犯罪所得。如上所述，本案客观方面的证据确实充分，这些证据所反映的事实能够揭示王某某的心理活动，说明王某某对黄金来源非法是有认识的。具体分析如下：

从判决叙述的情况看，王某某与提某某相互认识，说明王某某对提某某的身份、职业、家庭和经济状况以及品行等基本情况是了解的。如果说提某某第一次以很便宜的价钱卖给王某某戒指，王某某是贪图便宜，没有怀疑黄金的来源，是情有可原的话；那么，当提某某第二次又以同样的价钱卖给她半截金项链时，王某某如果对黄金的来源不产生怀疑，仍然以贪图便宜为借口，则是违背常理的，因为，当黄金的出卖者本可以卖得更高价钱却连续两次以同样很低的价钱出卖黄金，这种情况在任何一个对黄金和黄金市场有所了解的人看来，是极不正常的，人们会很自然地发出这样的疑问：提某某为什么把黄金卖得这么低？他卖的黄金是怎么来的？难道王某某就不会产生这样的疑问？还有，王某某在购买提某某的黄金后，还不忘向提某某打探加工黄金的数量、种类和金店店址，而且连续两次向金店店主索要遗漏黄金的价钱，这一事实更能说明问题，如果王某某对黄金的来源没有发生怀疑，那么，王某某有什么理由还要在购买黄金之后打探这些问题呢？王某某怎么能有底气认为金店店主扣留了一些黄金？怎么敢连续两次向金店店主索要金钱以至于拿到1800元才善罢甘休？所有这些现象都集中说明了一个问题，即王某某已经认识到黄金来路不正，只不过王某某不明说而已，或者不愿承认罢了。

需要强调的是，上述对王某某具有明知的分析是运用本案间接证据证明的结果，不是通过推定认定的。具体理由见本文"对本罪明知要件事实的推定认定"的分析部分。在此不再赘述。

另外需要指出的是，本案一审审理和判决的时间发生在 2012 年，在 2009 年 11 月 11 日施行的最高人民法院《关于审理洗钱等刑事案件具体应用法律若干问题的解释》是专门对洗钱案件、掩饰、隐瞒犯罪所得、犯罪所得收益案件如何适用法律所做的解释，该解释在本罪明知的认定上，不再规定将"应当知道"认定为明知，因此，本案一审判决仍然沿用"应当知道（明知）"的表述与现行司法解释是不符合的。妥当的表述是在分析理由之后，就直接认定王某某具有明知。

最后，本案的证据瑕疵。从一审判决书所列举的证据种类以及对证据内容的描述看，似乎存在一些需要补充和完善地方，比如，没有失窃黄金的被害人武某某的证言，使得黄金作为赃物的事实欠缺来源证据；没有对提某某如何处理的证据，使得提某某的盗窃行为与黄金之间的联系缺少法定结论；对王某某和提某某发生黄金买卖行为时双方的对话内容没有揭示，使得对王某某心理活动的分析基础不足；没有对黄金的重量、含量的说明，没有案发时同类黄金的市场价格数据，使得对王某某购买价格与市场价格的悬殊程度没有清晰的数据比较。如果这些内容在证据中能够得以体现，那么，对本案事实的认定基础将更加扎实和充分。

余论：

分析到这儿，有一个问题需要进一步讨论，即购买赃物的价格因素对认定明知究竟有多大作用？2009年11月11日施行的最高人民法院《关于审理洗钱等刑事案件具体应用法律若干问题的解释》第1条第2款第3项规定"没有正当理由，以明显低于市场的价格收购财物的"可以认定被告人明知系犯罪所得及其收益，但有证据证明确实不知道的除外。本案判决也将价格因素作为认定明知的主要理由。这种规定的逻辑是，因为是赃物，犯罪行为人要急于出手，所以其价格会明显低于市场价。反过来，如果购买财物的价格明显低于市场价的，财物就可能是犯罪所得或其收益。因此，赃物因素成为影响价格的主要因素，又进一步成为认定明知的一个理由。适用此规定需要注意：（1）从一般情况看，赃物因素对财物交易价格会产生重大影响，是造成其价格明显低于市场价的主要因素，但是，不能反过来说，只要财物的交易价格明显低于市场价，财物就可能是赃物。对赃物的认定要以查明产生赃物的上游犯罪事实为根据。（2）应该为赃物价格明显低于市场价格设定一个标准，即赃物的价格低于市场价格的多少才是明显低于，可以考虑以低于市场价格的60%作为明显低于的界限。（3）赃物价格明显低于市场价是客观判断，如果行为人对此没有认识，或者赃物价格并不明显低于市场价格甚至接近或高于市场价格，就不能将价格因素作为认定明知的一个理由，而应该结合案件其他证据认定明知。

（整理人：张补联）

九、拒不执行判决、裁定罪

案例1：李某工程建设纠纷拒不执行判决案
——拒不执行判决、裁定罪的认定

一、基本情况

案　由：拒不执行判决、裁定

被告人：李某，男，2007年3月20日被上海市浦东新区人民法院处司法拘留十五日；因本案于2007年4月4日被刑事拘留，同年4月30日被逮捕；现羁押于上海市浦东新区看守所。

二、诉辩主张

（一）人民检察院指控事实

上海市浦东新区人民检察院以沪浦检刑诉〔2007〕第1246号起诉书指控被告人李某犯拒不执行判决、裁定罪。

（二）被告人辩解及辩护人辩护意见

被告人李某提出没有人告知由他负责千世钢结构公司和点式幕墙公司与新世界公司的执行一事，他不是两公司的法定代表人，也不是实际负责人。他也不清楚通过千世钢结构公司划转后归还工程带资时所借钱款的行为即是拒不执行行为。

辩护人提出李某不构成拒不执行判决、裁定罪。理由如下：1. 法院执行庭未告知过李某负有执行义务，李某也就无从明知自己是原审判决的被执行人，无法认定李某主观上具有拒不执行的意愿。2. 千世钢结构公司承建的川汽公司的工程是带资工程，千世钢结构向他人借款用于承建工程，起诉书认定

4笔款项均是川汽公司的工程款，千世钢结构公司收到川汽公司钱款后归还带资时所借款项，而并不是转移或隐瞒财产，主观上不具有拒不执行的故意。

3. 本案尚未达到后果特别严重的程度。庭审中被告人李某及其辩护人均未出示证据。

三、人民法院认定事实和证据

（一）认定犯罪事实

被告人李某系千世钢结构公司、点式幕墙公司直接负责的主管人员。2004年5月，千世钢结构公司和点式幕墙公司与新世界公司签订《建设工程施工合同》，在工程建设过程中发生经济纠纷。2006年6月16日，经云南省昆明市中级人民法院二审判决千世钢结构公司、点式幕墙公司于判决生效后10日内应退还新世界公司工程款1779145元。2006年9月5日，上海市浦东新区人民法院经上海市高级人民法院受托执行千世钢结构公司、点式幕墙公司和新世界公司的合同纠纷案。同年9月中旬，上海市浦东新区人民法院用信函的形式告知千世钢结构公司和点式幕墙公司须履行法院的判决。同年11月22日，上海市浦东新区人民法院依法对千世钢结构公司进行搜查

2006年11月29日，川汽公司将人民币30万元工程款打入千世钢结构公司华夏银行账户上，同日该笔款项即被转入青城公司账户内。2006年12月25日，千世钢结构公司从川汽公司收取4张银行承兑汇票共计工程款人民币110万元，后分别被汇至夏新电子股份有限公司、浙江泰康电子有限公司、中国农业银行辽宁东港市支行营业部、上海百思得货运代理有限公司。2007年2月16日，被告人李某伙同黄勇（另行处理）通过虚构债务方式骗得成都市公证处公证确认及成都市龙泉驿人民法院民事裁定书，获取上海市浦东新区人民法院已通知川汽公司扣划的应支付千世钢结构公司的工程款人民币116万元，被告人李某得款后将上述钱款用于还债等。

上海市浦东新区人民法院认为，被告人李某作为被执行单位的主管人员，对人民法院的判决、裁定有能力执行而拒不执行，情节严重，其行为已构成拒不执行判决、裁定罪。公诉机关指控的犯罪成立，予以支持。

（二）认定犯罪证据

上述证据均经庭审举证，并经控辩双方质证属实，上海市浦东新区人民法院予以确认。

1. 云南省昆明市中级人民法院民事判决书，证实千世钢结构公司、点式幕墙公司应共同偿还新世界公司177万余元的事实。

2. 昆明市五华区人民法院委托执行函、受托案件转交函，证实上海市浦东新区人民法院取得了执行主体的资格。

3. 上海市浦东新区人民法院执行通知，证实受委托执行的法院已经对千世钢结构公司和点式幕墙公司发出执行通知的事实。

4. 上海市浦东新区人民法院出具的民事裁定书、协助执行通知书、公函，证实由于千世钢结构公司未履行判决确定义务，法院对千世钢结构公司在川汽公司的货款人民币200余万元予以查封、冻结或扣划的强制执行措施。

5. 工作笔录、搜查笔录和证人张清波的证言，证实千世钢结构公司在东方路办公及拒收信件的事实。

6. 证人徐满煌的证言和情况说明，证实2006年6、7月的一天，陈海群叫他到千世钢结构公司做业务员。在东方路千世钢结构公司，郑微告诉他公司在昆明打的官司败诉，昆明方面来讨债，老板叫他做公司法人。他当即表示不愿意。后在陈海群等人劝说下就在材料上签了字。公司转给我98%的股份，他实际未出一分钱。他在千世钢结构公司任法人期间，从未过问公司事务，公司的运作还是以前的人员，李某掌管公司事务，无非是用他的名义应付昆明这起官司。

7. 证人陈海群的证言，证实2006年5月的某天，郑微找到他称昆明有一起案件，郑薇所在公司是被告，已进入二审阶段，希望他代理。经了解二审实质性改判无望，他就提出可以提供申诉等法律方面有偿服务。过了一段时间，李婷怡、郑微找到他讲二审判下来基本维持原判，千世钢结构公司赔偿原告方200余万元。李婷怡希望他代理申诉以及李婷怡平凉路一幢房子解封事宜，最后李婷怡谈到公司变更的问题。李婷怡、李某是姐弟，李婷怡是出头露面，李某在幕后指挥。李婷怡希望公司股东及法人变更为与他们家人无关人员。他提供了徐满煌这一人选并将千世钢结构公司法人及股东变更为徐满煌。徐满煌没有出资，纯粹是帮李家的忙。李家知道昆明这件案件会给家庭带来影响，为减少压力，找人代任公司法人，延缓法院的执行。

8. 证人郑微的证言，证实千世集团是一个家族企业，由李某掌控。她于2006年3月进入千世建筑设计有限公司任经理助理。千世钢结构公司是千世集团中产生经济效益的下属单位，经理是李某，千世集团下属公司不设总经理。她进入千世集团工作后得知李某的千世钢结构公司与新世界公司一审败诉。2006年5月下旬，李某、李婷怡在东方路公司的办公地讲如果二审败诉会牵涉李的家人，为了避免这件事产生，叫她处理千世钢结构公司法人变更。她找了陈律师将千世钢结构公司法人李国强变更为徐满煌。徐满煌其实只是形式，变更法人后掌控千世钢结构公司的还是李某。李婷怡掌管财务。李某明确告知徐满煌，昆明的官司结束，公司法人重新变更为李家人。千世钢结构公司的资金进出及使用是李某决定，李婷怡具体操办。

9. 证人李婷怡的证言，证实千世钢结构公司的法人是李国强，经理是李某，点式幕墙公司的法人是她。但2006年6月开始，这两家公司的法人均改为徐满煌。当时昆明的官司输了，涉及执行问题，李某叫郑微请了陈海群律师，陈律师提出变更法人并找来了徐满煌。这件事李某是知道的，具体是她办的。李某为了昆明的官司不牵涉家人，所以同意陈律师提出的法人变更的办法。徐满煌当法人后，没有在公司上过班，也没有处理过公司的事务。

2005年，李某与四川富临集团、川汽公司签订了一份价值一千多万元的合同，工程已完成，但四川方未支付合同款，李某就委托她催款。2006年12月25日，她到成都川汽公司以千世钢结构公司的名义签收了4张银行承兑汇票，票面金额总计110万元。因为川汽公司建厂是以填资的方式，当时贷款没有成功，他们以房产作典押向刘某借了100万元，月息很高。当他们拿到川汽公司的4张汇票后，李某与她认为刘某的借款利息超出了他们的承受能力，应该马上还清。2006年12月26日，由她把这4张汇票给刘某算作还100万元的借款，刘某给她3万元，另7万元算作利息。

10. 证人李国强的证言，证实他是千世钢结构公司的法定代表人，但他只是挂名，公司由儿子李某管理经营。他任千世钢结构公司的法人委托李某在外开展业务，新世界公司与千世钢结构公司这笔业务，是他全权委托李某与新世界公司做的，与新世界公司的业务均由李某负责。

11. 证人高胜男的证言，证实千世集团是母公司，千世钢结构公司和点式幕墙公司是子公司。千世集团是私人企业。李某主管千世集团下属公司的经营、人事等方面，李婷怡主管财务，但李婷怡遇到重大事情须向李某汇报。有次开会时，陈律师劝李某将钱归还给云南一家企业。法院来执行时，李某躲在后面，让她出面应付。

12. 证人陈和庚的证言，证实他系新世界公司的副总经理。新世界公司与李某代表的千世钢结构公司于2004年5月20日签订了建设合同。千世钢结构公司的法人是李国强，但李某说自己是公司的全权负责人。该工程业务往来、付款，新世界公司一直与李某联系的。

13. 证人吉某的证言，证实青城公司与千世钢结构公司均为李某家族企业。

14. 证人黄勇的证言，证实2006年年底或2007年年初经陈海群介绍与李某熟悉。听李某讲2006年12月上旬曾到成都找川汽公司讨工程款，川汽公司没有支付。2007年1月下旬，李某从川汽公司得悉，已将李某300万元工程款中的120万元支付给中间介绍人作为佣金,另外一部分被浦东法院查封,而李某急需这笔余款解决个人的事情。2007年2月20日左右,李某告诉他川汽公司答应给钱,于是他俩一起到川汽公司签订了一份虚假的借款协议并办理了公证手续,由公证处出具了一份具有强制执行力的公证书。后李某与他及川汽公司人员一起到龙泉驿区人民法院申请强制执行。龙泉驿区人民法院裁定强制执行。川汽公司打入116万元到以他名义开设的账户,该账户密码由李某掌控。在李某的要求下他先后提出了115万元交给李某,另有1万元还在他账户上。他从来没有借给李某钱。川汽公司欠李某的工程款迟迟未给,经李某多次催要,川汽公司同意以上述方式支付给李某,据说浦东法院对川汽公司的这笔款有个措施,但不清楚。

15. 证人钱雅娟的证言,证实2007年2月,李某将30万元打入她兴业银行信用卡上。2005年8月,李某因生意向她借100万元,这30万元是还款。

16. 企业变更登记申请书、股东会决议,证实千世钢结构公司法人代表变更的事实。

17. 银行汇兑凭证、贷记凭证、账户明细、银行对账单、银行承兑汇票、收条等书证,证实千世钢结构公司于2006年11月29日和12月25日分别从川汽公司收到货款30万元和110万元的事实。

18. 委托书及预算拨款凭证、兴业银行的账户查询记录,证实黄勇委托法院将116万余元划入凌蓉账户。黄勇账户上于2007年2月15日存入人民币116万元、当日支取9万元、16日支取106万元,尚有余额为1万元。李某账户上于2007年2月15日存入9万元,第二天共计存入76万元,并于当日将账户内的85万元取出汇给卢先民。2007年2月16日钱雅娟账户存入人民币30万元。

19. 《劳动合同》、仲裁委员会调解书,证实2006年3月千世钢结构公司聘请郑微担任副经理。

20. 公证书、成都市龙泉驿区人民法院民事裁定书等书证,证实黄勇、李某等人通过上述民事裁定书将冻结中的千世钢结构公司对川汽公司债权款项划入黄勇名下的事实。

21. 案发经过,证实被告人李某的到案情况。

22. 被告人李某的供述。

四、判案理由

首先，被告人李某的行为已构成拒不执行判决、裁定罪。具体理由阐述如下：

1. 从犯罪主体方面来看，李某是拒不执行判决、裁定罪的犯罪主体。证人李婷怡、李国强、郑微、高胜男等人证实，李某是千世钢结构公司实际掌控人，主管公司的事务，李某本人亦曾供述自己是千世钢结构公司的副经理，实际负责公司的事务。现李某虽辩解与新世界公司的诉讼败诉后已不再负责千世钢结构公司的事务，但其辩解仅是一人之说，不具可信性，不足以否定上述多份证人证言证实的李某是千世钢结构公司主管人员的事实。在确定上述事实的前提下，最高人民法院《关于审理拒不执行判决、裁定案件具体应用法律若干问题的解释》第四条明确规定拒不执行判决、裁定罪的犯罪主体中包括被执行人为单位的，该单位的主管人员或直接责任人员。上述规定已明确李某是本案中当然的拒不执行判决、裁定罪的犯罪主体。

2. 从犯罪主观方面来看，李某具有拒不执行法院判决、裁定的故意。庭审查明的事实和证据表明，李某对于千世钢结构公司与新世界公司的诉讼败诉，须履行法院判决确定的法律义务是明知的。李某非但不积极履行，还与李婷怡恶意变更公司的法定代表人企图免除家人的法律责任。在法院向千世钢结构公司和点式幕墙公司发出执行通知后，李某仍不履行生效法律文书确定的义务，在法院对千世钢结构公司东方路办公场地进行执行搜查时拒不配合，隐瞒公司在此办公的事实，给执行工作造成障碍。李某还通过直接至川汽公司收取银行承兑汇票及虚构债务骗取法院裁定等手段获取钱款，而在收到钱款后即全部划转至他处，李某一而再、再而三地将可供法院执行的财产予以自行支配、处分，逃避法院的执行，没有任何履行法院判决、裁定的行为表现。上述呈现出的各个方面事实足以反映出李某主观上具有拒不执行法院判决、裁定的主观故意。

3. 从犯罪的客观方面来看，千世钢结构公司实施了转移其财产的行为。千世钢结构公司于2006年11月29日、2006年12月25日分别取得川汽公司的30万元款项和四张银行承兑汇票110万元后，立即将上述财产划转至他处。李某在上海市浦东新区人民法院将千世钢结构公司在川汽公司的货款200余万元冻结、扣划之后，伙同黄勇虚构债务，骗得公证文书和民事裁定书，将冻结款转移他处。李某虽辩解其之所以要通过上述方法获取已被人民法院冻结的116万元，目的是解决农民工工资拖欠问题，并非为了占有该笔款项，但证据清楚地表明，农民工张和友等75人的工资争议案与黄勇借款案两个诉讼并行，黄勇到手的 116 万元与支付农民工的工资没有关系，农民工的应付工资款已通过诉讼由当地法院从川汽公司中直接划拨解决，事实上李某拿到该笔钱款后用于归还钱雅娟借款等，根本没有用于支付农民工工资，李某的辩解与查明的事实不符，不予采信。千世钢结构公司通过上述种种手段来转移财产，逃避执行的行为最终导致法院执行机构无法运用法律规定的执行措施，或者虽运用了法律规定的冻结、扣划等执行措施，但仍无法实现判决、裁定确定的内容。

4. 从犯罪的情节来看，被告人李某拒不执行判决、裁定的行为属于情节严重。本案中，李某转移的财产数额达 256 万元，且为执行标的额的 100%，根据李某的犯罪情节、手段、金额等，完全符合情节严重的定罪构成。

另外，犯罪数额的认定问题。被告人李某拒不执行判决、裁定的数额应为人民币 256 万元。对于公诉机关将千世装饰公司收取川汽公司 50 万元的这笔款项认定为李某拒不执行的犯罪数额的指控，因千世装饰公司非本案的被执行人，而现有的证据又无法证明该笔款项与千世钢结构公司之间具有关联性，故本院对此项指控难以支持，该笔 50 万元应从李某犯罪总额中剔除。

五、定案结论

因为被告人李某的家属在本院作出判决前，自愿向法院交付 1 处房产，能够履行判决、裁定所确定的部分义务，对李某酌情予以从轻处罚。为严肃国家法制，维护社会管理秩序，依照《中华人民共和国刑法》第 213 条之规定，上海市浦东新区人民法院判决如下：

被告人李某犯拒不执行判决、裁定罪，判处有期徒刑一年（刑期从判决执行之日起计算。判决执行以前先行羁押的，羁押一日折抵刑期一日，即自 2007 年 3 月 20 日起至 2008 年 3 月 19 日止）。

六、法理解说

拒不执行判决、裁定罪是指对人民法院的判决、裁定有能力执行而拒不执行，情节严重的行为。根据刑法的规定，本罪的主体应是特殊主体，是负有执行判决、裁定义务的当事人及有协助执行义务的人。单位不构成本罪的犯罪主体，诉讼当事人可以单独成为本罪的犯罪主体，这是很明确的。因为判决、裁定本身就是针对诉讼当事人作出的；而民事诉讼法第 102 条也规定了有协助执行义务的某些个人也可以成为本罪的犯罪主体。至于没有执行义务的其他人则只能成为本罪的共犯。根据《最高人民法院关于审理拒不执行判决、裁定案件具体应用法律若干问题的解释》第4条规定，负有执行人民法院判决、裁定义务的单位直接负责的主管人员和其他直接责任人员，为了本单位的利益实施第3条所列行为之一，造成特别严重后果的，构成犯罪。所以本案中被告人李某是本罪的主体，他是负有执行判决、裁定义务的当事人。而千世装饰公司非本案的被执行人，所以针对其收取川汽公司的50万元也不能算在李某犯罪总额中。

具体而言，第一，从本罪的对象性质来看，拒不执行的是法院已经发生法律效力的裁判。犯罪的主体应是法院裁判的对象，即裁判确定之具体的义务履行者。从这个意义上讲，拒不执行法院裁决、裁定罪的主体是特殊主体，对裁判所确定之义务，无论是实体义务，还是有协助执行的义务均是特定的义务，都是对负有执行义务的特定者发生法律效力。其他人本身对裁判没有履行义务，所以说案外人拒不执行法院裁判就无从谈起。第二，由于其他人不是执行裁判的义务人，他只要不针对法院的裁判为一定行为，就根本不涉及违法与否的问题．而负有执行义务的人由于不履行行为造成裁判确定之权利客观上的不能实现就有可能构成本罪。第三，即使其他人实施了与有义务执行的人相同的妨害执行活动的行为，甚至也产生了相同的危害结果，但其主观动机和目的也是不同的，其主观动机不是为了逃避履行裁判确定之义务和维护其不正当利益；其目的也不是希望和追求法院裁判的不能正常执行，因为裁判确定的义务与之无关，如与之有关，则就不应是案外人，而是第三人了，因此，当案外人以暴力、威胁方法阻碍法院依法执行裁判时，如符合妨害公务罪的要件的，就应以妨害公务罪论处。第四，案外人之所以可以与本案的当事人构成本罪的共犯，是因为案外人往往在当事人的请求、暗示、煽动之下，出于宗教观念、亲朋义气和利益得失等动机，与当事人一起阻挠、对抗、破坏法院的执行活动，或者帮助当事人转移隐匿、毁损执行标的等。在这种情况下，案外人与当事人已是在基于共同的犯罪目的和故意的支配下，共同实施了具有内在联系的拒不执行法院裁判之行为。因此，也只能是一种分工行为，应以拒不执行法院裁判、裁定罪之共犯论处。如果案件当事人自愿履行裁判确定之义务了，那么案外人也就不存在帮助当事人阻挠法院执行之行为了。当然，在认定案外人构成本罪的共犯时，应注意具体分析不能一概以犯罪论处，因为案外人有的是被欺骗、煽动而为之。只有当案外人是与当事人一起聚众阻挠、破坏的首要分子或主犯，或其行为情节严重时，予以定罪处罚才比较恰当。

拒不执行法院判决、裁定的行为人，其主观上是出于故意的心理状态，即明知自己拒不执行之行为可能或者必然造成法院判决、裁定之正常执行受到妨害或者导致客观的不能执行的危害结果，而希望或者放任这种结果之发生。过失不能构成本罪。本案中，李某具有拒不执行法院判决、裁定的故意。庭审查明的事实和证据均表明，李某对于千世钢结构公司与新世界公司的诉讼败诉，须履行法院判决确定的法律义务是明知的。李某非但不积极履行，还与李婷怡恶意变更公司的法定代表人企图免除家人的法律责任。

在认定行为人的主观故意时，要注意把握其故意的内容和程度。一时的过激行为、蓄谋已久的行为和虽经反复教育仍坚持抗拒的行为，其主观恶性是不一样的。同时，也应注意考察行为人的主观动机和目的。作为拒不执行法院判决、裁定罪的行为人的主观动机主要是为了逃避履行裁判确定的义务或对法院裁判有抵触情绪等，其目的就是希望和追求法院的裁判内容的不能实现或不能执行。实践中，有些当事人由于法律知识有限而误认为裁判有错而拒不执行的，一般不应认定为犯罪，但经教育指正后仍抗拒执行的，则应认定其主观恶性较深，以本罪予以处罚。即只有情节严重，才能以本罪论处。

由于法院的执行活动是一项非常复杂而艺术的工作，法律的强制性和负有义务当事人的对抗性发生在同一个矛盾体中，执行人员在执行时应注意方式、方法，不能自恃司法职权而"耍威风"，以简单、粗暴、甚至不尊重人格的执行方法对待被执行人，引起矛盾激化。如果是执行人员的执行错误或有严重损害被执行人合法权益的，如违反法定程序执行，或者缺乏必要的法律手续；超出裁判文书指定的财产范围执行；对被执行人进行人格污辱或侵犯人身权利等，而使被执行人产生对立抵触情绪进行抗拒的，就不能对被执行人定罪处罚。

根据刑法的规定，本罪在客观方面表现为对人民法院的判决、裁定有能力执行而拒不执行、情节严重的行为，具体来讲，主要通过以下几点来把握：

（一）有执行能力

"有执行能力"是构成"拒不执行"的前提条件。增加这一规定，体现出了新刑法的科学性、客观性，在认定行为人"有执行能力"时，应理解为既包括已有的能力和通过主观努力可以争取到的能力。根据法律的有关规定，如果由于客观原因，裁判生效时，应承担执行义务的人，确没有能力履行，如作为被执行人，因意外事件等已永久失去偿还能力，或被宣告破产的企业已无法再清偿的，则行为人不执行裁判之规定义务，法院只能终止执行；如被执行人因意外事件等客观原因导致短期内已无偿还能力的，则只能中止执行，待其有能力时再予以执行，而不能以本罪论处。但是，如果行为人为了逃避裁判义务之履行，而采取将财产变卖、变相赠予、转移等手段造成对裁判"无执行能力"的假象或现状，则不属于"无执行能力"，而是明显的拒不执行行为。

（二）拒不执行

拒不执行法院判决、裁定罪的本质特征在于行为人的行为阻碍了法院的正常执行活动和使法院裁判效力的实现受阻，损害了法院裁判的权威。因此，"拒不执行"是指行为人实施导致法院判决、裁定不能执行或不能正常执行的行为和不作为。其中，既包括了暴力的方法也包括非暴力的方法。

"拒不执行"的作为方式是指行为人违反法院判决、裁定的指令，实施判决、裁定禁止的行为，或者是实施对抗、妨害法院强制执行活动的正常执行行为。在实践中，主要表现为：（1）对法院采取的查封、扣押、冻结等强制措施，出于破坏法院执行的目的而破坏这些措施的施行，如将法院冻结的财产或存款提走；（2）隐藏、转移、变卖、毁损执行标的；（3）以哭闹、叫骂、造谣煽动、哄闹、静坐等方法公然阻挠法院的强制执行活动，如利用书写标语、广播等对不明真相的群众造谣煽动、污辱执行干警的人格等；（4）以围攻、殴打、人身侮辱、捆绑、扣留、抢夺枪支、警具、破坏执行车辆等暴力方式对抗法院的强制执行活动；（5）在法院采取强制执行措施使裁判内容得以实现后，又采取行动破坏执行后已形成的合法状态等，如将危及他人住房安全的水沟填平后又挖开，将妨害相邻关系的障碍建筑拆除后又重建，将占用农田的违章建房拆除后又重建等。

不作为的方式，是指行为人拒绝按照裁判的指令为一定行为。在实践中主要表现为：（1）拒绝交付裁判指令交付的特定物，如名画、特定文物、古董、特定纪念品等不可替代之物；（2）拒绝实施裁判所要求的特定行为，如继续履行合同，提供特定的劳务、特定的技术工艺，履行扶养、抚养义务等；（3）拒绝履行协助执行义务，主要是具有协助执行义务的单位的责任人员或公民个人，拒绝履行协助义务。如银行责任人员拒绝按法院裁判的要求划拨、提取款项；其他持有裁判文书指定交付责任人员的特定物而拒绝交付的。

在认定不作为的方式构成"拒不执行"时，必须强调"由于行为人的不作为行为，致使裁判内容客观上无法实现"这一后果。如果行为人的不作为即不履行义务不能导致裁判的无法执行。而可以采取强制执行措施予以执行的，则不予认定是"拒不执行"而予以定罪处罚为宜。因为我国民事诉讼法和行政诉讼法均有明确规定，对于义务人不自觉履行生效裁判所确定之义务的，可以由权利人向人民法院申请强制执行。只有非法特定义务人自动履行，别人又无法代为执行，法院也无法强制执行的情况下，义务人不作为行为才构成拒不执行。此外，在认定行为人的不作为构成"拒不执行"时，还必须强调法院应先向义务人发出执行通知书，责令其在指定的期限内履行裁判。超过期限不履行的，法院才可以本罪论。

（三）拒不执行的是法院已经发生法律效力的判决、裁定

法院判决、裁定的存在，是本罪成立的前提。按照有关法律的规定，法院的判决、裁定是人民法院就有关具体案件的实体或程序的问题作出的具有法律效力并且具有执行内容的判决、裁定。能够成为拒不执行法院判决、裁定罪侵害的对象的裁判应该同时具备以下四个特征：

1. 已经发生法律效力。如果裁判尚未发生法律效力，对当事人没有法律约束力，就谈不上履行的问题，也更谈不上拒不执行的问题了。法院裁判生效和情形概括起来主要有以下三种：其一是可以上诉者，在上诉期限届满时未提出上诉，或者虽然提出上诉，但已逾上诉期限，裁判即于上诉期限届满时发生法律效力；其二是不得上诉的终审裁判自宣告之日起发生法律效力；其三是上诉人于二审终审裁判前撤回上诉的，原审裁判于准予撤回时发生法律效力。

2. 必须具有可执行性。即具有给付内容或为特定行为。如果是确认某种法律关系或变更、消灭某种现存的法律关系，则无所谓执行了。

3. 裁判执行的范围必须具体明确。如果裁判执行的范围不具体明确，过于简练、抽象，则使得被执行人无法具体执行，也无从知道是否正确执行了，当然不能构成"拒不执行"，而应视为执行根据尚未成立。

4. 必须正确、合法。因为裁判之所以具有法律效力就是来源于法律，如果不符合法律的规定，就失去了产生效力的根据，对当事人无约束力，当事人也没有执行的义务。当然，我们要求作为执行根据的裁判必须正确、合法，并不等于当事人自认为裁判不正确、不合法就可以拒不执行，公然抗拒执行。当事人如果认为法院的裁判不正确、不合法，只能是在裁判未生效之前，在法定的上诉期限内提出上诉或在裁判生效后，向原审法院或上一级法院提出申诉。只要法院不依法中止或终止裁判的执行，该裁判就仍具有法律效力，义务人就仍应执行。如果上级法院或原审法院认为原裁判确有错误，而以审判监督程序对原裁判撤销或变更了，则对行为人的抵制执行错误裁判的行为不以本罪论，即使以本罪处罚了，也应撤销。

结合案情，千世钢结构公司于2006年11月29日、2006年12月25日分别取得川汽公司的30万元款项和四张银行承兑汇票110万元后，立即将上述财产划转至他处。李某在上海市浦东新区人民法院将千世钢结构公司在川汽公司的货款200余万元冻结、扣划之后，伙同黄勇虚构债务，骗得公证文书和民事裁定书，将冻结款转移他处。千世钢结构公司通过上述种种手段来转移财产，逃避执行的行为很显然是有能力履行却拒绝履行。

（四）拒不执行行为情节严重

从本罪的性质来看，拒不执行行为侵害的是法院判决裁定的权威，即只有

行为妨害了法院正常的执行活动或者导致了法院裁判客观上的不能执行，就侵害了法院裁判的权威。但是刑法规定本罪是情节犯，即只有拒不执行行为达到"情节严重"的程度才能定罪处罚。在认定"情节严重"时，应视该行为侵害法院判决、裁定权威性的程度大小，根据具体案情，结合上述所列作为与不作为之表现来综合判定是否属于妨害法院的正常执行活动情节严重或导致法院裁判客观上不能执行情节严重，如果行为人拒不执行行为情节轻微，则不能定罪处罚。

本案中，从犯罪的情节来看，被告人李某拒不执行判决、裁定的行为属于情节严重。李某转移的财产数额达256万元，且为执行标的额的100%，根据李某的犯罪情节、手段、金额等，完全符合情节严重的定罪构成。

（整理人：周少华）

案例2：赵某某赔偿金纠纷拒不执行判决、裁定案

——拒不执行判决、裁定罪客观方面的确定

一、基本情况

案　　由：拒不执行判决、裁定

上诉人（原审被告人）：赵某某，女，1970年3月11日出生于陕西省大荔县，汉族，初中文化，农民，住大荔县双泉镇西庄村9组。2010年6月6日因涉嫌犯拒不执行判决、裁定罪被大荔县公安局刑事拘留，同年6月13日被逮捕。

二、诉辩主张

（一）人民检察院指控事实

陕西省大荔县人民检察院指控原审被告人赵某某犯拒不执行判决、裁定罪。

（二）被告人（上诉人）辩解

一审中，被告人认为：大荔县人民法院作出的由她给付何某某的父母172766.40元的判决不公平，由她给付的金额太多，拒绝履行。她与何某某婚后生育一儿一女，儿子尚未成年，女儿有残疾，情况非常艰难，她认为法院判决很不公平，经过考虑愿意最多给付10万元了结此事。不过，在二审期间，上诉人（即原审被告人）赵某某提出和解意愿，有悔罪表现。

三、人民法院认定事实和证据

（一）认定犯罪事实

陕西省大荔县人民法院审理陕西省大荔县人民检察院指控原审被告人赵某

某犯拒不执行判决、裁定罪一案,一审法院(大荔县人民法院)认定,2009年8月30日,被告人赵某某之夫何某某在神木县一煤矿打工因发生矿难死亡。同年9月4日,被告人赵某某与何某、何×及本村孟某等人同煤矿达成协议,由煤矿一次性给付赔偿金人民币50万元,除3万元用于何某某丧葬费用外,余款47万元约定由孟某临时保管。后因赔偿金的分配问题,何某某的父母何某、何×与被告人赵某某发生纠纷,何某、何×将赵某某诉讼至大荔县人民法院。其间,赵某某从孟某处先后取走了47万元。2009年11月25日,大荔县人民法院作出〔2009〕荔民初字第1411号民事判决,确定由赵某某付给何某、何×应得赔偿款172766.4元,判决书于2009年12月25日产生法律效力。2010年1月6日何某、何×向大荔县人民法院申请执行,但赵某某有履行能力却隐匿财产,拒不执行生效法律文书确定的给付义务,情节严重。依照《中华人民共和国刑法》第313条的规定,以被告人赵某某犯拒不执行判决、裁定罪,判处有期徒刑二年。

原审被告人赵某某上诉提出,其对大荔县人民法院〔2009〕荔民初字第1411号民事判决书确定的给付义务愿意和解执行。

渭南市中级人民法院经审理查明,原审判决认定上诉人赵某某犯拒不执行判决、裁定罪的事实和情节是清楚的。另查明,本案在二审审理期间,上诉人赵某某与何某某的父母何某、何×就赔偿款项的执行经自愿协商达成和解协议,即由赵某某付给何某、何×人民币13万元(已履行完毕),权利人对剩余部分不再追究,并对赵某某的行为表示谅解。

(二)认定犯罪证据

上述事实,有经一审庭审质证确认,并经二审核实无误的以下证据予以证实:

1. 陕西省大荔县人民法院〔2010〕荔执字第030号案件移送函及大荔县公安局立案决定书记载,2010年4月19日,赵某某因涉嫌犯拒不执行判决、裁定罪被大荔县人民法院移交当地公安机关立案查处。

2. 证人孟某证明,2009年8月30日,赵某某之夫何某某在神木县一煤矿打工因发生矿难死亡,由于何某某生前与他相处较好,何某某之父母、妻子就邀他一起去当地处理后事。经交涉,该煤矿于同年9月4日一次性赔偿何某某经济损失50万元,款项由他临时保管。返回不久,何某某之父母与赵某某就因该笔赔款的分配纠纷诉至法院,赵某某便不断来到他家中闹事,为此他很生气,除当时埋葬何某某花费3万元外,他将分笔储存在邮政银行的47万元余款先后交给了赵某某本人。

3. 证人孟某(双泉镇西庄村邮政储蓄代办员)证明,2009年9月,孟某让她将 47 万元分别以他人名义分笔存在了双泉镇邮政储蓄银行，随后均由赵某某取走。证人路永光（双泉镇邮政储蓄支行营业员）亦能证明上述事实。

4. 大荔县人民法院〔2009〕荔民初字第 1411 号民事判决书载明，何某、何×应得赔款 172766.40 元。

5. 上诉人赵某某供述，2009 年 8 月 30 日，她丈夫何某某在神木县一煤矿打工时因发生矿难死亡，她和何某某的父母就叫了本村的孟某一起去当地处理后事。经交涉，该煤矿于同年 9 月 4 日一次性赔偿何某某经济损失 50 万元，款项由孟某临时保管。返回不久，何某某之父母就因该笔赔款的分配纠纷将她诉至法院，她先后从孟某处要回了除埋葬何某某花费外剩余的 47 万元。同年 11 月，大荔县人民法院判决由她给付何某某的父母 172766.40 元，她嫌判得太多，拒绝履行。她与何某某婚后生育一儿一女，儿子尚未成年，女儿有残疾，由此她认为法院判决不公平，但经过考虑愿意最多给付 10 万元了结此事。

6. 执行和解协议及谅解书记载，2010 年 10 月 27 日，上诉人赵某某与何某某之父母何某、何×就赔偿款项的执行经自愿协商，于 2010 年 10 月 27 日达成和解协议，由赵某某付给何某、何×人民币 13 万元（已履行完毕），剩余部分权利人不再追究，何某某之父母对赵某某的行为表示谅解。

四、判案理由

上诉人赵某某对人民法院的生效判决有能力执行而拒不执行，情节严重，其行为已构成拒不执行判决、裁定罪，依法应予惩处。原审判决认定事实清楚，定罪正确，量刑适当，审判程序合法。鉴于在二审审理过程中，上诉人赵某某已经履行了生效法律文书确定的给付义务，取得了权利人的谅解，依法可对上诉人赵某某从轻处罚，并可适用缓刑。

五、定案结论

渭南市中级人民法院判决如下：一、撤销大荔县人民法院〔2010〕荔刑初字第 095 号刑事判决主文，即"被告人赵某某犯拒不执行判决、裁定罪，判处有期徒刑二年"；二、上诉人（原审被告人）赵某某犯拒不执行判决、裁定罪，判处有期徒刑一年，缓刑二年（缓刑考验期限，从判决确定之日起计算）。

六、法理解说

本案是一起普通的拒不执行判决、裁定案件，案件事实清楚，被告人对在本案中作为执行依据的判决文书也无异议，对执行机关的执行活动也未采取任何明显的、有形的抗拒和抵制行为，而是采取了"理性"的"逃避"方式，类似案件在人民法院审判实践中时有发生，对本案法律适用依据的阐释，其典型意义在于：如何正确理解和把握拒不执行判决、裁定罪犯罪构成客观方面的内容。

我国《刑法》第313条将本罪客观方面规定为"对人民法院的判决、裁定有能力执行而拒不执行，情节严重"的行为，本罪的正确认定在客观方面必须把握四个重要特征：

（一）行为人拒不执行的对象

刑法将本罪的犯罪对象规定为"人民法院的判决、裁定"，这是本罪客观方面的对象条件。本罪的犯罪对象应满足一定形式和实质要件的要求，其形式要件包括：（1）作为执行依据的裁判文书是由人民法院依职权作出的；（2）裁判文书必须具备判决或者裁定的载体形式。对于前者司法实践和理论研究中均无歧争，而对于后者则曾形成过激烈的争论。理论上大多学者主张应当将调解书、支付令等裁判类文书纳入本罪犯罪对象的范围，即从刑法解释的角度适当扩大本罪犯罪对象的范围，[①] 如有学者明确提出，本罪的犯罪对象不应该仅限于判决、裁定，应该扩大到法律明文规定具有执行力并由法院执行的所有法律文书，包括调解书、支付令、仲裁书、公证债权文书、行政决定书等。[②] 其实质要件包括：（1）裁判文书必须已经发生法律效力；（2）裁判文书必须是针对具体案件作出的；（3）裁判文书必须具有确定的执行内容，不存在执行内容的裁判文书，因根本不存在执行抗拒的前提，因而不能成为本罪的犯罪对象。对于理论上的研究成果和立法建议，尽管立法机关在修订《刑法》时未引起足够的重视，但在新刑法典生效后，出于完善本罪犯罪构成和扩大其适用的需要，通过专门立法解释的形式，对其范围在解释上进行了合理的扩张，立法解释将本罪的犯罪对象规定为"人民法院为依法执行支付令、生效的调解书、仲裁裁决、公证债权文书等所作的裁定属于该条规定的裁

[①] 周道鸾、张军主编：《刑法罪名精释——对最高人民法院关于罪名司法解释的理解和适用》，人民法院出版社1998年版，第679页。

[②] 应永宏：《关于拒不执行判决、裁定罪几个问题的探讨》，载《温州大学学报》1999年第3期。

定"，从而在确保符合本罪犯罪对象形式要件的同时，有效拓展了本罪适用对象的范围。此外，根据人民法院审理案件诉讼性质的不同，对于不同诉讼性质的判决、裁定是否均应纳入本罪犯罪对象的范围，值得思考。我们认为，作为本罪犯罪对象的判决、裁定并不因诉讼性质的差异而存在保护层次、保护方法上的区别，因而，作为本罪犯罪对象的判决、裁定在诉讼性质上不仅应包括民事、经济、行政诉讼的裁决文书，也应当包括刑事诉讼中具有财产执行内容的裁判文书。之所以要将刑事裁判文书也纳入本罪犯罪对象的范围，是因为人民法院的刑事裁判除可能涉及对犯罪人生命、自由、资格的剥夺或限制外，也可能涉及对犯罪人的财产权利加以剥夺或惩罚的内容，行为人在有能力执行裁判所确定的财产刑内容的情况下，拒不执行该裁判的，同样是对人民法院审判权威的否定，若将刑事诉讼中具有财产执行内容的裁判文书排除出本罪裁判文书的范围，其结果显然不利于对具有执行内容的刑事判决、裁定的保障。

（二）行为人具有执行生效判决、裁定的能力

被执行人具有可执行能力是人民法院开展执行活动的前提，也是本罪客观方面的前提条件。对行为人可执行能力的判断不仅存在一个特定时间要求的问题，还存在可执行程度的判断问题，根据1998年4月17日最高人民法院《关于审理拒不执行判决、裁定案件具体应用法律若干问题的解释》（以下简称司法解释）第2条的规定，所谓"有能力执行"，是指根据查实的证据证明，负有执行人民法院判决、裁定义务的人有可供执行的财产或者具有履行特定行为义务的能力。这一规定同时隐含了四个方面的内容：

1. 可执行能力的判断对象，以裁判文书所确定的、负有特定义务人的财产或者履行能力为唯一考察对象，对特定义务人以外的其他人的财产不应纳入可执行能力考察对象的范围。根据立法解释的规定，"负有特定义务人"既包括被执行人，也包括担保人和协助执行义务人。

2. 可执行能力的判断时间，以行为人在判决、裁定生效后是否具有现实的可执行能力为考察基准。如果行为人在判决、裁定生效前有执行能力，但在判决、裁定生效后确实没有可供执行的财产，丧失履行特定义务能力的，则因被执行人可执行能力的丧失，而不能再成立本罪。

3. 可执行能力的判断内容，人民法院对被执行人可执行能力的判断，既包括对被执行人财产给付能力的判断，也包括对特定义务履行能力的判断。

4. 可执行能力程度的判断，以被执行人真实的财产状况和义务履行能力为判断内容，根据被执行人财产状况和履行能力的不同，可将其可执行能力划分为完全可执行能力或部分可执行能力，在被执行人仅具备部分可执行能力的情况下，应仅依其所现实具有的财产或履行能力作为可执行能力的判断标准，

被执行人为达到逃避履行特定义务的目的，而积极或消极地处分、处置财产，导致可执行财产不当减少的，仍应将其纳入行为人执行能力的考察范围。所谓消极处分、处置的财产，是指行为人在有权利取得某项财产的情况下，放弃行使其请求权或者拒绝接受某项特定财产的行为。被执行人通过违法行为隐瞒其真实执行能力、制造其执行能力部分丧失或者全部丧失的假象的，是本罪客观方面行为方式的重要内容。

（三）实施了拒不执行判决、裁定的行为

"拒不执行"是刑法所规定的、本罪的客观实行行为，也是本罪成立的行为条件。本罪客观实行行为在本质上表现为不执行判决、裁定的行为，但因行为人使用了"拒"的方式，因而，在达到情节严重程度的情况下，其社会危害性就达到了构成犯罪所要求的程度，对于行为人以何种"拒"的方式实施本罪犯罪对象所规定之义务，即"拒"的行为特征，刑法第313条并未有明确的规定，对本罪实行行为的理解须明确三个方面的问题。

1. 在手段特征上，"拒不执行"并不意味着行为人必须采取暴力、威胁的方法。全国人民代表大会常务委员会《关于〈中华人民共和国刑法〉第三百一十三条的解释》（以下简称立法解释）和司法解释将"拒"解释为暴力或者非暴力的形式，然而在司法实践中，一些实务工作者从"拒"之语义上理解本罪中的"拒不执行"的含义，将"拒不执行"片面理解为"使用暴力、威胁方法"拒不执行，从而人为增加了本罪构成要件的内容，导致本罪适用范围的人为限缩。在理论上，行为人实施"拒不执行"的手段具有多样性特征：

（1）根据行为方式的不同，可分为作为之"拒"和不作为之"拒"。前者是指行为人故意违反法院判决、裁定所确定的内容，实施裁判所禁止的行为，或者将直接导致执行不能结果的行为，以及直接阻碍法院执行活动的其他妨害行为。如司法解释第3条第4项所规定的"聚众哄闹、冲击执行现场，围困、扣押、殴打执行人员"的方式；后者是指行为人拒绝依照裁决确定内容实施特定作为义务的行为，如立法解释第3项所规定的"协助执行义务人接到人民法院协助执行通知书后，拒不协助执行"的方式。

（2）根据行为性质的不同，可分为暴力之"拒"和非暴力之"拒"。前者是指行为人通过实施外在的有形力或威胁的行为，阻止执行主体实施执行活动。如司法解释第3条第3项所规定的"以暴力、威胁方法妨害或者抗拒执行"的方式。后者是指行为人以逃避、拖延、串通有关人员、处置财产制造无执行能力假象的方式，拒不承担裁判义务。如立法解释第4项所规定的"被执行人、担保人、协助执行义务人与国家机关工作人员通谋，利用国家机关工作人员的职权妨害执行，致使判决、裁定无法执行的"方式。

（3）根据行为对象的不同，可分为针对执行主体之"拒"和针对被执行对象之"拒"。前者是指对法院的执行机构或者工作人员实施对抗行为，通过对执行主体实施强制，达到逃避执行判决、裁定的目的。如司法解释第3条第4项所规定的"聚众哄闹、冲击执行现场，围困、扣押、殴打执行人员"的方式。后者是指通过实施对特定的被执行财产控制的行为，造成无执行能力的假象，逃避承担义务的行为，如立法解释第1项所规定的"被执行人隐藏、转移、故意毁损财产或者无偿转让财产、以明显不合理的低价转让财产"的方式。

（4）根据行为公开程度的不同，可分为公然之"拒"和隐蔽之"拒"。前者是指行为人实施公开对抗法院具有执行判决、裁定内容的执行行为，如司法解释第3条第5项所规定的"毁损、抢夺执行案件材料、执行公务车辆和其他执行器械、执行人员服装以及执行公务证件"的行为；后者是指行为人在不为法院所知晓的情况下，实施能够直接导致判决、裁定执行不能结果的行为。如立法解释第1项所规定的"被执行人隐藏、转移、故意毁损财产或者无偿转让财产、以明显不合理的低价转让财产"的方式。

2."拒不执行"的具体行为方式

因刑法典并未明确规定本罪"拒不执行"的具体行为方式，为保证法律的有效适用，1997年刑法施行后，最高审判机关和立法机关相继颁布了对本罪的解释，从解释的内容看，司法解释是在对本罪"情节严重"的认定标准中规定了本罪的六种具体行为方式；而立法解释则是采取将行为方式与"情节严重"结合规定的方式，具体规定了属于刑法第313条规定的"有能力执行而拒不执行，情节严重"的五种情形。应当明确的是，在司法解释与立法解释之间是存在一定程度的不协调性的。如在司法解释中规定了以暴力为手段特征的拒不执行行为，而立法解释中仅规定了以非暴力为手段特征的拒不执行行为，在非暴力之拒不执行方式中其规定也存在明显不同的差异，如在司法解释第1项所规定的"情节严重"的情形中，不仅强调了行为的方式（隐藏、转移、变卖、毁损），还强调了行为所针对的对象（特指已被依法查封、扣押、被清点、被冻结的财产），同时还强调了行为所实施的时间（人民法院发出执行通知以后）；而在立法解释第1项所规定的内容中，则只强调了行为方式和行为所针对的对象，并无关于行为实施时间和被处置财产性质上的特殊要求。不仅如此，司法解释将非法处置的担保财产限定为"在执行中向人民法院提供担保的财产"，而立法解释中对行为人非法处置担保财产的范围则未加任何限制。且从对两个解释的总体评价上看，立法解释相对于司法解释的规定更为宽泛，这种规定上的差异和冲突，必然导致适用中的标准分歧，因立法解释在层级上所处的上位地位,将直接导致司法解释在适用时被排除适用的结果。因而,建议最高人民法院应根据立法解释所规定的内容,及时废止或修正该司法解释,避免因规定的不协调性而导致司法适用中的不统一性,根据上述解释,我们可以概括出本罪"拒不执行"具体行为方式的类型。

(1)积极型的"拒不执行"。在具体行为方式上,主要包括以下方面。一是针对执行措施的行为。如针对人民法院已经进行的查封、扣押措施实施的行为。二是针对执行财产的行为。这些财产既包括已被人民法院确认的特定财产,也包括特定人的特定财产。前者如司法解释第1项所规定:"在人民法院发出执行通知以后,隐藏、转移、变卖、毁损已被依法查封、扣押或者已被清点并责令其保管的财产,转移已被冻结的财产"的行为;① 后者如司法解释及立法解释第2项规定的:担保人或者被执行人"隐藏、转移、变卖、毁损在执行中向人民法院提供担保的财产"的行为。三是针对执行活动的行为。如司法解释第3项所规定的:"以暴力、威胁方法妨害或者抗拒执行"的行为。四是针对执行机关财产的行为。如司法解释第5项所规定的:"毁损、抢夺执行案件材料、执行公务车辆和其他执行器械、执行人员服装以及执行公务证件,造成严重后果的"的行为。五是针对执行机关工作人员的行为。如司法解释第4项所规定的:"聚众哄闹、冲击执行现场,围困、扣押、殴打执行人员"的行为。六是职权妨害行为。如立法解释第4项所规定的:"被执行人、担保人、协助执行义务人与国家机关工作人员通谋,利用国家机关工作人员的职权妨害执行,致使判决、裁定无法执行的"行为。

(2)消极型的"拒不执行"。一是拒绝履行确定义务的行为。如拒绝履行对特定财产的保管义务的行为。二是拒绝履行协助义务的行为。如立法解释第3项所规定的"协助执行义务人接到人民法院协助执行通知书后,拒不协助执行,致使判决、裁定无法执行的"行为。

3. 被执行人实施逃避执行机关的行为,是否属于本罪"拒不执行"的行为

立法解释和司法解释对本罪行为方式采取了列举式规定与补充式规定相结合的方法,在对具体行为方式进行明示规定的同时,又以兜底条款的形式对具有同等社会危害性的行为进行了概括规定,以扩张解释之适用范围。但是,概

---

① 司法解释所规定的针对被执行财产的范围与立法解释第1项所规定的范围存在区别。从立法解释第1项所规定"被执行人隐藏、转移、故意毁损财产或者无偿转让财产、以明显不合理的低价转让财产,致使判决、裁定无法执行的"内容上看,其财产的范围明显宽于司法解释。

括性规定易导致具体司法操作中的适用困难。对"其他有能力执行而拒不执行"行为的正确理解，首先存在一个对兜底条款进行解释的标准问题。对这种条款的解释，应当把握的最根本标准是"同质性标准"，这一标准又具体包括：行为的同质性、结果的同质性以及评价的同质性三个方面。所谓行为的同质性，是指经过解释所涵括的行为，在行为方式上具有与明示规定行为相同的性质，不能超出明示条款所规定的行为形式的范围。如在明示条款未将暴力行为规定为特定犯罪之行为方式的情况下，经解释的行为也不应将暴力行为予以涵括。所谓结果的同质性，是指经过解释所涵括的行为，在行为后果上与明示行为所造成的结果具有相同的性质。如在明示条款仅将有形的、可测量的危害结果规定为特定犯罪之结果的情况下，经解释的行为也应符合这一要求，严格限定其危害结果的范围和形式。所谓评价的同质性，是指经过解释所规定的行为，具有与明示规定行为同等的社会危害性程度。对于本罪中"其他拒不执行行为"的解释，应当通过对明示规定行为形式及其社会危害性程度的考量，加以具体确立，据此，我们认为，在这种"其他型"的拒不执行方式中，应当包括本案中行为人所采取的"销声匿迹"的逃避方式拒不执行判决、裁定的行为。其原因一是立法解释已明确将以非暴力、不作为、隐蔽方式的拒不执行行为规定为本罪之具体行为方式。立法解释在规定了针对被执行财产的作为方式的同时，也明确在第3项规定了既非针对被执行财产，也非针对执行主体的非暴力、不作为方式；二是立法解释均将"致使判决、裁定无法执行"作为拒不执行行为社会危害性的结果判断标准。"逃避型"的拒不执行行为具有同等的社会危害后果。

在司法实践中，负有巨额债务的债务人，在人民法院作出生效判决裁定后经常采取举家搬迁或从暂居地迁出的方法长期躲避、逃避执行，对其行为是否符合本罪"拒不执行"行为的要求，应作具体分析。（1）对于义务人所实施的在举家搬迁的同时，处置不动产、转移动产，以逃避裁判所规定义务的行为，因其行为已经包含了将可执行财产直接转移的行为，因而，可直接认定其行为属于立法解释第1项所规定的行为，以本罪定罪量刑。（2）对于义务人所实施的单纯从固定居所迁出、长期外出逃避裁判所确定义务的行为，尽管行为人并未直接转移、处置财产，但因其逃匿行为直接导致了财产所有权无法确定的结果，仍应认定其行为符合本罪之行为要件，以本罪追究其刑事责任。需要明确的是，行为人从固定居所逃匿后作为财产共有人或管理人的留守者，不妨碍人民法院执行其财产且使得裁判所确定之义务得以履行的，则不应以本罪论处。（3）对于义务人所实施的从临时暂居地迁出、长期外出逃避裁判所确定义务的行为，因在人民法院只掌握义务人临时暂居地的情况下，其迁出将直接导致裁判义务完全无法履行的结果,因而,应认定其行为构成本罪。本案中,被告人在本人所涉三个民事诉讼均被法院判令在判决生效后一定期间内履行债务,且有现实的执行能力的情况下,逃避法院执行人员,在客观上造成执行人员无法执行裁判所规定义务的结果,完全符合"其他有能力执行而拒不执行"的行为特征和要求。

(四)拒不执行判决、裁定的行为达到"情节严重"的程度

对于何谓本罪的"情节严重"的标准,在认识上尚存在分歧。有观点认为,立法解释和司法解释中并没有采取单纯、明确规定的形式,而是将其与本罪的行为方式合并规定,因而,行为人实施"拒不执行"行为的行为方式,是确定本罪"情节严重"的唯一标准,在司法实践中,应当通过对行为人行为方式的判断,确定行为人的行为是否达到了情节严重的程度。我们认为,这种观点并不全面。从立法和司法解释规定的内容看,对本罪"情节严重"的判断实际采用的是复合标准,包含了两项内容,一是行为程度严重;二是结果程度严重。本罪行为程度的严重性具有多样性,而结果程度的严重性则具有单一性,即无论行为人采取何种方式的"拒不执行"行为,其结果均是导致了判决、裁定的无法执行,在上述"情节严重"的考察内容中,行为程度的多样性,不仅表现为行为人以特定之方式实施了"拒不执行"的行为,还表现为对行为实施时间、特定处置对象和特定行为主体的要求,这些规定均是对行为程度进行是否符合"情节严重"判断的重要标准和依据,是人民法院在审理拒不执行判决、裁定案件中,必须认真加以审查的内容。

(整理人:刘 青)

案例3：顾某土地开发纠纷拒不执行判决案
——关于拒不执行之行为发生阶段等问题分析

一、基本情况

案　　由：拒不执行判决

被告人（上诉人）：顾某，1995年年底顾某担任上海兰盛投资有限公司（以下简称兰盛公司）董事。1996年5月，为联合开发本市西藏南路7-2地块，兰盛公司与上海市南市区市政建设总公司（以下简称南市市政公司）共同成立了上海先得投资发展有限公司（以下简称先得公司），顾某担任先得公司经理，主要负责公司经营运作。

二、诉辩主张

（一）人民检察院指控事实

上海市人民检察院某分院以被告人顾某犯拒不执行判决罪向法院提起公诉。

（二）被告人辩解及辩护人辩护意见

原判认定的基本事实及适用法律错误，顾某的行为不构成犯罪，理由是：（1）顾某处分房产的行为发生在法院民事判决生效之前，顾某未实施隐藏、转移先得公司财产，抗拒法院执行的行为。（2）先得公司在所涉民事案件诉讼期间不是刑法规定的被执行人，顾某在诉讼过程中处分的是尚未被法院查封的公司财产。（3）顾某处分房产的行为发生在立法解释颁布之前，对于立法解释作出前刑法及司法解释不能追究的行为，不应再根据立法解释予以追究。

三、人民法院认定事实和证据

（一）认定犯罪事实

2000年8月，南市市政公司因与兰盛公司、先得公司在联合开发上述地块过程中发生纠纷，遂将兰盛公司、先得公司起诉至法院，诉请判令兰盛公司、先得公司支付补偿费。2000年12月21日，因另案原被法院查封的先得公司位于本市西藏南路897号、899号的部分房产被解封。被告人顾某即于次日采用让先得公司职工陈某某、戴某某、刘某某、张某某以及职工朱某某的父母共6人与公司签订虚假购房合同，先得公司出具虚假购房发票、到本市黄浦区房地产交易中心登记等方法，将产权属于先得公司的本市西藏南路897号和899号中共计价值人民币4116178元的6套房产转移至上述6人名下隐藏，但实际仍由顾某掌控。嗣后，顾某还分别于2000年12月，2001年1月、2月，将戴某某、张某某、陈某某名下的3套房产虚假转售给薛某某、王某某、赵某某。

2000年12月25日，法院作出民事判决，判令兰盛公司支付南市市政公司补偿费人民币52285877.46元以及违约金，先得公司对两笔还款承担连带清偿责任。兰盛公司和先得公司均提出上诉。2001年4月25日，二审法院判决，驳回上诉，维持原判。判决生效后，兰盛公司和先得公司未能自觉履行生效民事判决确定的义务，权利人南市市政公司向原审法院申请执行。2001年4月2日至同年5月16日，先得公司又陆续在现金日记账上虚假制作了上述6套房产的现金进出账，并在2001年5月至7月相继以王某某等6人的名义办理了6套房产入户手续，以掩盖虚假销售、登记房产事实，隐藏公司财产，致使法院无法执行。执行人员于2001年8月和9月分别找顾某谈话，多次询问先得公司在案件审理期间有无作虚假房产登记转移资产情况，顾某均谎称没有，继续隐瞒其转移、隐藏公司财产的事实，拒不交出实际由其掌握控制的上述公司房产。至案发，法院执行了"先得公司"财产共计人民币2300余万元，尚有人民币3000余万元未执行到位。

（二）认定犯罪证据

1. 证人张某某、陈某某等人的证言分别证实，该6套房产是根据顾某的要求与先得公司签订日期、内容均为虚假的购房合同，未付过购房款，也无购买房产的真实意愿。

2. 证人陈某某还证实，上述房产的预付款发票是顾某让其开具后用于办理房地产交易中心的登记手续，实际并无人付过钱款。

3. 顾某到案后亦供称，为了先得公司运作的需要，要求公司职工登记购买、转卖过一些房子，但手续均由公司操作，这些职工未付购房预付款，先得公司采用虚假的付款发票到房地产交易中心登记。

四、判案理由

法院经审理认为：

1. 顾某在法院民事判决生效之后，实施了隐藏、转移公司财产，抗拒法院执行的行为。本案所涉 6 套房产至房地产交易中心的登记手续确在法院判决生效之前。但是，证人张某某、陈某某等人的证言分别证实，该 6 套房产是根据顾某的要求与先得公司签订日期、内容均为虚假的购房合同，未付过购房款，也无购买房产的真实意愿；证人陈某某还证实，上述房产的预付款发票是顾某让其开具后用于办理房地产交易中心的登记手续，实际并无人付过钱款；法院于 2001 年 4 月 25 日对南市市政公司诉兰盛公司、先得公司一案作出终审判决。顾某到案后亦供称，为了先得公司运作的需要，要求公司职工登记购买、转卖过一些房子，但手续均由公司操作，这些职工未付购房预付款，先得公司采用虚假的付款发票到房地产交易中心登记。在案件进入执行程序，顾某在执行法官询问其"案件审理期间先得公司有无对房产作过虚假登记、挂在他人名下实际由公司控制的资产"时，顾某继续隐瞒上述先得公司的财产。因此，顾某采用虚假的房产销售、登记及做假账等形式，在法院判决生效前后，实施了转移、隐藏"先得公司"财产的行为，以抗拒法院执行。

2. 顾某转移、隐藏先得公司财产符合刑法规定的拒不执行判决罪的主体身份。人民法院的判决书一旦发生法律效力，作为义务人的兰盛公司、先得公司必须执行。在权利人申请执行后，兰盛公司、先得公司即是被执行人。顾某作为先得公司直接负责的主管人员，负有履行生效判决确定的义务。但顾某却在人民法院判决生效后，制作先得公司虚假账册、办理涉案房产入户手续，隐藏先得公司财产，明知案件已进入执行阶段，仍继续隐瞒涉案 6 套房产，拒不执行法院判决。顾某的身份和拒不执行人民法院生效判决的行为，符合拒不执行判决罪的构成要件。

3. 对立法解释作出前，刑法及司法解释未明确的犯罪行为，根据立法解释规定应当追究刑事责任。应当认为，立法解释的时间效力与刑法同步。司法解释第三条规定，"在人民法院发出执行通知以后，隐藏、转移、变卖、毁损已被依法查封、扣押或者已被清点并责令其保管的财产，转移已冻结的财产，致使判决、裁定无法执行的，构成拒不执行判决、裁定罪"；而立法解释规定，"人民法院作出具有执行内容并已发生法律效力的判决、裁定，被执行人有隐藏、转移财产等行为，致使判决、裁定无法执行的，构成本罪"。立法解释权限属于全国人大常委会，而司法解释权限来源于全国人大常委会的授权。因此，立法解释的效力高于司法解释。司法解释的效力应视司法解释的具体内容而定，司法解释中与立法解释一致的部分，应属有效解释；与立法解释不一致的部分，应当属于无效解释。根据立法解释的规定，被执行人隐藏、转移的财产并不限制在被查封、扣押的财产范围。同时，根据司法解释第4条规定，负有执行人民法院判决、裁定义务的单位直接负责的主管人员和其他直接责任人员，为了本单位的利益实施第三条所列行为之一，造成特别严重后果的，构成犯罪，该规定与立法解释并无矛盾。因此，顾某作为被执行单位的主管人员，隐藏、转移先得公司6套房产，价值人民币400余万元，已造成特别严重的后果，其行为已构成拒不执行判决罪，根据立法解释的规定，应当追究顾某的刑事责任。

五、定案结论

法院认定，顾某作为被执行单位的主管人员，在人民法院判决生效后，故意隐藏财产，有能力协助执行而拒不协助执行，情节严重，其行为已构成拒不执行判决罪，依法应予处罚。据此，依照《中华人民共和国刑法》第313条的规定，以拒不执行判决罪，判处被告人顾某有期徒刑一年六个月。

六、法理解说

（一）关于拒不执行之行为发生阶段探析

一般情况下，拒不执行判决、裁定罪只能发生在执行阶段。因而，行为人在执行程序之前实施隐藏、转移、毁损财产的行为就不构成本罪。但笔者并不认为，在执行程序之前为避免强制执行而非法处分财产的行为就一定不具备犯罪的特征。对此，我们应从行为人是否具有确定的执行义务而论。如果还未确定行为人具有给付财产的义务，那么由于缺乏必须履行的义务。因而其处分自己财产的行为就不能视为违法、犯罪。这种情形主要发生在案件正在处理，义务尚未确定时。反之，如果行为人履行财产给付的义务已经确定，有能力履行而不履行，侵害刑法保护的客体，那么行为人的行为就已符合承担刑事责任的客观基础。本案中，顾某采用虚假的房产销售、登记及做假账等形式，在法院判决生效前后，实施了转移、隐藏"先得公司"财产的行为，显然符合拒不执行这一客观方面。

(二) 立法解释和司法解释冲突时适用问题

立法解释的时间效力与刑法同步。司法解释第3条规定，"在人民法院发出执行通知以后，隐藏、转移、变卖、毁损已被依法查封、扣押或者已被清点并责令其保管的财产，转移已冻结的财产，致使判决、裁定无法执行的，构成拒不执行判决、裁定罪"；而立法解释规定，"人民法院作出具有执行内容并已发生法律效力的判决、裁定，被执行人有隐藏、转移财产等行为，致使判决、裁定无法执行的，构成本罪"。立法解释权限属于全国人大常委会，而司法解释权限来源于全国人大常委会的授权。因此，立法解释的效力高于司法解释。司法解释的效力应视司法解释的具体内容而定，司法解释中与立法解释一致的部分，应属于有效解释；与立法解释不一致的部分，应当属于无效解释。根据立法解释的规定，被执行人隐藏、转移的财产并不限制在被查封、扣押的财产范围。同时，根据司法解释第4条规定，负有执行人民法院判决、裁定义务的单位直接负责的主管人员和其他直接责任人员，为了本单位的利益实施第三条所列行为之一，造成特别严重后果的，构成犯罪，该规定与立法解释并无矛盾。因此，顾某作为被执行单位的主管人员，隐藏、转移先得公司6套房产，价值人民币400余万元，已造成特别严重的后果，其行为已构成拒不执行判决罪，根据立法解释的规定，应当追究顾某的刑事责任。

关于刑法第313条中的"情节严重"的理解，最高人民法院和全国人大常委会先后出台了两个解释。两个解释之间也有差异。司法解释规定的条件非常严格，要么限定处分财产的性质，即行为人处分已被依法查封、扣押、冻结或者已被清点并责令其保管的财产；要么限定行为人抗拒执行的手段，即暴力、威胁等方法。而立法解释没有这些要求，可以认为，拒不执行判决、裁定罪的客观方面经历了从积极抗拒到包括消极抗拒的演变。笔者认为，立法解释的规定是适应社会发展的需要而作的，是比较切合实际的，比较好地维护了司法机关的权威，有利于维护执行活动秩序。

(三) 对法院判决不服屡次申诉上访是否构成拒不执行判决、裁定罪

对法院判决不服屡次申诉上访属于被执行人实施逃避执行机关的行为，那么这种逃避行为是否属于本罪"拒不执行"的行为呢，下面我们简要进行分析。

由于立法技术的局限性，使得司法和立法解释在对本罪行为方式规定时，采取了列举式规定与补充式规定相结合的方法，在对具体行为方式进行明示规定的同时，又以兜底条款的形式对具有同等社会危害性的行为进行了概括规定，以扩张解释之适用范围。但是，由于这一堵截构成要件本身内容的空白，极易导致具体司法操作中的适用困难。对"其他有能力执行而拒不执行"行

为的正确理解，首先存在一个对兜底条款进行解释的标准问题。对这种条款的解释，应当把握的最根本标准是"同质性标准"，这一标准又具体包括：行为的同质性、结果的同质性以及评价的同质性三个方面。所谓行为的同质性，是指经过解释所涵括的行为，在行为方式上具有与明示规定行为相同的性质，不能超出明示条款所规定的行为形式的范围。如在明示条款未将暴力行为规定为特定犯罪之行为方式的情况下，经解释的行为也不应将暴力行为予以涵括。所谓结果的同质性，是指经过解释所涵括的行为，在行为后果上与明示行为所造成的结果具有相同的性质。如在明示条款仅将有形的、可测量的危害结果规定为特定犯罪之结果的情况下，经解释的行为也应符合这一要求，严格限定其危害结果的范围和形式。所谓评价的同质性，是指经过解释所规定的行为，具有与明示规定行为同等的社会危害性程度。对于本罪中"其他拒不执行行为"的解释，应当通过对明示规定行为形式及其社会危害性程度的考量，加以具体确立，据此，我们认为，在这种"其他型"的拒不执行方式中，应当包括本案中行为人所采取的"销声匿迹"的逃避方式拒不执行判决、裁定的行为。其原因一是立法解释已明确将以非暴力、不作为、隐蔽方式的拒不执行行为规定为本罪之具体行为方式。立法解释在规定作为、公开、针对被执行财产的拒不执行行为的同时，也明确在第3项规定了既非针对被执行财产，也非针对执行主体的非暴力、不作为方式；二是立法解释均将"致使判决、裁定无法执行"作为拒不执行行为社会危害性的结果判断标准。"逃避型"的拒不执行行为具有同等的社会危害后果。综上，对法院判决不服屡次申诉上访能够构成拒不执行判决、裁定罪。

（整理人：刘　青）

十、非法处置查封、扣押、冻结的财产罪

案例1：曾某某非法处置扣押财产案
——盗窃罪与非法处置扣押财产罪的界定问题

一、基本情况

案　　由：非法处置扣押财产

被告人：柳某某（别名柳某），男，1979年5月18日出生。汉族，四川省乐至县人，中专文化。2005年12月10日因本案被刑事拘留，2006年1月12日被依法逮捕。

曾某某，女，1980年5月6日出生，汉族，四川省乐至县人，初中文化。2005年12月15日因本案被刑事拘留，2006年1月12日被依法逮捕。

二、诉辩主张

（一）人民检察院指控事实

四川省成都市高新技术产业开发区人民检察院指控称，2005年12月3日上午9时许，被告人柳某某趁同居的女友杜某某睡觉不备之际，盗走杜某某放在床头柜上钱包里的工商银行卡后，在成都市紫竹北街储蓄所取走杜某某人民币12000元；次日上午，柳某某再次趁杜某某睡觉之际，又用同样手法盗取杜某某人民币25000元，同时盗走杜某某金手镯一只、"三星"数码相机一部，共价值人民币4274元。上述赃款、赃物均被柳某某先藏匿于其前妻被告人曾某某暂住地，后柳某某将其中12000元赃款带回老家交给其母亲用于给被告人之父买养老保险，15000元存入曾某某的中国银行卡内由曾某某代为保管，赃

物一直存放在曾某某暂住地的保险柜中。公安机关于2005年12月9日抓获柳某某后，随即在曾某某暂住地查获、扣押了涉案赃款赃物，并明确告知曾某某，柳某某存于其中国银行卡上的15000元钱系赃款，并扣押了该银行卡。曾某某于2005年12月11日让其弟用被公安机关扣押的银行卡的配套存折将15000元代为取出，非法占为己有。柳某某以非法占有为目的，采取秘密手段窃取他人数额巨大财物的行为构成盗窃罪，曾某某的行为构成盗窃罪。

（二）被告人辩解及辩护人辩护意见

被告人柳某某及辩护人对公诉机关起诉指控的事实及罪名无异议，但认为本案情节有别于单纯的盗窃罪（被告人柳某某有诈骗的故意，具有酌定从轻处罚的情节；两人认识时间虽短，但关系亲密，有别于其他盗窃，具有酌定从轻处罚的情节），应当对被告人酌定予以从轻处罚；被告人柳某某已退还大部分赃物，认罪态度好，无前科，系初犯，具有酌定从轻处罚情节。

被告人曾某某及其辩护人提出，被告人曾某某并未构成盗窃罪，其构成的罪名应为非法处置扣押财产罪。其主要从以下方面予以论证：其一，被告人没有使用秘密手段窃取数额较大的公私财物的行为。其二，被告人曾某某的行为应当构成非法处置扣押财产罪。理由为，被告人曾某某在公安机关明确告知了被告人柳某某给她的钱是赃款，并将其存折依法予以扣押了的情况下，对扣押的存款予以转移，其行为扰乱了司法机关的正常活动，其行为符合非法处置查封、扣押冻结财产罪的特征和构成要件。其三，被告人曾某某系初犯，其认罪态度好，转移的赃款亦全部退还给受害人，请求法院对其从轻判处。

三、人民法院认定事实和证据

（一）认定犯罪事实

成都市高新区人民法院经公开审理查明：2005年10月，被告人柳某某与被害人杜某某通过网上认识后同居。在同居期间，被告人柳某某于2005年12月3日、4日两次趁被害人熟睡之机，将被害人放在钱夹内的中国工商银行储蓄卡盗出，并分别于12月3日、4日凭该卡到银行取出现金12000元、25000元，总计盗取金额为37000元。2005年12月4日，被告人在再次盗取被害人的中国工商银行储蓄卡时，趁被害人杜某某不注意之机，盗取了被害人的金手镯一只、"三星"数码相机一部（上列被盗物品经鉴定，价值为4724元）。2005年12月4日，柳某某将赃物及赃款15000元，交与曾某某放在其暂住地的保险柜内保存。次日，二被告人将该15000元存入以曾某某名字开户的中国银行长城电子借记卡内，另5000元，柳某某存入了以其名字开户的中国银行长城电子借记卡内。同时被告人柳某某于当日回到其乐至老家，将 12000 元交与其父缴纳保险费用。其余赃款已被被告人柳某某耗用。现被告人柳某某已将赃物全部退还给被害人，并已退还了赃款 12000 元。另查明，二被告人原系夫妻，案发前已离异。

（二）认定犯罪证据

上述事实有下列证据证明：

1. 被告人柳某某在公安机关的供述，证明以下情况：2005 年 11 月 21 日左右，杜某某在取钱时，被告人柳某某记住了其银行密码。2005 年 12 月 3 日 9 时左右，被告人柳某某趁被害人熟睡之机，将被害人放在钱夹里的工行卡拿走，到银行取出被害人存款 12000 元后，将钱放在被告人曾某某的租住房内。次日晨 7 时左右，被告人再次趁被害人熟睡之机，将被害人放在钱夹内的工行卡及身份证取出；当日 9 时左右，被告人趁被害人不注意，将被害人的金手镯与"三星"数码相机盗走。随后被告人再次用被害人的工行卡，将被害人存在该卡内的现金 25000 元取走。同月 5 日，二被告人一起到中国银行，将所盗的其中 15000 元存入了被告人曾某某开户的中国银行长城电子借记卡内。

2. 被告人曾某某在公安机关的供述，证明 2005 年 12 月 4 日上午 10 时多，被告人柳某某在暂住地将一部"三星"数码相机、一只金手镯及 15000 元人民币交与曾某某，曾某某将上列物品存放在其保险柜内，于次日与被告人柳某某一道将 15000 元人民币存入了以被告人曾某某名字开户的中国银行长城电子借记卡内。

3. 被害人杜某某的陈述，证明其在 2005 年 12 月 4 日，被告人柳某某称有事出门后，其发现其工商银行储蓄卡及身份证及"三星"数码相机一部、金手镯一只被盗，其储蓄卡的现金经查询，已于 12 月 3 日、4 日分两次被盗取，其金额为 37000 元。

4. 证人柳光顺的证言，证明其子柳某某在 12 月的一天给其人民币 12000 元，叫其缴纳养老保险费用。

5. 刑事案件登记表，证明被害人的报案情况。

6. 抓获经过，证明被告人柳某某被抓获的经过情况。

7. 现场清点笔录，证明被告人柳某某被抓获时，经现场清点，被告人的随身物品有被害人身份证，并有中国工商银行的储蓄卡等物品。

8. 扣押、发还物品清单，证明所扣押的"三星"数码相机、金手镯、身份证、中国工商银行储蓄卡及人民币 12860 元予以扣押，并将物品及现金 12000 元退还给了被害人。

9. 查询存款回执，证明 2005 年 12 月 5 日，以被告人曾某某及被告人柳某某为户名的两张中国银行储蓄卡上，分别存入了现金人民币15000元及5000元。

10. 二被告人的常住人口登记表，证明二被告人的身份情况。

11. 中国工商银行存款清单，证明被害人在该行的储蓄卡上，已于2005年12月3日、4日被取出的金额分别为12000元、25000元人民币。

12. 价格鉴定结论，证明被盗物品的价值，经鉴定为4724元。

13. 涉案照片，证明被盗现场及被盗赃物及存放赃物的地点等情况。

四、判案理由

成都市高新技术产业开发区人民法院根据上述事实和证据认为：被告人柳某某以非法占有为目的，采取秘密手段窃取他人数额巨大财物的行为已构成盗窃罪。关于被告人柳某某的辩护人辩称，被告人柳某某在盗窃时有诈骗的故意，因此具有酌定从轻处罚的问题。本院认为，被告人柳某某的辩护人没有证据证明柳某某有诈骗的故意，同时其对被告人柳某某构成盗窃罪并无异议，故对其辩称理由，因无事实与法律依据支持，本院不予采纳。关于被告人柳某某的辩护人提出柳某某与被害人属于同居关系，因此其盗窃，应具有酌定从轻处罚的问题。本院认为，被告人柳某某在盗窃时并不属于临时起意，在短短的两天时间内，即趁被害人不注意，盗取其人民币37000元及其他赃物，故被告人的主观恶性较深，同时被告人柳某某与被害人不属于家人亲属关系，不具有酌定从轻处罚的情节，故其辩称理由不成立，本院不予支持。被告人柳某某认罪态度较好，无犯罪前科的情节，已予以考虑。被告人曾某某转移已被公安机关扣押的财产人民币15000元，情节严重，其行为已构成非法处置扣押财产罪。成都高新技术产业开发区人民检察院对被告人曾某某的指控，事实清楚，但指控罪名不正确，本院不予采纳。法院认为：经审理查明的事实表明，公安机关在对被告人曾某某所持的涉案中国银行借记卡予以扣押时，已依法履行法定手续并明确告知被告人曾某某该卡上的财产系赃款。但被告人曾某某在明知该财产已被扣押的情况下，利用公安机关未掌握的配套存折，将该款全部转移后拒不交出，意图使公安机关难以查找，阻碍公安机关的正常办案程序，社会影响恶劣，属情节严重。且被告人曾某某转移财产的目的和动机不论是为了逃避法律的制裁，还是为了谋取经济利益，或为了扰乱司法机关的正常活动，均不影响构成此罪。综上，被告人曾某某的辩护人提出应以该罪对被告人予以定罪的理由成立，本院予以采纳。本院在对被告人曾某某量刑时，将考虑被告人系初犯，认罪态度较好，转移的赃款亦全部退还给受害人等酌定从轻处罚的情节。

五、定案结论

成都市高新技术产业开发区人民法院依照《中华人民共和国刑法》第264条、第54条、第53条、第64条、第314条之规定，作出如下判决：1. 被告人柳某某犯盗窃罪，判处有期徒刑四年六个月，并处罚金人民币5000元。对被告人柳某某违法所得的人民币1万元予以追缴。2. 被告人曾某某犯非法处置扣押财产罪，判处有期徒刑一年。

一审法院判决后，成都高新技术产业开发区人民检察院于2006年10月12日向四川省成都市中级人民法院提出抗诉，认为一审判决曾某某犯非法处置扣押财产罪，判处有期徒刑一年，适用法律不当。四川省成都市中级人民法院经审理，确认一审法院认定的事实和证据。在二审的审理过程中，成都市人民检察院认为抗诉不当，向成都市中级人民法院提出撤回抗诉。成都市中级人民法院认为成都市人民检察院撤回抗诉的要求符合法律规定。成都市中级人民法院依照最高人民法院《关于执行若干问题的解释》第241条之规定，作出如下裁定：准许成都市人民检察院撤回抗诉。

六、法理解说

本案主要问题是行为人秘密窃取、转移本人被司法机关扣押财物的行为，应当如何定性？是构成盗窃罪，还是构成非法处置扣押的财产罪？一审公诉机关坚持认为，曾某某的行为应构成盗窃罪；一审法院认为，曾某某的行为符合了非法处置扣押财产的全部犯罪构成要件，应以该罪予以定罪处罚。

（一）非法处置扣押财产罪与盗窃罪的区别

根据刑法第264条之规定，盗窃罪是以非法占有为目的，采用秘密手段窃取公私财物，数额较大或多次盗窃的行为。《中华人民共和国刑法》第314条规定，隐藏、转移、变卖、故意毁损已被司法机关查封、扣押、冻结的财产，情节严重的，处三年以下有期徒刑、拘役或者罚金。该罪属于选择性罪名，本案中仅讨论非法处置扣押财产的犯罪行为。这两罪主要区别是：

1. 犯罪客体不同。设置盗窃罪，主要是为了保护稳定的财产关系和合法的财产利益，设置非法处置扣押财产罪，则是为了维护司法机关正常的诉讼秩序和活动。

2. 从犯罪对象上来看，盗窃罪的犯罪对象是不特定的，只要是公私财物，都可以成为盗窃罪的对象。而非法处置扣押财产罪的犯罪对象必须是特定的，是已被司法机关扣押的财产。

3. 两罪的客观方面表现不同,盗窃罪主要表现为以秘密窃取手段进行的侵犯公私财产的行为,而非法处置扣押财产罪主要表现为隐藏、转移、变卖、故意毁损四种行为方式,且必须达到情节严重的程度,即严重干扰了案件的侦查、起诉活动,或者转移财产数量巨大且拒不交出、社会影响较为恶劣等。

4. 两罪主观方面不同,以非法占有为目的是盗窃罪构成的必备主观要件,而非法处置扣押财产罪的主观方面必须是出于故意,且其主观目的的内容更为宽泛,可能包含逃避法律制裁、破坏司法机关的正常活动、获取其他非法利益等。但其犯罪目的是否明确并不影响该罪的成立与否,不是构成该罪的必备要件。

(二) 行为人以秘密手段获取扣押财产行为之罪数形态

一种意见认为,如果行为人出于非法占有的目的,秘密窃取被司法机关查封、扣押的财物的,可以构成盗窃罪,这一行为也符合非法处置查封、扣押的财产罪的构成要件。对这种情况,有人认为属于牵连犯,应当根据牵连犯"从一重处断"的原则处理。这种观点是错误的。牵连犯指在实施某一犯罪目的时,其方法行为或结果行为又触犯其他罪名的犯罪形态。且牵连犯必须以两个犯罪行为的存在为前提,两个犯罪行为之间必须具有目的行为与方法行为、或者目的行为与结果行为的牵连关系。行为人以秘密手段获取扣押财产,在自然形态上有且只有一个行为,根本不可能形成牵连关系。

审判中有意见认为,本案应适用想象竞合的理论,从一重罪即盗窃罪进行处断。但是,这种观点只注意到想象竞合的构成要件中,要求行为人客观上只实行了一个危害行为,该危害行为在特定的物质条件下同时引起了两个刑法上的类型化结果,并在形式和外观上同时符合刑法规定的两个犯罪构成。却忽视了想象竞合的另一关键要素,即想象竞合犯的行为虽然触犯了数个罪名,但数个罪名中的任意一个均不能单独对犯罪行为所侵犯的法益作出全面的刑法评价。这是想象竞合犯区别于实质一罪、实质数罪及法条竞合犯,作为独立的犯罪形态所具有的根本特征。

想象竞合,也称想象的数罪、观念的竞合,通说认为是指一个行为触犯数个罪名的犯罪形态。构成想象竞合必须严格符合以下要件:(1) 行为人客观上只实行了一个危害行为;(2) 该危害行为在特定的物质条件下同时引起了两个刑法上的类型化结果;(3) 在形式和外观上同时符合刑法规定的两个犯罪构成。这就表明,想象竞合的前提必须是只有一个自然形态上的犯罪行为,且所形成的状态必须是既完全构成甲罪,也完全构成乙罪的"两是状态"。若行为人以秘密手段获取扣押财产,并通过犯罪当时当场的具体客观环境因素,能较明确地推定出其非法占有的目的,且同时具备情节严重的危害后果,那么该行为既完全符合了盗窃罪的构成要件,又完全符合非法处置扣押的财产罪的构成要件,这种"两是状态",自然可以归于想象竞合而从一重罪处断。但若该行为从客观上无法明确推定出非法占有的目的,且没有达到情节严重的程度,就不可能同时符合非法处置扣押财产罪和盗窃罪的要件,故当然亦不能依想象竞合来进行判定。

通过上文分析可知,本案被告之行为已能由刑法第314条非法处置扣押财产罪进行全面准确的定性评价,亦符合罪责刑相适应的刑罚原则和定罪量刑上的全面评价原则。另外,从刑罚体系和法条设置来看,如果将本案相同及相似情形都认定为想象竞合,那想象竞合适用的法条取舍方法将使转移行为方式下非法处置扣押财产罪可能永远得不到适用,使刑法第314条的法条设置及规定部分形同虚设,这显然违反了立法者的旨意,违背了罪刑法定原则和立法效用原则。所以,本案情形不构成想象竞合。

(三)被告人曾某某的行为应否定性为非法处置扣押财产罪

从非法处置扣押财产罪与盗窃罪在犯罪客体、对象、客观、主观等方面的区别来看,被告人不构成盗窃罪,而应构成非法处置扣押财产罪。

1. 从客观要件来看:曾某某的行为客观上已严重影响了司法机关的正常办案秩序,且社会影响恶劣,亦属于情节严重;曾某某的转移行为具有相对于社会一般公众的一定公然性。其用配套的存折和密码从银行以正常方式取走该扣押财产的犯罪手段不属于完全的"秘密手段"。而盗窃罪中"以秘密手段窃取"为必备要件,要求行为人自认为不为财物所有人或占有人知晓,故曾某某采取的犯罪手段不属于"秘密手段"。

2. 从主观要件来看:在侦查过程中,公安机关明确告知曾某某以其名字开户的中国银行卡内的财产系赃款,且曾某某亦在公安机关出具的扣押银行卡的清单上亲笔签字确认,足以表明其知晓该财产已被依法扣押。本案中曾某某将扣押财产非法予以转移,但其并未采取积极方式蓄意隐瞒转移事实。通过其犯罪的客观行为,可能推出其具有帮助柳某某逃避刑事处罚、破坏司法机关的证据收集等主观目的,且其主观目的的具体为何,并不影响非法处置扣押财产罪的构成。但若从曾某某的上述客观犯罪行为,就直接推出其在主观上是以非法占有为目的,从而构成盗窃罪的主观要件,未免过于武断,也不能排除合理怀疑。

综上,曾某某的犯罪行为已直接破坏了公安机关正常的办案秩序,造成了恶劣的社会影响。根据主客观相统一原则，依非法处置扣押财产罪对曾某某的行为予以处罚，符合刑法立法目的的要求，也有利于维护司法机关的正常秩序和法律的权威。

（整理人：于向阳）

案例2：陈某非法处置查封的财产案
——是非法处置扣押的财产罪还是拒不执行判决、裁定罪

一、基本情况

案　　由：非法处置查封的财产

被告人：陈某，男，38岁，汉族，江苏省无锡市人，无业，2002年12月3日因妨碍法院执行被决定拘留15日，同年12月10日因涉嫌非法处置查封的财产被刑事拘留，同年12月19日被逮捕。

二、诉辩主张

（一）人民检察院指控事实

江苏省无锡市南长区人民检察院指控称：被告人陈某在无锡市南长区人民法院对其位于无锡市惠钱三弄3-2号402室的房屋作出查封裁定后，于2001年4月上旬，与张谊源合谋后，二人在无锡市清名二村签订了房屋转让契约，并将签约日期提前至2000年10月4日，致使无锡市南长区人民法院在对蒋咏梅诉陈某借贷纠纷一案执行时，因陈某无其他财产可供执行而作出了中止执行的裁定。

（二）被告人辩解及辩护人辩护意见

被告人陈某对被指控的犯罪事实未提出异议，要求法庭从轻处罚。

辩护人的辩护意见是，根据我国房产交易的有关规定，房产买卖是要式行为，被告人陈某并没有取得该房产的所有权证，其转让行为是无效的，被告人陈某仅在无效民事行为的形式上处置了房屋的使用权，并没有处置房屋的所有权，公诉机关指控被告人陈某非法变卖法院查封的财产犯罪事实不清，证据不足，且被告人陈某在本案中的情节并不严重，归案后有认罪、悔罪表现，要求法庭对其从轻处罚。

三、人民法院认定事实和证据

（一）认定犯罪事实

江苏省无锡市南长区人民法院经公开审理查明：2001年3月13日，无锡市南长区人民法院受理了蒋咏梅诉陈某等人的借贷纠纷一案。2001年3月28日，无锡市南长区人民法院根据蒋咏梅提出的要求查封陈某购买的位于无锡市惠钱三弄3-2号402室房屋的财产保全措施的申请，依法作出了对无锡市惠钱三弄3-2号402室房屋予以查封的民事裁定，并于同年3月29日向房屋销售单位无锡市宏达房屋开发公司发出了协助执行通知书，在房屋所在地张贴了内容为"在查封房屋期间，被告陈某或其他人不得变卖、转让、毁损、抵押"的公告。嗣后，法院又向被告人陈某等人邮寄送达了民事裁定书。被告人陈某在房屋被查封后，为逃避法院执行，于2001年4月上旬，经与张谊源（另行处理）合谋后，签订了房屋转让契约，被告人陈某将无锡市惠钱三弄的房屋作价转让给张谊源，并将签约日期提前至2000年10月4日。嗣后，被告人陈某在法院开庭审理其借贷纠纷一案时，将该房屋转让契约作为证据提供给法院。2001年5月，无锡市南长区人民法院作出了〔2001〕南民初字第199号民事判决书，判决被告人陈某偿还蒋咏梅人民币205500元，并支付利息。2001年6月7日，蒋咏梅向无锡市南长区人民法院申请执行〔2001〕南民初字第199号民事判决书，在法院执行过程中，被告人陈某将其与张谊源签订的房屋转让契约作为证据再次提供给法院，致使无锡市南长区人民法院在被告人陈某无其他财产可供执行的情况下，于2001年9月5日作出了〔2001〕南民初字第199号民事判决中止执行的民事裁定。

（二）认定犯罪证据

上述事实，有公诉人当庭提供的以下证据予以证明：

1. 未到庭证人张谊源的证言，证明被告人陈某在法院查封其房屋后，二人商量并签订房屋转让契约，将签约日期提前等情况。

2. 无锡市商品房销售合同，证明被告人陈某于1998年7月15日与无锡市宏达房屋开发公司签订购买无锡市惠钱三弄3-2号402室房屋的情况。

3. 无锡市南长区人民法院〔2001〕南民初字第199号民事裁定书、协助执行通知书、公告及送达回证等，证明法院查封无锡市惠钱三弄3-2号402室房屋的情况。

4. 房屋转让契约，证明被告人陈某与张谊源签订了将无锡市惠钱三弄陈某的房屋转让给张谊源的协议。

5. 开庭笔录等，证明被告人陈某将房屋转让契约作为证据提供给法院的情况。

6. 无锡市南长区人民法院〔2001〕南民初字第 199 号民事判决书、〔2001〕南执字第 591 号民事裁定书等，证明法院在执行〔2001〕南民初字第 199 号民事判决中，因被告人陈某无其他财产可供执行等原因，裁定中止执行的情况。

7. 证人诸泉荣的证言及案发经过的情况说明等，证明发现陈某与他人签订虚假房屋转让契约等情况。

8. 户籍资料，证明被告人陈某的主体身份。

四、判案理由

江苏省无锡市南长区人民法院认为：无锡市南长区人民检察院对被告人陈某的指控，事实清楚，证据确实，指控的罪名正确，本院予以采纳。辩护人提出部分事实不清，部分证据不足，被告人陈某情节不严重的辩护意见，法院认为，查封是法律赋予司法机关的一项职权，司法机关依法查封财产后，非经法定程序解除，任何组织或个人不得以任何理由处置查封的财产，被告人陈某在人民法院依法查封其购买的房屋后，再处置该房屋，即是非法处置，且由于其非法处置，影响了人民法院的审判和执行工作，属情节严重，其行为已构成非法处置查封的财产罪，故对此辩护意见，法院不予采纳。关于辩护人提出的被告人陈某有认罪、悔罪表现的意见，与事实相符，法院予以采纳。根据被告人陈某的犯罪情节、悔罪表现，对其适用缓刑，不致再危害社会。

五、定案结论

江苏省无锡市南长区人民法院依照《中华人民共和国刑法》第 314 条、第 72 条第 1 款之规定，作出如下判决：陈某犯非法处置查封的财产罪，判处有期徒刑一年，缓刑一年（缓刑考验期限，从判决确定之日起计算）。

六、法理解说

司法机关查封、扣押、冻结财产的活动是司法机关在诉讼过程中，为了保证诉讼的正常进行，对有关的财产采取的诉讼保全措施或强制执行措施。如果在司法机关对有关财产进行查封、扣押、冻结以后，隐藏、转移、变卖、毁损这些财产的，不仅严重破坏国家司法机关的正常诉讼活动，而且可能导致司法机关的裁判无法得到执行，造成国家、集体或者公民个人财产受损，严重损害司法的权威和尊严，因此刑法规定对于情节严重的应当予以刑罚处罚。对此类行为的惩治，刑法规定了两个相应罪名：一是刑法第314条规定的非法处置查封、扣押、冻结的财产罪；二是刑法第313条规定的拒不执行判决、裁定罪。而拒不执行判决、裁定罪要求的拒不执行的客观行为，就包含以隐藏、转移、变卖、毁损将要被执行的财产的方法抗拒法院裁判执行的行为。这里将要被执行的财产包括已经和尚未被司法机关查封、扣押、冻结的财产。对此，最高人民法院在《关于审理拒不执行判决、裁定案件具体应用法律若干问题的解释》中规定："负有执行人民法院判决、裁定义务的人具有下列情形之一的，应当认定为拒不执行人民法院判决、裁定的行为'情节严重'：（一）在人民法院发出执行通知以后，隐藏、转移、变卖、毁损已被依法查封、扣押或者已被清点并责令其保管的财产，转移已被冻结的财产，致使判决、裁定无法执行的……"据此，当行为人实施隐藏、转移、变卖、毁损已被司法机关查封、扣押、冻结的财产的行为时，非法处置查封、扣押、冻结的财产罪和拒不执行判决、裁定罪会发生一定的竞合关系，如何确定罪名，值得研究。

有一种意见认为，被告人陈某非法转让了被法院依法查封的财产，对其行为是否能认定为拒不执行判决、裁定罪？本案中，被告人陈某在人民法院依法查封其购买的房屋后，再处置该房屋，即是非法处置，且由于其非法处置，影响了人民法院的审判和执行工作，属情节严重，根据刑法第313条的规定及全国人大常委会《关于〈中华人民共和国刑法〉第三百一十三条的解释》，陈某构成拒不执行判决、裁定罪。

（一）非法处置查封、扣押、冻结的财产罪与拒不执行判决、裁定罪的区别

1. 犯罪客体不同。拒不执行判决裁定罪直接侵犯的是人民法院的正常活动，人民法院是代表国家行使审判权的唯一机关，它对各类案件作出生效判决即具有法律强制力，有关当事人和负有义务的责任人必须执行，而不允许抗拒执行。而非法处置查封、扣押、冻结的财产罪侵犯直接客体的是司法机关对财产保全措施的正常活动，并不仅仅是法院作出的查封、扣押、冻结的财产，也包括公安机关、人民检察院等在办理案件时采用的扣押措施，这里的扣押目的在于保全证据，以免证据消失或毁灭造成对犯罪嫌疑人罪与非罪认定的不明。

2. 犯罪客观方面表现不同。拒不执行判决、裁定罪在客观方面表现为有能力执行而拒不执行人民法院的生效判决、裁定，情节严重的行为；非法处置查封、扣押、冻结的财产罪在客观方面表现为隐藏、转移、变卖、故意毁损已被司法机关查封、扣押、冻结的财产，情节严重的行为。可见，两者在行为方

式上有明显不同，拒不执行判决、裁定罪包括暴力的、积极的"拒"和非暴力的、消极的"拒"。暴力的、积极的"拒"是指行为人故意违反法院判决、裁定所确定的内容，公开对抗法院生效判决、裁定或者作出法院所禁止的行为导致执行不能以及阻碍法院执行活动行为，如《最高人民法院关于审理拒不执行判决、裁定案件具体应用法律若干问题的解释》第3条第4项所规定的"聚众哄闹、冲击执行现场，围困、扣押、殴打执行人员"的方式；非暴力的、消极的"拒"是指行为人以逃避执行、拖延执行为目的，违反法院规定，私自处置财产制造无执行能力假象的方式，拒不履行义务，如《全国人民代表大会常务委员会关于〈中华人民共和国刑法〉第三百一十三条的解释》第1项所规定的"被执行人隐藏、转移、故意毁损财产或者无偿转让财产、以明显不合理的低价转让财产，致使判决、裁定无法执行的"。而非法处置查封、扣押、冻结的财产罪一般是消极的、非暴力的行为方式。

3. 犯罪对象不同。拒不履行判决、裁定罪侵犯的对象是人民法院作出的具有执行内容并已发生法律效力的判决、裁定，也包括人民法院为依法执行支付令、生效的调解书、仲裁裁决、公正债权文书等所作的裁定。非法处置查封、扣押、冻结的财产罪侵犯的对象是被司法机关查封、扣押、冻结的财产。

4. 犯罪主体不同，前者的犯罪主体是一般主体，即任何人都可构成本罪，而后者的犯罪主体是特殊主体，即负有执行人民法院判决、裁定义务的人。但是，如果行为人隐藏、转移、变卖、故意毁损被法院查封、扣押、冻结的财产的，由于该行为同时触犯刑法第313条、第314条的规定，在确定罪名时就会产生争议。有人认为，上述情况属于想象竞合犯，应择一重罪处罚，在二者法定刑完全相同的情况下，应以行为人的目的即拒不执行法院判决、裁定来定罪。我们认为，想象竞合犯是指一行为产生数结果、从而触犯数罪名的情形；而上述情况是一行为、一结果，由于法律的错综规定，而在外观上触犯了两个法条，属于典型的法规竞合，其中第313条与第314条之间属于普通法条与特殊法条的关系，根据法规竞合犯的处理原则，应适用特殊法条即第314条的规定。如果按前述认为应认定为拒不执行判决、裁定罪的观点来定罪，那么由于非法处置被法院查封、扣押、冻结的财产的行为一般都同时构成拒不执行法院判决、裁定罪，则将在很大程度上导致刑法第314条这一特别规定的虚置，有违立法机关试图通过保护被查封、扣押、冻结的财产来维护司法机关正常活动的立法意图。

（二）非法处置查封、扣押、冻结的财产罪与拒不执行判决、裁定罪区分难点

1. 在行为定性上区分。非法处置查封、扣押、冻结的财产罪和拒不执行

判决、裁定罪在构成要件上的区别：首先，在客观行为表现上，前罪行为只限于非法隐藏、转移、变卖、故意毁损已被司法机关查封、扣押、冻结的财产，而后罪则不限于此类行为，包括任何有能力而拒不执行的行为。其次，在犯罪主体上，前罪是一般主体，而后罪是特殊主体，即负有执行法院判决、裁定义务的人。再次，在行为发生时段上，前罪可以发生在整个诉讼过程中，而后罪则只能发生在法院的判决、裁定进入执行程序之后。最后，在犯罪故意上，前罪不要求特殊目的，而后罪则具有拒不执行法院裁判的目的。

根据以上两罪的区别，笔者认为，司法实践中对于非法处置被司法机关查封、扣押、冻结的财产的行为定性应当区分以下几种情况：如果非法隐藏、转移、变卖、故意毁损已被司法机关查封、扣押、冻结的财产的行为发生在诉讼保全程序中，而没有进入执行程序，那么应当以非法处置查封、扣押、冻结的财产罪定罪；如果此种行为发生在执行程序中，但行为人并不是负有执行法院判决、裁定义务的人，亦应以非法处置查封、扣押、冻结的财产罪定罪；如果在执行程序中负有执行生效裁判义务的人实施了此种行为，但并没有拒不执行法院生效裁判目的的，也应当以非法处置查封、扣押、冻结的财产罪定罪；如果在执行程序中负有执行生效裁判义务的人实施了此种行为，且具有拒不执行法院生效裁判的目的，因为该行为系作为拒不执行法院裁判的手段实施的，两罪法定刑相同，以拒不执行判决、裁定罪定罪更为适当。

本案被告人陈某在人民法院依法查封其购买的房屋后，再处置该房屋，即是非法处置，且由于其非法处置，影响了人民法院的审判和执行工作，属情节严重，根据刑法第313条的规定及全国人大常委会《关于〈中华人民共和国刑法〉第三百一十三条的解释》，陈某构成拒不执行判决、裁定罪。法院以非法处置扣押的财产罪定罪处罚是正确的。

2. 如何理解"变卖"。所谓变卖，是指将已被司法机关查封、扣押、冻结的财产以各种形式出卖给他人的行为。认定"变卖"，有两个较为特殊的问题需要注意：（1）明显以不合理的低价转让财产的是否可以认定为本罪中的"变卖"？明显以不合理的低价转让财产违背价值规律，不符合民法中的等价有偿原则，是一种非常态的买卖行为。但犯罪的本质在于侵害法益，刑法的重要机能也在于保护法益。不管买卖行为本身是否合理，只要其改变了财产所有权的主体，使司法机关生效裁判文书的被执行人或执行标的物发生变化，进而导致司法机关的生效裁判文书难以执行的，就应认定为本罪中的"变卖"。（2）未履行合法手续转让不动产、特殊动产是否可以认定为"变卖"？对于买卖动产来说，通常只要当事人意思表示一致，交付财产，即可视为买卖成立。但对于买卖不动产和一些特殊的动产（如汽车、船舶等），根据民法原理和法律有关规定，除需要当事人意思表示一致之外，还需要履行法定的手续，才能视为买卖有效成立，即所谓的"要式民事法律行为"。

如果行为人将已被司法机关查封、扣押的不动产、特殊的动产卖与他人，甚至已实际交付，但没有办理法定手续是否应当认定"变卖"？笔者对此持肯定态度。理由在于：（1）这种非常态的交易行为在某些地方是一种"常态"的交易行为。在我国普通民众中，相当多数的人法律意识淡薄，或者是已有不动产、特殊动产未办理登记手续，或者是交易时不办理过户手续。只要给付价款，实际交付标的物，即视为买卖成立。（2）犯罪的本质在于侵害法益，刑法的重要机能也在于保护法益。虽然严格地说，这种买卖尚未有效成立，但其事实上变更了财产所有权的主体，致使人民法院生效裁判文书的执行无所依归，妨害了人民法院正常的司法活动。因此，未履行合法手续转让不动产、特殊动产的可以认定为"变卖"。

（整理人：于向阳）

案例3：罗某非法处置查封的财产案
——非法处置查封的财产罪与合同诈骗罪等罪的区分

一、基本情况

案　由：非法处置查封的财产

被告人：罗某，男，1965年11月21日出生于上海市，汉族，大学文化程度，无业。因本案于2005年10月28日被依法逮捕。

二、诉辩主张

（一）人民检察院指控事实

上海市长宁区人民检察院以被告人罗某犯合同诈骗罪，向上海市长宁区人民法院提起公诉。

（二）被告人辩解及辩护人辩护意见

被告人罗某提出的辩解是：其主观上没有非法占有的目的，客观上无骗取财物的行为；被查封、冻结的房屋买卖交易正在进行中，最终不能交易也可以支付违约金；其行为不应当认定为合同诈骗罪。

其辩护人的辩护意见为：被告人罗某主观方面不具有非法占有的故意，其有一定的履约能力和履约行为，公诉机关指控的罪名不能成立。

三、人民法院认定事实和证据

（一）认定犯罪事实

上海市长宁区人民法院经公开审理查明：2003年8月22日，上海禧鑫企业发展有限公司（以下简称禧鑫公司）向中国建设银行上海杨浦支行（以下简称杨浦建行）贷款人民币950万元，本案被告人罗某作为公司股东之一承担连带保证还款责任。2004年8月，因禧鑫公司未能如期归还贷款，杨浦建行以罗某等人作为被申请人，向上海市杨浦区人民法院申请支付令，要求归还贷款本金及利息。2004年8月26日，杨浦区人民法院发出支付令。支付令生效后罗某等人仍未归还钱款。2004年10月19日，杨浦法院发出裁定及协助执行通知书，查封了罗某名下本市古北路555弄1号1102室房屋产权等财产，期限自2004年10月22日起至2006年10月21日止。罗某在得知房屋被查封的情况后，曾于2005年6月左右，要求杨浦建行申请解除查封，被拒绝。罗某还提出可以联系客户到杨浦建行办理贷款，然后以客户支付的佣金来偿还禧鑫公司所欠贷款，杨浦建行表示如有合适的项目可以操作。同年6月至8月间，罗某接受上海国皓投资咨询有限公司委托，与杨浦建行信贷员洽谈一项房地产项目贷款事宜，试图以项目所获佣金来偿还禧鑫公司所欠贷款，从而解除对房屋的查封，但因故未成功。

2005年8月11日，被告人罗某明知本市古北路555弄1号1102室房屋产权已被杨浦区人民法院查封，仍隐瞒该事实，通过房产中介公司与郭某签订房屋买卖合同，以人民币138万元的价格将该房出售给郭某。合同约定：乙方于2005年9月6日前支付给甲方购房款人民币50万元；甲方于2005年9月10日前到银行办理还款手续和注销抵押登记，办理好上述事项后5个工作日内，双方到房地产交易中心办理交易手续；甲方未按约定期限交房，乙方有权解除合同，甲方赔偿金额为总价款的20%，退还乙方已支付的房价款。同年8月至9月上旬，罗某先后按约定共收取郭某支付的购房预付款共计人民币50万元，用于归还其个人欠款和经营活动。

2006年3月6日，被告人罗某在其妻沈佩军帮助下，与杨浦建行达成还款协议。杨浦建行于2006年4月28日收到沈佩军解付的人民币48万余元，已冲减上海禧鑫企业发展有限公司所欠贷款本金。杨浦建行鉴于罗某、沈佩军已履行协议约定义务，于2006年4月28日向杨浦区人民法院申请解除对本市古北路555弄1号1102室房产的查封。2006年5月10日，杨浦区人民法院作出民事裁定，并要求上海市长宁区房地产交易中心自即日起解除对被执行人罗某名下的本市古北路555弄1号1102室房屋产权的查封。

在一审期间，被告人罗某在沈佩军帮助下，于2006年6月8日与郭某达成还款人民币51万元的协议。2006年6月27日，郭某已收到沈佩军代罗某交付的人民币51万元。

（二）认定犯罪证据

上述事实，证据确凿、充分，足以认定。

四、判案理由

上海市长宁区人民法院认为：被告人罗某明知自己的房屋已被法院依法查封，仍擅自将被查封的房屋转卖给他人，情节严重，其行为已构成非法处置查封的财产罪，依法应予惩处。公诉机关的指控，事实清楚，但定性不当。从被告人罗某有联系贷款业务，意图用佣金冲抵欠债，达到解封房屋之行为看，其有一定的履约行为；从被告人罗某另外有投资及拥有其他房屋的产权和租赁权等情况看，其亦有一定的履约能力；从房屋买卖合同的履行情况看，买方郭某的损失亦可以通过其他途径得到救济且已经予以解决，故被告人罗某将已被法院查封的房屋出卖给他人，并收取钱款的行为，不符合合同诈骗罪的构成要件，公诉机关指控的罪名不能成立。被告人罗某明知是被司法机关查封的房屋，仍决意实施非法处置查封财产的行为，情节严重，其行为符合非法处置查封的财产罪的构成要件。辩护人的相关辩护意见，合法有据，予以采纳。案发后，被告人罗某交代态度较好，违法所得已经退赔，酌情从轻处罚。

五、定案结论

上海市长宁区人民法院依照《中华人民共和国刑法》第314条之规定，判决如下：被告人罗某犯非法处置查封的财产罪，判处有期徒刑一年六个月。

一审宣判后，上海市长宁区人民检察院提出抗诉，被告人罗某提出上诉。上海市长宁区人民检察院抗诉认为，被告人罗某的行为已构成合同诈骗罪，且属数额特别巨大，原审判决认定罪名有误，导致量刑畸轻，要求二审法院改判。上海市人民检察院第一分院出庭支持抗诉意见认为，原判适用法律错误、量刑明显不当，故支持上海市长宁区人民检察院的抗诉意见，建议二审法院予以改判。理由是：被告人罗某为了非法占有他人财产，采取故意隐瞒涉案房屋被法院查封事实的手段，骗取他人财物，其行为既构成了合同诈骗罪，又构成非法处置查封的财产罪，属想象竞合犯，应择一重罪即以合同诈骗罪定罪处罚。上诉人罗某上诉提出：其行为并未对法院的执行工作造成实质性的妨害，故原判量刑过重。针对抗诉机关及二审检察机关关于本案应以合同诈骗罪定性的意见，罗某辩称其在主观上并无非法占有的目的，在客观上其为实现交房与杨浦建行联系解除查封，如不能交房其愿意承担还款及违约责任，故其行为不构成合同诈骗罪。对原判认定的事实和罪名，罗某均表示没有异议。其辩护人的辩护意见为：（1）上诉人罗某非法处置被查封财产的金额巨大，属于情节严重，故原判认定罗某的行为构成非法处置查封的财产罪并无不当；（2）上诉人罗某的个人资产足以抵偿郭某的债务，且具有实际履约行为，说明罗某在主观上没有非法占有的目的，故不能认定罗某的行为构成合同诈骗罪。

上海市第一中级人民法院经审理认为：上诉人罗某明知自己的房屋已被法院依法查封，仍擅自将被查封的房屋转卖给他人，情节严重，其行为已构成非法处置查封的财产罪。关于检察机关提出罗某的行为构成合同诈骗罪的意见，根据现有证据，不能认定罗某在主观方面具有非法占有对方当事人财物的故意，故罗某的行为不构成合同诈骗罪。原判量刑适当，上诉人罗某关于原判量刑过重的意见亦不能成立。原判认定事实清楚，证据确实、充分，定性正确，且审判程序合法。根据《中华人民共和国刑事诉讼法》第189条第1项之规定，裁定如下：驳回抗诉机关上海市长宁区人民检察院之抗诉、上诉人罗某之上诉，维持原判。

六、法理解说

非法处置查封的财产罪规定于刑法第314条。从本案审理的情况来看，对该罪的认定主要存在如何认定本罪客观方面的情节严重、如何区分本罪与拒不执行法院判决、裁定罪之间的界限、如何认定本罪的既遂与未遂问题。

（一）非法处置查封的财产罪客观方面的认定

根据刑法第314条的规定，非法处置查封、扣押、冻结的财产罪是指隐藏、转移、变卖、故意毁损已被司法机关查封、扣押、冻结的财产，情节严重的行为。对于前述"情节严重"，尚无立法或司法解释对其具体标准作出界定。本案中被告人罗某非法转让被查封的房屋，价值达人民币100多万元，是否属于情节严重？我们认为，从刑法对本罪的罪状表述来看，本罪属情节犯，即以情节严重或情节恶劣作为犯罪构成要件的犯罪。"情节严重"中的"情节"是定罪情节，具体包括犯罪手段、犯罪次数、犯罪时间、犯罪地点、犯罪的后果、犯罪对象的性质和价值、犯罪数额等。对于情节犯案件，如法律、司法解释没有明文规定"情节严重"的内涵，可参照同类犯罪中"情节严重"的规定或者司法实践中的通常做法，来认定情节是否达到严重的程度。以本案所涉的非法处置查封的财产罪而言，参照财产类犯罪的相关规定，对情节是否严重可从非法处置的财产数额、犯罪次数、犯罪手段、犯罪后果等方面来掌握，具体可以下述情形作为认定情节严重的标准：非法处置的财产数额巨大的，非法处置的手段恶劣的，多次非法处置的，严重妨害司法机关正常活动的等。本案中，罗某非法处置被查封的财产价值达人民币100多万元，可以认定为情节严重，故一、二审法院认定罗某的行为构成非法处置查封的财产罪并无不当。

（二）关于非法处置查封的财产罪既遂与未遂的认定

在本案中，被告人罗某虽然已与买方郭某签订了购房合同并收取了预付款，但未能如期将房屋交给买方郭某，而且由于房屋已被法院查封而不可能办理产权过户。由此产生的问题是：罗某的行为是否属于犯罪未遂？与此相关的刑法理论问题是，情节犯是否存在犯罪未遂？目前理论界对此看法不一，有的观点认为，对于情节犯而言，如果在具备实行行为的基础上又具备了法定的情节要件，则不但构成犯罪，也符合了犯罪构成的全部要件即达到既遂状态，故情节犯不存在既遂与未遂之分。① 有的观点则认为，情节是否具备，并不直接决定具体犯罪既未遂的成立，情节犯也有可能成立犯罪未遂。笔者认为，我国刑法中的情节犯包括行为犯、结果犯、危险犯等类型，故对于情节犯是否存在未遂的问题不能一概而论，而要具体看案件所属的犯罪类型，然后根据各类型的既未遂标准来判断。非法处置查封、扣押、冻结的财产罪属于情节犯中的行为犯，其既遂以行为人是否实行了非法处置这一法定构成要件行为为标准。本案中被告人罗某已经与买方郭某签订了房屋买卖合同，并且收取了预付款，其行为已经齐备非法处置查封的财产罪的全部构成要件，不能认定为犯罪未遂。当然，同其他行为犯在实行行为未达一定阶段时仍属未遂一样，本罪同样存在犯罪未遂形态。以本案为例，如果罗某在与买方洽谈阶段已经案发，对其非法处置的行为则应认定为未遂。

（三）非法处置查封的财产罪与拒不执行判决、裁定罪的区分

本案中，被罗某非法转让的房屋是杨浦法院已作出民事裁定而予以查封的财产。根据刑法第313条的规定及全国人大常委会《关于〈中华人民共和国刑法〉第三百一十三条的解释》，被执行人故意转让已向人民法院提供担保的财产等有能力执行而拒不执行，情节严重的行为，构成拒不执行判决、裁定罪。被告人罗某非法转让了被法院依法查封的财产，对其行为是否能认定为拒不执行判决、裁定罪？从犯罪构成要件来看，非法处置查封、扣押、冻结的财产罪与拒不执行判决、裁定罪之间的区别是显著的：（1）犯罪侵犯的直接客体有所不同。拒不执行判决裁定罪直接侵犯的是人民法院的正常活动，人民法院是代表国家行使审判权的唯一机关，它对各类案件作出生效判决即具有法律强制力，有关当事人和负有义务的责任人必须执行，而不允许抗拒执行。而非法处置查封、扣押、冻结的财产罪侵犯的直接客体是司法机关对财产保全措施

---

① 参见赵秉志著：《犯罪未遂的理论与实践》，中国人民大学出版社1987年版，第235~238页。

的正常活动，并不仅仅是法院作出的查封、扣押、冻结的财产，也包括公安机关、人民检察院等在办理案件时采用的扣押措施，这里的扣押目的在于保全证据，以免证据消失或毁灭造成对犯罪嫌疑人罪与非罪认定的不明。（2）犯罪对象不同。拒不履行判决、裁定罪侵犯的对象是人民法院作出的具有执行内容并已发生法律效力的判决、裁定，也包括人民法院为依法执行支付令、生效的调解书、仲裁裁决、公正债权文书等所作的裁定。非法处置查封、扣押、冻结的财产罪侵犯的对象是被司法机关查封、扣押、冻结的财产。（3）犯罪客观方面表现不同。拒不执行判决、裁定罪在客观方面表现为有能力执行而拒不执行人民法院的生效判决、裁定，情节严重的行为；非法处置查封、扣押、冻结的财产罪在客观方面表现为隐藏、转移、变卖、故意毁损已被司法机关查封、扣押、冻结的财产，情节严重的行为。可见，两者在行为方式上有明显不同，拒不执行判决、裁定罪包括暴力的、积极的"拒"和非暴力的、消极的"拒"。暴力的、积极的"拒"是指行为人故意违反法院判决、裁定所确定的内容，公开对抗法院生效判决、裁定或者作出法院所禁止的行为导致执行不能以及阻碍法院执行活动行为，如《最高人民法院关于审理拒不执行判决、裁定案件具体应用法律若干问题的解释》第3条第4项所规定的"聚众哄闹、冲击执行现场，围困、扣押、殴打执行人员"的方式；非暴力的、消极的"拒"是指行为人是指行为人以逃避执行、拖延执行为目的，违反法院规定，私自处置财产制造无执行能力假象的方式，拒不履行义务，如《全国人民代表大会常务委员会关于〈中华人民共和国刑法〉第三百一十三条的解释》第1项所规定的"被执行人隐藏、转移、故意毁损财产或者无偿转让财产、以明显不合理的低价转让财产，致使判决、裁定无法执行的"。而非法处置查封、扣押、冻结的财产罪一般是消极的、非暴力的行为方式。（4）犯罪主体不同。拒不执行判决、裁定罪的犯罪主体是特殊主体，主要是指有义务执行判决、裁定的当事人，也包括对判决、裁定附有协助履行义务的人。而非法处置查封、扣押、冻结的财产罪的犯罪主体是一般主体，只要是年满16周岁且具有刑事责任能力的自然人或者单位均可成为本罪的主体。

（四）非法处置查封的财产罪与合同诈骗罪的区分

本案的争议焦点之一是：案件定性为非法处置查封的财产罪？还是合同诈骗罪？根据《中华人民共和国刑法》第224条的规定，合同诈骗罪在主观方面以行为人具有非法占有目的为构成要件。《全国法院审理金融犯罪案件工作座谈会纪要》（颁布实施）中规定，对于行为人通过诈骗的方法非法获取资金，造成数额较大资金不能归还，并具有一定情形的，才能认定为具有非法占有的目的。因此，对于行为人在主观上并无非法占有对方当事人财物的目的，而是为了非法占用他人钱款，在客观上以虚构事实、隐瞒真相的手段骗取他人钱款的，不能认定其行为构成诈骗类犯罪。

本案中尽管上诉人罗某在签订合同过程中采用了欺诈手段，但其在主观上是由于资金困难而意图套取他人现金，故其行为不构成合同诈骗罪。关于非法占有目的的内涵，我国刑法理论界的通说认为，非法占有目的是指意图将公共或他人的财物非法转归自己或第三者掌握、控制。① 笔者认为，对他人财物的非法占用必须通过掌握和控制才能实现，因此，上述关于非法占有目的的概念看似明确，实则未反映出非法占有目的的本质特征，并不能以此来界定其与非法占用的区别。非法占有目的应是指永久性地非法掌握、控制他人财物的意图，而非法占用则指为一时使用而非法掌握、控制他人财物的意图。二者区别的根本点在于前者并不打算归还，而后者则准备在使用后归还。

关于非法占有目的与非法占用目的的区分标准，根据现行法律、司法解释的规定以及审判实践中的通常做法，判断行为人在主观上是否具有非法占有的故意，主要从以下几方面入手：（1）审查行为人的主体资格是否真实。合同欺诈的行为人在主体资格方面不会弄虚作假，而合同诈骗的行为人则有可能伪造身份。（2）审查行为人在客观方面有无实际履约能力或者履约担保。实际履约能力或者担保是合同履行的基本条件，因此，行为人是否具有履约能力，是判断其主观故意的一个重要标准。（3）审查行为人是否具有实际履约行为。合同欺诈的行为人只有通过履行合同才能获取不当利益，因此必然有实际履约的行为；而合同诈骗的行为人是为了通过签订、履行合同非法占有他人财物，所以并不实际履行合同，或者仅履行小额合同或部分合同作为诱饵。（4）审查行为人的事后态度。如果行为人在依照合同取得对方当事人财物后积极为履行合同作准备，在因客观因素不能履行时并不逃避责任，而是能够与对方协商解决的，一般不属合同诈骗；反之，如果行为人在取得财物后逃匿，让对方当事人无法与其取得联系的，一般说明其在主观上具有非法占有的故意。

从本案来看，尽管上诉人罗某在客观上采取隐瞒真相的手段取得了他人钱款，但综观全案证据，不能认定罗某在主观上具有非法占有对方当事人财物的目的。具体反映在：（1）罗某的合同主体身份真实。被告人罗某是以本人真实姓名、身份证号码与买方郭某签订合同，且留下了真实的手机号码及常住地地址。（2）罗某具有一定的履约行为。罗某从郭某处取得购房预付款后，将房产证及房屋钥匙交给了中介商。更为重要的是，在与买方签订房屋买卖合同

---

① 参见刘明祥：《刑法中的非法占有目的》，载《法学研究》2000年第2期，第44~53页。

前后，罗某曾要求杨浦建行解除查封，并提出可以联系客户到杨浦建行申请贷款，然后以客户支付的佣金来偿还禧鑫公司所欠贷款，罗某的这一要求获得建行方面的首肯。此后，罗某也确实接受上海国皓投资咨询有限公司委托，与杨浦建行信贷员洽谈了一项贷款项目，试图以项目佣金来偿还禧鑫公司所欠贷款，从而解除对房屋的查封。尽管该项目最终因故未成，但上述事实发生在罗某与买方郭某签订房屋买卖合同前后，这表明罗某在客观上确实为了能够完成交易做了一定的履约准备工作。(3) 罗某具有一定的履约担保。罗某的家庭财产价值数百万元人民币，因此，即便涉案房产最终被法院处理而无法实现交易，罗某也有能力归还买方购房款及违约金。当然，行为人的财产状况仅是判断其主观故意的一个因素，有归还财物的能力并不必然说明行为人在主观上无非法占有的目的，在实践中不乏有一定财产的行为人实施诈骗的案例。对于行为人主观上是否具有非法占有的故意，仍应综合全案的证据来判断。(4) 从案发后表现来看，罗某在获取钱款后并未肆意挥霍，而是用于投资及归还个人因投资所欠债务；也没有携款逃匿，而是始终在公司或者常住地。

（整理人：周少华）

十一、破坏监管秩序罪

案例1：李某某、郭某某破坏监管秩序案
——破坏监管秩序罪的成立及共同犯罪等问题

一、基本情况

案　　由：破坏监管秩序

被告人：李某某，男，22岁，汉族，初中文化，农民，住河南省林州市。因犯抢劫罪，2005年11月16日被林州市人民法院判处有期徒刑6年，并处罚金5000元，2005年12月9日交付安阳市监狱执行，2010年1月20日刑满。

郭某某，男，39岁，汉族，初中文化，农民，住河南省林州市。因犯抢劫罪，2007年7月12日被林州市人民法院判处有期徒刑4年，2007年8月28日交付安阳市监狱执行，2011年1月4日刑满。

二、诉辩主张

（一）人民检察院指控事实

安阳市龙安区人民检察院指控罪犯李某某、郭某某犯破坏监管秩序罪。安阳市龙安区人民检察院指控：2009年3月4日中午，安阳市监狱十监区罪犯张某在狱内违规，被监狱纠察队员罪犯李某某发现并上前制止，张某不服从，快速往十监区生产车间跑，被生产区执勤队员罪犯孙某叫住，他和李某某一起将张某拉进监管队办公室。进屋后，三人扭打在一起。随后赶来的纠察组组长罪犯郭某某、纠察组成员罪犯郭某、赵某合力将张某摔倒在地，张某倒地后，郭某某用警棍殴打张某，李某某用力朝张某的左胸处踩了几脚。致张某左胸第6、7肋骨骨折，经鉴定，构成轻伤。公诉机关提供了罪犯供述，被害人陈述，

证人证言，伤情鉴定结论书，张某、李某某、郭某某的监狱档案资料等证据。认为罪犯李某某、郭某某身为依法被关押的罪犯，聚众殴打其他被监管人，且致人轻伤，其行为均已构成破坏监管秩序罪。

（二）被告人辩解及辩护人辩护意见

罪犯李某某辩称：被害人张某先打我时我才打他，我是在维护监管秩序，不构成犯罪。

罪犯郭某某及其辩护人刘树斌辩称：罪犯郭某某没有殴打被害人张某，是在维护监管秩序，不构成犯罪。

三、人民法院认定事实和证据

（一）认定犯罪事实

安阳市龙安区人民法院审理认定，2009年3月4日中午，安阳市监狱十监区罪犯张某在狱内单独行动违规，被监狱纠察队员罪犯李某某发现并上前制止，二人发生纠纷。张某不服从，快速往十监区生产车间跑，李某某即大声喊人，正在生产区执勤的队员罪犯孙某赶到，并和李某某一起将张某拉进监管队办公室。在办公室，张某遭到李某某以及随后赶来的纠察组组长罪犯郭某某等人的殴打。2009年8月11日河南唯实司法鉴定中心对张某的伤情进行了鉴定，结论：张某左胸第6、7肋骨骨折构成轻伤。案发后，罪犯李某某、郭某某、孙红宾、郭红卫、赵小朝与被害人张某就民事赔偿部分调解解决。

（二）认定犯罪证据

上述事实，有下列证据予以证实：

1. 罪犯李某某供述2009年3月4日中午巡岗时发现张某一个人单独行动即上前制止，张某不听并打其一拳，这种情况应该在原地站着等干部过来处理，但被打后想报复张某，就和孙某把他带到办公室，在办公室他和张某发生了殴打，后被孙某以及随后赶到的郭某某、郭某、赵某进来拦开了。其用脚踩张某左肩部几脚。

2. 罪犯郭某某供述3月4日中午听到办公室里有吵闹声，他和郭某、赵某进去，把张某和李某某、孙某他们拦开了，李某某上前蹬了张某好几脚。

3. 被害人张某陈述2009年3月4日中午因到监区门口拿一条烟，被纠察队员李某某发现就让他弯腰头顶着墙，他不听并和李某某发生了纠纷，被孙某和李某某强行拖到办公室，在办公室里李某某、孙某、郭某把他前胸顶着沙发角按倒，赵某按住头，郭某某用警棒在他的后腰左边打了40棒左右，被打晕了，醒来后又被郭某某打了几巴掌。后来检察院来调查这事时，孙某来找他让写个证明说没打。

4. 证人孙某证言证实3月4日12时左右见张某和李某某发生争吵，就一起把张某叫到办公室。进门李某某就从后面推了张某，二人发生打架。他和随后进来的郭某某、赵某、郭某就制止张某。张某倒地这么多人按着他，李某某用脚跺了他几脚。

5. 证人郭某证言证实3月4日中午在办公室，见张某抱着孙某、李某某的脖子，他和郭某某、赵某拦开了。

6. 证人赵某证言证实3月4日中午在监管室办公室门口，见李某某纠规时张某打他一拳，孙某和李某某把张某叫到办公室，他们发生了殴打，自己和郭某、郭某某拉开他们。李某某上去用脚照张某的肚子上跺了几脚。

7. 证人耿某证实张某躺在就诊床上脸色很难看，付某说张某因单独行动和纠察发生冲突，可能被纠察打了。

8. 证人申某证实其看到张某在办公室南墙根，脸色很难看，说头晕，就电话通知了队长耿某。

9. 证人付某证实进办公室后见张某在地上坐着，他说纠察组打他，还让他面壁，他很难受。

10. 证人杨某、郭某某证实把张某从医疗室扶回监舍的经过。

11. 证人吕某、周某证实给张某检查伤情时他不让检查，一直喊骂说纠察队的人打他了，要找监狱领导反映情况。

12. 证人欧阳某证明：张某没有与本监区罪犯发生过争执和打架斗殴事件。

13. 河南唯实司法鉴定中心豫唯实司鉴中心〔2009〕临鉴字第97号伤情鉴定书证实张某左侧肋骨骨折构成轻伤。

14. 河南省安阳市监狱出具的李某某、郭某某的监狱罪犯档案资料证明：李某某刑期至2010年1月20日止；郭某某刑期至2011年1月4日止。张某系服刑罪犯。

15. 罪犯李某某、郭某某、孙某、郭某、赵某与被害人张某的民事赔偿调解协议书证实五人共赔偿18000元。

四、判案理由

罪犯李某某辩称是在维护监管秩序、不构成犯罪的理由，以及罪犯郭某某及其辩护人刘树斌辩称郭某某没有殴打被害人张某、不构成犯罪的理由，与被害人张某陈述李某某、郭某某对其进行了殴打，服刑犯吕某、周某等证言证实给张某治疗当时张某就说李某某、郭某某打他了等证据证实事实不符，且罪犯李某某、郭某某二人供述与张某发生纠纷的情节相互矛盾、不能吻合，辩解理由不能成立，不予采纳。本案为共同犯罪，在犯罪过程中，被告人李某某、郭某某均起主要作用为主犯。李某某、郭某某身为依法被关押的罪犯，殴打其他被监管人，核其行为均已构成破坏监管秩序罪。罪犯李某某、郭某某在服刑期间重新犯罪，应数罪并罚。

五、定案结论

安阳市龙安区人民法院判决：一、被告人李某某犯破坏监管秩序罪，判处有期徒刑一年零六个月，加原犯抢劫罪被判余刑十个月零十七天，数罪并罚，决定执行有期徒刑一年零十个月。二、被告人郭某某犯破坏监管秩序罪，判处有期徒刑一年零六个月，加原犯抢劫罪被判余刑一年十个月零一天，数罪并罚，决定执行有期徒刑二年零六个月。

六、法理解说

破坏监管秩序罪，属情节犯罪，即破坏监管秩序情节严重的行为。对罪犯一般的破坏监管秩序的行为，不能认定为破坏监管秩序罪。《监狱法》第58条规定："罪犯有下列破坏监管秩序情形的，监狱可以给予警告、记过或者禁闭。"同时又规定："罪犯在服刑期间有第1款所列行为，构成犯罪的，依法追究刑事责任。"这一规定告诉监管人员，"可以警告、记过或者禁闭"的破坏监管秩序的行为不属"情节严重"，不构成犯罪。而"构成犯罪的，依法追究刑事责任"的破坏监管秩序的行为则是"情节严重"的行为。因此，在实践中必须把握好罪与非罪的界限。

笔者认为，罪犯李某某、郭某某身为依法被关押的罪犯，聚众殴打其他被监管人，且致人轻伤，其行为均已构成破坏监管秩序罪。本篇主要探析对罪犯李某某、郭某某破坏监管秩序罪的成立及共同犯罪定性的理论根据。

（一）从客观上分析罪与非罪

第一，看破坏监管秩序行为人的破坏次数。对单个人的破坏监管秩序行为的，除个别的可以一次行为定罪，如"殴打监管人员的"，一般地应以多次破坏行为，且行为人属屡教不改，其行为已表明无视监规纪律和监管秩序，虽未造成严重后果，但属抗拒改造，可以认定为破坏监管秩序罪；聚众性的破坏监管秩序的行为，由于其性质严重，对组织者和骨干分子一般可以一次行为定罪，但对一般的参加者可以不以犯罪论处。

第二，看破坏监管秩序的行为是否造成严重影响。一般地说，刑法第315条所列破坏监管秩序的行为都会产生一定的影响，但是否是严重影响，值得探讨。严重影响，一般是指该行为对监内外人们的思想和行为产生了相当程度的负面作用，使监管机关的声誉和权威受到一定的损害。要看行为人破坏监管秩序的行为引起监管秩序混乱的程度、持续的时间、是否接受监管人员的教育和制止、是否引起部分或大部分在押罪犯的思想波动及行为反常等。

第三，看破坏监管秩序行为是否造成危害结果。殴打监管人员的、殴打、体罚或指使他人殴打、体罚其他被监管人，使他人身体遭受摧残和折磨；组织他人聚众寻衅、哄监闹狱、使监管场所的工作、生产、生活、学习等正常秩序受到严重干扰的，都构成破坏监管秩序罪。

在本案中，罪犯张某在狱内单独行动违规，被监狱纠察队员罪犯李某某发现并上前制止，二人发生纠纷。李某某即大声喊人，正在生产区执勤的队员罪犯孙某赶到，并和李某某一起将张某拉进监管队办公室。在办公室，张某遭到李某某以及随后赶来的纠察组组长罪犯郭某某等人的殴打。张某左胸第6、7肋骨骨折构成轻伤。这在客观上造成严重影响和危害结果，符合破坏监管秩序罪的（客观）构成要件。

（二）在主观上分析罪与非罪

看行为人实施破坏监管秩序行为的动机和目的。看其是否具有以破坏监管秩序的行为对抗国家司法机关和监管机关。如为谋取不正当利益或不服判决、心怀不满、拒不认罪、故意寻衅，或以申诉为名无理取闹，而多次实施破坏监管秩序行为的动机已体现出抗拒改造的目的，可以破坏监管秩序罪定罪处罚。但对那些虽有破坏监管秩序行为，但不具有破坏监管秩序的故意，如一般的打架斗殴、捣乱起哄等，则不能定罪。

行为人实施破坏监管秩序罪，其目的是破坏监管秩序。因此，以下情况不应以犯罪处理：一是正当申诉和控告行为。申诉与控告是法律赋予包括罪犯在内的公民的正当权利。因此，监管部门应对罪犯的申诉、控告权利予以保障。因正当申诉、控告权利得不到保障而引发罪犯抗拒改造的，一般不应以犯罪处理。当然，如以申诉、控告为名无理取闹，故意破坏监管秩序情节严重的，则应以该罪论处。二是动机正当的抗议行为。司法实践中，个别监管人员违法乱纪，打骂、体罚罪犯，继而引发罪犯绝食、拒绝劳动、自伤等抗议性行为。这类行为虽属不当，但事出有因，其动机也非有意破坏监管秩序，因此，一般不应以犯罪处理。

在本案中，罪犯李某某辩称：被害人张某先打我时我才打他，我是在维护监管秩序，不构成犯罪。罪犯李某某的辩称不能成立。理由是罪犯李某某的行为造成了严重影响和危害结果，没有维护监管秩序，相反是在破坏监管秩序。罪犯李某某行为的动机和目的是故意殴打伤害他人，不是正当申诉、控告行为和动机正当的抗议行为。罪犯李某某等人符合破坏监管秩序罪的主观构成要件。

（三）关于共同犯破坏监管秩序罪的认定

共同犯罪是指二人以上共同故意犯罪。破坏监管秩序的犯罪，多数是以共同犯罪的形式出现的。

1. 组织其他被监管人员破坏监管秩序的。组织其他被监管人员破坏监管秩序，是指依法被关押的罪犯，为了达到破坏监管秩序的目的，将其他被监管人员纠合聚集起来，策划并指挥他们有组织地进行破坏监管秩序的犯罪活动。从表面上来看，只要行为人组织（或者被组织）实施了破坏监管秩序的行为，就构成共同犯罪。因为，第一，有组织就有被组织者，犯罪人数也至少在两人以上；第二，主观上，无论组织者还是被组织者，在实施破坏监押管理秩序的行为的时候，都明知自己的行为会造成正常监管秩序被破坏的结果，希望或者放任危害结果的发生，在主观上有共同故意；第三，在客观上，都共同实施了破坏监管秩序的行为。尽管这种行为的表面特征符合共同犯罪的构成特征，但是对于组织者与被组织者不能都以共同犯罪论。刑法第315条第2款专门对"破坏监管秩序罪"的一个表现形式，在这一行为中只追究组织犯的刑事责任。组织犯，指为了达到某种犯罪目的，将被组织者纠合聚集在一起，策划、分工并指挥实施犯罪行为的人。只要组织犯实施了纠合、策划和指挥其他被监管人员破坏监管秩序的行为的，就构成本罪。被组织人在组织人的指挥下实施了破坏监管秩序的行为，不构成本罪。被组织者在组织人的指挥下实施破坏监管秩序的行为中，实施殴打监管人员或者殴打其他被监管人员的行为，达到情节严重的行为，构成犯罪的，则单独以破坏监管秩序罪定罪处罚，不能以组织犯的共犯论。在组织犯组织实施破坏监管秩序的犯罪过程中，被组织者实施故意杀人、故意伤害等行为，构成犯罪的，按刑法分则的有关规定定罪处刑。组织犯对被组织人实施非组织行为，也不负共同犯罪责任。两人以上共同组织其他被监管人员实施破坏监管秩序的犯罪的，才构成本罪的共犯。

2. 聚众闹事，扰乱正常监管秩序的。聚众闹事，扰乱正常的监管秩序，使之依法被关押的一名或数名罪犯以某种事实为借口，煽动众多的被监管人员聚集起来哄闹监狱，致使监管人员无法进行正常管理、监狱中出现相当混乱局面的行为。这一危害行为与前一种危害行为（即组织其他被监管人员破坏监管秩序）相似，一般情况下是以共同犯罪的形式出现的。但两者比较有不同的特点：（1）前一种行为一般是有策划有预谋的，后者具有突发性、事前无通谋的特点；（2）前者有明显的组织指挥者，后者只有进行语言煽动人；（3）前者是由组织者将众人纠合聚集在一起，后者往往是自发的组织在一起；（4）行为方式上，前者是采取积极的破坏性的形式，后者则采取较为保守的扰乱性的形式；（5）在造成的危害程度上，前者破坏监管秩序，后者是扰乱监管秩序，前者较后者危害严重。对于聚众闹事扰乱正常监管秩序的，刑法只处罚煽动聚众闹事的骨干分子，对一般参与闹事的人员不以共同犯罪论，不追究刑事责任，只是由监狱机关作行政处罚。聚众闹事的骨干分子，在绝大多数情况下是以共同犯罪的形式出现，并且往往是事前无通谋的共犯。

3. 殴打体罚或者指使他人殴打体罚其他被监管人员的。这种行为的共同犯罪，有以下几种不同的情况，应当作出不同的处置：（1）行为人共同多次，殴打体罚他人，并致他人轻伤、轻微伤，达到情节严重程度，构成犯罪的，以破坏监管秩序的共犯定罪量刑；（2）行为人共同殴打他人，致他人重伤、死亡的，是想象竞合犯，根据从一重处断的原则，应以故意伤害罪的共犯定罪处刑；（3）行为人在较长的时间里，先后分别实施殴打体罚他人的行为，致他人死亡的，经法医鉴定，被害人是由于最后实施殴打行为的人暴力作用于头部，致颅脑严重损伤而死亡或者是由于最后实施殴打的人猛力打被害人胸部、颈部等神经敏感部位而导致的死亡。也就是说，被害人的死亡是某一人的行为造成，其他行为人的行为仅造成较轻微的损伤或未造成损伤。对于参与殴打的行为人，不能以故意伤害罪的共犯定罪处罚，其理由是，第一，各行为人实施殴打的行为在时间上有先后，不是在同一时间里进行；第二，行为人不是共同实施殴打行为，而是分别实施的；第三，各行为人实施的打击力度有别，先实施殴打行为的人的行为有节制，只造成较轻微的损伤或没有造成损伤，而最后实施行为的人的打击力度明显强于其他行为人。只是主观上有相同的故意而无共同的行为，不能构成共同犯罪。根据罪责自负的原则，按照行为人各自实施的行为造成的不同结果，对行为人应予不同的处理。对于实施殴打行为造成被害人死亡结果的行为人应当以故意伤害罪定罪处罚；对于参与殴打被害人，造成轻微损伤的，而又构成情节严重的程度的，应以破坏监管秩序罪定罪处罚；对于未造成实际损害或者行为尚未达到情节严重的程度的行为人，只能对其行政处罚。

在本案中，罪犯李某某等人殴打其他被监管人员，并致他人轻伤、达到情节严重程度，构成犯罪，应以破坏监管秩序的共犯定罪量刑。

（整理人：周少华）

案例2：曹某某破坏监管秩序案
——破坏监管秩序罪与非罪的界定问题

一、基本情况

案　由：破坏监管秩序

被告人：曹某某（绰号：曹某），男，1984年7月24日出生，汉族，湖南省益阳市人，初中文化，农民，住湖南省益阳市赫山区千家洲乡柘栏湖村砂坪组。2003年9月因盗窃被长沙市劳动教养管理委员会决定劳动教养一年六个月。2005年9月7日，因犯抢劫罪被长沙市雨花区人民法院判处有期徒刑十年。2006年2月28日投入湖南省网岭监狱三监区服刑。

二、诉辩主张

（一）人民检察院指控事实

公诉机关攸县人民检察院指控被告人曹某某犯破坏监管秩序罪。

（二）被告人辩解意见

被告人曹某某对指控的犯罪事实无异议。

三、人民法院认定事实和证据

（一）认定犯罪事实

被告人曹某某于2008年8月至9月在湖南省网岭监狱三监区服刑期间，多次殴打被监管人员。主要事实如下：（1）2008年9月2日，被告人曹某某以被害人刘志发制作的产品质量差及未完成生产任务为由，用木尺抽打被害人的脸部数下，致其脸部肿胀、青紫，眼睑破裂、充血。（2）2008年9月4日，被告人曹某某以被害人刘志发制作的产品质量差为由，用老虎钳钳被害人的右腿内侧，致使其右腿肿胀。（3）2008年8月的一天，被告人曹某某以被害人刘志发制作的产品质量差及未完成生产任务为由，令被害人趴在地上，用脚踩其背部数下。（4）2008年9月的一天，被告人曹某某以被害人李贻得未完成生产任务为由，令其将鞋脱掉把脚放在工作台上，用竹片抽打其脚底十余下。

（二）认定犯罪证据

上述事实，有被告人曹某某的供述，被害人刘志发、李贻得的陈述，证人余汝军、郭小兵、袁泽的证言，刘志发的伤情检查资料，刑事判决书，执行通知书等证据证明。经庭审质证，被告人曹某某亦无异议，法庭予以确认。

四、判案理由

攸县人民法院认为，被告人曹某某在服刑期间，多次殴打同监被监管人员，情节恶劣，其行为已构成破坏监管秩序罪。公诉机关指控的罪名成立。在审理过程中，被告人认罪态度较好，可以酌情从轻处罚。被告人曹某某在判决宣告以后，刑罚执行完毕以前，又犯新罪，应数罪并罚。

五、定案结论

据此，依照《中华人民共和国刑法》第315条第4项、第71条、第69条之规定，判决如下：被告人曹某某犯破坏监管秩序罪，判处有期徒刑六个月，与原判未执行完毕的有期徒刑六年二个月十五日合并，决定执行有期徒刑六年六个月。

六、法理解说

当前，一些监狱中出现拉帮结伙，寻衅哄闹，抗拒改造，任意欺压、凌辱、殴打同监人犯，甚至发生有的人犯被打伤致残，有的人犯被打死的情况。这些现象的存在，严重地破坏了监管工作秩序，损坏了政法机关的声誉，在社会上造成了极坏的影响。破坏监管秩序罪是修订后的《中华人民共和国刑法》增设的罪名。这项规定体现了我国法制建设的不断完善，也是维护监管秩序，打击狱内犯罪的迫切需要。

（一）本罪与非罪的界限

1. 本罪属于情节犯。本罪在客观方面表现为破坏监管秩序，情节严重的行为。1994年12月29日通过的《中华人民共和国监狱法》第58条规定了8种破坏监管秩序行为，即：（1）聚众哄闹监狱，扰乱正常秩序的；（2）辱骂或者殴打人民警察的；（3）欺压其他罪犯的；（4）盗窃、赌博、打架斗殴、寻衅滋事的；（5）有劳动能力拒不参加劳动或者消极怠工，经教育不改的；（6）以自伤、自残手段逃避劳动的；（7）在生产劳动中故意违反操作规程或者有意损坏生产工具的；（8）有违反监规纪律的其他行为的。可见，刑法规定的破坏监管秩序的行为，基本属于《监狱法》第58条规定的8种破坏监管程序行为中的第（1）、（2）、（3）种行为，且必须达到情节严重才能构成犯罪。"情节严重"是构成本罪的必要条件，也是区分本罪与一般破坏监管秩序行为的界限。凡情节一般的，则不应以犯罪论处，但可根据有关规定给予警告、记过、禁闭等惩罚。情节是否严重，"应从行为的手段、次数、对象、结果、影响、动机等方面进行综合判断"。① 所谓"情节严重"主要是指造成监管正常秩序的严重破坏，如殴打监管人员造成伤害，或聚众闹事致使正常监管秩序无法维持或多次扰乱破坏监管秩序，屡教不改。实践中认定"情节严重"与否的界限时，必须坚持主客观相一致的原则，一是看行为人主观上是否具有抗拒劳动改造的恶性程度；二是看行为人实施的行为性质及造成危害的后果程度，在全面分析的基础上进行认定。如果行为人实施破坏监管秩序没有造成严重后果，一般不宜以犯罪论处，应按照违反监管秩序而严加管教或行政处理。

2. 本罪主体为"依法被关押的罪犯"。从犯罪构成来看，本罪的主体是特殊主体，即"依法被关押的罪犯"，所谓罪犯是指依法经人民法院的生效判决认定犯有罪行的人。目前我国法律规定那些依法未被关押的罪犯，如缓刑犯、监外执行犯、假释犯、被独处附加刑的罪犯等，不能成为本罪的主体；因行政拘留、劳动教养、司法拘留等被依法关押的人以及因涉嫌犯罪而被采取强制措施被关押的人也不能成为本罪的主体。有人认为，依法被采取拘留、逮捕等剥夺人身自由的强制措施被关押起来的犯罪嫌疑人，是否可以成为本罪的主体，要依司法机关最终依法作出的结论而定。如果被认定有罪，即是罪犯，其实施了破坏监管秩序行为的，就构成本罪。如果没有被认定为罪犯，尽管实施了破坏监管秩序的行为，也不构成本罪。② 也有人认为，行为人在实施破坏监管秩序行为之前，必须具备"依法被关押的罪犯"这一身份才能构成本罪；依法被采取拘留、逮捕等剥夺人身自由的强制措施被关押起来的犯罪嫌疑人，即使实施了破坏监管秩序行为之后又被司法机关最终认定原行为有罪的，其破坏监管秩序的行为，也不构成犯罪。已如前述，本罪的主体必须是依法被关押的罪犯，非此不能构成本罪。但是，非在押犯与本罪主体相互勾结，教唆、组织、

---

① 张明楷著：《刑法学》（下），法律出版社1997年版，第836页。
② 苏惠渔主编：《刑法学》（修订版），中国政法大学出版社1997年版，第737页。

策划、帮助本罪主体实施破坏监管改造秩序行为且达到情节严重的程度的，应以本罪的共犯论处。还有人认为，"监管人员指使依法被关押的罪犯殴打、体罚被监管人的，对监管人员的行为，认定为刑法第248条的虐待被监管人罪；对依法被关押的罪犯，认定为破坏监管秩序罪。"① 笔者认为，刑法第248条第2款"监管人员指使被监管人殴打或者体罚虐待其他被监管人的，依照前款的规定处罚"之规定，是对指使者的指使行为进行处罚的规定，其并未明确说要处罚被指使者。因而，上述观点主张对被指使者认定为破坏监管秩序罪，应属不当。监管秩序的罪过，若是出于控告、揭发少数监管人员违法行为的目的，或者为求得公正待遇而实施一些抗议性、不服管教的行为，或者破坏监管秩序的行为是在违背行为人意志的情况下而实施的，都不能认定本罪的故意。

3. 在客观上主要对其行为的性质、次数和危害结果这三个方面进行考察：（1）考察行为的性质。"破坏监管秩序行为从整体上都具有危害刑事执行机关正常监押管理活动的性质，但具体行为性质不同，其危害性有所不同。一般情况下，直接破坏行为比间接破坏行为的危害性要大，暴力行为比非暴力行为的危害性要大，聚众行为比个人行为的危害性要大，因此前者构成犯罪的可能性也较大。"② （2）考察行为的次数。有以下几种情况："首先，聚众性的直接破坏行为，由于其行为性质严重，一般情况下一次行为就可构成犯罪，但个别行为强度不大，对抗不太激烈，或者是参加聚众哄闹的一般成员，一般不以犯罪处理。其次，对单独的直接破坏行为，除个别情节严重的可以一次行为定罪外，一般要求要有数次危害行为。最后，其他间接妨害行为，一般要有多次危害行为，且行为人系屡教不改，其行为已表现出他具有根本无视监管秩序、抗拒监管机关的心理，达到情节严重程度的才可定罪处罚。"③ （3）考察危害结果。首先，考察引起监管秩序混乱程度是否使监狱机关的工作处于失常状态。其次，考察在罪犯中引起消极影响的程度，看是否引起部分或大部分罪犯思想波动及行为反常，是否引起一定范围的共同"抗改效应"。最后，考察行为造成的后果，是否引起罪犯脱逃、自杀等严重后果。

4. 在主观上行为人有实施破坏监管秩序的动机和目的。实际上本罪是故

---

① 张明楷著：《刑法学》（下），法律出版社1997年版，第836页。

② 刘家琛主编：《新刑法常用罪认定与处理》（下册），人民法院出版社1999年版，第121页。

③ 李三宝、祖铁军主编：《罪名适用新解》，中国人民公安大学出版社2003年版，第678页。

意犯罪，过失不构成本罪。区分本罪的故意和过失，关键在于行为人认识因素和意志因素，即行为人对自己破坏监管秩序的行为性质是否有明确的认识，以及实施破坏监管秩序的行为是否违背行为人的意志，如果行为人明知自己的行为会破坏监管秩序，而故意实施该行为，以满足自己报复、对抗、发泄不满等心理状态，不管其动机目的如何，均构成本罪。"但对那些虽有破坏监管秩序行为，但不具有破坏监管秩序的故意，如一般的打架斗殴、捣乱起哄等，则不能定罪。"① 行为人破坏监管秩序的动机多种多样，可以归纳为四类：（1）对抗型动机。具有对抗型动机的罪犯，由于出于对被判刑罚的不满，从而产生对司法机关以至对社会的仇恨心理。他们的行为动机就是报复社会，实现报复的方式就是利用各种形式与监管机关对抗，破坏监管秩序。（2）发泄型动机。具有这种动机的行为人往往是精神颓废，处处寻求刺激，但由于受到监管的限制，无法随意发泄。长期的压抑形成强烈的发泄欲，一遇机会，他们便实施各种危害行为，以满足其畸形心理的需求。（3）谋利型动机。这里所讲的"利"，不限于物质利益，包括罪犯企图通过实施危害行为谋取的一切利益，例如牢头狱霸等。（4）申冤型动机。出于这种动机的人，总认为自己有冤，在行为上处处与监管机关不配合。对出于不同动机的行为人，处理时要有所区别。对对抗型，应从严掌握，发泄型的次之，而对谋利型的，则要慎重对待，只有行为人多次实施这种行为，谋利的动机已体现出抗拒改造的犯罪目的时，才可定罪。对申冤型的危害行为，更要正确对待，一般不宜定罪。

但如查明罪犯以申冤为名故意无理取闹，破坏监管秩序的，对其应当以破坏监管秩序罪定罪处罚。通过上述分析，目的是了解和总结某一行为的总体危害，以确定其行为是否构成犯罪。因此，下述几种情况不应以犯罪处理：（1）动机正当的申诉行为。申诉是法律赋予包括罪犯在内的公民的正当权利。根据我国宪法和刑事诉讼法的有关规定，申诉权是罪犯的法定权利之一。因此，监管部门应对罪犯的申诉权利予以保障。监管机关对罪犯申诉应当及时转达有关部门，而不能视为不认罪服法的表现。罪犯中常有因监管机关不转达其申诉出现吵闹抗拒改造的行为。应当说，监管机关不转犯人的申诉是不合适的，因为任何人都无权剥夺犯人的申诉权，即使罪犯的申诉多次被检察机关、法院驳回，监管机关也不能扣押罪犯的申诉。因正当申诉权利得不到保障而引发罪犯抗拒改造的，一般不应以犯罪处理。当然，如以申诉为名无理取闹，故意破坏监管秩序且情节严重的，则应以本罪论处。（2）动机正当的控告行为。根据我国宪法第41条的规定，罪犯对监管机关干警的违法行为，具有控告权。监

---

① 耿峰：《关于破坏监管秩序犯罪的认定》，载《辽宁警专学报》2005年第1期。

管机关对罪犯写的控告信应及时向有关党政机关转交，涉及司法干警的，要及时妥善处理，而不得对控告人压制、打击和报复，更不能以犯罪论处。因司法干警压制和打击罪犯的控告行为而引起罪犯抗议性抗改行为的，对有关罪犯不宜以犯罪论处。但罪犯在行使控告权时，不得违反法律规定，不得借此造谣生事，污蔑、诽谤他人。如果罪犯以行使控告权为名，在罪犯中散布谣言、煽动骚动，情节严重的，可以本罪论处。（3）动机正当的抗议行为。司法实践中，个别干警违法乱纪，打骂、体罚罪犯，这些罪犯，由于受到干警的不公正待遇，甚至受到干警的打骂、体罚虐待，内心抱屈，但又得不到申冤的机会，遂产生抵触对立情绪，为了求得公正待遇，便采取一些抗议性的行动，如绝食、抗拒劳动、自伤、不服管教等。这类行为虽属不当，但事出有因，是为了由此引起监管机关的重视，求得公正待遇，且其动机也并非有意破坏监管秩序，虽然它也是妨害监管秩序，但由于系干警的过错行为引起，且其动机也是正当的，因此，一般不应以犯罪处理。

（二）本罪与他罪的竞合问题

当行为人以"殴打"等方式实施本罪时，可能会造成被害人伤害、死亡等结果，对此情况应如何处理？有的观点认为，被监管人破坏监管秩序，在殴打监管人员或者殴打、体罚其他被监管人员的过程中，致人重伤、死亡的，属于牵连犯。应查清行为人主观罪过形式，按照从一重处断的原则，以过失重伤、过失致人死亡、故意伤害或者故意杀人罪定罪并适当从重处罚，不实行数罪并罚。① 也有的观点认为，殴打一般是引起他人身体的疼痛，但有时也可能造成组织、器官结构一定程度的损害或者部分功能障碍甚至造成他人死亡。因而，本罪与故意伤害罪、过失致人重伤罪等罪名之间客观上是存在交叉关系的。两罪名之间客观上存在交叉关系，这符合法条竞合的特征。② 笔者认为，罪犯在被关押期间，故意殴打监管人员、殴打体罚或者指使他人殴打体罚其他被监管人员并造成伤害、死亡结果的，同时触犯了破坏监管秩序罪、故意伤害罪、故意杀人罪，成立想象竞合犯，应从一重罪处断。

（整理人：于向阳）

---

① 参见赵秉志、田宏杰、于志刚著：《妨害司法罪》，中国人民公安大学出版社2003年版，第357页。

② 参见吴占英著：《妨害司法罪——立案追诉标准与司法认定实务》，中国人民公安大学出版社2010年版，第231页。

案例3：魏某某破坏监管秩序案
——破坏监管秩序罪的量刑

一、基本情况

案　由：破坏监管秩序
被告人：魏某某，男，20岁。

二、诉辩主张

（一）人民检察院指控事实

罗山县人民检察院指控被告人魏某某犯破坏监管秩序罪。罗山县人民检察院指控，2011年3月10日12时许，信阳监狱教育监区在一楼大厅开饭。罪犯卢某明错拿罪犯蒋某能的饭缸，卢某明便让蒋某能回宿舍去拿。蒋某能一人上楼脱离互监组，被入监组长蔡某（服刑罪犯）拦下。蔡某因此批评了作为规范监督员的被告人魏某某。被告人魏某某因被批评记恨罪犯卢某明、蒋某能，在回宿舍后，将卢某明、蒋某能二人叫到卫生间，用拖鞋朝二人脸部各打几下。事后，卢某明感到左耳不适，听力下降。同年3月22日卢某明在信阳监狱医院检查为耳膜穿孔；3月29日，信阳市中心医院检查为外伤性鼓膜穿孔。同年4月13日，信阳市人民检察院法医鉴定卢某明的外伤构成轻伤。上述事实，公诉机关提供了相应证据予以证明。

（二）被告人辩解意见

被告人魏某某对指控的犯罪事实无异议，请求从轻处罚。

三、人民法院认定事实和证据

（一）认定犯罪事实

2011年3月10日12时许，河南省信阳监狱教育监区在一楼大厅开饭。罪犯卢某明错拿罪犯蒋某能的饭缸,卢某明便让蒋某能回宿舍拿饭缸。蒋某能便一人上楼脱离了互监组。入监组长蔡某(服刑罪犯)中途将蒋某能拦下,并批评了作为规范监督员的被告人魏某某。被告人魏某某回宿舍后,将卢某明、蒋某能二人叫到卫生间,用拖鞋朝二人脸部各打几下。事后,卢某明感到左耳不适,听力下降。同年3月22日,卢某明在信阳监狱医院被检查为耳膜穿孔;同年3月29日,其被信阳市中心医院检查为外伤性鼓膜穿孔。同年4月13日,信阳市人民检察院法医鉴定卢某明的外伤构成轻伤。另查明,被告人魏某某2010年因犯抢夺罪被河南省遂平县人民法院判处有期徒刑一年四个月,并处罚金2000元人民币。罚金刑未执行。诉讼过程中,经本院主持调解,被告人魏某某亲属与被害人卢某明就民事赔偿部分达成协议,被告人魏某某亲属已赔偿被害人卢某明各项经济损失4000元人民币,卢某明对被告人魏某某表示谅解。

(二)认定犯罪证据

上述事实,有下列证据予以证实:

1. 被害人卢某明2011年3月24日陈述:我在信阳监狱八监区206号房间住。我们房间的组长是蔡某,规范管理员是魏某某。2011年3月10日中午开饭的时候,我们下楼打饭。我错拿了蒋某能的饭缸,蒋某能空着手下楼了。我就对蒋某能说我的脚不方便,让他帮我把饭缸拿下来。蒋某能就准备上楼去拿饭缸,被组长蔡某拦下。我跟蔡某说了情况后,他让魏某某、蒋某能陪着我一起上楼拿饭缸。吃过饭后,魏某某就把我叫到房间的卫生间里,魏某某叫我蹲在卫生间西边的便池边,他站在我面前。他让李某红拿来一只拖鞋,并用拖鞋照我左耳部位扇了二下,又用右手对我左耳部扇了一巴掌。当时卫生间也有人,我记不清是谁。我被打了以后感觉左边半个头都是懵懵的,耳朵听不清了。我用卫生纸擦了耳朵里面,发现纸上有血,当时没意识到会穿孔。因为感觉自己做错了,也没向干警反映这个事。3月22日我到医院看其他病时顺便叫医生看了一下耳朵,医生说是耳膜穿孔。我的耳朵以前没有毛病,被打后左耳也没有再受过外力。

2. 证人蔡某2011年4月6日证言:2011年3月10日中午打饭时,新入监的犯人卢某明错拿了蒋某能的饭缸,当时我看见蒋某能一个人往二楼走,就把他拦住。问他干什么,他没说啥就走了(他大脑不正常)。过了一会儿卢某明过来说饭缸拿错了,要上楼拿。我就让他们监区的规范监督员魏某某和卢某明、蒋某能二人一块儿上楼去拿。后来卢某明对我说就是因为那天拿错饭缸被号室监督岗魏某某打了。

3. 证人李某红2011年3月24日证言:大概半个月前一天,我吃过饭后到卫生间洗碗时看见卢某明蹲在西边的便池上,魏某某手里拿着一只拖鞋。当时卫生间里有张某、杨某兵、冀某等人。拖鞋不是我给魏某某的。我没有看见魏某某打卢某明,当时我在吃饭没有注意。前天,我听卢某明说耳朵听不见,并说是魏某某打的。

4. 证人冀某 2011 年 3 月 25 日证言:十天前中午开饭时,卢某明错拿了蒋某能的饭缸,蒋某能大脑不正常,在一楼大厅里乱走。卢某明就叫蒋某能拿饭缸,脱离了互监组。开过饭回到 206 室后,魏某某就拿了一只拖鞋在住室卫生间叫蒋某能蹲在那里,用拖鞋打了蒋某能的脸,把嘴也打肿了。接着又用拖鞋打蹲在那里的卢某明脸部,当时魏某某还说卢某明不该教蒋某能脱离互监组回去拿饭缸。其 2011 年 4 月 27 日证言:卢某明被魏某某打后,没有被别人打过,也从没与人打骂过。

5. 证人周某国 2011 年 3 月 25 日证言:那天魏某某叫李某红拿拖鞋,我在整理内务,不知李某红拿没。我听见卫生间传来拖鞋打人的声音。我整理完内务进到卫生间,看见卢某明和蒋某能蹲在卫生间的西侧,魏某某站在他俩对面,我就听见魏某某说把拖鞋拿来,张某给了他一只拖鞋,魏某某就用拖鞋对他俩的头部又打了好多下。后来魏某某又踢了蒋某能两脚。

6. 证人师某朋 2011 年 4 月 6 日证言:2011 年 3 月 22 日上午,监区安排有病的犯人到监狱医院看病,我喊已登记的犯人去看病,犯人卢某明找我说其裆部痒,也想去看。我就叫他跟我一起到医院。后来干警医生对我说卢某明的左耳膜可能穿孔了,并说听卢某明讲的是被人打的。我当时问卢某明是谁打的,他说是前些天被一个姓魏的监督岗打的。我问他为什么当时不向组长、干警报告,他说他当时也做错了,也感觉耳朵没大事,休息休息就好了,所以没汇报。

7. 证人张某 2011 年 4 月 7 日证言:大概 2011 年 3 月 10 日中午,魏某某在监舍卫生间喊我,让我把拖鞋给他,我就在床下拿了一只拖鞋给他。他打的是谁我不知道,好像卢某明和樊某金。

8. 证人杨某兵 2011 年 4 月 8 日证言:我分到九监区的前几天,我们号室的姓卢的,拿错了饭缸。开饭后回到宿舍,我看见魏某某把姓卢的和蒋某能叫到监舍卫生间,让他俩蹲在卫生间西边,用拖鞋照二人脸部抽打,每人被打了三四下。

9. 证人樊某金 2011 年 4 月 27 日证言:我记不清时间,卢某明和蒋某能在监舍里被一个人用拖鞋在卫生间里打过。其他人没打过他,他也没与别人打过架。平时他耳朵可以听见。

10. 证人王某山 2011 年 3 月 28 日自书证言:2011 年 3 月 22 日,病犯卢某明就诊时诉其左耳听不见,经查看可能耳膜穿孔。

11. 被告人魏某某2011年3月25日供述：大概有半个多月了，具体时间记不清了，当时我是教育监区入监组206室的规范监督员。那天中午开饭时，卢某明错拿了蒋某能的饭缸，蒋某能没有饭缸就在大厅里乱转。卢某明让蒋某能回宿舍拿饭缸，蒋某能就一个人上楼去拿饭缸，被监区的组长拦住没让去，让我和卢某明、蒋某能一起去拿的饭缸。吃过饭回到宿舍后，因卢某明教蒋某能脱离互监组，组长说我没能管好，我当时很生气。我就把他们叫到206室卫生间，让他们面向东蹲在卫生间西侧，我就站在他们前面，一边说他们脱离互监组的事，一边用拖鞋扇他们的脸部。蒋某能被扇了三四下，卢某明被扇了二三下。卢某明分来时耳朵就有点聋。

12. 信阳市中心医院门诊病历复印件在卷，证明卢某明外伤性鼓膜穿孔（左耳）。

13. 信阳市人民检察院信检技鉴〔2011〕第17号检验鉴定文书在卷，证明卢某明左耳鼓膜穿孔，构成轻伤。

14. 河南省遂平县人民法院〔2010〕遂少刑初字第80号刑事判决书及执行通知书、证明在卷，证明被告人魏某某于2010年11月19日被河南省遂平县人民法院以抢夺罪判处有期徒刑一年零四个月，并处罚金人民币2000元。刑期自2010年8月23日起至2011年12月22日止。2000元罚金至今未缴纳。

15. 狱内案件立案表、结案表在卷。

16. 信阳监狱八监区2011年4月1日出具的罪犯魏某某的改造鉴定及罪犯严管审批表在卷。

17. 被告人魏某某亲属与被害人卢某明就民事赔偿部分达成的调解笔录、协议及收条在卷。

四、判案理由

罗山县人民法院认为，被告人魏某某身为依法被关押的罪犯，违反监管制度，殴打其他被监管人卢某明，致卢某明轻伤，其行为已构成破坏监管秩序罪，罗山县人民检察院指控罪名成立。被告人魏某某如实供述自己的犯罪事实，依法可以从轻处罚。其亲属积极赔偿被害人经济损失，被害人对被告人魏某某表示谅解，依法可酌予对其从轻处罚。被告人魏某某在前罪判决宣告以后，刑罚执行完毕以前又犯新罪，应当数罪并罚。

五、定案结论

依照《中华人民共和国刑法》第 315 条第 4 项、第 67 条第 3 款、第 71 条、第 69 条，《中华人民共和国监狱法》第 58 条之规定，判决如下：被告人魏某某犯破坏监管秩序罪，判处有期徒刑十个月。与前罪没有执行的刑罚六个月零二十天，并处罚金人民币 2000 元数罪并罚，决定执行有期徒刑一年二个月，并处罚金人民币 2000 元。罚金于判决生效后十日内缴纳。

六、法理解说

被告人魏某某如实供述自己的犯罪事实，依法可以从轻处罚。其亲属积极赔偿被害人经济损失，被害人对被告人魏某某表示谅解，依法可酌予对其从轻处罚。本案在量刑上值得探讨。

量刑是人民法院对于犯罪分子依法裁量决定刑罚的一种审判活动。量刑所要解决的问题是人民法院在查清犯罪事实并定罪的基础上，依法决定对犯罪分子是否处以刑罚，判处何种刑罚以及判处多重的刑罚。量刑是否适当，这是检验人民法院刑事审判工作质量的重要标准之一。只有量刑适当，才能维护社会主义法制尊严，有效地实现刑罚的目的。

量刑情节是指法律规定的定罪事实以外的，与犯罪行为或犯罪人有关的，体现行为社会危害性程度和行为人人身危险性程度，因而在决定处刑从宽从严或免除处罚时必须予以考虑的各种具体事实情况。量刑情节从不同角度，根据不同标准，可以划分不同种类，以是否具有法律明文规定为标准，可分为法定量刑情节和酌定量刑情节。法定量刑情节，就是刑法明文规定的量刑时适用的情节。其中包括依照总则规定对各种犯罪共同适用的情节，以及分则规定对特定犯罪单独适用的情节。酌定量刑情节是指刑法虽然没有明文规定，但根据立法精神和司法实践由人民法院灵活掌握酌情适用的情节。在司法实务中，往往对法定量刑情节比较重视，但容易忽视酌定量刑情节。为此笔者就酌定量刑情节的适用谈点粗略看法，以求增强审判实践对酌定量刑情节的重视和适用。

量刑情节分为法定情节和酌定情节。法定量刑情节均由法律明确规定。而酌定量刑情节则是根据长期的审判活动而从司法实践中总结出来的，反映犯罪行为的社会危害程度，由法官在量刑时灵活掌握、酌情适用的各种事实情节。酌定量刑情节作为法定量刑情节之必要的补充，已越来越被审判活动所认可和重视。

(一) 关于酌定量刑情节的特征

与法定量刑情节一样，酌定量刑情节不具有犯罪构成要件的意义，其只影响量刑，不影响定性。酌定量刑情节均是从长期的司法实践中通过具体的审判活动总结出来的，而不是现有的法律明文规定的。酌定量刑情节由法官根据自己的智慧灵活掌握，酌情适用。

关于酌定量刑情节与法定量刑情节的关系。法定量刑情节决定量刑的基本方向，酌定量刑情节是法定量刑情节必要的补充。因此，法定量刑情节优先于酌定量刑情节。法定量刑情节是硬性的，尤其是法定量刑情节中的"应当"型情节更是刚性的，审判人员只有遵守的义务，没有任何选择的权利。而酌定量刑情节则由法官根据案件的具体情节灵活掌握，决定是否适用。根据司法实践，酌定量刑情节是否适用，主要看被告人的犯罪行为是否造成了特别严重的危害后果，如果没有造成特别严重的危害后果，一般均应适用。反之，如果犯罪行为构成了特别严重的危害后果，就不再适用。

(二) 酌定量刑情节的作用

酌定量刑情节是否具有法定性，我国刑法学术界存在争议，大致可分为肯定说和否定说，肯定说认为，酌定量刑情节并非法律或者说刑法没有规定，而是刑法没有明文具体规定。因此，酌定情节仍具有法定性。否定说认为，酌定量刑情节不是法律规定或者说不是法律明文规定的，而是根据立法精神从司法实践中总结出来的。因此，酌定情节不具有法定性。在审判业务中，当案件的法定量刑情节与酌定量刑情节并存时，应按法定量刑情节优于酌定量刑情节的原则处理。往往大多数人认为酌定情节与法定情节相比较影响量刑的能力相对较弱。笔者则认为，酌定量刑情节是基本量刑情节，它存在于各个具体案件中，而法定量刑情节是特别量刑情节，不具有普遍性。作为量刑基础的酌定量刑情节来说，酌定量刑情节较法定量刑情节更具有普遍性和适用性。我国刑法绝大多数犯罪是相对确定的法定刑，在法定刑幅度之内，刑罚如何裁量？在没有法定情节的时候，在法定刑那个较小的范围选择刑罚，在有法定刑情节的时候，从宽，宽到什么程度？从严，严到什么程度？都面临着确定一个量刑基础问题，这个问题法定刑本身无法解决，法定情节也无法具体解决。这就需要选定一些情况作为量刑的基础。这些情况不是由法律规定的，而是由审判机关根据具体犯罪掌握的情节，这些情况就是决定量刑基础的酌定量刑情节。如：故意伤害罪中的手段和后果，贪污罪诈骗罪的数额大小，抢劫罪暴力程度和抢劫数额等。在一个案件中，可能不存在法定量刑情节，但却不可能没有酌定量刑情节。通常情况下，一般的酌定量刑情节对量刑的作用要小于法定量刑情节，尤其要小于"应当"型情节。法定量刑情节是由法律明文规定的，裁量刑罚时必须考虑的因素。但在少数情况下，酌定量刑情节的作用可能大于法定量刑情节。

(三) 酌定量刑情节的种类

一般情况除了法律上明文规定的以外，根据立法精神和审判实践常见的酌定情节有以下几类：

1. 犯罪动机。动机是推动人们进行某种活动的内心起因，犯罪动机是激起和推动犯罪人实施犯罪的内心起因，犯罪动机是产生直接故意的源泉，它不仅确定犯罪目的，而且促使危害结果实现。由于犯罪动机性质弱强直接反映行为人的主观意识程度大小，因而是决定社会危害程度的重要因素之一，对量刑有着重要意义。比如，报复杀人与一时义愤杀人案件，因生活困难而实施盗窃与以盗窃为生的案件，直接故意犯罪与间接故意犯罪的案件，因动机的不同主观恶意程度不同，量刑时应有所区别。一般说，犯罪动机卑鄙恶劣的，其主观恶性较大，应酌定从重处罚。如在故意伤害、故意杀人罪中，出于对正义行为的报复、出于个人泄私愤、出于毁灭证据、杀人灭口动机的，均应酌定从重处罚。而对于那些基于被害人有重大过错，被告人出于义愤而产生的故意伤害、故意杀人激情犯罪案件，应酌定从轻处罚。司法实践中被害人有重大过错的情形可表现为：被害人平时专横霸道、倚强欺弱，长期压制欺负被告人；因琐事发生口角争执，被害人反复无节制地辱骂被告人；被害人长期对被告人实施性侵害、敲诈勒索等不法侵害行为，在精神上控制被告人等。

2. 犯罪手段。犯罪手段是否凶狠、是否残酷、是否使用暴力在很大程度上决定着社会危害性。比如，抢劫公私财物就比抢夺公私财物危害性严重、杀人后碎尸就比一般故意杀人更为恶劣、妨害公务罪必须是采取暴力胁迫手段才能构成。所以，犯罪手段也是定罪量刑的重要因素。犯罪手段不同，主观恶性程度就不同，在量刑时应有所区别。犯罪手段残酷、无节制的，应酌定从重处罚。相反，对于那些没有任何预谋，突发的激情伤害、杀人犯罪案件，应酌定从轻处罚。对于那些没有持任何凶器仅以拳脚相加而形成的伤害案件，一般应酌定从轻处罚。

3. 犯罪的时间、地点、环境和条件。任何犯罪行为都是在一定的时间、地点和环境中通过一定的方法实施的，虽然多数犯罪行为人实施的时间、地点和条件并不影响行为社会危害性的有无，但相同的犯罪，在不同的时间、地点，不同的政治、经济、环境和社会治安情况下，造成社会危害性大小有所不同。例如：在公共场所实施寻衅滋事行为比在僻静地方实施寻衅滋事行为社会危害性要大，在预防控制突发性传染病疫情期间生产销售伪劣药要比平时生产销售伪劣药社会危害性要大。在社会治安不好的时期进行打、砸、抢、强奸等犯罪活动，在发生水灾、地震地区进行抢劫、盗窃活动，其社会危害都比较严重，都是量刑时考虑的因素。

4. 犯罪行为的危害结果。危害结果是指危害行为对犯罪客体即刑法所保护的社会关系所造成的实际损害或现实危险。危害结果是决定社会危害程度的重要情况。例如，盗窃五百元与盗窃一万元，杀死一人与杀死数人，抢劫一百元与抢劫一万元其危害结果显然是不同的。损害结果的大小，是量刑轻重的重要根据。损害结果包括直接的，如开枪致人死亡。也包括间接的，如被他人致伤后在医生治疗中医生抢救不当导致死亡。包括有形的，如人员的伤亡财产的毁损具有直观性。也包括无形的，如对社会的危害和恶劣影响。通常所说的民愤，可视为对社会危害引起的反映，量刑时在法定幅度内都是酌定考虑的因素。

5. 犯罪侵害的对象。犯罪对象是指犯罪行为直接作用的具体物或具体的人。有些犯罪因侵害的对象不同，其行为社会危害性有一定差异，例如，故意伤害病人、残废人、未成年人、老人、怀孕妇女等弱者比伤害一般人严重。侵犯灾区救济款物比侵犯一般财产严重。又如某甲盗窃的是备用的枕木，某乙盗窃的是正在使用的枕木，那么前者构成盗窃，后者则构成破坏交通设备罪。犯罪对象对正确定罪量刑也起举足轻重的作用。

6. 犯罪人的一贯表现。主要是指同犯罪有关的思想和行为的表现。犯罪分子的一贯表现是反映犯罪人的人身危险性情节，对量刑有一定的影响。犯罪分子一贯打架斗殴、违法乱纪、屡教不改，就应从重量刑，如果犯罪分子一贯遵纪守法表现较好，偶而失足犯罪，量刑时可从宽处理。犯罪者的平时表现表明了其改造难易程度和再犯的可能性程度。如平时一贯横行霸道、欺压善良，受过治安处罚、劳教处理，曾经被判过刑的，其犯罪时的民愤就较大，主观恶性就较深，在量刑时应酌定从重处罚。而平时一贯表现较好，属于初犯、偶犯的，犯罪时的主观恶性就相对较小，在量刑时应酌定从轻处罚。

7. 犯罪后的态度。除法定情节外，犯罪后是否积极退赃、是否积极挽救受害人、是否主动赔偿受害人经济损失、是否主动坦白交代犯罪事实，这些都表明犯罪分子的悔罪程度，主观恶性如何？量刑时需加以考虑。根据最高人民法院、最高人民检察院、司法部《关于适用普通程序审理被告人认罪案件的若干意见》（试行）第9条规定，人民法院对自愿认罪的被告人酌情予以从轻处罚。犯罪后的态度表明犯罪者的悔罪程度，量刑时应有所区别。如在故意伤害案件中，犯罪后感到有满足感、快意感的，应酌定从重处罚。犯罪后追悔莫及、积极抢救治疗被害人，真诚赔礼道歉积极赔偿被害人经济损失的，应酌定从轻处罚。犯罪后威胁受害人，恐吓、阻止受害人报案的；毁灭罪证，指使他人作伪证的；畏罪长期潜逃，拒不归案的。这些犯罪后的表现表明犯罪者的主观恶性较大，在量刑时均应酌定从重处罚。

上述七类酌定情节，在量刑时要全面考虑综合分析，不能只强调某一点。要以事实为根据，以法律为准绳，严格地按照我国刑法第61条规定，对于犯罪分子决定刑罚时，应当根据犯罪的事实、犯罪的性质、情节和对于社会的危害程度，依照本法有关规定判处。

在本案中，罗山县人民法院认为，被告人魏某某身为依法被关押的罪犯，违反监管制度，殴打其他被监管人卢某明，致卢某明轻伤，其行为已构成破坏监管秩序罪，但是，被告人魏某某如实供述自己的犯罪事实，依法可以从轻处罚。其亲属积极赔偿被害人经济损失，被害人对被告人魏某某表示谅解，依法可酌予对其从轻处罚，体现了量刑情节中法定情节和酌定情节的具体应用。

（整理人：于向阳）

十二、脱 逃 罪

案例1：余某某脱逃案
——脱逃罪的犯罪主体问题

一、基本情况

案　由：脱逃

被告人：余某某，男，出生于陕西省佛坪县长角坝镇东河台村一组，汉族，小学文化，农民，住南郑县黄官镇岭镇村三组。1993年6月因犯盗窃罪，被佛坪县人民法院判处有期徒刑六年，在佛坪县看守所羁押期间脱逃。2011年9月4日被佛坪县公安局抓获，现羁押于洋县看守所。

二、诉辩主张

（一）人民检察院指控事实

佛坪县人民检察院指控被告人余某某犯脱逃罪。

（二）被告人辩解及辩护人辩护意见

被告人提出其所犯盗窃罪已过追诉期的意见。

辩护人提出1993年中级人民法院裁定未向被告人送达，认为二审裁定无效，要求对其所犯盗窃罪重新审理。

三、人民法院认定事实和证据

（一）认定犯罪事实

佛坪县人民法院认定，1993年9月9日上午7时30分左右，佛坪县看守所组织人犯在蜗牛湾河边劳动，被告人余某某趁民警离开之际，借故上厕所从后山上脱逃，先后在河北、山西等地打工为生，借此躲避追捕。公安机关在抓捕未果的情况下，于同年10月14日以脱逃罪对其立案侦查。2011年9月4日，公安民警在南郑县青树镇黄龙山庄将被告人抓获。

（二）认定犯罪证据

上述事实，被告人在开庭审理过程中亦无异议，且有以下证据证实，足以认定：1. 被告人余某某的供述；2. 证人×××、×××、×××、×××的证言；3. 余某某的户籍证明；4. ×××、×××对被告人的辨认笔录和照片；5. 收容审查通知书；6. 逮捕决定书及逮捕证；7. 在逃人员登记表及被告人的归案说明；8. 刑事案件受理登记表；9. 佛坪县人民法院〔1993〕佛刑初字第15号判决书；10. 汉中市中级人民法院〔1993〕汉刑终字第95号裁定书；11. 佛坪县人民法院刑事案件执行回执。

四、判案理由

关于被告人提出其所犯盗窃罪已过追诉期的意见，经查：在侦查机关立案侦查或者在人民法院受理案件以后，逃避侦查或审判的，不受追诉期间的限制，而被告人当年就是在法院审理期间从羁押现场所脱逃，其辩解不予采纳。

关于辩护人提出1993年中级人民法院裁定未向被告人送达，认为二审裁定无效，要求对其所犯盗窃罪重新审理的辩护意见，经查：1993年6月28日，一审法院的判决书已向被告人送达，同案其他被告人上诉后二审裁定尚未送达期间，被告人脱逃。现在其他同案犯的刑罚均已执行完毕。一审的判决和二审裁定均是有效的。终审的裁定一经作出，就具有法律效力。造成二审裁定没有向被告人送达的原因，是余某某脱逃导致无法送达。故其辩护意见不予采纳。

佛坪县人民法院认为，被告人余某某为了规避法律制裁，在看守所羁押期间脱逃，严重侵犯了国家司法机关的管理秩序，其行为已构成脱逃罪，佛坪县人民检察院指控罪名成立。辩护人提出被告人认罪态度较好，具备酌定从轻处罚的辩护意见，可予采纳。

五、定案结论

佛坪县人民法院认定，被告人余某某犯脱逃罪，判处有期徒刑一年，与原盗窃罪有期徒刑六年并罚，合并刑期七年，决定执行有期徒刑六年零六个月。

六、法理解说

脱逃罪的主体构成虽然在法条规定中非常简单、明确，就是包括被依法关押的罪犯、被告人、犯罪嫌疑人三种人，但在司法实践中由于这三种人所处的时间、位置等诸多条件的变化，就使得认定他们是否能够作为脱逃罪的主体转化成一个略带复杂性的难题。

在本案中，关于辩护人提出1993年中级人民法院裁定未向被告人送达，认为二审裁定无效，要求对其所犯盗窃罪重新审理的辩护意见，经查：1993年6月28日，一审法院的判决书已向被告人送达，同案其他被告人上诉后二审裁定尚未送达期间，被告人脱逃。现在其他同案犯的刑罚均已执行完毕。一审的判决和二审裁定均是有效的。终审的裁定一经作出，就具有法律效力。造成二审裁定没有向被告人送达的原因，是余某某脱逃导致无法送达。故其辩护意见不予采纳。

（一）如何界定脱逃罪的主体之一"依法被关押的罪犯"的范围

"依法被关押"的含义。脱逃罪的主体是依法被关押的罪犯、被告人、犯罪嫌疑人。这里所谓的"依法"究竟是依据刑法，还是刑事诉讼法，抑或两者兼而有之？传统的观点认为，所谓"依法被关押的"，"应当是指依据事实和法律、按照正当程序应当被关押的人犯。因此，如果被非法关押者或者根本无罪却被错误地作为犯罪嫌疑人而加以关押者从被关押处所逃逸的，就不能按犯罪论处"。[1] 根据1997年的新刑法，有学者提出了新的观点，认为："依法"必须是依据刑事程序法和刑事实体法，也就是必须根据刑事诉讼法和刑法的规定予以关押的。这种关押是否依法，应当根据当时的情况来确定，而不能根据最终处理结果。只要当时的关押是合法的，被关押人脱逃的，即能构成本罪。[2] 这两种观点大致相同，都强调关押必须是依据实体法和程序法进行的，但仔细揣摩就会发现二者几乎是截然相反的：第一种观点强调关押依据"事实和法律"，强调实体法，脱逃罪的主体必须是事实上有罪的人，这实际上是一种事后的判断；第二种观点强调程序法，关押是否合法，应当在刑事诉讼过程中根据当时的具体情况来判断。之所以也要依据实体法，是因为根据刑事诉讼法的规定实施逮捕、拘留等强制措施需要依据刑法。

---

[1] 高铭暄、马克昌主编：《刑法学》，北京大学出版社2000年版，第563页。
[2] 参见李希慧著：《妨害社会管理秩序新论》，武汉大学出版社2001年版，第276页。

脱逃罪的主体中，所谓"被告人"是指因涉嫌犯罪而被检察机关提起公诉或者被自诉人提起自诉的刑事当事人。所谓"犯罪嫌疑人"，是指在公诉案件中因涉嫌犯罪正在被立案侦查和审查起诉的刑事当事人。拘留、逮捕都属于刑事诉讼中的强制措施，对已决犯的关押则属于刑事诉讼中的执行程序，立法者将罪犯、被告人、犯罪嫌疑人并列规定为脱逃罪的主体，说明关押只要其行为合法，就应当认定是依法关押的。因此，"依法被关押"应当是指依据程序法。依法被关押，应当理解为根据当时的具体情况进行的判断，这是一种事中的判断，而不是事后的判断。

（二）被超期羁押的未决犯与已决犯能否成为脱逃罪的主体认定问题

未决犯是指已受到司法机关的刑事追究，但未经生效刑事判决和裁定定罪量刑的人。在许多国家称犯罪嫌疑人、刑事被告人。未决犯一般已被依法逮捕或采取其他强制措施，但尚未经法院审理，或虽经审理但判决、裁定尚未发生法律效力。他们是处在侦查、起诉、审判阶段的犯罪嫌疑人、刑事被告人，其是否有罪和被判处刑罚，还未最后决定。已决犯则是指经过法院审理已被依法定罪量刑，且判决已发生法律效力的人。在我国，已决犯统称为罪犯，包括死刑犯、死缓犯、无期徒刑犯、有期徒刑犯、拘役犯、管制犯、剥夺政治权利犯、没收财产犯、罚金犯等。①涉及脱逃罪主体方面的已决犯主要是指死刑犯、死缓犯、无期徒刑犯、有期徒刑犯、拘役犯等几类。

在刑法学界，对于因犯罪而被强制监押的未决犯在超期羁押过程中脱逃的，能否构成本罪主体，存在不同认识：（1）否定说。超期羁押是一种违反刑事诉讼法的行为。被监押的未决犯因超期羁押、久拖不决而脱逃的，不能构成脱逃罪。因为此种脱逃行为是发生在司法机关先前违法的情况下。否则，不仅会使刑事诉讼法的尊严受到侵犯，而且还会人为地助长这种现象的蔓延。（2）肯定说。尽管超期羁押是违法现象，但却不能成为犯罪分子混淆罪责、逃避刑罚的口实或盾牌。超期羁押固然是违法的，但同时也应看到，造成这种现象的原因又是十分复杂的。从某种意义上说，以权代法、以言代法以及立法本身的疏漏，也同这种现象之间存在直接的关联。所以，不能因此而姑息和纵容犯罪分子的脱逃罪责。②

另有学者认为，对被超期羁押的未决犯与已决犯能否成为脱逃罪的主体，

---

① 参见杨春洗等主编：《北京大学法学百科全书：刑法学 犯罪学 监狱学》，北京大学出版社2003年版，第820、956页。

② 参见赵秉志、田宏杰、于志刚著：《妨害司法罪》，中国人民公安大学出版社2003年版，第369页。

应区分两种不同的情况分别予以认定：（1）对于犯罪嫌疑人、被告人在刑事诉讼过程中因种种原因被超期羁押而脱逃的，应当成为脱逃罪的主体。因为在刑事诉讼中被超期羁押的人如果最终被认定为有罪并处刑的，其先前的羁押期可以折抵刑期。如果最终判决认定为无罪的，可依法获得国家赔偿，即有司法救济手段。因此，被超期羁押的犯罪嫌疑人、被告人应当成为脱逃罪的主体；（2）对于超期羁押的服刑犯，则不能认定为脱逃罪的主体。因为服刑犯刑满后即具有依法获得释放的权利。司法机关除指控其另有犯罪外，不再具有继续羁押的权利。服刑犯在超期羁押（服刑）期间脱逃的，不应当认定为脱逃罪的主体。至于其另行犯有其他罪行，则依法以其他罪行论处。[1]

在解决被超期羁押的未决犯与已决犯能否成为脱逃罪的主体问题上，笔者完全赞同对被超期羁押的已决犯不能成为脱逃罪主体的观点，其关键理由在于：此种情形的行为人已经不再具有脱逃罪主体所要求的依法关押的罪犯、被告人、犯罪嫌疑人身份；但是，对被超期羁押的未决犯能否成为脱逃罪的主体则应区别对待：如果该被超期羁押的未决犯其先前行为最终被定为有罪，则其后的脱逃行为应构成脱逃罪；反之，如果该被超期羁押的未决犯其先前行为最终被定为无罪，则其后的脱逃行为就不作为脱逃罪来看待。

（整理人：王丽华）

---

[1] 参见龚培华、肖中华主编：《刑法疑难争议问题与司法对策》，中国检察出版社2002年版，第540页。

案例2：王某某脱逃案
——脱逃罪的犯罪未遂界定

一、基本情况

案　由：脱逃

上诉人（原审被告人）：王某某，男，1977年9月28日出生于湖南省洞口县，汉族，初中文化，农民，住洞口县竹市镇三和村三和组。因涉嫌脱逃犯罪于2010年1月11日被刑事拘留，同年1月29日被逮捕。

二、诉辩主张

（一）人民检察院指控事实

原公诉机关湖南省洞口县人民检察院指控原审被告人王某某犯脱逃罪。

（二）上诉人上诉意见

上诉人王某某上诉提出，系从犯，原判量刑畸重，请求免予刑事处罚。

三、人民法院认定事实和证据

（一）认定犯罪事实

湖南省洞口县人民法院审理认定，关押在洞口县看守所第五监室的梁开海、何莉钦、肖明新、王雄（均另案处理）于2009年12月中旬开始策划越狱脱逃，并进行了明确分工，其中梁开海负责联系他人将作案工具送进看守所。后梁开海联系了被告人王某某给他们送脱逃工具。2009年12月24日下午，王某某以探监为名将4根钢锯、1把液压老虎钳送给了梁开海。何莉钦、王雄用王某某送去的工具将监室风门钢筋锯断后，梁开海、何莉钦、肖明新、王雄得以脱逃。在逃跑过程中，4人被值班民警发现后抓获。

邵阳市中级人民法院经审理查明，上诉人王某某系共同作案人梁开海

（另案处理）之姐夫。梁开海与共同作案人何莉钦、肖明新、王雄（均另案处理）因涉嫌犯罪被关押在洞口县看守所第5监室内。2009年12月2日，梁开海与何莉钦、肖明新、王雄一起商量从看守所脱逃之事，后4人商定由梁开海找机会将钢锯条、大力剪带进监室内，再用钢锯条将监室通往洗漱间铁门的钢筋锯断，用大力剪将洗漱间上方钢筋网的钢筋剪断后逃出去。后梁开海在王某某会见他时对王某某说想从看守所逃出去，要王某某购买好钢锯条和大力剪送到洞口县看守所，王某某开始不同意，但在梁开海的再三要求下，王某某同意将钢锯条和大力剪送到看守所给梁开海。王某某后在洞口县高沙镇做泥工时，花36元钱从一五金商店购买了4根钢锯条和1把大力剪。同年12月24日上午，梁开海打电话要王某某将钢锯条和大力剪送到洞口县看守所去。当天下午5时许，王某某用布条和塑料纸将钢锯条和大力剪包好后藏于身上，并赶到洞口县看守所利用在提审室会见之机送给了梁开海。梁开海将上述作案工具带进第5监室后，即与何莉钦、肖明新、王雄一起利用同监犯白天劳动及晚上看电视的时间将监室通往洗漱间铁门的钢筋锯断，并伺机在下雨天逃走。2010年1月4日晚，梁开海、何莉钦、肖明新、王雄见天空下着雨，便商定第二天凌晨从看守所逃走。次日凌晨3时许，何莉钦、王雄用大力剪剪断监室外洗漱间钢筋网的钢筋后，4人相继从钢筋网的缺口爬了出去，在何莉钦从钢筋网上逃至看守所的巡查过道时，梁开海认为看守所的值班民警发现了他们，便与肖明新、王雄又返回到第5监室内。看守所值班民警发现第5监室洗漱间上方的钢筋网被剪开后于当天凌晨5时许与武警中队官兵一起将躲藏于巡查过道隔断间的何莉钦抓获。同年1月10日下午，洞口县看守所民警在该所办公室将王某某抓获。

（二）认定犯罪证据

上述事实有下列经查证属实的证据证明：

1. 共同作案人梁开海的供述证明，2009年12月2日，他与同监室的何莉钦、肖明新、王雄一起商量脱逃之事，后商定由他负责搞到钢锯条和液压老虎钳，他们再用钢锯条锯断风门的钢筋，用液压老虎钳剪断风场防护网的钢筋逃走。他随后要姐夫王某某帮忙购买钢锯条和老虎钳送到看守所，并说他准备从看守所逃出去，王某某开始不答应，通过他反复做工作，王某某利用看守所会见之机将钢锯条和老虎钳送给了他。他们后来锯断了风门的钢筋，并准备趁下雨天逃跑。2010年1月5日凌晨3时许，他们4人从剪断的防护网爬了出去，他与肖明新、王雄被看守所值班干部发现后又回到了监室内。后何莉钦被值班民警发现后抓获。

2. 共同作案人何莉钦的供述证明，2009年12月初的一天，他与梁开海、肖明新、王雄就如何逃出去进行商量，后4人商定，由梁开海从外面将钢锯条和老虎钳带进监室，他们先用钢锯条锯断风场铁门的钢筋，再用老虎钳剪断风场的防护网逃出去。同年12月24日，梁开海将钢锯条和老虎钳带进了监室。他们4人共同将风门的钢筋锯断后，并伺机利用下雨天逃出去。几天后的一个晚上，他们见天空下着雨，便准备趁机逃出去。次日凌晨3时许，他与王雄用老虎钳将风场的防护网剪断后，他们4人相继爬出防护网。他跑到看守所的巡视走廊时被值班民警和武装警察发现，并被当场抓获。

3. 共同作案人肖明新的供述证明，他与梁开海、何莉钦、王雄一起商量如何脱逃时，梁开海表示负责将钢锯条等工具带进来。几天后，梁开海将钢锯条和老虎钳带进了监室。他们将放风场铁门的钢筋锯断后，并伺机等下雨天时再用老虎钳剪断放风场防护网的钢筋逃走。2010年1月5日凌晨3时许，何莉钦、王雄将放风场的防护网剪断后，他们4人相继爬了出去，何莉钦接着逃至看守所的巡视走廊上。在梁开海说看守所的干部发现他们后，他与梁开海、王雄便又退回到监室内。过了一会儿，何莉钦就被抓获了。

4. 共同作案人王雄的供述证明，2009年12月初，他与梁开海、肖明新、何莉钦就逃出去进行了具体商量。梁开海将钢锯条和老虎钳带进监室后，他们用钢锯条将风门的钢筋锯断，并商量趁下雨天逃出去。2010年1月4日晚，他们见天下着雨，便一起准备逃出去。次日凌晨，他与何莉钦将风场上方的钢筋剪断后，4人相继爬了出去，何莉钦接着翻过栏杆向监房中间的小房子走过去，他与梁开海、王雄见有人值班便又回到了监室内。过了一会儿，何莉钦就被抓获了。

5. 证人梁自柏的证言证明，他儿子梁开海因犯抢劫罪于2009年8月被关押到洞口县看守所。2009年12月中旬，他女婿王某某讲，梁开海要王某某买老虎钳等工具送进去，他不同意，并骂了王某某。

6. 证人谭海明、肖龙、唐世龙的证言证明，同监人梁开海、何莉钦、肖明新、王雄的关系较好，4人经常聚在一起。2010年1月5日凌晨，看守所干部点名时，他们才知道何莉钦不见了。

7. 现场照片及作案工具照片证明，案发现场为洞口县看守所第5监室，抓获何莉钦的现场为看守所男监室上方巡查过道旁的隔断间。同时看守所民警缴获了梁开海等人用于作案的钢锯条及大力剪。

8. 抓获经过证明，洞口县看守所民警与武警中队官兵于2010年1月5日凌晨5时许在该所巡视通道隔断间将何莉钦抓获；同年1月10日下午，洞口县看守所民警在该所办公室将王某某抓获。

9. 上诉人王某某对帮助梁开海等人脱逃的犯罪事实供认不讳，且与上述证据相印证。

10. 户籍资料证明了王某某的年龄及身份情况。

四、判案理由

湖南省洞口县人民法院一审判决采信了被告人王某某及共同作案人何莉钦、梁开海、肖明新、王雄的供述，证人梁自柏、谭海明、肖龙、唐世龙、刘江的证言，现场照片，抓获经过，户籍证明等证据。认为被告人王某某的行为已构成脱逃罪，但由于意志外的原因没有得逞，系未遂。在共同犯罪中，王某某起了主要作用，系主犯。

邵阳市中级人民法院二审认为，上诉人王某某明知被羁押的犯罪嫌疑人想逃离看守所而提供工具予以帮助，其行为已构成脱逃罪。但由于共同作案人梁开海、何莉钦、肖明新、王雄因意志以外的原因而没有脱逃出看守所，是犯罪未遂。王某某上诉提出，系从犯。经查，王某某所提供的钢锯条及大力剪是帮助梁开海等人脱逃的有利工具，如果没有王某某提供的工具，梁开海等人就不能实施脱逃犯罪。王某某在共同犯罪中起了主要作用，应认定为主犯。故王某某提出的该上诉理由不能成立，本院不予采纳。王某某上诉还提出，原判量刑畸重，请求免予刑事处罚。经查，原判在法定幅度范围内对王某某判处有期徒刑三年并无不当。故王某某提出的该上诉理由不能成立，本院亦不予采纳。

五、定案结论

湖南省洞口县人民法院一审认定，被告人王某某犯脱逃罪，判处有期徒刑三年。一审宣判后，被告人王某某提起上诉。邵阳市中级人民法院二审认为，原判认定事实清楚，证据确实、充分，定性准确，量刑适当，审判程序合法。依法裁定：驳回上诉，维持原判。

六、法理解说

湖南省洞口县人民法院一审判决采信了被告人王某某及共同作案人何莉钦、梁开海、肖明新、王雄的供述，证人梁自柏、谭海明、肖龙、唐世龙、刘江的证言，现场照片，抓获经过，户籍证明等证据。认为被告人王某某的行为已构成脱逃罪，但由于意志外的原因没有得逞，系未遂。邵阳市中级人民法院二审认为，上诉人王某某明知被羁押的犯罪嫌疑人想逃离看守所而提供工具予以帮助，其行为已构成脱逃罪。但由于共同作案人梁开海、何莉钦、肖明新、王雄因意志以外的原因而没有脱逃出看守所，是犯罪未遂。由此，本案焦点问题是关于脱逃罪既遂与未遂之划分问题。

（一）犯罪未遂与既遂的区分

犯罪未遂是一种在司法实践中最为常见的犯罪未完成形态，准确界定犯罪未遂形态中"犯罪未得逞"的具体认定标准，具有重要的实践指导意义。根据我国的刑法立法和刑法理论，"犯罪未得逞"是犯罪未遂与犯罪既遂相区别的显著标志。但是，对于"犯罪未得逞"的含义或标准，我国刑法学界存在不同的看法，主要有以下三种观点：

1. 犯罪结果未发生说。有学者认为，犯罪未遂只存在于发生物质性危害结果的犯罪中，"犯罪未得逞"是指犯罪行为没有产生法律规定的犯罪结果，犯罪结果是否发生是犯罪未遂与犯罪既遂相区别的标志。犯罪结果未发生的为犯罪未遂，犯罪结果发生的为犯罪既遂。也有学者认为，犯罪结果是所有犯罪构成的必要要件，有物质性结果和非物质性结果之分，"犯罪未得逞"是指犯罪人所追求的、受法律制约的危害结果没有发生。

2. 犯罪目的未达到说。有学者认为，"犯罪未得逞"是指犯罪人主观上的犯罪目的没有达到，即犯罪人希望发生的结果没有发生。也有学者对此表述进行了一定的限制，认为"犯罪未得逞"是指行为人希望发生物质性犯罪结果的目的没有实现。

3. 犯罪构成要件未齐备说。有学者认为，犯罪既遂是指齐备了犯罪构成的全部要件，因此犯罪构成要件是否全部具备是区分犯罪既遂与犯罪未遂的标志。"犯罪未得逞"就是指犯罪行为没有齐备具体犯罪构成的全部要件。

笔者认为，犯罪结果未发生说的主要缺陷，在于它不能适用于结果犯之外的行为犯等犯罪形态，即虽然有不少犯罪是以法律规定的犯罪结果的发生与否区分犯罪完成与否的，但犯罪结果的是否发生，还不能作为一切犯罪既遂与未遂的区分标志，如脱逃罪属于行为犯，应以被关押的犯罪嫌疑人、被告人和罪犯是否有脱逃行为、而不是以其是否真正逃离羁押为区分犯罪完成与否的标志。犯罪目的未达到说的主要缺陷，在于它有以犯罪行为人的主观认识替代犯罪构成要件作为区分犯罪既遂与未遂的标准之嫌，难以解释犯罪目的超出构成要件范围的情况。对以造成法定的危险状态为既遂标志的危险犯的犯罪既遂与未遂的区分上就是如此。例如行为人意图破坏火车使其倾覆，他拆掉了火车的关键部件，已经造成了足以使火车倾覆的危险，但由于被他人及时发现，火车并未倾覆。在这种情况下，行为人的行为已经达到破坏交通工具罪的既遂，决不能因为行为人意图致使火车倾覆的犯罪目的未达到而认为是未遂。只有"犯罪构成要件未齐备说"才是科学的。它是我国刑法中区分各种犯罪形态之犯罪既遂与未遂标准的科学概括,它能够全面地贯彻到以法定的危害结果的发生、法定的行为的完成、法定的危险状态的出现等为犯罪未遂与既遂区分标志的犯罪中。从理论与实践的结合上看,要正确地认定故意犯罪具体案件中的犯罪完成与否即具体犯罪构成要件的是否完全具备,应当注意从两个方面加以研究和把握。

一是正确确定犯罪完成与否即构成要件完备与否的具体标准。

第一,要确定具体的直接故意犯罪所属的类型:是属于存在既遂未遂之分的犯罪,还是属于无既遂未遂之分、只有预备与既遂之分的举动犯等犯罪?若是属于后者,当然也就不存在需要认定犯罪是否完成的问题。如果属于存在既遂未遂之分的犯罪,要再确定其犯罪完成即刑法分则具体构成要件完备表现为哪一类形式,即确定是属于以犯罪结果发生为分则具体构成要件完备的标志,还是属于以犯罪行为完成为分则具体构成要件完备的标志,还是属于以危险状态具备为分则具体犯罪构成要件完备的标志?对不同类型的犯罪,适用不同的分则具体犯罪要件完备与否的标准:结果犯以法定的犯罪结果是否发生作为区分标准;行为犯以犯罪行为的实行是否达到法律要求的程度作为区分标准;危险犯以犯罪行为是否造成法定的足以导致某种危害结果的危险状态作为区分标准。

第二,在同一类型的具体构成要件完备的犯罪,还要进一步确立每一种犯罪构成要件完备的具体标志。例如,同为以犯罪结果发生为构成要件完备标志的犯罪,它们的构成要件完备即犯罪结果发生的具体标志会有所不同:故意杀人罪以是否造成了犯罪对象的死亡作为犯罪结果发生与否即犯罪构成要件完备与否的标志;盗窃罪、诈骗罪、抢夺罪等,以是否非法占有了公私财物作为犯罪结果发生与否即犯罪构成要件是否完备的标志。又如,以犯罪行为完成为构成要件完备标志的犯罪里,不同犯罪的犯罪行为完成即构成要件完备的具体标志也有所不同:偷越国(边)境罪以行为人非法越过国(边)境线为犯罪行为的完成即构成要件的完备;奸淫幼女型的强奸罪以行为人与被害幼女之间两性器官接触为犯罪行为的完成即构成要件的完备。以危险状态具备为构成要件完备标志的危险犯中也是如此:刑法第114条规定的放火罪、决水罪、爆炸罪等,以是否具备概括的危害公共安全的危险状态为构成要件完备的标志,这种危险状态的具体内容还要结合具体案件情况来确定;刑法第116条规定的破坏交通工具罪和第117条规定的破坏交通设施罪,则是把是否完备构成要件即是否具备危险状态的标志,明确和具体地规定为是否具备足以使交通工具发生倾覆或者毁坏的危险。

二是正确把握犯罪完成与否即具体构成要件完备与否的含义。

犯罪完成与否即具体犯罪构成要件的完备与否，其显著标志是看刑法分则具体犯罪构成所规定所要求的犯罪客观要件的完备与否。因而我们必须正确地理解与把握具体犯罪构成客观要件的完备与否及其对犯罪完成与否的意义。为正确地解决这个问题和避免偏差，有必要特别注意以下三点：

第一，构成要件未完备不是未发生具体危害结果。所谓犯罪未完成即具体犯罪构成要件不完备，是指具体犯罪构成所包含的作为犯罪完成标志的客观要件尚不完备，而不是说没有发生任何具体的危害结果。例如，故意杀人罪中的犯罪未完成即犯罪构成要件的不完备，是指未发生被害人死亡的结果，而不是指未给犯罪对象造成任何伤害结果。司法实践中存在错误理解和认定故意杀人罪既遂未遂的情况，这主要是指杀害行为已实行完毕，行为人误以为被害人已经死亡或必死无疑，有的甚至还抛"尸"他处或将被害人草草掩埋，而后犯罪人离去，后来由于被害人自行苏醒或遇救而免于死亡的情况。实际上，只要被害人没有死亡，就不能认定为既遂而只能是犯罪未遂，但对情节很恶劣的行为人可以不从宽处罚。

第二，构成要件完备无时间长短的要求。因此，不能因刚刚完备构成要件行为人就被抓回、犯罪对象被抢回或者行为人事后的返还行为，来否认犯罪既遂的成立而认定为犯罪未遂。例如，被羁押的罪犯逃出羁押范围不远，就被抓捕回来，这是脱逃罪的既遂而不是未遂；盗窃行为人盗得财物后，因他人劝说或自己悔悟等原因自动退赃的，仍属于犯罪既遂而不是未遂（当然，自动退赃可以作为一种酌定的从宽处罚情节予以考虑）。

第三，犯罪既遂后不可能再出现未完成形态。近年来，有人提出危险犯在犯罪既遂后仍然可以成立犯罪中止的主张。所举的例子是，在破坏交通工具罪、破坏交通设施罪案件中，行为人在已经造成足以使交通工具倾覆、毁坏的危险状态后，在实际造成交通工具的倾覆、毁坏之前，行为人自动排除这种危险状态而避免了交通工具倾覆、毁坏结果的实际发生。这种观点值得商榷：一是不符合犯罪构成原理。对危险犯而言，不存在防止物质性结果发生类型的"犯罪中止"之可能；我国刑法第24条所规定的"自动有效地防止犯罪结果发生"的犯罪中止，只能是对存在既遂未遂之分并以犯罪结果发生为既遂标志的犯罪而言的。实际的物质性危害结果已经超出危险犯的犯罪构成的范围，而是属于危险犯的结果加重犯的犯罪构成的内容。二是不符合犯罪停止形态理论。这种主张认为在犯罪既遂后还可以成立犯罪中止，改变了犯罪中止是一种未完成犯罪即未达到既遂的停止形态的基本定义。三是这种观点提出贯彻罪责刑相适应原则和刑罚目的的理由也是不妥当的。对行为人按危险犯的既遂而不是按危险犯的结果加重犯认定，就考虑了罪责刑相适应原则和刑罚目的的需要。当然，针对这种情形在立法上规定比照中止犯处罚是可取的，但不应牵强地在理论上将其解释为犯罪中止。

(二) 脱逃罪的既遂与未遂的区分

关于脱逃罪的既遂与未遂的区分标准，理论上有不同观点。有学者认为，应以行为人是否逃离监管场所这一特定地理范围为标准；有学者认为，应以行为人是否脱离监管机关与人员的控制范围为标准；有学者认为，应以行为是否达到逃离羁押、关押的程度为标准；还有学者认为，应同时以是否逃出了关押场所和摆脱监管人员的控制为标准，即既逃出了关押场所，又摆脱了监管人员的控制时，就是既遂。笔者认为，行为人摆脱了监管机关与监管人员的实力支配（控制）时，就是脱逃罪的既遂。脱逃罪的本质是脱离监管机关的实力支配，脱逃罪行为人的主观目的也在于摆脱监管机关与监管人员的实力支配，因此，摆脱了监管机关与监管人员的实力支配时，就应认定为既遂。如果行为人仍处于关押场所内，则不可能摆脱监管机关与监管人员的实力支配；但逃出关押场所的并不都摆脱了监管机关与人员的实力支配；因此，没有必要同时要求逃出关押场所与摆脱监管人员的控制。

脱逃罪的既未遂标准，在刑法理论和司法实践中是颇有争议的。归纳起来主要有以下4种观点：一是认为应以行为人是否逃离监管场所这一特定地理范围为标准；二是认为应以行为人是否脱离监管机关与人员的控制范围为标准；三是认为应以行为是否达到逃离羁押、关押的程度为标准；四是认为应同时以是否逃出了关押场所和摆脱监管人员的控制为标准，即既逃出了关押场所，又摆脱了监督人员的控制时，就是既遂。由于对脱逃罪既遂标准认识不一，必然影响脱逃罪一罪数罪的认定。例如，行为人虽已逃离监管场所，但仍未摆脱监管人员的追逃。行为人在逃逸途中又暴力抢劫交通工具继续逃窜的，其一罪数罪的认定，往往取决于脱逃罪既遂的认定。如果主张行为人逃离监管场所即为既遂的，那么，脱逃犯罪既遂以后的抢劫犯罪当然应当独立成罪，并适用数罪并罚；如果主张行为人逃离监管场所，但仍处在监管人员追逃中的脱逃行为为未遂，那么，其脱逃中的抢劫行为与脱逃罪必然发生牵连关系，从而导致一罪数罪认定的争议。对于脱逃罪既遂的标准，笔者赞同上述第四种观点，即应同时具有逃出关押场所和摆脱监管人员控制两个条件（当然，在押解途中脱逃的可不受此限制）。据此，对于行为人虽逃离关押场所，但仍处于监管人员追逃中的，如果行为人实施其他犯罪作为脱逃的手段，不能一概认定为数罪。只有在以一罪论处不符合罪刑相适应原则的前提下，才能以数罪论，并实行并罚。

(三) 司法实践中的区分

在司法实践中，犯罪分子脱逃时所处的具体环境是十分复杂的。有些脱逃行为是发生在看守所、监狱、劳改队、少管所大院之内；有些脱逃行为是发生在院外劳动或作业的空旷地带；还有些脱逃行为是发生在押解犯罪分子的途中。在上述不同情形中，判断脱逃行为既遂或未遂的空间范围及其物质标准是不同的。在第一种情况下，可以用监押的房屋、围墙等作为区分的标准；在第二种情况下，可以用临时划定的警戒线作为区分的标准；而在第三种情况下，确定和把握其空间范围及其物质标志则相对要困难得多。正因为如此，有些论著才提出了应把逃避监管机关和监管人员的控制范围作为判断脱逃行为既遂与未遂的标准。而这样做的结果，往往又使人们对于一些实际上已经实行终了的脱逃行为仍以未遂形态作为认定。例如，已经逃出监押场所但被看守人员及时发现并紧追不舍直至抓获的脱逃罪犯，按照这种观点就属于犯罪未遂。这显然不甚妥当。所以，唯有把判断脱逃行为既遂与未遂的标准放在犯罪人实施的脱逃行为是否达到逃避羁押和关押的程度上，才更为贴切。

这里需要强调指出的是，当我们把"是否达到逃避羁押和关押的程度"作为区分脱逃既遂与未遂的标准时，对于这种"程度"的实际掌握，在不同情况下的反映形式是不同的。就大多数脱逃案例而言，判断其犯罪形态时，应以脱逃行为是否突破其有形的物质制约之标志作为依据。诸如，国家为实现对犯罪分子强制监押而设立的房屋、围墙等，监管人员在犯人院外劳动或作业时所处的空旷地带划定的警戒线，以及公安司法人员押解犯罪分子途中所使用的汽车和火车等。因为就脱逃犯罪而言，物的制约往往是人的制约的前提，而人的制约又经常表现为物的制约结果。正因为如此，如果离开了物的制约去谈人的制约，就会使控制范围的确定性变得模糊起来。所以，只要脱逃行为在客观上已经突破了有形的物质制约之标志，就应视为脱逃既遂。当脱逃行为发生在没有物质制约标志的情景中，对于既遂与未遂的判断标准则应以这种行为是否已经突破警力在"当时就地"条件下重新获取犯罪分子的实际控制作为依据。例如，在押解途中犯罪分子强行或悄然脱逃，公安人员因此而无法在"当时就地"条件下重新完成对犯罪分子的实际控制，而是需要经过一段时间或空间距离上的努力才能重新控制犯罪分子，就应视为脱逃既遂。因为在这种情形下，公安人员押解犯罪分子是在缺少其他物质手段的帮助下完成的一项特殊任务，因而就需要具有更强的警觉性和责任心。一旦犯罪分子强行或悄然脱逃，公安人员则必须在力所能及的条件下立即重新实行抓捕。

所以，凡是能够在"当时就地"条件下重新控制犯罪分子的，就属于脱逃未遂。反之，如果犯罪分子借助于逃上汽车、劫持人质或混入人群而继续逃窜的，客观上必然会给公安人员的重新抓捕造成障碍。在后一种情况下，尽管经过一段的努力之后重新控制住了犯罪分子，但这时的脱逃行为已经属于既遂形态。

（整理人：王丽华）

十三、劫夺被押解人员罪

案例1：李某祥、李某相劫夺被押解人员案
——以拉扯民警的方式配合同伙劫夺犯罪嫌疑人的，应如何处理

一、基本情况

案　由：劫夺被押解人员

被告人：李某祥，男，1949年1月5日出生于丽水市莲都区，汉族，小学文化，农民，家住浙江省丽水市莲都区太平乡太平村21号。因涉嫌劫夺被押解人员犯罪，于2003年2月25日被刑事拘留，同年3月20日被逮捕。

李某相，男，1947年3月2日出生于丽水市莲都区，汉族，小学文化，农民，家住浙江省丽水市莲都区太平乡太平村201号。因涉嫌劫夺被押解人员犯罪，于2003年2月25日被刑事拘留，同年3月20日被逮捕。

二、诉辩主张

（一）人民检察院指控事实

浙江省丽水市莲都区人民检察院指控被告人李某祥、李某相犯劫夺被押解人员罪。

（二）被告人辩解及辩护人辩护意见

被告人李某祥及其辩护人辩称：1. 李某祥本人无暴力和胁迫行为；2. 本案定性错误，应定为妨害公务罪；3. 两被告人系从犯，其中被告人李某祥作用又相对较轻。

被告人李某相及其辩护人对公诉机关指控的事实没有异议。但其辩称：1. 被告人李某相在本案中的行为，与劫夺被押解人员的成功，没有直接的关

系，作用次要；2. 被告人李某相认罪态度及平时表现好，请求对被告人李某相适用缓刑。

三、人民法院认定事实和证据

（一）认定犯罪事实

浙江省丽水市莲都区人民法院经审理认定：2003年2月24日19时许，丽水市公安局莲都区分局紫金派出所的舒旭勇等四位民警在丽水市莲都区太平乡太平村抓获因涉嫌故意伤害犯罪的网上逃犯李炳根。在将李炳根押解返回途中，经过太平乡中学附近时，被被告人李某祥、李某相及李建秋、李海波（均在逃）等人围住，不让舒旭勇等四位民警带走李炳根，舒旭勇等人出示警官证，并告知是执行公务，但被告人李某祥、李某相及同伙不听劝阻，其中被告人李某祥、李某相上前拉扯民警，同伙李建秋、李海波等人则上前殴打民警，李建秋还持斧头相威胁"不将手铐打开，就把手砍下来"，从而强行将李炳根劫走。被告人李某祥、李某相及同伙在劫夺李炳根的过程中，致使舒旭勇等四位民警受轻微伤。

（二）认定犯罪证据

证明上述事实的证据有：

1. 户籍证明，证明被告人李某祥、李某相的身份；

2. 被告人李某祥、李某相的供述，证明在将押解途中的网上在逃犯李炳根劫走的过程中，两被告人只对民警实施过抓、拉的动作，而李建秋、李海波等人则对民警进行殴打，李建秋还以斧头相威胁的情况。

3. 证人陈品林、冯方进、冯丽平、周冬娇、李炳根、吴晓华、赵清泉的证言，证明两被告人及同伙在使用暴力、威胁手段劫夺李炳根的过程中，李建秋、李海波等人殴打过民警，李建秋还以斧头相威胁，被告人李某祥、李某相对民警实施过抓衣领、拉胳膊的暴力动作的情况。

4. 被害人舒旭勇、毛碧龙、李晟、余杰的陈述，证明在将逃犯李炳根押解途中遇到被告人李某祥、李某相及李建秋、李海波等人的暴力、威胁的围攻，强行劫走李炳根的经过，其中，李建秋、李海波比较凶。

5. 丽水市公安局莲都区分局人体损伤检验证明书，证明被害人舒旭勇、毛碧龙、李晟、余杰的人体损伤程度为轻微伤。

6. 在逃人员信息登记表，证明李炳根系网上在逃犯。前述证据经当庭举证、质证，具有证明力，可以作为本案认定事实的依据。

四、判案理由

李某祥、李某相伙同他人使用暴力、威胁手段，劫夺押解途中的犯罪嫌疑人，其行为已构成劫夺被押解人员罪。李某祥、李某相在共同犯罪中起次要作用，系从犯，结合两被告人归案后能如实供述犯罪事实，应予以减轻处罚。李某祥提出其没有暴力和胁迫行为的辩解，与事实不符。李某祥、李某相明知李炳根是被公安机关追捕的故意伤害犯罪嫌疑人，正在被公安人员押解途中，但两人伙同他人使用暴力、威胁手段，意欲将李炳根夺下，致使李炳根脱逃。这种行为侵犯了公安机关的正常活动，完全符合劫夺被押解人员罪的构成要件，故不应认可李某祥的辩护人提出本案应定妨害公务罪的辩护意见。根据本案的犯罪情节及社会影响，李某相的辩护人提出适用缓刑的辩护意见不应采纳。鉴于两人犯罪中的地位，两人提出的从犯的辩护意见，可以采纳。

五、定案结论

浙江省丽水市莲都区人民法院一审认定，被告人李某祥犯劫夺被押解人员罪，判处有期徒刑二年。被告人李某相犯劫夺被押解人员罪，判处有期徒刑二年。

六、法理解说

按照刑法第316条的规定，劫夺被押解人员罪是指劫夺押解途中的罪犯、被告人、犯罪嫌疑人的犯罪。该条的罪状规定相对简单，因此在实践中有诸多需要进一步厘清的问题。首先，就对犯罪构成的认识而言，司法实践中常会因为对作为犯罪构成客观方面的"劫夺"行为的理解、作为劫夺对象的被押解人员的理解以及作为犯罪构成主观方面的故意是否要达到有明显劫夺的故意的水平等定性问题产生争议。其次，劫夺被押解人员案件中常体现为多人共同作案的共同犯罪形式，对本罪共同犯罪的认定及其在共同犯罪中地位和作用的认定也常出现认定难题。最后，由于劫夺被押解人员案件常常表现为阻碍司法工作人员押解犯罪而致使在押人员脱逃的情形，因此司法实践中常产生究竟定本罪还是妨害公务罪又或构成竞合犯的争议。

而本案的认定主要体现为上述前两个方面的问题。首先，李某祥、李某相等人在客观行为方面表现为将押解逃犯李炳根的四位民警围住，并对这些民警有拉扯和殴打行为，强行以暴力相威胁迫使民警将手铐打开从而致使李炳根脱逃。值得注意的是，李某祥等人并未直接将李炳根主动强行劫走，只是通过阻碍民警执法，并暴力威胁民警打开手铐的行为为李炳根的脱逃创造了可能条件，在这种情况下，是否符合作为劫夺被押解人员罪客观方面的"劫夺"行为的认定要求？其次，李某祥、李某相的阻碍和暴力威胁民警的行为能否明显体现出"劫夺"的主观故意从而满足劫夺被押解人员罪之主观方面要求？最后，李某祥、李某相行为上是与李建秋、李海波相互配合一起作案，在共同犯罪中，二人仅是抓扯警察实施阻碍执法行为，并未直接实施暴力殴打行为，也未直接暴力威胁民警打开手铐放人，能否认定存在劫夺被押解人员罪的共同犯罪的故意，以及是否可以认定在共同犯罪中处于从犯地位也是本案的定罪量刑关键点之一。浙江省丽水市莲都区人民法院一审判定两被告劫夺被押解人员罪成立，并认定了共同犯罪的成立和两被告的从犯地位。这背后的定案机理为何，是本篇要讨论的重点。从上述三个方面出发，通过这个典型案例可以对劫夺被押解人员罪的争议问题作一很好的理论梳理，供未来判案镜鉴。

（一）本案两被告的行为符合劫夺被押解人员罪犯罪构成要求

本案被劫夺之对象是被列为网上追捕的犯罪嫌疑人李炳根，这点符合劫夺被押解人员罪关于劫夺对象应为犯罪嫌疑人、被告人或罪犯的要求，另外犯罪嫌疑人李炳根是在被司法押解的过程之中，也符合本罪关于押解途中的时间要求。本案两被告就是否能定劫夺被押解人员罪的客观方面的争议点是：两被告之行为表现是否符合作为犯罪构成客观方面核心的"劫夺"行为的要求。

就劫夺行为的含义而言，还需进一步明确。从通常意义来看，劫夺行为应包含劫和夺两部分。其中"劫"的字面意思是威逼和掠夺，强调手段的强制性；而"夺"的含义与之相似，有强取之意，但更强调对象控制权的转换。因此"劫夺"可以说是复合词汇，字面意思上可视为采用强制或威胁手段夺得人或物的控制权的含义。因此就劫夺被押解人员罪中的"劫夺"而言，从字面理解应是对押解的司法人员采取强制手段而夺取被押解人员控制权之意。因此劫夺行为本身包含两方面的行为：一方面是对押解的司法人员采取强制手段的行为，这种强制可以是以暴力的方式为体现，如强行控制押解人员的人身自由或打伤押解人员而使其无力阻止劫夺；当然也可以用威胁强制的方式来体现，如以暴力伤害或生命为内容威胁押解人员不得阻止劫夺；当然强制还包括其他方法，比如以下毒或者麻醉的方法使得押解人员丧失控制被押解人员的能力。另一方面是对被押解人员的强行夺取或释放，即强行将被押解人员从押解的司法人员的控制下解放出来而使得押解人员对被押解人员丧失控制权的行为。这通常包含两种情况，一是指将被押解人员从押解的司法人员的实力支配下转换为行为人的实力支配之下，这可称为主动劫夺，这是劫夺的直接含义或本源含义，如将被押解人员从司法机关车辆上夺取至自己的车辆上并直接开走；二是指将被押解人员从押解的司法人员的实力支配下释放出来，使其脱离押解人员控制的行为，① 这可称为被动劫夺，是劫夺的含义中产生的引申之义，如行为人强迫押解人员打开手铐或押解车辆释放被押解人员。这两种情况都可以使得押解人员由于受到行为人强力控制而意外丧失对被押解人员的控制权，实现夺取被押解人员、使其免受刑事追诉或处罚的目的。对押解人员的强制行为与对被押解人员的夺取或释放行为之间是手段与目的的关系，对押解人员的强制是为了实现对被押解人员的成功夺取和释放，因此单纯只有对押解人员的强制阻止押解进程而无意释放被押解人员的行为并不构成本罪，但如果采用了暴力胁迫的方法可构成妨害司法罪。司法实践中犯罪嫌疑人、被告人或罪犯家属情绪激动而只是积极阻拦押解人员押解该犯罪嫌疑人、被告人或罪犯，并无进一步夺取或释放该被押解人员的行为，不应定为本罪，而采用暴力胁迫方法的可构成妨害公务罪。

在本案中，李某祥、李某相在押解的民警已经出示了相关证件并加以警告的情形下，上前拉扯民警，以图强制限制民警的行为能力，为李炳根的脱逃创造条件，即便暴力程度较弱，但也体现了对押解人员强制的行为性质，这符合劫夺被押解人员罪中的对押解人员实施强制行为的要求。虽然二人并未直接实施夺取或释放被押解人员李炳根的行为，但其对同伙李建秋持斧头威胁民警打开李炳根的手铐致其脱逃时予以积极配合和辅助，明显是将自己的对押解人员的强制行为视为配合释放被押解人员的手段行为，对释放被押解人员早有预知且积极追求，以行为配合同伙共同完成了强行释放被押解人员李炳根的行为，因此应视为整个劫夺被押解人员的共同犯罪行为之不可分割的一部分，从而行为上符合劫夺被押解人员罪规定的客观行为方面的要求。由于其并非仅仅是出于阻拦押解人员执行押解职务的目的，因此不能视为单纯阻碍国家机关工作人员依法执行职务的行为而仅构成妨害公务罪。所以李某祥的认为成立处罚较轻的妨害公务罪而非劫夺被押解人员罪的辩护理由亦不成立。

（二）两被告行为所体现出来的主观意图符合劫夺被押解人员罪的主观方面要求

劫夺被押解人员罪的主观方面应该是出于故意，即明知是押解途中的罪犯、被告人或犯罪嫌疑人而仍决意劫夺，其目的一般在于使被劫夺人逃避刑事追诉和刑事制裁，单纯只是具有阻止被押解人员押解进程的意图而无进一步释放或夺取被押解人员的故意的，并不构成本罪。虽然在本案中两被告人所实施

---

① 参见张明楷著：《刑法学》（第三版），法律出版社2007年版，第799页。

的直接行为仅限于通过拉扯的方式强制押解人员的人身自由，但从其在已经确知民警是执行押解公务的情况下，对同案其他犯罪嫌疑人所实施暴力胁迫押解人员释放被押解的李炳根的支持态度和积极帮助的做法中可以看出，两被告希望通过参与团伙的共同实施、分工配合的行为积极地追求劫夺被押解的李炳根、使民警丧失对李炳根控制力的主观意图，从而同本案其他同案犯具有共同的劫夺被押解人员的主观故意，从而符合劫夺被押解人员罪的主观要求。

（三）两被告系劫夺被押解人员罪的共同犯罪中的从犯

两被告虽然采取的行为仅仅系拉扯强制民警人身自由的行为，但一方面其行为系积极配合辅助其同伙李建秋等人暴力威胁民警释放被押解人员的行为，是劫夺被押解人员的强制行为和夺取释放行为共同行为的一部分；另一方面从其辅助性的支持行为和对其他同案犯的支持态度中可以看出二人与其他同案犯相互配合、串通追求劫夺李炳根的共同直接故意的存在，从而符合共同犯罪的特征要求，与其他同案犯都构成劫夺被押解人员罪。

但就其拉扯强制限制民警人身自由的行为本身而言，二人在共同犯罪中所起的作用相对来说处于辅助和次要的地位，应认定为从犯：首先，就"劫夺"所包含的对押解人员强制行为与对被押解人员的夺取或释放行为比较而言，后者作为目的的行为处于更重要的核心地位。因而实施对被押解人员直接的夺取和释放行为者在共同犯罪中地位更加主要，方能构成主犯。本案中直接实施暴力胁迫押解民警打开手铐放走被押解的李炳根的是李建秋而非本案的两被告，因此两被告处于从属和辅助地位。其次，即便就对被押解人员的强制行为范围内来说，直接实施暴力或暴力胁迫的强有力的强制手段的行为人要比实施其他强制手段的行为人起更大的作用，在共同犯罪中地位也更加重要。本案两被告只实施了对民警的拉扯等轻微暴力的行为，与李建秋、李海波直接殴打民警的严重暴力行为相对来说作用要弱化很多，因此更是处于手段行为中的起辅助作用地位。最后，两被告本身并未受到本案中主案犯李建秋等人的胁迫而参加，因此并不能认定为胁从犯，而仅可视为从犯的地位。

（整理人：周少华）

案例2：王某某、毛某某劫夺被押解人员案
——强迫公安人员交出手铐钥匙，导致犯罪嫌疑人脱逃的，应如何认定

一、基本情况

案　由：劫夺被押解人员

被告人：王某某，男，1946年7月15日出生于河南省沈丘县，汉族，文盲，农民，住沈丘县洪山乡王寨行政村王寨村。1998年8月26日因涉嫌劫夺被押解人员被刑事拘留，同年9月18日被逮捕。

毛某某，女，1953年9月16日出生于河南省沈丘县，汉族，文盲，农民，住沈丘县洪山乡王寨行政村王寨村。1999年7月31日因涉嫌劫夺被押人员被依法逮捕。

二、诉辩主张

（一）人民检察院指控事实

河南省沈丘县人民检察院指控被告人王某某、毛某某犯劫夺被押解人员罪。

（二）被告人辩解及辩护人辩护意见

被告人王某某辩称：其没有参与劫夺被押解人员，构不成犯罪；辩护人李安辩护称：被告人王某某的行为虽构成犯罪，但系本案从犯，应从轻处罚。

被告人毛某某辩称：其没参与劫夺被押解人员，构不成犯罪；辩护人张百顺辩护：被告人毛某某的行为构不成犯罪。

三、人民法院认定事实和证据

（一）认定犯罪事实

河南省沈丘县人民法院审理认定，1998年8月21日下午，沈丘县公安局洪山派出所抓获了因盗窃被批捕在逃的犯罪嫌疑人王新安。当日下午5时许，派出所所长卢峰带领四名公安人员押解王新安送往沈丘县看守所。途经洪山乡王寨村时，被告人王某某、毛某某伙同王朝海、胡月美、王洪亮、迟芙荣、王杰（五人在逃）等人聚众数百人，拦截住押解车辆不让前进，被告人毛某某伙同胡月美、迟芙荣等人先在车前阻挡囚车前进，被告人王某某伙同王朝海等人又用树枝和木棍顶住车头和车尾，所长卢峰拿出王新安被批捕的手续，告知众人：王新安是批捕在逃犯。王某某、王朝海（二人系王新安的叔父）高声谩骂，并殴打押解的公安干警。被告人毛某某（王新安的嫂子）、胡月美（王新安的母亲）、迟芙荣（王新安之妻）伙同他人将公安干警包围进行围攻，所长卢峰被拉下车，其衣服被撕烂，脸部及颈部被抓破。王某某、王朝海、王洪亮等人强行打开车门，将王新安拉出车外，强逼公安人员交出铐子钥匙。王杰给王新安打开铐子，使王新安脱逃。

（二）认定犯罪证据

上述事实，有经原审庭审质证确认，并经核实无误的以下证据予以证实：

1. 证人卢峰证言：今年8月21日上午，我们在处理本乡王寨村一交通事故时，发现了批捕在逃犯罪嫌疑人王新安。当日下午，我和所里干警在王寨村将其抓获，并在本乡召开的乡村两级干部会议上，宣布了对王新安进行逮捕。当日下午5点多钟，我和本所的干警孙廷营、辛天文、王世宝、张文灿押解王新安前往县看守，车行至王寨村时，见到有20多人站在公路边，我们认为是他们村里办丧事的。我们继续前进，又行了有10多米处时，我看见有人用手指着我们的押解车向前靠，前边有几个妇女拦车，当时我们想掉转车头已经来不及了，车被逼停下，这时群众已围上来，并吆喝着："把王新安放出来！"我看到这种情况，首先向群众讲明我们是正在执行押解任务，动员群众散开，群众不散，在这种情况下，我鸣枪示警后，他们才散开。我们又继续前进了20多米远，行至王寨村前边的一个小桥上时，被王新安的叔父王朝海、王某某，王新安的母亲胡月美、王新安的妻子迟芙荣、王新安的大嫂毛某某及其二哥王松峰等人拦住，我再次鸣枪示警已无效。胡月美、迟芙荣、毛某某在前边拦住车。王朝海、王某某、王松峰等人将路南边的桐树枝子堆放在车前的路上，王某某又用两根粗木棍顶住车尾。在这种情况下，我给他们宣读了1994年山西省晋城市城区人民检察院批准的第237号逮捕决定书，并向他们讲明：

拦截押解车辆是违法的。王朝海、王某某、胡月美等人仍不听劝阻,还向群众煽动:"王新安是因为上访告状被逮捕的。"经他们一煽动,围攻的群众达到约500人。王朝海问我为啥鸣枪,批捕决定书突然被王朝海夺走,这时,王某某、王洪亮、迟芙荣、毛某某、王松峰等人对我又撕又打,将我的衣服撕烂,脸和脖子被抓破,后强行打开车门,将我拉下车。王朝海、王某某又打开后边的车门,王洪亮、王松峰等人上车去拉王新安。我被毛某某、迟芙荣等几个妇女拉到车后边围住。王新安被两个人架走。我们的干警被分割包围起来。后来,我所的指导员李进良带领另外几名干警闻讯赶到,经多方解释,他们不但不交出王新安,还要铐子钥匙。如果不交出铐子钥匙就扣留我。李指导员为了使干警脱离围攻,被迫交出了铐子钥匙,给王新安打开铐子后,才将我们所里的干警和我放走。

2. 证人张文灿证言:1998年8月21日下午,我们押着犯罪嫌疑人王新安往县看守所送,途经王寨村时约有几百人在路上放满树枝拦截我们的车辆,卢峰所长鸣枪示警也无效。王寨村的人围住囚车要求放王新安。卢峰拿出王新安的逮捕证向王新安的家人和群众解释,当时根本没人听,车外一片混乱。当时我在车后排座位上看押着王新安,辛天文、王世宝在前排把住车门,孙廷营开车,卢峰在副司机位上坐着。王朝海、王某某、毛某某、迟芙荣等人抓住卢峰的汗衣,硬往车外拽,把卢峰的汗衣撕烂。王某某威胁卢峰说:"把王新安放了!不放不能走,不然把车给你们砸了!"孙廷营下车大声说:"我看谁敢砸我的车!"这时王某某又进入车厢对辛天文大骂:"你放人不放!不放人打死你!"王某某把车门打开,指着我大骂:"妈的!打死你!"照我脸上打一巴掌,我还是抓住王新安胳膊不松手,辛天文抓住王新安的腿不松手。这时王某某、王朝海、王洪亮、毛某某、迟芙荣等人一起从车厢内把王新安拉出车外,王杰、王明等人把王新安架走了。王朝海又抓卢峰让交出铐子钥匙,不给铐子钥匙不放卢峰。最后派出所里李指导员带领三名干警前来解围,指导员从我手里要去了铐子钥匙给了他们,他们才放了卢峰。

3. 证人辛天文证言证实:我和派出所所长卢峰及派出所的张文灿、王世宝、孙廷营五人押解犯罪嫌疑人王新安往县看守所送,行至本乡王寨村,王新安的亲属王朝海、王某某、胡月美、毛某某、迟芙荣等人,聚众拦截囚车。王某某高声大骂并殴打公安干警,王某某、王朝海、毛某某、迟芙荣、王洪亮等人强行打开车门,将被押解的犯罪嫌疑人王新安强行拉出车外,将公安干警分割包围。最后又强逼公安干警交出铐子钥匙,致使被押解人犯王新安脱逃。

4. 证人孙廷营、王世宝证言均证实:被告人王某某、毛某某伙同王朝海、胡月美、迟芙荣、王洪亮、王杰等人聚众数百人拦截囚车,威胁、殴打、谩骂公安干警，强行打开车门，劫夺犯罪嫌疑人王新安，致使王新安脱逃。

5. 证人王朝明证言证实：1998年8月21日下午5点多钟，我闻讯本村王新安被公安干警抓走了，跑到村南公路边小桥处，见有王新安的叔父王朝海、王某某及其母胡月美和其嫂毛某某、其妻迟芙荣、其堂兄王洪亮、王杰等人聚众约千余人，拦截住押解王新安的囚车。当时毛某某、胡月美、迟芙荣等人在车前拦住车不让走，王某某又在车前后放满树枝。王某某、王朝海、王洪亮、王杰等人强行把王新安从车内拉出来，王朝海让胡月美从公安干警手中要了铐子钥匙。

6. 证人赵卫东证言证实：1998年8月21日下午，其看见王朝海、王某某、王洪亮、王杰、胡月美、毛某某、迟芙荣等人聚众拦住押解王新安车辆，强行把王新安从车内拉出，胡月美从公安人员手中要了铐子钥匙，是王杰把王新安的铐子打开的。

7. 有犯罪嫌疑人王新安所截的铐子照片在卷作证。

8. 晋城市城区人民检察院批准逮捕王新安的决定书复印件及晋城市城区公安分局逮捕证复印件在卷佐证。

四、判案理由

王某某、毛某某结伙他人聚众拦截押解人员途中的囚车，明知犯罪嫌疑人王新安已被公安机关逮捕，采取暴力和胁迫手段，强行劫夺犯罪嫌疑人，致使其脱逃，其行为符合劫夺被押解人员罪构成要件，公诉机关指控被告人王某某、毛某某犯劫夺被押解人员罪罪名成立。且社会影响恶劣，情节严重。被告人王某某、毛某某在共同犯罪中，均起主要作用，均系本案主犯。王某某辩解其构不成犯罪，理由不足，其辩护人辩护意见，理由不足；毛某某关于没有参与劫夺犯罪的理由不能成立，其辩护人关于毛某某的行为构不成犯罪的理由不能成立。

五、定案结论

河南省沈丘县人民法院一审认定，被告王某某犯劫夺被押解人员罪，判处有期徒刑十二年，剥夺政治权利三年。被告人毛某某犯劫夺被押解人员罪，判处有期徒刑十年，剥夺政治权利二年。

六、法理解说

本案中被被告强制放走的对象是作为被公安机关立案抓捕的盗窃罪犯罪嫌疑人的王新安，且是在对其从抓捕地押解回看守所的途中发生本案，这表明本案的作案对象符合劫夺被押解人员罪所要求的押解途中的犯罪嫌疑人、被告人和罪犯的条件。本案可能的争议点主要集中在三个方面：首先，就客观行为表现来说，本案的两被告王某某、毛某某共同参与了阻碍洪山派出所押解犯罪嫌疑人王新安回看守所的公安机关工作人员的司法活动以及强迫公安工作人员打开手铐放走王新安的团伙行为。但本案中的两被告并未直接实施将王新安劫走的行为，而是通过人多势众制造混乱，通过强制司法机关押解人员的人身自由并胁迫其交出钥匙打开手铐，从而失去对王新安的控制导致王新安脱逃。这种利用强制手段放走被押解人员而非直接劫走被押解人员的行为是否达到了作为劫夺被押解人员罪的客观"劫夺"行为的要求值得探究。其次，跟量刑相关的重要问题是，本案中两被告所参与的共同犯罪行为中，二人行为所起的作用可否视为达到了主犯的程度，这点需结合其各自行为的性质与劫夺被押解人员罪客观方面的特点来认定。沈丘县人民法院一审认定两被告劫夺被押解人员罪成立，且两被告都处于共同犯罪中主犯的地位。最后，沈丘县人民法院一审对两案犯的判决是按照劫夺被押解人员罪"情节严重"的情形来施加的七年以上有期徒刑的较重刑罚，其认定逻辑需要接下来加以明确。

（一）强制放走被押解人员应构成劫夺被押解人员罪

针对劫夺被押解人员罪的劫夺行为性质的认定，根据其内涵的广狭可分为三种观点：其中狭义观点认为劫夺行为应包含"劫"与"夺"两个方面，其中"劫"的行为是指对被押解人员所采取的强制行为，如对其人身的暴力强制或人身自由限制，可包括对其交通工具或设备的扣押强制，但需达到强制的程度；而"夺"是指直接将被押解人员从押解的司法人员控制之下转移到行为人的控制之下，即从司法押解人员处夺取转移被押解人员，从而使得司法人员失去对被押解人员的控制。从这种看法出发，如果行为人强制押解人员释放被押解人员或强制司法押解人员从而致使被押解人员逃走，都没有达到夺取转移被押解人员的"夺"的行为的要求，从而不构成劫夺被押解人员罪。[①] 而广义观点认为劫夺行为的内涵可视为只要是行为人采取措施使得押解途中的犯罪嫌疑人、被告人或罪犯脱离司法押解人员控制即可构成劫夺的要求，无须对押

---

① 参见吴占英：《论劫夺被押解人员罪》，载《湖南省政法管理干部学院学报》2001年第5期。

解人员采取暴力胁迫等强制措施，也无须取得从司法押解人员处转移取得被押解人员的控制权。按这种观点，趁押解人员不注意而偷偷释放被押解人员亦可构成劫夺被押解人员罪。① 处于这两种观点之间是折中观点，即认为劫夺行为可以分为"劫"与"夺"两个方面，"劫"的行为强调对司法押解人员及其环境的强制性控制，这种控制可以通过暴力、威胁或其他方法实现；而"夺"的行为是指对被押解人员的夺取转移或释放的行为，不仅将被押解人员转移取得对其控制权构成"夺"，而且强制司法押解人员创造了被押解人员脱逃的机会，从而致使被押解人员被放走都可以视为"夺"的成立，这是此种观点比狭义观点的认定较宽之处。

本案中王某某和毛某某都参与了对司法押解人员采取强制措施的行为，并通过制造混乱场景和胁迫司法押解人员的方式致使被押解的王新安脱逃。按照狭义的观点，王某某和毛某某的行为由于不是直接将王新安本人劫走从而达不到"夺"的行为的要求而不构成劫夺被押解人员罪。按照广义和中义的观点，通过强制的手段而放走王新安、使其脱离司法押解人员控制的行为即符合劫夺行为的要求而构成劫夺被押解人员罪，甚至按照广义的观点，是否存在对司法押解人员的强制行为都无关紧要。

笔者同意中义的观点。一方面，"劫夺"行为二字的本源含义中都存在强制夺取的内涵，因此对司法押解人员的强制行为应视为劫夺的应有之意，该罪行为的强制性不仅体现了劫夺行为对司法管理秩序破坏的犯罪严重程度，更体现了对侵害司法工作人员人身自由的限制和侵害，因此本罪的处罚要比一般妨害公务罪要重。广义的对劫夺行为的认识忽视了这种强制性的内涵而降低了入罪的标准，易于扩大入罪范围，对较轻的破坏司法管理秩序的行为给予更重的处罚。另一方面，"劫夺"中对"夺"的范围又不能理解过窄，并非将被押解人员的控制权置于行为人控制下才是劫夺的完成，强制使得司法押解人员丧失对被押解人员的控制权就已经造成了对司法管理秩序的破坏，法益已经受到侵害。现实生活中大量的劫夺被押解人员案都体现为强制放走被押解人员的行为，如果按照狭义观点一概不予认定，则导致大量的对司法管理秩序的破坏行为无法入罪，从而丧失了本罪规定的意义。因此折中观点较为可行。本案中按照折中观点，王某某和毛某某一方面对司法押解人员采取了包括暴力殴打和拉扯在内的强制行为，符合"劫"的要求，又通过胁迫的方式迫使司法押解人员打开手铐，导致王新安脱逃，达到了"夺"的标准，因此二人的行为已构成劫夺被押解人员罪。

---

① 参见张明楷著：《刑法学》（第三版），法律出版社2007年版，第799页。

（二）两被告行为在共同犯罪中皆处于主犯的地位

司法实践中劫夺被押解人员案件的一个突出特点就是共同犯罪情形较常见。在这些案件中常常是多人出于劫夺被押解人员的共同的犯罪故意分工合作，有的实施强制司法押解人员人身的行为，有的实施劫持转移被押解人员或放走被押解人员的行为，共同实现劫夺被押解人员的目的。由于劫夺被押解人员罪的客观行为表现为复合行为，既包含对司法押解人员的人身强制和对被押解人员的转移或释放两种行为，也导致了分工配合共同犯罪的可能性较大。但是就劫夺行为的两种构成行为而言，其相互之间是手段和目的的关系，即对司法押解人员的强制（包括暴力、威胁或其他方法）行为是为了实现对被押解人员的转移或释放行为的展开，因此这两种行为中对被押解人员的转移或释放行为更加重要，具有对犯罪构成客观方面来说更核心的地位和作用，而对司法押解人员的强制行为是了辅助转移释放行为而居于次要地位。因此对分工合作的共同犯罪人来说，实施劫持转移被押解人员或释放被押解人员的行为人要比实施对押解的司法人员强制的行为人发挥更主要的作用，因此通常据此认定前者为居于主要地位的主犯，后者为处于辅助地位或次要地位的从犯。

本案中两被告王某某和毛某某都共同积极参与了采用暴力手段拦截和强制司法押解人员的人身，并以威胁手段强迫司法押解人员打开犯罪嫌疑人王新安的手铐使其顺利逃脱，已经构成了劫夺被押解人员罪的共同犯罪。就二者在共同犯罪中的地位而言，可以看出王某某和毛某某二人从拦截司法押解车辆的犯罪实行行为起点开始就全程参与了劫夺被押解人员的行为，其中毛某某的行为体现在拦截车辆并对司法工作人员又扯又打的暴力强制行为和将王新安从车内拉出为其脱逃创造条件的释放行为两方面；而王某某则不仅实施拉扯殴打数位司法押解人员的人身强制行为和将王新安从车内拉出的释放行为，更是暴力胁迫司法押解人员交出手铐钥匙从而导致王新安脱逃行为的直接实施者。由此可见二人不仅直接采取拦截和暴力手段对司法押解人员展开人身强制的手段行为，更直接参与打开车门将王新安拉下车、并威胁公安人员打开手铐使得王新安顺利脱逃的释放王新安的目的行为，在共同犯罪中皆全程参与关键行为从而处于共同犯罪中的主要地位，因此皆应视为主犯而给予从重处罚。其中王某某的行为比毛某某更加积极和多样，因此其在共同犯罪中所起的作用更大，体现的主观恶性和社会危险性更大，因此处罚上应比毛某某更重。

（三）是否构成"情节严重"的加重量刑情节属于司法裁量权的范围

本案中在劫夺被押解人员过程中参与人数众多，规模较大，对司法押解人员的暴力手段和强制程度亦比较严重，因此一审法院对本案中主犯的行为视为情节严重而予以较重处罚。然而"情节严重"本身并无明确的立法和司法解释，目前司法实践中对"情节严重"的通常看法是劫夺多名人犯或致多名人犯逃逸的；劫夺重大案件人犯的；持械劫夺人犯的等。这点可以由司法机关按照具体案件情形进行司法裁量。

（整理人：李　川）

案例3：杜某某劫夺被押解人员案
——劫夺被押解人员罪与妨害公务罪的区分

一、基本情况

案　　由： 劫夺被押解人员

被告人： 杜某某，女，1974年12月29日出生，现住淅川县寺湾镇罗岗村。因涉嫌犯劫夺被押解人员罪，于2011年6月27日被淅川县公安局取保候审。

二、诉辩主张

（一）人民检察院指控事实

河南省淅川县人民检察院指控被告人杜某某犯劫夺被押解人员罪。

（二）被告人辩解及辩护人辩护意见

被告人杜某某在开庭审理过程中对检方指控并无异议。

三、人民法院认定事实和证据

（一）认定犯罪事实

河南省淅川县人民法院审理认定，1998年6月9日夜，河南省灵宝市公安局民警亢某某、张某某、郭某在淅川县寺湾派出所民警协助下，前往淅川县寺湾镇罗岗村依法逮捕涉嫌盗窃被告人陈红宾，民警将陈红宾抓押到车上，当车行驶至罗岗村8组路段时，被陈红宾父亲陈明举、妻子杜某某、姐姐陈红英、姐夫杨某某等人将车拦下，陈红宾父亲陈明举拦住车头，被告人杜某某和陈红英抱住民警亢某某的腿，杨某某伙同陈某某等人将被告人陈红宾强行拉下车后，致使陈红宾带铐逃走，并将抓捕民警打伤。经法医鉴定，亢某某、张某某的损伤构成轻微伤。2011年6月27日，被告人杜某某到淅川县公安局寺湾派出所投案自首。

（二）认定犯罪证据

上述事实，有经原审庭审质证确认，并经核实无误的以下证据予以证实：

1. 被告人杜某某在开庭审理过程中亦无异议。
2. 有受害人亢某某、戚某某陈述。
3. 证人杨某某、陈某某、罗某某等人证言。
4. 书证鉴定结论、淅川县人民法院刑事判决书及被告人户籍证明等证据证实。

四、判案理由

杜某某伙同他人劫夺押解途中的犯罪嫌疑人，其行为已构成劫夺被押解人员罪。淅川县人民检察院指控的罪名成立。杜某某案发后主动投案，并如实供述自己的罪行，系自首，依法可减轻处罚。鉴于被告人认罪态度较好，有悔罪表现，适用缓刑不致再危害社会，可以适用缓刑。

五、定案结论

河南省淅川县人民法院一审认定，被告人杜某某犯劫夺被押解人员罪，判处有期徒刑二年，缓刑三年。

六、法理解说

劫夺被押解人员罪，是指劫夺押解途中的罪犯、被告人、犯罪嫌疑人的行为。本罪所侵害的客体是司法机关的正常管理活动和秩序，犯罪对象则为被押解的罪犯、被告人及犯罪嫌疑人，即必须是经过正是刑事诉讼程序立案或判决从而具有某种刑事诉讼主体身份的个体。其中罪犯是指经人民法院判决确认为有罪的人。被告人是指在刑事诉讼中被检察机关或自诉人向人民法院提起公诉或自诉而予以控告犯罪的人。犯罪嫌疑人是指人民检察院提起公诉前，有证据证明其可能实施了犯罪行为，已经被侦查机关正式立案侦查的人。构成本罪对象的不仅要求是罪犯、被告人或者犯罪嫌疑人，而且还要求其在押解途中。本罪在客观方面表现为劫夺押解途中的罪犯、被告人、犯罪嫌疑人的行为。劫夺主要是指通过暴力、威胁或其他手段使得司法机关丧失对被押解人员的控制权的行为。本罪在主观方面必须出于故意，即明知是押解途中的罪犯、被告人或犯罪嫌疑人而仍决意劫夺，其目的一般在于使被劫夺人逃避法律制裁。本罪的主体为一般主体，即达到刑事责任年龄具有刑事责任能力的自然人，均可构成本罪，司法实践中本罪通常表现为多行为主体的共同犯罪。

按照上述认识，本案被告杜某某所参与的强制押解司法人员从而私放的人员是已经由公安机关通过正常诉讼程序确认为犯罪嫌疑人的陈红宾，且劫持是在押解陈红宾回派出所的过程中，因此就犯罪对象和时间要求特征而言，都符合劫夺被押解人员罪的要求。主观方面杜某某的行为表现出其明知被押解的人是被公安机关抓获的作为犯罪嫌疑人的陈红宾，仍决意实施强制手段放走陈红宾，劫夺被押解人员的直接故意非常明显。而杜某某的身份也符合一般犯罪主体的要求，其与本罪的其他同案犯一起实施了共同犯罪行为。这些是犯罪构成中比较明确之处。

但虽然本案被告人并未提出辩护意见，就案情来看仍然有两个方面的问题需要探讨：首先，就作为本罪客观方面的行为而言，该案被告参与的强制押解司法人员人身并将被押解人员拉下车，从而导致其脱逃的行为能否视为构成"劫夺"的行为。有观点认为本案中的被告并未实施直接将被押解人员夺走转移的夺取行为，而仅是将其拽下警车间接为其创造逃脱的条件，是否仍能达到劫夺的标准？其次，就罪与罪的界分而言，如果认为强制押解人员从而放走被押解人员并不是劫夺行为而不构成劫夺被押解人员罪，那么本案中被告的行为是否可能构成其他犯罪，如妨害公务罪。而如果本案中被告的行为可构成劫夺被押解人员罪，那么是否可能构成劫夺被押解人员罪与妨害公务罪之竞合犯。这个问题也是定罪时不能回避的问题。

（一）通过强制行为为被押解人员创造逃脱机会仍构成劫夺行为

本案被告行为特别之处在于并未实施将被押解人员陈红宾直接转移的夺取行为，也即并未直接从司法押解人员手中取得被押解人员的控制权，而只是通过对司法押解人员的人身强制和将陈红宾拉出车外，从而为陈红宾的脱逃创造了条件从而使其顺利逃离，所以其实施的仅是非法放走陈红宾的行为。这种并非直接夺取而仅是放走被押解人员的行为是否仍构成劫夺被押解人员罪客观方面所要求的劫夺行为？

劫夺被押解人员的行为认识上可以分为"劫"与"夺"两个方面，"劫"的行为强调对司法押解人员及其环境的强制性控制，这种控制可以通过暴力（殴打伤害等行为）、威胁（暴力胁迫等）或其他方法（麻醉或拦截车辆等手段）实现；而"夺"的行为是指对被押解人员的夺取转移或释放的行为，其不仅应包括将被押解人员转移取得对其控制权的夺取行为，而且应包括强制司法押解人员创造了被押解人员脱逃的机会，从而致使被押解人员被放走的私放行为。而之所以私放行为亦可以构成劫夺行为，这是由于一方面作为劫夺对象的是自然人，而与一般的抢夺罪的对象为实物有所不同。作为被劫夺对象的人是有其人身自主性的，被押解人员在被放走的情形下，是可以之后主动与放走他的人联系沟通，从而实现作案人对被释放的被押解人员的帮助和控制。另一方面，劫夺被押解人员罪的目的就是使得被押解人员逃避刑事诉讼程序和刑事法律的制裁，而非像抢夺犯罪那样实际控制被劫夺的对象，因此不仅直接夺取被押解人员可以达到本案的目的，强制司法押解人员以释放被押解人员也可以达到使得被押解人员逃避刑事诉讼程序和刑法制裁的目的。因此，通过强制手段非法释放被押解人员也应认为构成劫夺被押解人员罪。

本罪中杜某某参与的行为是通过强制公安人员人身和将陈红宾拉出车外的方式从而为陈红宾顺利脱逃创造了条件，并致使其顺利脱逃，性质上系对陈红宾的非法释放行为。这种行为仍然达到了使得陈红宾逃避刑事诉讼程序或可能的刑罚制裁的目的，因此应视为构成劫夺行为，从而应构成劫夺被押解人员罪。

（二）本罪被告并不构成妨害公务罪

有观点认为本案行为也可构成妨害公务罪。根据刑法第277条的规定，妨害公务罪是指以暴力、威胁的方式阻碍国家机关工作人员依法执行职务的行为。与劫夺被押解人员罪相比，两罪存在一些共同之处。一是主观方面都要求行为人只能出于故意，过失则不构成本罪。二是主体方面两罪均为一般主体，即只要是达到刑事责任年龄，具备刑事责任能力的人都可以成为两罪的主体。三是从客观方面的行为手段来看，两罪均强调有使用暴力和威胁等方式阻挠国家机关工作人员执行职务，当然在劫夺被押解人员罪中这体现为强制方式限制司法押解人员完成对被押解人员的押送的职务活动。

但二者的不同点也十分明显。一是就客观方面的行为表现而言，妨害公务罪是单一行为，仅以暴力威胁方式阻碍国家机关工作人员依法执行职务就可构成；而劫夺被押解人员罪是复合行为，不仅要求采取暴力威胁等强制方法阻碍司法押解人员的押解职务活动，还特别需要夺取或释放被押解人员的行为存在，这就超越了妨害公务行为的范围，不能为妨害公务罪所涵盖。二是就阻碍职务活动的手段而言，妨害公务罪一般要求采用暴力或威胁的方式才构成本罪，但劫夺被押解人员罪在阻碍司法押解人员执行职务时，除了暴力威胁方式，还可以采用其他方法，如投毒等方式。三是就主观方面而言，妨害公务罪是以迫使国家机关工作人员不能或放弃执行职务为目的，其主观故意程度仅限于积极追求国家机关工作人员无法执行职务；而劫夺被押解人员罪是以夺取或者释放被押解人员，以使其脱离司法押解人员的控制为目的，其主观故意内容并不限于仅追求阻碍国家机关不能执行押送活动，更根本的意义上其积极追求的内容是夺取或释放被押解人员，使其免受刑事追诉或刑事制裁。

从本案来看，一方面从客观方面角度，杜某某参与拦截车辆、暴力强制司法押送人员人身并放跑陈红宾的行为，不仅积极地实施了阻碍司法押解人员押送陈红宾的职务活动这种妨害押送公务的行为，更通过将陈红宾从警车内拽出放走陈红宾实施了创造条件使司法押送人员丧失对陈红宾控制的"夺"的行为，因此其行为并不限于妨害公务行为，而是符合劫夺被押解人员罪之劫夺行为的特征；另一方面从主观方面看，杜某某不仅参与阻碍司法押送活动更积极参与放走陈红宾的行为，这不仅体现出其妨碍司法押送的故意，更体现出积极追求劫夺陈红宾、使得陈红宾脱离司法机关控制以逃避刑事追诉和刑事制裁的明显目的，从而具有劫夺被押解人员的故意。从主客观两个方面分析，杜某某的行为都符合劫夺被押解人员罪的犯罪构成，从而成立劫夺被押解人员罪。而其妨害押送公务的行为作为劫夺被押解人员行为的一部分而为后者所吸收，因而不再单独构成妨害公务罪。

（整理人：李　川）

十四、组织越狱罪

案例1：夏某某、杨某某、徐某某、吴某某盗窃、组织越狱案
——被押犯罪嫌疑人能否成为组织越狱罪的主体

一、基本情况

案　由：盗窃、组织越狱

被告人：夏某某，男，1982年10月30日出生于四川省峨眉山市，汉族，初中文化，系峨眉山市桂花桥镇庙稿村村民，住该村4组。2001年5月11日因涉嫌盗窃被峨眉山市公安局刑事拘留，同年6月8日被逮捕。

杨某某，男，1978年9月15日出生于四川省犍为县，汉族，中专文化，住峨眉山市绥山镇白龙北路105号1栋三单元4号，系峨眉山市自来水公司工人。2001年5月24日因涉嫌盗窃被峨眉山市公安局刑事拘留，同年6月21日被依法逮捕。

吴某某，男，1979年1月10日出生于四川省峨眉山市，汉族，初中文化，系峨眉山市川主乡梧桐村村民，住该村2组。2001年7月3日因涉嫌诈骗被峨眉山市公安局逮捕。

徐某某，男，1957年3月3日出生于四川省乐山市市中区，汉族，小学文化，系乐山市市中区青平镇高堰村村民，住该村6组。2001年5月13日因涉嫌收购赃物被峨眉山市公安局刑事拘留，同年6月8日被逮捕。

二、诉辩主张

（一）人民检察院指控事实

峨眉山市人民检察院指控被告人夏某某、杨某某犯盗窃罪、组织越狱罪，被告人吴某某犯诈骗罪、组织越狱罪，被告人徐某某犯收购赃物罪。

（二）被告人辩解及辩护人辩护意见

四被告人对指控的基本事实无异议。被告人夏某某、杨某某、吴某某均辩称系马小洪主谋越狱。

被告人夏某某的辩护人对指控的罪名无异议。其提出的辩护理由是：1. 夏某某第一次盗窃时尚不满18周岁，具有法定从轻或减轻处罚的情节；2. 夏某某有检举并协助公安机关抓获被告人徐某某的立功表现及自首情节；3. 夏某某盗窃的原因在于被告人徐某某的教唆；4. 夏某某参与组织越狱属从犯，且系未遂。

被告人杨某某的辩护人对指控的罪名无异议。其提出的辩护理由是：1. 杨某某盗窃的赃物多被追回退还失主，未造成太大损失，且能如实供述；2. 杨某某参与组织越狱属从犯，且系未遂。

被告人徐某某的辩护人对指控的罪名无异议。其提出的辩护理由是：案破后，徐某某能如实供述、积极退赃，确有悔罪表现。

三、人民法院认定事实和证据

（一）认定犯罪事实

四川省峨眉山市人民法院审理认定，2000年10月27日凌晨，被告人夏某某窜至峨眉山市绥山镇绥山东路，用随身携带的钥匙打开耿春艳停放的川L29617长安奥拓轿车的车门，将该辆价值18760元的轿车盗走，以1600元销赃于被告人徐某某。被告人徐某某将该车改装后以12800元卖予苟永星。

2001年2月6日晚，被告人夏某某窜至峨眉山市绥山镇白龙南路市工商城市信用社后院坝内，用随身携带的钥匙打开李兴俊停放的川AP3731长安奥拓轿车的车门，将该辆价值43617元的轿车盗走。

2001年4月28日晚，被告人夏某某窜至峨眉山市桂花桥镇铁路家属区外，用随身携带的钥匙打开陈隆杰停放的川L25066长安奥拓轿车的车门，将该辆价值34706元的轿车盗走。

2001年4月份，被告人杨某某在峨眉山市绥山镇范围内，采用翻越阳台、撬锁等手段，先后进入市政协办公室、仙都旅馆以及梁澜、杨萍、周建明等人家中，盗走黄金首饰181克以及传真机、放像机、裘皮毛领、手机、彩色电视机等物资，共计价值23592元。

2001年4月28日，被告人吴某某窜至峨眉山市峨山镇惠林村4组王明靖家中，采用欺骗手段，骗得王的川LC0014东俊牌二轮摩托车及行驶证等，当日即将该价值2552元的摩托车以1250元卖予李勇刚。

2001年7月5～11日，马小洪（已判死刑）分别找被告人夏某某、杨某某、吴某某谋划越狱逃跑。被告人吴某某受马的指使将铁丝磨尖后交给被告人夏某某撬马的脚铐锁，被告人夏某某拆下监舍的铁水管与被告人吴某某、杨某某撬监舍的钢窗条。三被告人还相互搭人梯窥视监舍外的情况。2001年7月11日，因他人检举，被告人等越狱未得逞。

（二）认定犯罪证据

上述事实，有经原审庭审质证确认，并经核实无误的以下证据予以证实：

1. 失主耿春艳、李兴俊、罗元庆、梁澜、杨萍、周建明等的报案陈述，证实了被盗的物资及数量以及被盗的时间、地点等；

2. 证人苟永星、陈隆杰、廖淑芳、朱丽红、张德琼、徐淑莲等人的证言，印证了失主的有关报案内容；

3. 购赃人文丽华、秦兵、张国华、邹微如、何斌的陈述，证实了分别从被告人杨某某手中购得赃物的时间、地点、数量；

4. 被告人夏某某、徐某某、杨某某的供述，印证了失主的报案陈述；

5. 提取笔录和失主领条，证实被告人夏某某盗窃的三辆轿车和被告人杨某某盗窃的部分物资已被追回并退还失主；

6. 价格鉴定结论书及有关价格说明，证实被告人夏某某盗窃的轿车价值97083元、被告人杨某某盗窃的物资价值23592元；

7. 被告人徐某某退赃的证明；

8. 峨眉山市公安局刑事警察大队绥山中队出具的情况说明，证实被告人夏某某有检举并协助公安机关抓获被告人徐某某的立功表现；

9. 受害人王明靖的报案陈述，证实了其摩托车被被告人吴某某骗走的事实经过；

10. 证人吴明斌、熊廷云的证言，证实了被告人诈骗的事实经过；

11. 购赃人李勇刚的陈述，印证了证人的证言；

12. 提取笔录及领条，证实被告人诈骗的摩托车已被追回退还受害人；

13. 峨眉山市看守所的情况说明，说明马小洪伙同被告人夏某某、杨某某、吴某某越狱的事实经过；

14. 证人林建学、曹其的证言、三被告人及马小洪的供述，证实了峨眉山

市看守所的情况说明;

15. 现场照片,直观形象地反映了越狱现场的状况。

四、判案理由

夏某某、杨某某以非法占有为目的,秘密窃取公私财物,数额分别为特别巨大、巨大,其行为均已构成盗窃罪。吴某某以非法占有为目的,骗取他人财物,数额较大,其行为已构成诈骗罪。徐某某明知是犯罪所得的赃物而予以收购,其行为已构成收购赃物罪。夏某某、杨某某、吴某某参与组织越狱,其行为均已构成组织越狱罪。

五、定案结论

被告人夏某某犯盗窃罪,从轻判处有期徒刑十年,并处罚金 2000 元;犯组织越狱罪,从轻判处有期徒刑一年零六个月。决定执行有期徒刑十一年,并处罚金 2000 元。

被告人杨某某犯盗窃罪,判处有期徒刑五年,并处罚金 2000 元;犯组织越狱罪,从轻判处有期徒刑一年零六个月。决定执行有期徒刑六年,并处罚金 2000 元。

被告人吴某某犯诈骗罪,判处有期徒刑一年,并处罚金 1000 元;犯组织越狱罪,从轻判处有期徒刑一年零六个月。决定执行有期徒刑二年,并处罚金 1000 元。

被告人徐某某犯收购赃物罪,判处有期徒刑一年缓刑二年,并处罚金 2000 元。

六、法理解说

组织越狱罪是指监所中的被关押人员有组织、有计划地采用非暴力的方式逃亡监所外的行为。本罪侵犯的客体是司法机关监管秩序。监狱、看守所等监管关押场所是司法机关维护国家刑事法律秩序的重要机构。组织越狱就是违反监管规定的出狱条件,有计划、有组织逃往狱外的行为,毫无疑问破坏了司法机关正常的监管秩序,因此需对这种犯罪行为进行严厉打击。组织越狱罪的主体是参加有组织越狱的组织者、积极参加者和其他参加者,这说明组织越狱罪是一种聚众性共同犯罪,因此至少应为三人以上方构成本罪。一两人的越狱行为应该按照其他犯罪如脱逃罪来予以认定，而在此共同犯罪中，不同地位的主体不管是居于主要地位的组织者还是次要地位的积极参加者和一般参加者，都应该定罪处罚。本罪的客观方面体现为有组织有计划的逃出狱外的行为，因此组织越狱罪必须是以有组织和策划为前提，如果只是数名罪犯自发分别同时越狱，没有组织性和策划性，并不构成本罪。此外，组织越狱罪的具体手段法律并未作出限定，因此几乎各种手段的组织越狱行为如挖掘地道、偷得监狱钥匙潜逃等都构成本罪。但为了与暴动越狱罪相区别，这里的各种方式通常排除暴动越狱罪所指的集体采取暴动的方式在外。本罪的主观方面只能出于故意，即有与他人一起相互配合非法逃至狱外的共同故意。

本案中夏某某、杨某某、吴某某三被告在峨眉山看守所参加由罪犯马小洪组织的越狱行为，并已开始着手实施，其中吴某某受马的指使将铁丝磨尖后交给被告人夏某某撬马的脚铐锁，被告人夏某某拆下监舍的铁水管与被告人吴某某、杨某某撬监舍的钢窗条。三被告人还相互搭人梯窥视监舍外的情况。可以说在客观方面已经具体参加实施了相互配合的共同越狱行为，而主观上明显体现出共同的越狱的故意。然而三被告是否可以构成组织越狱罪，还存在其他如下疑问和看法需要厘清：首先，组织越狱罪的犯罪主体是仅指已被定罪量刑的罪犯，还是包括犯罪嫌疑人和被告人。本案参加组织越狱行为的三被告是尚未被定罪量刑的在押犯罪嫌疑人，其是否符合组织越狱罪主体的要求。其次，组织越狱罪中的"狱"的范围有多大，是仅指监狱，还是可以包括一切司法机关的看押场所在内。本案的组织越狱行为发生在看守所内，是否符合组织越狱罪的要求。最后，三被告在组织越狱罪中所处的地位究竟是积极参加者还是一般参加者。按照法律规定，组织越狱罪的积极参加者处五年以上有期徒刑，而一般参加者处五年以下有期徒刑，量刑存在明显差异。峨眉山市人民法院一审判决认定三被告组织越狱罪成立，但其在共同犯罪中的地位属于一般参加者，因此量刑皆在三年以下。笔者将从上述三个方面具体阐释法院判决背后的机理，用来作为以后判决的参考。

（一）组织越狱罪的主体不应局限于罪犯

通常认为罪犯毫无疑问是可以构成组织越狱罪的当然主体，但其他按照刑事法律规定被依法羁押的主体如被告人和犯罪嫌疑人能否构成组织越狱罪的主体呢？笔者认为其仍然可以构成组织越狱罪的主体，因为：首先，虽然组织越狱罪对主体的性质没有明确的规定，但与组织越狱罪处于同类罪的脱逃罪的主体法律明确规定为依法被关押的犯罪嫌疑人、被告人和罪犯。处于同样的客体和有相似性的犯罪构成推断，本罪的主体也可借鉴为依法被关押的犯罪嫌疑人、被告人和罪犯。其次，从犯罪客体来看，无论是罪犯从监狱场所有组织有计划的越狱还是犯罪嫌疑人和被告人从看守所有组织有计划的逃走,其行为的性质相同,对司法机关监管秩序的破坏也基本相当,具有同等的社会和危害性和入罪合理性。如果仅将本罪的主体限制在罪犯而忽视了犯罪嫌疑人和被告人,则可能导致具有同样社会危险性的罪犯组织越狱入罪,而犯罪嫌疑人和被告人组织逃出看守所而放纵的显示合理的局面,也大大不利于对司法机关监管秩序的保护。从上述两个意义上说,组织越狱罪的主体应比照脱逃罪的规定视为依法关押的犯罪嫌疑人被告人和罪犯。

本案中夏某某、杨某某、吴某某三被告皆为等待刑事审判的犯罪嫌疑人,其在已定罪量刑的罪犯马小洪的组织下参与了组织逃出看守所的行为,其行为对司法机关监管秩序的破坏性质相同,因此应当与马小洪一样构成组织越狱罪。

(二) 组织越狱罪中"狱"的范围应包括各种刑事司法关押场所

就组织越狱罪中作为犯罪构成客观方面的地点条件的"狱"的理解各有不同。有观点认为,所谓"狱",泛指对犯罪嫌疑人、被告人和罪犯羁押、监管场所,包括监狱、少年犯管教所、看守所和押解途中。① 还有观点认为,"这里所说的'狱',不能只理解为监狱,应包括监狱、劳改队、拘留所等改造和关押场所,以及押解途中和执行死刑的场所"。②

从以上两种观点可以看出,虽然"狱"字通常含义仅指关押罪犯的独立监管场所即监狱,但是这样的理解过于狭隘。首先,罪犯在定罪之后有一部分监禁刑如拘役是可以在看守所执行的,此外就算需要关押到监狱场所执行可能从看守所转移也需要一定的时间。如果"狱"仅指监狱的话,同组织越狱行为相同的罪犯看守所的组织逃走行为就无法定罪。其次,不仅罪犯从监狱或看守所逃走是对刑事司法监管秩序的破坏,犯罪嫌疑人和被告人从监管场所逃走同样也破坏了刑事司法监管秩序,从而侵害了组织越狱罪的法益,其行为性质具有相似性应纳入组织越狱罪的范围之内。最后,前述组织越狱罪的主体不仅包括罪犯,还包括依法被关押的犯罪嫌疑人和被告人。而犯罪嫌疑人和被告人所处的关押场所主要是看守所,从而应该将看守所等关押场所纳入"狱"的范围之内。因此作为犯罪地点的"狱"的理解应采广义,即是指关押罪犯、被告人和犯罪嫌疑人的各种永久性或临时性的合法监管场所。而从仍然处于司法监管秩序之下的角度考虑,押解途中和执行死刑的场所自然也应包括在

---

① 参见高铭暄著:《刑法学》,中国法制出版社1999年版,第997页。
② 参见最高人民检察院编:《最新刑法释义与适用指南》,中国检察出版社1997年版,第520页。

"狱"的范围之中。另外，需要值得注意的是，这里的"狱"虽然应该做广义理解，但其内涵的边界仍然是限定于特定的关押场所即剥夺人身自由的场所。如果按照量刑或执行刑罚的规定，从特定的部分限制人身自由的场所脱逃就不应视为越狱的行为，如在管制过程中的罪犯有组织地未经批准离开居住地，则不应视为组织越狱的行为构成本罪。

本案中三被告参与组织越狱行为的场所即非独立关押已决犯的监狱场所而是看守所，按照上述观点，组织逃出看守所的行为同样是对司法机关监管秩序的破坏而可以构成组织越狱罪。

（三）本案中三被告应属共同犯罪中的一般参加者

组织越狱罪中规定的积极参加者和一般参加者的刑事责任差别较大，积极参加者与组织者的量刑幅度相同在五年以上，而一般参加者的量刑在五年以下。因此在组织越狱罪中区别积极参加者和一般参加者对准确量刑非常重要。共同犯罪中的积极参加者相对于一般参加者，二者相同点是都非共同犯罪中的主要组织策划者，而是受组织者指挥分配的处于相对次要地位的共同犯罪人。但二者也有相对明显的区别：首先，从参加者主观愿望来看，积极参加者具有积极强烈地参加犯罪的愿望、追求犯罪目的实现的动机和目标，这导致其在共同犯罪中具有较强的主动能动性，体现为向组织者主动地出谋划策和主动参与所有犯罪行为包括直接实行行为的特点。而一般参加者的主观愿望不强，动机各异，其行为主要是按照组织策划者的分配相对被动地实施交代的犯罪行为。其次，从参加者的地位和作用而言，积极参加者的地位虽然比组织策划者略低，但仍差别不大，其在共同犯罪中往往作为主要参加者直接参与实施关键实行行为或实施大部分实行行为并几乎全程参与；而一般参加者往往参与一般预备或帮助行为，在共同犯罪中的地位较低，作用相对局部化。最后，从行为的结果而言，积极参加者往往是直接导致犯罪结果或达到犯罪目标的行为主体，而一般参加者则只是从旁协助，并非直接实现犯罪结果的主体。

本案中三被告并未积极主动地追求越狱结果的实现，而是按照组织者马小洪分配的任务各司其职；从行为的地位而言，三被告所实施的尚属于组织越狱行为中的预备行为或帮助行为，而非直接越狱行为；而且越狱尚未实现即被发现，危害后果尚未产生。因此三被告并非是积极的越狱目标的追求者，也未从事关键性的实行行为，因此不属于积极参加者而只能属于一般参加者，量刑在五年以下符合法律的规定。

（整理人：李　川）

案例2：张某某组织越狱案
——组织越狱罪与脱逃罪的区分

一、基本情况

案　由：组织越狱

被告人：被告人张某某，绰号"烂货"，男，1982年9月18日出生于湖南省凤凰县，苗族，小学文化，农民，家住凤凰县廖家桥镇木根井村2组。因涉嫌犯抢劫罪于2003年12月20日被凤凰县公安局刑事拘留，2004年1月16日被逮捕。

二、诉辩主张

（一）人民检察院指控事实

湖南省湘西土家族苗族自治州人民检察院指控被告人张某某犯组织越狱罪。

（二）被告人辩解及辩护人辩护意见

被告人张某某未发表辩护意见。

三、人民法院认定事实和证据

（一）认定犯罪事实

湖南省湘西土家族苗族自治州人民法院审理认定，2004年3月20日中午，羁押于凤凰县公安局看守所10号监房的麻国章提出越狱的想法。同押于10号监房的被告人张某某和麻回星、田辉、苏朋表示赞同。于是，五人为越狱做准备，先撕床单成布条再搓成绳子，然后，采用搭人梯的办法由麻国章几次爬上天窗用布绳缠住钢筋，扳脱一根钢筋。当天晚饭后，五人一起商量逃跑的时间、路线及顺序，麻国章用笔画了两条逃跑路线图。同月21日凌晨1时左右，五人开始越狱。田辉首先把张某某顶上天窗，张某某钻出天窗后，麻回星随后也钻出天窗逃离监房，其他三人因无法钻出天窗未得逃出。张某某和麻回星在监房外等了一会儿后，不见其他人出来，二人便逃离看守所，然后逃到张某某家里。第二天又逃到张某某舅舅家里并睡了一觉。当天下午，二人逃到千工坪乡胜花村麻回星舅舅龙金送家不久，便被追来的公安人员抓获归案。

（二）认定犯罪证据

上述事实，有经原审庭审质证确认，并经核实无误的以下证据予以证实：

1. 被告人张某某及其同案人麻回星、田辉、苏朋、麻国章对组织越狱的事实供认不讳，且其供述基本一致，能相互印证。

2. 证人段国平、王海军、龙自理、张志军、滕召凤、张吉慧、滕召文、杨爱珍、滕四毛、麻金和、龙金送证实了张某某组织越狱的事实，证人证言与被告人张某某及同案人麻回星等人的供述基本一致。

3. 报警及立案材料。

四、判案理由

被告人张某某在关押期间，伙同他人有组织有计划地越狱逃跑，其行为构成组织越狱罪。

五、定案结论

被告人张某某犯组织越狱罪，判处有期徒刑六年。

六、法理解说

组织越狱罪，是指依法被关押的罪犯、被告人、犯罪嫌疑人，在首要分子的组织、策划、指挥下，有组织、有计划地以非暴动的方式集体越狱逃跑的行为。而本案中张某某参与麻国章所提议的越狱活动并顺利逃出看守所的行为是否构成组织越狱罪以及应如何量刑需从三个方面来判断：首先，从犯罪构成要件的角度，张某某的主体身份和组织脱逃的场所是否符合组织越狱罪的要求？其次，有观点认为，由于最终实现成功脱逃的只有张某某和麻回星两人，其他人并未成功脱逃，因此本罪中张某某应视为自行脱逃从而构成脱逃罪。张某某到底是构成脱逃罪还是组织越狱罪，应如何区分两罪？最后，张某某在参与共同脱逃行为的过程中是何种地位，这直接决定了犯罪人的量刑幅度和轻重，因此需要明确。湖南省湘西土家族苗族自治州人民法院一审判决认定张某某伙同他人有组织有计划地越狱逃跑构成组织越狱罪，并认定其在共同犯罪中的地位属于积极参加者，因此量刑在五年以上。笔者将从上述三个方面具体阐释法院判决背后的机理，用来作为以后判决的参考。

（一）组织越狱罪并不局限于罪犯从监狱脱逃

从行为主体方面看，本案中张某某是作为其他犯罪的犯罪嫌疑人在看守所的押解过程中参与到共同的组织越狱行为之中的，虽然其当时尚未被定罪量刑成为罪犯，但作为犯罪嫌疑人能否构成组织越狱罪之主体，需要明确。目前对组织越狱罪之主体范围有不同的看法，狭义观点认为组织越狱罪应仅适用于被定罪量刑的在押罪犯，① 而不适用于被关押的尚未被定罪量刑的犯罪嫌疑人和被告人。但主流观点认为无论是犯罪嫌疑人还是被告人，其参与组织越狱行为与罪犯都一样，同样会造成对司法监管秩序的破坏，如果本罪只适用于罪犯组织越狱而不适用于犯罪嫌疑人和被告人有组织脱逃，则显失合理。而且，已被定罪量刑的罪犯有时是与尚未被定罪量刑的犯罪嫌疑人和被告人共同关押在看守所之中，当其结合起来共同实施脱逃出看守所的共同行为时，其行为性质和社会危害具有共同性，此时如区分罪犯与犯罪嫌疑人和被告人主体差别而在定罪上加以差别则有失偏颇。因此组织越狱罪的主体应包含尚未被定罪的犯罪嫌疑人和被告人，张某某当时尚作为犯罪嫌疑人参与组织越狱行为亦符合本罪主体的要求。

从行为地点来看，本案的逃脱地点是看守所，而看守所是否属于组织越狱罪的地点要求，需首先明确。虽然在字面意思上看，"狱"往往仅指独立的用于关押已决犯的监狱设施，但由于本罪保护的客体是司法机关的整体监管秩序，因此"狱"的内涵应做泛化理解，因为无论从组织脱离的场所是监狱还是看守所，都是对司法机关整体监管秩序的破坏。因此组织越狱罪的行为地点应包括一切刑事司法过程中用于关押罪犯、犯罪嫌疑人和被告人的剥夺人身自由设施，包括暂时性的和永久性的剥夺场所，因此看守所应视为组织越狱罪规定的地点范围之内，看守所脱逃仍符合组织越狱罪对犯罪地点的要求。本案中张某某参与组织从看守所脱逃的行为也符合组织越狱罪的要求。

（二）组织越狱罪与脱逃罪的联系区别

脱逃罪，是指依法被关押的罪犯、被告人、犯罪嫌疑人，从羁押和改造场所逃走的行为。有观点认为本案中张某某成功从看守所脱逃的行为应构成脱逃罪而非组织越狱罪。其理由是虽然张某某部分参与了由麻国章所组织的共同越

---

① 参见王作富著：《中国刑法的修改与补充》，中国检察出版社1997年版，第241页。

狱之准备行为，但最后脱逃成功的仅有张某某等两人。因此张某某的行为更符合脱逃罪的行为构成要件，应定为脱逃罪。要判断这种观点是否合理，首先需明确组织越狱罪与脱逃罪的联系和区别。

首先脱逃罪与组织越狱罪有一定的相似性，二者侵犯的客体均为司法关押场所正常的监管秩序；两罪的犯罪主体也都是依法被关押的犯罪嫌疑人、被告人和罪犯；两罪在客观方面均表现为采用各种形式逃离监管场所的行为；主观方面两罪的主体都具有积极追求逃离监管场所的直接故意。但脱逃罪与组织越狱罪的区别亦相当明显：首先，就行为主体来说，组织越狱罪是聚众犯罪，犯罪成立必须有三人以上参与组成，而脱逃罪则是一般犯罪，单个犯罪主体也可以构成本罪。其次，就客观方面而言，组织越狱罪在客观方面表现为有计划、有组织地进行越狱的行为，由于与暴动越狱罪相区分，行为手段方面往往排除集体暴力的方式；而脱逃罪在客观方面不需要有组织地越狱脱逃，临时起意或各自脱逃都可以构成脱逃罪，而且脱逃罪的行为方式既包括暴力的方式也可以包括非暴力的方式。最后，就主观方面来说，组织越狱罪的故意须是参加聚众越狱行为者互相有意思沟通的共同犯罪故意，而脱逃罪则不需要与其他人有共同的犯罪故意，个体单独的脱逃的故意亦可构成脱逃罪。因此趁监狱混乱数人同时各自脱逃的，由于没有共同的犯罪通谋因而不能构成组织越狱罪而只能构成脱逃罪。由于脱逃罪的范围较为宽泛，组织越狱罪的行为本身也属于脱逃罪的一种情形，二者构成法条竞合的关系。但根据法条竞合特别法由于普通法的适用原则，一行为同时构成组织越狱罪与脱逃罪者，仅定组织越狱罪一罪。

本案中虽然成功脱逃的只有张某某和麻回星两人，但是张某某已经与麻国章等五人共同实施了搓绳索、搭梯子并扳断铁窗钢筋等越狱的准备行为，而张某某的成功脱逃也是在田辉等人的协助下完成，可以说张某某的逃出看守所的行为是与麻国章等人分工配合、共同完成的，当然符合组织越狱罪行为方面的要求。而是否成功脱逃并非组织越狱罪客观方面的必要要件，因此张某某及其他组织参与者成功脱逃与否并不影响组织越狱罪客观方面的成立。而张某某参与组织越狱的共同行为体现出与其他越狱者分工配合、积极追求共同逃出看守所外的共同的犯罪故意，也符合组织越狱罪的主观方面要求，因此张某某的行为应视为构成组织越狱罪。当然张某某脱逃出看守所的行为本身也构成脱逃罪，根据法条竞合的适用原则，组织越狱罪作为特殊犯罪应优先于脱逃罪这种普通犯罪适用，张某某的行为最终应定为组织越狱罪而非脱逃罪。

（三）张某某属于组织劫狱行为中的积极参加者

组织越狱罪中规定的积极参加者和一般参加者的刑事责任差别较大，积极参加者与组织者的量刑幅度相同在五年以上，而一般参加者的量刑在五年以下。因此明确犯罪人在组织越狱罪中究竟是积极参加者还是一般参加者对准确量刑非常重要。而确定积极参加者还是一般参加者主要从参加者的主观积极性、在共同犯罪中参与行为的质和量以及造成的危害后果三方面来判断。积极参加者往往行为表现出更强烈的积极参与性，不仅被动地实施分配的行为，更积极参与和组织策划所有的实行行为；在共同犯罪中往往参与主要和关键的犯罪行为，不限于帮助行为或辅助行为，参与行为的时间较长；并且最终犯罪行为的危害后果往往是由积极参加者的具体行为来实现。反之，一般参加者往往只是被动地实施组织者分配的具体行为，并非积极参与；其参与的行为往往只是辅助行为或帮助行为，关键实行行为则较少参与；最终犯罪危害后果也往往与其行为并不直接相关。

就本案而言，张某某在组织越狱行为当中表现出相当积极的参与性，几乎参与了本案中的所有行为，包括具体实施越狱行为前的预备行为、组织策划行为以及关键的越狱实行行为，而最终张某某的脱逃成功的犯罪后果是在他积极的参与下实现和造成的，因此张某某在组织越狱的共同犯罪中应处于积极参加者的地位，与组织者一样应处五年以上有期徒刑，法院判其六年有期徒刑量刑符合量刑区间的要求，相对比较合理。

（整理人：李　川）

案例3：董某某贩卖毒品、组织越狱案
——共谋组织越狱因被举报而未成的，应如何认定

一、基本情况

案　由： 贩卖毒品、组织越狱

上诉人（原审被告人）： 董某某，男，1961年2月21日生于云南省昭通市，回族，原籍贵州省威宁县，小学文化，农民，住云南省昭通市守望乡八仙营村11社。因贩卖毒品嫌疑于1999年4月26日被刑事拘留，同年6月22日被逮捕。

二、诉辩主张

（一）人民检察院指控事实和一审法院的认定

贵州省六盘水市中级人民法院审理六盘水市人民检察院指控原审被告人董某某犯贩卖毒品罪一案，于2000年8月29日作出刑事判决，认定董某某的行为分别构成贩卖毒品罪和组织越狱罪。

（二）上诉人的上诉理由

董某某上诉理由包括：1. 组织越狱中本人不是主谋，且是准备阶段，不构成组织越狱罪。2. 只贩卖150克海洛因，之前未贩卖过毒品，量刑过重。

三、人民法院认定事实和证据

（一）认定犯罪事实

贵州省高级人民法院审理认定，原判认定上诉人董某某贩卖150克海洛因和组织越狱的犯罪事实清楚。原判认定，1999年4月24日晚11时许，被告人董某某携带从云南省昭通市购买的150克海洛因到六盘水市钟山区教场秦义芬家，在进行毒品交易时被公安人员当场抓获，收缴海洛因150克。被告人董某

某在被关押期间,于1999年9月与姚良华(已枪决)等人共谋组织越狱,并让其妹在接见时带钢锯片进入看守所交与董,准备于同年10月10日前越狱,后因被举报,越狱未成。查获钢锯片6片。

(二)认定犯罪证据

1. 认定贩毒的证据

(1)董某某供述:"1999年4月22日姓秦的(秦义芬)打传呼给我,我去她家,她给我说她要150克海洛因,定于4月24日交货。23日我坐车到昭通,找人买了150克海洛因,24日晚10点半钟到水城,去姓秦的家中交易时被抓。"

(2)秦义芬证实:"1999年4月,董某某交5克海洛因给罗碧玉(秦之夫)叫罗帮找要大货的买主,后罗因发零包被查获。为立功,我打传呼给董。4月22日董来家里,我说货主已找到,可能量要得大。他说要多少都有,但现在手上的货已卖完,过两天送150克来。24日晚11点多钟,董携带150克海洛因来我家交易时被抓。"

(3)六盘水市公安局扣押150克海洛因清单、贵州省禁毒委员会收到六盘水市公安局上交的本案150克海洛因的收据、贵州省公安厅刑事科学技术鉴定结论(本案查获的毒品可疑物系海洛因)、查获的海洛因的照片等证据证实。

2. 认定组织越狱的证据

(1)同监在押人员李崇云证实:得知同监的董某某、姚良华、范承勇等几人预谋越狱,董在中秋节前后将作案工具锯片带入监室,李在了解情况后将此事报告了看守所管教干部,后经清查监室,收缴了锯片。

(2)董某某供述:1999年9月与姚良华、范承勇等人商量准备在10月10日前逃跑,准备用钢锯片将窗条锯下,再用窗条撬厕所里的砖,或用枪干掉干部、挟持干部好逃跑。9月26日让其妹在接见时带了锯片进监室,准备逃跑。

(3)罪犯姚良华供述:越狱逃跑是董某某出的主意,锯片是董某某的妹在接见董时拿进来的。另有范承勇、陈胜(同监关押人员)的交代和六盘水市公安局第一看守所出具的移送案件报告在卷证实。

四、判案理由

董某某贩卖150克海洛因的行为已构成贩卖毒品罪,且贩卖毒品数量大,本应依法从严惩处,但鉴于此次海洛因交易是在他人实际提议下进行的等具体情节,对董某某可判处死刑,不立即执行。董某某组织越狱的行为,还构成组织越狱罪,在犯罪中起主要作用,但属犯罪预备阶段,亦应依法处罚。董某某的辩护人所提"本案未造成实际的社会危害结果,属未遂"的辩护意见于法无据，不予采纳。一审人民法院对董某某定罪准确，审判程序合法，对董某某组织越狱罪的量刑适当。

五、定案结论

董某某犯贩卖毒品罪，判处死刑，缓期二年执行，剥夺政治权利终身，并处没收财产人民币一万元，犯组织越狱罪，判处有期徒刑四年，决定执行死刑，缓期二年执行，剥夺政治权利终身，并处没收财产人民币一万元。

六、法理解说

本案中被告董某某在被关押期间，与姚良华等人共谋组织越狱，并让其妹在接见时带钢锯片进入看守所交与董，准备之后越狱使用，但后因被举报，越狱未成。这种行为是否构成组织越狱罪以及犯罪的停止状态如何判断，应从三个方面来分析：首先，从犯罪构成角度出发，本案中董某某参与组织策划逃脱看守所行为时尚未被定罪量刑，而只是犯罪嫌疑人，作为犯罪嫌疑人身份参与组织策划逃脱看守所的行为是否构成组织越狱罪。这需要结合组织越狱罪的犯罪构成来分析。其次，组织越狱罪与暴动越狱罪或脱逃罪有什么联系区别，其相互关系为何？本案被告行为是否有构成其他犯罪的可能性。最后，对组织越狱罪犯罪停止状态的认定与组织越狱罪实行行为的看法有关。组织越狱罪的实行行为存在究竟是"越狱"还是"组织"的不同看法，也即组织越狱罪的行为是指有组织的越狱还是为越狱而实施的组织行为？[1] 如果是前者，则即便未参加前期组织工作，但后来越狱时参与进来即可构成本罪，而仅参加组织准备活动但未实现越狱的行为则仅构成该罪的预备行为而未构成实行行为；如果是后者，则没有参加组织行为而仅参加越狱行为的人则不构成组织越狱罪，而仅构成脱逃罪；而参加组织行为并未实际越狱的行为仍可以认为已经着手实施实行行为，未能实行越狱行为这一点只能作为未遂或者中止。本案中董某某尚未施行直接越狱行为就被发现，究竟其行为是犯罪预备还是犯罪未遂？接下来将就这三个问题加以分析。

（一）董某某的行为构成组织越狱罪

组织越狱罪是指依法被关押的罪犯、被告人、犯罪嫌疑人，在首要分子的组织、策划、指挥下，有组织、有计划地以非暴动的方式集体越狱逃跑的行

---

[1] 参见张明楷著：《刑法学》（第三版），法律出版社2007年版，第799页。

为。就其犯罪构成而言，本罪侵犯的客体是司法机关监管秩序，包括司法机关临时或永久的各种羁押场所的监管秩序。组织越狱罪的主体不仅应该包含已被定罪量刑的关押的罪犯，还应包括尚未被定罪量刑但被采取了羁押强制措施的犯罪嫌疑人和被告人。此外由于本罪是聚众犯罪，因此其犯罪人数应在三人之上，其中包括共同犯罪的组织者、积极参加者和其他参加者。本罪的客观方面体现为有组织有计划地逃出狱外的行为，因此组织越狱罪必须是以有组织和策划为前提，如果只是数名罪犯自发分别同时越狱，没有组织性和策划性，并不构成本罪。此外，组织越狱罪的具体手段法律并未作出限定，因此几乎各种手段的组织越狱行为如挖掘地道、偷得监狱钥匙潜逃等都构成本罪。此外本罪对犯罪地点亦有要求，应该是在监所范围内，而监所不仅是指监狱，还应包括看守所等剥夺人身自由的羁押场所。本罪的主观方面只能出于故意，即有与他人一起相互配合非法逃至狱外的共同故意。

本案中，董某某作为被羁押的犯罪嫌疑人在主体上已经符合组织越狱罪的身份要求，其同一起关押的姚良华等多人共同组织策划越狱行为，达到了聚众要求的三人以上，并且董某某从一开始就参与了共谋组织越狱的行为，因此属于聚众共同犯罪中的组织者。而客观方面其也与其他在押犯罪人或犯罪嫌疑人共同组织策划具体的越狱行为，并实施了命令其妹妹为其带入越狱作案工具的越狱前准备行为，符合了组织越狱罪的客观行为要求。而董某某所意欲脱逃的场所是看守所，属于司法机关用来实施监管的关押场所，因此也符合组织越狱罪关于地点的要求。最后董某某主观上体现了明显的与其他在押人员共同组织策划，追求逃出看守所的共同直接故意，也符合组织越狱罪的主观方面的要求。因此综上可见董某某应构成组织越狱罪。

(二) 董某某的行为不构成脱逃罪或暴动越狱罪

脱逃罪和暴动越狱罪是相对较容易与组织越狱罪相混淆的行为。首先，脱逃罪与组织越狱罪之间是一般犯罪与特殊犯罪的关系。构成组织越狱罪的行为人都实施了从监狱或看守场所脱逃的行为，因此也都构成脱逃罪。但脱逃罪相对于组织越狱罪来说范围要广，组织越狱罪是脱逃罪的特殊情形。因此按照法条竞合的适用标准，行为人同时构成两罪的应定为组织越狱罪，不再定脱逃罪。因此董某某的行为可以直接认定构成组织越狱罪而不另定脱逃罪。

其次，组织越狱罪与暴动越狱罪既有联系又有区别。相同之处是二者都是集体越狱行为，其犯罪主体、主观方面相同，二者都侵犯了司法机关的正常监管秩序，甚至在1979年刑法中，暴动越狱属于组织越狱行为的一种。但新刑法中，暴动越狱行为已从组织越狱罪中分出形成暴动越狱罪的新罪。二者的区别在于：一是行为方式不同。构成暴动越狱罪必须数个行为人采取共同的暴力行为，采取非暴力行为如撬开牢房铁窗潜逃等则不成立本罪；而组织越狱罪的成立则排斥共同的暴力行为。组织越狱过程中，个别人实施的暴力行为并不影响组织越狱罪的整体成立。当然，如果组织越狱过程中共同采用了暴力手段形成了暴动性，这时则构成暴动越狱罪。二是规模不同。暴动越狱罪的人数一般众多，规模更大；而组织越狱罪虽然也是采取集体方式，但人数和规模相对较小。三是法定最高刑不同。由于暴动越狱罪采用暴动方式会特别危及人身安全，对首要分子和积极参加者的处罚最高为死刑；而组织越狱罪由于不危及人身安全，因而其对首要分子和积极参加者的处罚为五年以上最高为15年有期徒刑。本案中董某某在参与共同组织策划实施脱离看守所的行为时并未采取暴力手段，或预备采取暴力手段而未实施从而不能认定暴力手段存在，因此并不构成暴动越狱罪，而是仅构成组织越狱罪。

（三）董某某的犯罪行为构成组织越狱罪的预备行为

对组织越狱罪客观行为性质的理解会对犯罪的停止形态的认定构成差别性影响。对组织越狱罪究竟指的是"越狱"行为还是"组织"行为有不同的理解，即组织越狱罪的实行行为究竟是仅指有组织的行为人越狱的行为还是指有越狱的行为人开始组织策划直到越狱成功的行为过程。按照前一种理解，在具体实施越狱行为之前的组织策划和准备工具等行为都视为是组织越狱罪的预备行为，因为越狱的实行行为尚未展开；而按照后一种理解，自行为人组织策划和准备工具时开始，行为人已经开始实施组织越狱罪的实行行为，如果最终没有实际实行越狱的直接行为则视为行为没有完成，行为人仅能构成该罪的未遂或中止。笔者认为应按照前者来理解，即将组织越狱罪理解为重在"越狱"的行为，因为一方面组织越狱罪的客体是强调了越狱行为对司法监管秩序的危害，只有越狱的实行行为才能实现或达到对司法监管秩序的危害，另一方面组织越狱罪规定在妨害社会管理秩序罪中的妨害司法罪部分，因此其行为性质上应重点强调危害司法的行为即越狱行为而非组织行为。从这两点来看应做上述理解。而如果将组织越狱罪的着手实行行为理解为有组织的越狱行为的展开，则在具体越狱行为实施之前，共同行为人组织、策划越狱以及为越狱行为准备工具制造条件的行为都只是越狱实行行为展开前的预备行为，从而仅可认定为组织越狱罪的预备行为。本案中董某某在尚未开展具体的逃脱看守所的实行行为之前就已被发现而未来得及实施此种直接越狱行为，因此在实行行为之前组织策划越狱，以及委托其妹妹带进钢条等作案工具的行为仅应视为准备工具、制造条件的组织劫狱罪预备行为。

（整理人：周少华）

十五、暴动越狱罪

案例1：危某某、刘某某暴动越狱案
——暴动越狱罪与相关犯罪的界定问题

一、基本情况

案　由：暴动越狱

被告人：危某某，外号"坤雕"，男，1974年7月22日出生于江西省兴国县，汉族，初中文化，农民，家住兴国县长冈乡集瑞村村头组。1999年7月28日因犯销售赃物罪被兴国县人民法院判处拘役四个月；2000年8月7日因犯盗窃罪被兴国县人民法院判处有期徒刑四年零六个月；2007年10月12日因犯贩卖毒品罪被兴国县人民法院判处有期徒刑十五年，并处没收财产一万元。2007年10月30日伙同马志强、刘某某等七人从兴国县看守所越狱逃跑，2007年10月31日被抓获，羁押在兴国县看守所。

刘某某，外号"和坤"，男，1986年3月26日出生于江西省赣县，汉族，初中文化，农民，家住赣县三溪乡西溪村池塘组12号。2007年11月27日因犯盗窃罪被本院判处有期徒刑五年，并处罚金一万元。2007年10月30日伙同危某某、马志强等七人从兴国县看守所越狱逃跑，2007年10月31日被抓获，羁押在兴国县看守所。

二、诉辩主张

（一）人民检察院指控事实

江西省赣州市人民检察院指控，2007年6月30日，被告人危某某因涉嫌犯贩卖毒品罪被羁押在兴国县看守所九号监室。被告人危某某意识到自己可能被判重刑,遂产生越狱脱逃的念头。2007年10月17日,危某某与同监室的马志强、张燕生、刘某某商议,并提出捆绑看守民警抢得钥匙开门脱逃,三人均表示同意。后危某某将该方法告知同监室其他在押人犯,并对越狱逃跑进行了计划和分工。2007年10月29日晚,按计划同监室李剑装病将看守所民警刘唐湖和外劳人员赖昌文引进九号监室,被告人危某某锁住赖昌文喉咙放倒在地,被告人刘某某伙同刘汉洪用胶带将赖昌文嘴巴封住,并用绳子将其手脚捆绑,同监室其余5人用同样的方式控制住刘唐湖,危某某用钥匙打开监区大门,九号监室的8名在押人犯翻墙从兴国县看守所脱逃。经法医鉴定,刘唐湖的损伤程度为轻伤乙级。公诉机关认为应以暴动越狱罪追究被告人危某某、刘某某的刑事责任。

(二)被告人辩解及辩护人辩护意见

被告人危某某、刘某某对起诉书指控的犯罪事实及罪名均无异议。

被告人危某某的辩护人提出,被告人危某某能如实交代其犯罪事实,认罪态度较好,请求酌情予以从轻处罚。

三、人民法院认定事实和证据

(一)认定犯罪事实

江西省赣州市中级人民法院审理查明,2007年6月30日,被告人危某某因涉嫌犯贩卖毒品罪被羁押在兴国县看守所九号监室。同年10月8日,危某某贩卖毒品案由兴国县人民法院开庭审理,此时被告人危某某意识到自己可能被判重刑,遂产生越狱脱逃的念头。2007年10月17日,危某某接到法院判处其有期徒刑十五年的判决书后,情绪更加不稳定,并找到同监室的马志强(另案处理)商议越狱脱逃一事,马志强亦表示同意,又找到张燕生(另案处理)和因盗窃罪被判刑而羁押在九号监室的被告人刘某某进行商议。危某某首先提出扭开二楼巡逻岗亭的天窗钢筋逃出去,后演示失败,又提出捆绑看守民警抢得钥匙开门逃出去,三人均表示同意。随后危某某将该方法一一告知九号监室的其他在押人犯,并对越狱逃跑进行了周密的计划和分工,对犯罪工具、捆绑对象、脱逃时机和逃跑路线进行了精心准备和选择。

2007年10月29日晚,按照事先制订的脱逃计划,九号监室故意不完成生产任务,当日晚23时30分许收监时,该监室被安排加班。加班至次日1时30分许,看守所民警刘唐湖和外劳人员赖昌文到九号监室收监,同监室李剑(另案处理)装病将刘唐湖和赖昌文引进九号监室,被告人危某某锁住赖昌文喉咙并将其放倒在地,被告人刘某某伙同刘汉洪(另案处理)用事先准备好的胶带将赖昌文嘴巴封住，并用绳子将其手脚捆绑，监室的其余5人用同样的方式控制住刘唐湖，随后马志强从刘唐湖身上抢走钥匙，由危某某打开监区大门，九号监室的8名在押人犯集体翻围墙从兴国县看守所脱逃。经法医鉴定，刘唐湖的损伤程度为轻伤乙级。

2007年10月31日下午3时许，被告人危某某在兴国县龙口镇丰溪村寨背组附近的河边被抓获归案；同日下午，被告人刘某某在兴国县埠头乡廖溪桥头草丛中被抓获归案。

（二）认定犯罪证据

1. 证人证言

（1）同案人马志强、张燕生、万陇、李剑、刘汉洪、杨燕生6人分别供述的暴动越狱过程与被告人危某某、刘某某供述基本一致。

（2）证人高兴刚证言，证明危某某在逃跑前约一个星期的一天到他所在的一号监室窗前，向他借透明胶带。他把监室做花用剩下的胶带给了危某某。

（3）证人刘唐湖证言，证明10月29日晚，他上班时，九号监室的8名人犯把他打伤后越狱逃跑的经过。8人中他只认识危某某、马志强、张燕生和一个20多岁姓李的年轻人。后他马上叫武警拉警报，并拨打110报警。

（4）证人赖昌文证言，证明被告人危某某、刘某某等8人越狱逃跑的过程。

（5）证人刘伯金、陈爱民、钟建华、刘立新证言，证明2007年10月30日凌晨，兴国县看守所在押人犯危某某、刘某某等8人采用暴力手段集体越狱，以及当日值班民警刘唐湖受伤住院的事实。

（6）证人胡国梁证言，证明被告人危某某提出、策划暴动越狱、被告人刘某某参与商量暴动越狱的事实。

（7）证人王太贵证言，证明2007年10月31日7时50分许，被告人刘某某从兴国县看守所脱逃后，搭乘其出租摩托车的过程。

（8）证人陈秀莲证言，证明2007年10月31日7时许，被告人刘某某从兴国县看守所脱逃后，到其店中买烟的过程。

（9）证人马辉胜证言，证明2007年10月30日晚7时30分许，被告人危某某从兴国县看守所脱逃后，到其店中买香烟、饮料、食物的过程。

2. 刘唐湖伤情法医学鉴定，证明刘唐湖的损伤程度为轻伤乙级

3. 书证、物证

（1）提取笔录，证明提取被告人危某某、刘某某等8人暴动越狱时用于捆绑刘唐湖和赖昌文的工具，以及钥匙一串；兴国县公安局刑警大队在兴国县龙口镇丰溪村寨背组陈科湖家中提取方便面等物品，与被告人危某某逃跑过程

中所购的物品基本一致。

（2）发还凭证，证明被告人危某某、刘某某等 8 人暴动越狱时从民警刘唐湖身上抢走的钥匙的特征。

（3）扣押物品清单，证明公安机关在抓获被告人危某某、刘某某时从两人身上扣押的物品。

（4）刑事摄影照片及现场勘查笔录，证明被告人危某某、刘某某等 8 人暴动越狱的现场概貌、作案工具，以及被告人危某某被抓获时的穿着和所携带的物品。

经当庭出示胶带纸、人民币钥匙照片和方便面以及刑事摄影照片，经被告人危某某、刘某某辨认无误。

（5）被告人危某某、刘某某归案情况说明，证明被告人危某某、刘某某越狱脱逃后被抓获的经过。

（6）辨认笔录，经证人王太贵辨认，证明当日 7 时 50 分许搭乘其摩托车的两人是被告人刘某某和万陇。

（7）兴国县人民法院刑事判决书，证明被告人危某某具有累犯情节，且被告人危某某、刘某某均系判决宣告后、刑罚执行完毕前犯罪。

（8）兴国县人民法院宣判笔录。

A. 危某某的宣判笔录送达回证，证明其犯贩毒罪判处有期徒刑 15 年的宣告时间是 2007 年 10 月 17 日。

B. 兴国县人民法院的讯问笔录，证明 2007 年 10 月 29 日，危某某表示不上诉。一审判决已生效。

C. 送达执行通知书，证明 2007 年 10 月 29 日，兴国县人民法院向罪犯危某某和兴国县看守所分别送达执行通知书的事实。

D. 本院 2007 年 11 月 27 日作出〔2007〕赣中刑二终字第 61 号刑事裁定书，证明被告人刘某某犯盗窃罪，判处有期徒刑五年，并处罚金一万元。

（9）被告人危某某、刘某某户籍证明，证明被告人危某某、刘某某出生时间等身份情况。

（10）刑事案件接受案件登记表，证明报案情况。

4. 被告人供述

（1）被告人危某某供述，他是 2007 年 10 月 30 日凌晨 1 时 30 分左右从兴国看守所越狱脱逃的，和他一起越狱的还有同监室 7 个人，即张燕生、刘某某、李剑、刘汉洪、马志强、万陇和一个姓杨的。2007 年 6 月，他因涉嫌贩毒被关在兴国县看守所，意识到这次比较麻烦，便产生了越狱逃跑的念头。他与马志强等人商议，他说如果可以抢到干部的钥匙就可以逃走，马志强说在兴国埠头抢东西时绑过人，还说卡住脖子后绑人很好绑，绑住了干部就可以拿到钥匙逃出去。他对号子里的人进行分工，10月29日他们故意不完成生产任务，由李剑将刘唐湖和赖昌文引进九号放风间，马志强去勒住刘唐湖的脖子，张燕生、万陇、李剑、姓杨的冲上去把刘唐湖捆起来，并且用透明胶带缠住了他的口。与此同时，他用手揽住赖昌文的脖子，刘某某和刘汉洪上来帮忙捂嘴，把赖昌文放倒在地上，他按住赖昌文，刘某某和刘汉洪捆手脚，用胶带绕过后脑缠住赖昌文的嘴巴。后万陇把钥匙交给他（马志强搜到的），他用钥匙连续打开了两道铁门，他们爬上猪栏翻过围墙逃出了看守所。越狱逃跑这件事以他、马志强和张燕生为主，是他们三人牵头，最先是他提出要逃跑，马志强说他会绑人，张燕生积极参与商量。

（2）被告人刘某某的供述，危某某开庭回来对大家说，要扭开九号监室二楼巡岗的窗户钢筋逃出去。后危某某收到判决书，被判了有期徒刑15年，危某某把马志强、张燕生和他叫到九号监室的放风间，危某某再次提出要逃。他和危某某、马志强、张燕生四个人商量如何逃跑，马志强提出将值班民警绑起来，搜到钥匙开门逃跑，他们三个人都赞成。10月29日晚上，危某某和马志强把监室的人逐个叫到放风间，告知逃跑的事，并分好工。晚上收监时，李剑装头痛将值班民警和外劳赖昌文引进监室的放风间，危某某箍住外劳人员赖昌文的脖子，刘汉洪和他用绳子和胶带捆住赖昌文的手脚，封住他的嘴巴，马志强箍住值班干部的脖子，李剑、万陇、张燕生和杨燕生就帮助蒙值班民警的嘴巴，并捆住手脚。马志强从刘唐湖身上搜出钥匙，将钥匙交给危某某，危某某用钥匙将看守所大门打开，他们经过菜园从猪栏上翻墙逃出了看守所。在暴动越狱过程中，他参与了商量，和危某某、马志强、张燕生一起商量、策划，以危某某和马志强为首。

四、判案理由

被告人危某某、刘某某在被羁押期间，伙同他人有组织、有预谋、有计划地使用暴力共同逃离羁押场所，其行为均构成暴动越狱罪。公诉机关指控的罪名成立。在暴动越狱共同犯罪中，被告人危某某为首要分子，被告人刘某某为主犯。被告人危某某曾因犯罪被判处有期徒刑，在刑罚执行完毕后五年内再犯应当判处有期徒刑以上刑罚之罪，是累犯，依法应从重处罚。被告人危某某、刘某某因前罪判决宣告后，刑罚执行完毕前又犯本罪，应二罪并罚。被告人危某某、刘某某归案后，能如实供述其犯罪事实，认罪态度较好，可酌情从轻处罚。

五、定案结论

（一）被告人危某某犯暴动越狱罪，判处无期徒刑，剥夺政治权利终身，合并尚未执行完毕的刑罚十四年零八个月，没收个人财产一万元。决定执行无期徒刑，剥夺政治权利终身，没收个人财产一万元。

（二）被告人刘某某犯暴动越狱罪，判处有期徒刑十一年，合并尚未执行完毕的刑罚四年零六个月零二十天，罚金一万元。决定执行有期徒刑十四年，并处罚金一万元。

六、法理解说

本案中，被告人危某某、刘某某采用锁喉咙、用胶带封住嘴巴等方式，导致看守所民警刘唐湖轻伤，并夺取看守所民警刘唐湖的钥匙打开监区大门，成功逃脱。这一行为触犯了三个罪名：故意伤害罪、脱逃罪、暴动越狱罪。从字面来看，暴动越狱罪包括"暴动"与"越狱"两层含义。"暴动"必须包含对人的暴力，从而有必要区别暴动越狱罪与故意伤害罪、故意杀人罪之间的联系；"越狱"意即脱逃，从而有必要区别暴动越狱罪与脱逃罪之间的关系。而要准确界定暴动越狱罪与其他相关犯罪的关系，重点在于把握暴动越狱罪与相关犯罪的客观要件。

（一）暴动越狱罪与相关犯罪的客观特征

1. 暴动越狱罪的客观特征

暴动越狱罪，是指依法被关押的罪犯、被告人、犯罪嫌疑人，在首要分子组织、策划、指挥下，采用暴动的方式，有组织地脱逃的行为。一般认为暴动越狱罪客观方面有三个特征：

第一，聚众性。聚众具有如下特点：（1）参与人的复杂性。必须有首要分子，即在犯罪中起组织、策划、指挥作用的犯罪分子；一般有三人以上的参与者；参与人可能随时增加或者减少，而非处于固定状态。在本案中，危某某为首要分子，在这次暴动越狱中起组织、策划、指挥作用。刘某某是主犯，积极参加犯罪。（2）行为的公然性。一般而言，行为人的越狱计划可能是在秘密状态下谋划的，但最终实行的越狱行为必须具有公然性特征。如果秘密逃脱监管人员的监管，不构成聚众越狱罪。①

第二，暴动性。暴动性是指多人聚集在一起使用枪械、棍棒等武器或者以其他武力方式对抗监管人员或监管机关的行为。暴动的方式多种多样，"既可以是殴打、杀害监管人员或者警卫人员，也可以是捣毁监门、围墙，破坏监管设施，夺取枪支弹药，劫持监管人员作为人质"②。本案中被告人先谋划破坏二楼巡逻岗亭的天窗钢筋逃出去，后演示失败而采取绑架监管人员夺取钥匙打开监区大门的方式越狱。但是，"暴力"不等于"暴动"，并非任何三人以上以暴力方法脱逃的，均构成暴动越狱罪，只有多人大规模的暴力，才能评价为暴动。③

第三，强行越狱。即以集体暴力的方式，强行摆脱监管人员的控制，大规模地从监狱中逃离的行为。这里的"狱"，包括狭义上的监狱以及劳改队、少年犯管教所、看守所等。其中，监狱关押的是被判处有期徒刑以上的刑罚、不宜监外劳动改造的罪犯。劳改队，即"劳动改造管教队"，关押的是依法被判处有期徒刑或无期徒刑，宜以监外劳动改造的犯罪分子。少年犯管教所，负责关押不满18周岁的犯罪分子。看守所关押的是未决犯，以及被判处有期徒刑但交付执行时候剩余刑期不满1年的罪犯。

2. 脱逃罪的客观特征

脱逃罪，是指依法被关押的罪犯、被告人、犯罪嫌疑人脱逃的行为。脱逃，是指脱离监管机关的实力支配的行为，即逃离关押场所。脱逃的方式既可以是暴力性脱逃，也可以是非暴力性脱逃。常见的暴力性脱逃方式有，对监管人员使用暴力、威胁手段而逃离关押场所，打破门窗、破坏围墙或毁坏器具后逃离，等等。非暴力性脱逃方式有，乘监管人员疏忽而逃离关押场所；趁外出劳动脱离关押场所；受到监狱奖励，节假日受准回家的罪犯，故意不在规定时间返回监狱逃往外地，等等。

3. 组织越狱罪的客观特征

关于组织越狱罪的客观特征，存在两个方面的争论。第一，组织越狱罪的行为是否包括暴力；第二，组织越狱罪的实行行为究竟是"组织"还是"越狱"。

（1）组织越狱罪的行为是否包括暴力。第一种观点认为，本罪"大多采用秘密脱逃的非暴力手段（如挖地道、打通监房的墙体等）实施。在狱外劳

---

① 参见王作富主编：《刑法分则实务研究（下）》，中国方正出版社2007年版，第1430页。

② 王作富主编：《刑法分则实务研究（下）》，中国方正出版社2007年版，第1430页。

③ 张明楷著：《刑法学》，法律出版社2011年版，第976页。

动时集体脱逃的，也成立本罪"。① 第二种观点认为，"从犯罪手段而言，越狱大多是采用暴力的方法，但也不排除使用如秘密脱逃等非暴力手段。"② 第三种折中观点认为，"组织越狱行为不包括有计划地集体采用强烈的暴力冲突方法越狱，即不具有暴力性，但不排除使用较轻微的暴力或者越狱过程中个别人非有计划地使用暴力。"③ 笔者同意第三种观点，由于刑法紧接在组织越狱罪后规定了暴动越狱罪，因此两罪的客观要件应该有所区别。

（2）组织越狱罪的实行行为是"组织"还是"越狱"，即"组织越狱"是指有组织地越狱，还是组织他人越狱？如果认为本罪的实行行为是越狱，那么，行为主体仅限于依法被关押的罪犯、被告人、犯罪嫌疑人。如果认为本罪的实行行为是组织，那么，没有参加组织行为仅仅参加越狱行为的人，只能成立脱逃罪，而不成立组织越狱罪，行为主体不限于依法被关押的罪犯、被告人、犯罪嫌疑人，因为狱外人也可以组织被关押的人员越狱。张明楷教授采纳后一种解释，认为组织越狱是组织他人越狱。④

笔者认为，把组织越狱解释为有组织地越狱，更加符合立法原意。首先，刑法第317条规定了三种不同的犯罪行为类型：组织越狱、暴动越狱、聚众持械劫狱。组织越狱与暴动越狱相对应：有组织的暴动越狱构成暴动越狱罪，采取暴动以外其他方法有组织越狱的构成组织越狱罪。同时，依据本条刑法规定，对于依法被关押的罪犯、被告人、犯罪嫌疑人以外的人，刑法只处罚"聚众持械劫狱"的行为，而"组织他人越狱"显然没有"聚众持械劫狱"的严重危害性，不应当放在同一个法条中作为处罚对象。其次，刑法第317条只是规定"组织越狱"，而不是"组织他人越狱"。通过与刑法第234条之一"组织他人出卖人体器官"的规定、第318条"组织他人偷越国（边境）"的规定、第333条"组织他人出卖血液"的规定、第358条"组织他人卖淫"的规定进行比较，可以很明显看出，组织越狱不是组织他人越狱，否则刑法会作出明确规定。

（二）本案行为的定性

1. 本案不构成故意伤害罪、绑架罪等人身犯罪

本案中，被告人对监管人员刘唐湖等人采取锁喉咙、封嘴巴、捆绑等方式

---

① 周光权著：《刑法各论》，中国人民大学出版社2011年版，第351页。
② 王作富主编：《刑法分则实务研究（下）》，中国方正出版社2007年版，第1427页。
③ 吴占英著：《妨害司法罪理论与实践》，中国检察出版社2005年版，第271页。
④ 参见张明楷著：《刑法学》，法律出版社2011年版，第976页。

导致刘唐湖轻伤的行为不构成故意伤害罪或者绑架罪等人身犯罪，只构成暴动越狱罪一罪，不能实行数罪并罚。原因有：第一，暴动越狱罪的客体是复杂客体。暴动越狱罪既侵犯了监管机关对犯罪人、被告人、犯罪嫌疑人的合法羁押，又侵害了监管人员的人身权利，危及监管人员的生命与健康。① 而故意伤害罪、绑架罪等人身犯罪主要侵害的是被害人的生命、健康等人身权利，这种客体属于暴动越狱罪的一部分。第二，暴动越狱罪的客观方面表现为复合行为，对监管人员的暴力是手段行为，越狱是目的行为。因此，手段行为所触犯的罪名不具有独立性。

2. 本案不构成脱逃罪

暴动越狱罪与脱逃罪属于法条竞合关系。两罪的主体相同，都是依法被关押的罪犯、被告人、犯罪嫌疑人；两罪都是故意犯罪，都是为了逃避监管；两罪都侵犯了司法机关的正常监管执行。两罪的区别在于客观方面。首先，暴动越狱罪表现为以"暴动"方式越狱，是一种特殊的越狱方式；而脱逃罪的行为方式则没有限定，既可以是非暴力的方式，例如行为人乘人不备，秘密逃走，也可以是暴力方式，如破坏监管设施逃走。普通脱逃罪的暴力，不能够达到暴动的程度。其次，暴动越狱罪只能是聚众的方式实施，最少需要3人以上，单个人或两个人采用暴力方式越狱的，只能构成脱逃罪，而不是暴动越狱罪。普通脱逃罪既可以是单独实施，也可以聚众实施（如果聚众采用暴力则成立暴动越狱罪）。也就是说，暴动越狱罪是必要的共犯，脱逃罪是任意的共犯。

本案中，被告人采用暴动的方式脱逃，其行为既符合普通脱逃罪，也符合暴动越狱罪。其中脱逃罪是普通法条，暴动越狱罪是特殊法条，而且暴动越狱罪的法定刑重于脱逃罪。依据法条竞合的原则，特别法优于普通犯，本案被告人的行为构成暴动越狱罪。

3. 本案不构成组织越狱罪

1979年刑法只有组织越狱罪，没有暴动越狱罪。而且，组织越狱罪在1951年通过的《中华人民共和国惩治反革命条例》中被称为暴动越狱罪。② 因此，这两个犯罪之间具有密切的关系。两者的主体、主观方面相同；客体上都侵害了司法机关的正常监管秩序；客观方面都具有集体越狱的要件。正因为

---

① 参见吴占英著：《妨害司法罪理论与实践》，中国检察出版社2005年版，第282页。

② 参见高铭暄编著：《中华人民共和国刑法的孕育和诞生》，法律出版社1981年版，第141页。

两罪之间的关系密切，有的学者认为它们之间是法条竞合的关系：组织越狱罪是普通法条，暴动越狱罪是特别法条。① 笔者认为，两罪之间是并列关系，而不是法条竞合关系。两罪在客观方面具有较大区别：暴动越狱罪的特点是暴动，组织越狱罪的特点是组织。具体来说，暴动越狱罪必须是聚众采用暴力以脱逃，而且一般人数众多，规模较大。暴动越狱罪不一定是有组织、有预谋的，即使是在地震、洪水暴发等自然灾害突发时，被监管人自发群起暴动的，也构成暴动越狱罪。也就是说，暴动越狱罪既可以是有组织的暴动越狱，也可以是无组织的群起暴动越狱。组织越狱罪的行为方式多样，既可以是非暴力的方式，如挖掘地洞等方式，也可以是暴力方式。但是组织越狱罪中的暴力，仅限于在越狱中个别人的暴力，而不包括有组织的大规模暴力，否则就是暴动越狱罪。而且组织越狱罪的人数与规模没有暴动越狱罪大。

在本案中，被告人采用有组织的暴动方式越狱，被告人越狱的方式很明显，就是准备绑架人质夺取钥匙公然越狱，而不是组织被监管人秘密越狱。而且，本案的暴动越狱导致同监室的8名罪犯都逃脱，规模较大，人数较多。同时从法定刑来看，组织越狱罪的法定刑为5年以上有期徒刑，暴动越狱罪的法定刑为10年以上有期徒刑或者无期徒刑，情节特别严重的可以处死刑。所以本案应该定性为暴动越狱罪，而不是组织越狱罪。

（整理人：欧阳本祺）

---

① 王作富主编：《刑法分则实务研究（下）》，中国方正出版社2007年版，第1428页。

案例2：愉某某、杨某某、王某某、查某某暴动越狱案
——暴动越狱罪的停止形态问题

一、基本情况

案　由：暴动越狱

上诉人（原审被告人）：查某某，男，1982年4月1日生，白族，云南省保山市人，小学文化，农民。因涉嫌犯运输毒品罪于2006年1月6日被瑞丽市公安局刑事拘留，同年2月10日被逮捕。2006年10月27日被德宏傣族景颇族自治州中级人民法院以运输毒品罪判处死刑，缓期二年执行。2006年12月15日，本院依法作出核准判处其死刑，缓期二年执行的裁定，并于2007年1月30日向其送达该裁定。押于德宏州第一看守所。

原审被告人：愉某某（自报），男，1970年9月9日生，汉族，安徽省灵璧县人，小学文化，农民。因涉嫌犯绑架罪于2006年1月25日被瑞丽市公安局刑事拘留，同年3月2日被逮捕。2006年10月11日被德宏傣族景颇族自治州中级人民法院以绑架罪判处其死刑，缓期二年执行。2006年12月29日，本院作出核准判处死刑，缓期二年执行的裁定，并于2007年2月14日向其送达该裁定。押于德宏州第一看守所。

杨某某，男，1987年7月17日生，汉族，云南省保山市人，初中文化，农民。因涉嫌犯走私毒品罪于2006年5月9日被瑞丽市公安局刑事拘留，同年6月2日被逮捕。2006年11月17日被德宏傣族景颇族自治州中级人民法院以走私、运输毒品罪判处死刑。2007年3月13日，经本院二审依法改判为死刑，缓期二年执行，并于2007年4月6日向其送达二审判决。押于德宏州第一看守所。

王某某，男，1986年5月10日生，汉族，广西省武宣县人，小学文化，农民。因涉嫌犯走私毒品罪于2005年11月29日被瑞丽市公安局刑事拘留，

同年 12 月 20 日被逮捕。2006 年 2 月 24 日被德宏傣族景颇族自治州中级人民法院以走私毒品罪判处其有期徒刑十五年。2006 年 10 月 11 日又被德宏傣族景颇族自治州中级人民法院以故意伤害罪判处死刑缓期二年执行,与原犯走私毒品罪所判处没有执行的刑罚数罪并罚,决定执行死刑,缓期二年执行。2007 年 3 月 15 日,本院将其所犯故意伤害罪改判为无期徒刑,数罪并罚所决定执行的刑期也被改判为无期徒刑,并于 2007 年 4 月 19 日向其送达该二审判决。押于德宏州第一看守所。

二、诉辩主张

（一）原审判决意见

德宏傣族景颇族自治州中级人民法院审理德宏傣族景颇族自治州人民检察院指控被告人愉某某、杨某某、王某某、查某某犯暴动越狱罪一案,于 2007 年 11 月 26 日作出〔2007〕德刑三初字第 84 号刑事判决。宣判后,被告人查某某不服,提出上诉。本院依法组成合议庭审理了本案。经过阅卷,认为本案事实清楚,决定不开庭审理。现已审理终结。

原判认定,被告人愉某某被羁押在瑞丽市看守所期间,于 2007 年初在 24 号监室与同监室的刘某某（另案处理）等策划越狱,后因刘某某调到 22 号监室而未能实施越狱。刘某某被调到 22 号监室后,将其与愉某某策划越狱的计划告诉同监室的被告人杨某某、王某某,杨某某后又邀约被告人查某某加入。2007 年 3 月 18 日,愉某某调到 22 号监室后,愉某某、杨某某、刘某某、王某某、查某某五人经多次共同商议决定,由杨某某找看守所的教导员（税平）谈话,等谈话结束后教导员打开监室门时,杨某某乘机抱住教导员双腿,将教导员按倒在地。愉某某、杨某某、王某某、查某某、刘某某分别利用备好的工具,共同劫持教导员为人质,并以最快速度冲出看守所。由刘某某跟政府谈判,要求提供一辆车和 10 万元现金,让警察不能靠近 50 米,否则将教导员杀害。最后,由查某某把车开到另外几名被告人及人质旁边,这些人上车后以最快速度逃往缅甸。为暴动越狱,各被告人还准备了一些防止裤子滑脱的布带和磨尖的牙刷、磨好的打火机刀片等作案工具。愉某某、杨某某、刘某某、王某某、查某某五人商定于 3 月 29 日中午饭后,由杨某某找教导员谈话,大家按计划劫持教导员为人质暴动越狱。29 日上午 8 时 30 分许,看守所民警在得知 22 号监室有人将暴动越狱的情况下,于同日 13 时许,经瑞丽市公安局领导调集多种警力,对 22 号监室人员和场所进行检查和实施现场勘查。当场从监室内查获磨尖的牙刷把三只,磨好的打火机刀片三个及三条布条。后看守所民警又移交了查获的一只磨尖的圆珠笔和四条布条。根据上述事实和相关证据，原判依照《中华人民共和国刑法》第 317 条第 2 款、第 25 条第 1 款、第 22 条、第 48 条、第 57 条第 1 款、第 69 条、第 70 条、第 64 条之规定，以暴动越狱罪，判处被告人愉某某有期徒刑五年。以暴动越狱罪，判处被告人杨某某有期徒刑五年与原犯走私、运输毒品罪，判处死刑，缓期二年执行，剥夺政治权利终身，并处没收个人全部财产，数罪并罚，决定执行死刑，缓期二年执行，剥夺政治权利终身，并处没收个人全部财产。以暴动越狱罪，判处被告人王某某有期徒刑三年与原犯故意伤害罪和走私毒品罪所决定执行的无期徒刑，剥夺政治权利终身，并处没收个人全部财产数罪并罚，决定执行无期徒刑，剥夺政治权利终身，并处没收个人全部财产。以暴动越狱罪，判处被告人查某某有期徒刑三年。查获的作案工具依法予以没收。

（二）上诉理由

宣判后，被告人查某某以其未参与此次犯罪，一审事实不清，证据不足，原判量刑过重为由提出上诉，请求二审撤销原判，对其公正判决。

三、二审法院认定事实和证据

（一）认定犯罪事实

云南省高级人民法院经审理查明，原审被告人愉某某、杨某某、王某某、刘某某（另案处理），上诉人查某某被羁押在瑞丽市看守所期间，从 2007 年 3 月 18 日起，多次共同商议、策划劫持人质并实施暴动越狱的具体计划，并为实施犯罪准备了作案工具。同年 3 月 29 日，公安机关在获悉愉某某等人要实施暴动越狱的情况下，将愉某某、杨某某、王某某、查某某抓获并查获愉某某等人准备的作案工具。

（二）认定犯罪证据

上述事实有举报材料，现场示意图，现场照片，现场勘查笔录，检查笔录，现场指认照片，提取的作案工具照片，证人刘某某、钱某某、邹某某、陈某某等证言证实。上诉人查某某、原审被告人愉某某、杨某某、王某某对上述犯罪事实亦有供述，且能相互印证。另有刑事裁定书及送达回证、宣判笔录等证据在案证实查某某、愉某某系在对其判处死刑缓期二年执行的终审裁定宣判后，在死缓考验期内又故意犯罪，以及杨某某、王某某判决宣告前又犯罪新罪的事实。上列证据均经一审庭审质证、认证，证据内容真实，且能互相印证，本院予以确认。

四、判案理由

本院认为，上诉人查某某、原审被告人愉某某、杨某某、王某某无视国家法律，有组织、有计划地准备工具，欲实施暴动越狱的行为已触犯我国刑律，构成暴动越狱罪，应依法予以惩处。在共同犯罪中，愉某某、杨某某起组织、策划及准备工具，起主要作用，是主犯；王某某、查某某系被邀约后参与犯罪，原判决认定二人属共同犯罪的从犯并无不当。关于上诉人查某某提出其未参与犯罪的上诉理由，与包括其供述在内的在卷证据证实的事实不符，该上诉理由不能成立。原判根据本案的事实、情节和社会危害程度，所作判决定罪准确，量刑适当。审判程序合法。

五、定案结论

驳回上诉，维持原判。

六、法理解说

（一）本案是构成暴动越狱罪的预备犯还是未遂犯

1. 预备犯的特征

刑法第 22 条第 1 款规定："为了犯罪，准备工具、制造条件的，是犯罪预备。"据此，预备犯，是指为了实行犯罪，准备工具、制造条件，但是由于行为人意志以外的原因而未能着手实行的特殊形态。预备犯具有以下四个特征：

第一，主观上为了实行犯罪。刑法条文规定的"为了犯罪"，应该理解为"为了实行犯罪"。从字面含义来看，"为了犯罪"包括"为了预备犯罪"与"为了实行犯罪"，但是为了预备行为而实施的"准备"行为，不能认定为预备犯。例如，为了杀人购买毒药的行为，可能是犯罪预备行为；但是为了购买毒药而打工挣钱的行为，不是犯罪预备行为。可见，由于犯罪预备是犯罪，而为了实施犯罪预备行为所进行的"准备"又不是犯罪预备，故应将"为了犯罪"理解为"为了实行犯罪"。①

第二，客观上实施了犯罪预备行为。犯罪的预备行为，是指为实行犯罪创造条件的各种活动的总称。预备行为如果不是因为某种原因停顿下来，就会发展为实行行为，从而造成危害结果，因此，预备行为已经对法益造成了威胁，

---

① 张明楷著：《刑法学》，法律出版社 2011 年版，第 311 页。

是具有社会危害性的行为。犯罪预备行为不同于预备前的犯意表示行为：犯罪预备行为是整个犯罪过程的一部分，犯意表示还没有进入犯罪过程。但是预备行为又不同于实行行为，不可能像实行行为一样直接造成危害结果。根据刑法规定，犯罪预备行为包括准备工具和制造条件两种。犯罪工具，是指各种用来进行犯罪活动的物品，主要表现为：购买某种物品作为犯罪工具，制造犯罪工具，改造物品使之适用犯罪需要，盗窃他人物品作为犯罪工具等。制造条件，是指除准备工具以外的一切为实行犯罪制造条件的预备行为，主要表现为：制造实行犯罪的客观条件，如调查犯罪现场与被害人行踪、出发前往犯罪现场或者守候被害人的到来等；制造实行犯罪的主观条件，如商议犯罪实行计划等。

总之，只要是已超出犯意表示的范畴而尚未进入着手实行阶段的为犯罪创造便利条件的行为，都属于犯罪预备。

第三，未能着手实行犯罪。未能着手实行犯罪包括两种情况：一是预备行为没有实行终了，由于某种原因未能继续实施预备行为，因而不可能着手。二是预备行为已经实行终了，但由于某种原因未能着手实行。是否着手实行，是区分预备犯与未遂犯的关键。

第四，未能着手实行，是由于行为人意志以外的原因造成的。这是预备犯与发生在预备阶段的中止犯的区别。意志以外的原因主要为：由于作案条件不成熟而未继续着手实行犯罪；由于被害人不在现场或者防范措施严密难以下手而未能着手；由于司法机关的及时抓获而未能着手。

2. 未遂犯的特征

刑法第23条第1款规定："已经着手实行犯罪，由于犯罪分子意志以外的原因而未得逞的，是犯罪未遂。"据此，未遂犯，是指行为人已经着手实行犯罪，由于其意志以外的原因而未能达到犯罪既遂的一种未完成犯罪形态。未遂犯的特征有：

第一，已经着手实行犯罪。如何判断"着手"是一个复杂的问题，学界存在不同的观点。形式的客观说认为，开始实施刑法分则所规定的某一犯罪构成客观要件的行为，就是着手。实质的客观说认为，法益侵害的危险达到紧迫程度时，即当行为产生了侵害法益的具体危险时，就是着手。笔者赞同形式与实质结合起来认定着手。具体来说，从以下几个方面来认定着手。首先，以法律所规定的具体犯罪的罪状为依据。对于叙明罪状的犯罪，应该按照法律规定来判断实行行为及其着手；对于简单罪状的犯罪，应该按照法律所规定的犯罪行为的性质来认定实行行为及其着手；对于空白罪状的犯罪，应该借助于其他法律规定来确定实行行为及其着手。其次，以实行行为的形式和内容为基础。对于单一的实行行为，开始实施这类单一的实行行为就是犯罪的着手；对于选择的实行行为，只要实施了其中的一种行为就是犯罪的着手；对于并列的实行行为，只有开始实施两种行为时才是犯罪的着手，例如招摇撞骗罪，只有当行为人冒充国家工作人员，并且实行了诈骗行为时才是着手，仅有冒充国家工作人员还不是本罪的着手；对于双重的实行行为，开始实施第一个行为时就是犯罪的着手，例如开始实施暴力（或者胁迫）时，就是强奸罪、抢劫罪的着手。①

第二，犯罪未得逞。犯罪未得逞是区别犯罪未遂与犯罪既遂的标志，但是如何判断犯罪是否得逞，也是一个有争议的问题。主要存在以犯罪目的是否实现的"犯罪目的实现说"、以犯罪结果是否发生的"犯罪结果发生说"、以犯罪构成要件是否齐备的"构成要件齐备说"。我国刑法通说采用的是"构成要件齐备说"，具体来说，结果犯，以结果是否发生作为区分标志；行为犯以犯罪行为是否完成作为区分标志；危险犯以是否出现危险作为标志。

第三，犯罪未得逞是由于行为人意志以外的原因造成的。意志以外的原因，是指违背犯罪人的犯罪意志、并能够阻却犯罪行为达到既遂状态的各种主客观原因。包括犯罪人以外的客观原因、犯罪人自身的客观原因、犯罪人主观上的认识错误。

3. 本案构成暴动越狱罪的预备犯

本案中，被告人查某某辩称其未参与此次犯罪，理由不能成立。

第一，查某某参与实施了犯罪预备行为。从案件事实来看，被告人查某某参与的行为有：首先，犯罪的谋划行为。2007年3月18日，愉某某调到22号监室后，愉某某、杨某某、刘某某、王某某、查某某五人经多次共同商议决定，由杨某某找看守所的教导员（税平）谈话，等谈话结束后教导员打开监室门时，杨某某乘机抱住教导员双腿，将教导员按倒在地。愉某某、杨某某、王某某、查某某、刘某某分别利用备好的工具，共同劫持教导员为人质，并以最快速度冲出看守所。其次，参与犯罪工具的准备。在现场的监室内查获磨尖的牙刷把三只，磨好的打火机刀片三个及三条布条，后看守所民警又移交了查获的一只磨尖的圆珠笔和四条布条。这些行为已经超出了单纯的犯意表示的范畴，而对监管人员的生命健康以及看守所的监管秩序具有了现实的危险性，因而，这些行为已经构成犯罪。被告人查某某虽然还没有着手实行犯罪，但是已经开始实施了犯罪的预备行为。

第二，查某某具有犯罪故意。上述为了实行犯罪的犯罪预备行为表明行为人具有犯罪的故意。犯罪预备行为，表明行为人具有确定的犯罪故意，因为行

---

① 参见马克昌主编：《犯罪通论》，武汉大学出版社1999年版，第443~445页。

为人只有基于确定的犯罪故意，才能够为具体的实行行为准备工具、制造条件；犯罪预备行为，表明行为人认识到预备行为为实行行为创造了便利，认识到预备行为对结果的发生起积极的促进作用；犯罪预备行为，表明行为人在该心理支配下实施的行为是犯罪预备行为，因而与犯意的表示具有本质区别。①而且，本案中查某某不仅认识到自己犯罪行为的危害性，也认识到他人行为以及共同犯罪行为的社会危害性；不仅希望自己的行为发生能够为越狱做好准备，也希望他人的行为以及共同的行为能够为越狱做好准备。

第三，由于意志以外的原因，未能着手。29日上午8时30分许，看守所民警在得知22号监室有人将暴动越狱的情况下，于同日，13时许，经瑞丽市公安局领导调集多种警力，对22号监室人员和场所进行检查和实施现场勘查。正是由于司法机关的及时查获，才使得犯罪预备行为未能进入着手实行。

总之，被告人查某某未参与此次犯罪的辩护理由不能够成立，查某某等人的行为已经构成犯罪，但是由于尚未着手，而属于预备犯。法院裁判是正确的。

（二）暴动越狱罪的预备犯能否定性为组织越狱罪

有一种观点认为，"如果暴动越狱尚处于预备阶段就被发现，可以定组织越狱罪。"② 这种观点值得商榷。

第一，两罪的刑罚轻重悬殊。虽然从实际判处的刑罚来看，暴动越狱罪的预备犯与组织越狱罪的实行犯大致平衡，但是暴动越狱罪的法定刑重于组织越狱罪，具有巨大的威慑力。根据刑法第317条规定，组织越狱罪的首要分子与积极参加者，处5年以上有期徒刑；其他参加的，处5年以下有期徒刑或者拘役。而暴动越狱罪的首要分子与积极参加者，处10年以上有期徒刑或者无期徒刑，情节特别严重的，处死刑；其他参加的，处3年以上10年以下有期徒刑。

第二，两罪的客观特征不同。虽然暴动越狱罪的预备犯与组织越狱罪的实行犯都可能没有实际采用暴动方式，但是组织越狱罪不包括组织采用暴动的方式越狱，而暴动越狱罪的预备犯从一开始就是为暴动越狱做准备的。组织越狱并非暴动越狱的预备行为。因此，不能把暴动越狱罪的预备犯定性为组织越狱罪。

（整理人：欧阳本祺）

---

① 张明楷著：《刑法学》，法律出版社2011年版，第311页。
② 曾斌主编：《立案定罪量刑标准与适用》，法律出版社2003年版，第380页。

十六、聚众持械劫狱罪

案例：李某某、罗某某等10人聚众劫狱案
——是帮助脱逃还是聚众持械劫狱

一、基本情况

案　由：聚众劫狱

被告人李某某，又名李某、吕某，女，27岁，汉族，湖北省枝江县人，无职业。1997年3月28日因本案被逮捕。

被告人：罗某某，绰号"胡汉三"、"阿三"，男，26岁，汉族，广西宾阳人，无职业。因犯故意伤害罪，于1988年7月被判处有期徒刑二年，1990年刑满释放。1997年5月25日因本案被逮捕。

刘某，绰号"敏鬼"、"小敏"，男，32岁，汉族，湖南省汨罗县人，无职业。因犯诈骗罪，于1989年7月被判决有期徒刑三年，1991年10月14日刑满释放。1997年3月27日因本案被逮捕。

周某某，绰号"周弟"，男，37岁，汉族，广西贵港市人，个体户。1997年5月12日因本案被逮捕。

陆某某，又名"小青"，女，22岁，汉族，广西容县人，无职业。1997年3月27日因本案被逮捕。

黄某，绰号"阿柳"，男，36岁，瑶族，广西金秀县人，个体户。1997年3月27日因本案被逮捕。

覃文某，又名"阿英"，女，28岁，汉族，广西容县人，个体户。1997年3月27日因本案被逮捕。

谢某某，女，26岁，汉族，广西平南县人，个体户。1997年3月27日因本案被逮捕。

梁某某，又名"阿伟"，男，27岁，壮族，广西象州县人，个体户。1997年3月27日因本案被逮捕。辩护人李定中，柳州市正大律师事务所律师。

郑某某，又名"阿玲"，女，30岁，汉族，广西平南县人，个体户。1997年3月2日因本案被取保候审。

范某某，女，26岁，汉族，广西平南县人，工人。1997年4月11日因本案被取保候审。

覃志某，男，34岁，壮族，广西柳江县人，农民。因犯盗窃罪，于1992年被判处有期徒刑八年，1997年1月25日刑满释放。1997年3月27日因本案被逮捕。

二、诉辩主张

（一）人民检察院指控事实

广西壮族自治区人民检察院柳州铁路运输分院指控称：被告人李某某、罗某某、周某某、刘某、陆某某、黄某、覃文某、谢某某、梁某某、郑某某有预谋地纠集、策划，采用暴力手段，里应外合，使在押犯罪分子脱逃，其行为均已构成聚众劫狱罪；被告人范某某、覃志某明知是犯罪分子，仍提供隐藏住所和逃窜工具，使犯罪分子逃避审判和惩罚，其行为均已构成窝藏罪；被告人周某某违反国家枪支管理规定，私藏枪支、弹药；且明知是犯罪所得赃物仍代为销售，其行为已分别构成私藏枪支、弹药罪和销赃罪，应当数罪并罚。在共同犯罪中，被告人李某某、周某某、刘某、陆某某、黄某、覃文某、谢某某起主要作用，系主犯，应从重处罚；被告人梁某某、郑某某起次要作用，系从犯，应当比照主犯从轻处罚。被告人罗某某、刘某刑满释放后又犯罪，应从重处罚；被告人覃志某刑满释放后3年内又犯罪，系累犯，应当从重处罚；被告人周某某案发后能主动投案自首，可从轻处罚。公诉机关要求法院对各被告人分别依法予以判处。

（二）被告人辩解及辩护人辩护意见

被害人唐安明诉称，被告人李某某、罗某某、周某某、刘某、陆某某、黄某、覃文某、谢某某、梁某某、郑某某等人参与聚众劫犯罪活动，致罪犯陆东成持械伤人后脱逃，造成原告人重伤的严重后果，使之遭受经济损失，请求法院判令各被告人共同赔偿经济损失及精神补偿费共计人民币5万元。

被告人李某某、罗某某、周某某、刘某、陆某某、黄某、覃文某、谢某某、梁某某、郑某某、范某某、覃志某对公诉机关指控各被告人的犯罪事实无异议，但各被告人及其辩护人均提出起诉书指控的犯罪定性不准；被告人李某某、罗某某、刘某、陆某某、黄某、覃文某、谢某某的辩护人还提出其不是主犯,且李某某有检举他人犯罪线索情节,罗某某的行为是犯罪预备,覃文某有投案自首情节;被告人范某某、覃志某的辩护人提出范某某、覃志某的行为不构成犯罪,请求法院予以核实后,作出公正判决。附带民事诉讼的各被告人,均表示愿意赔偿原告人的经济损失,且希望亲属代赔。

三、人民法院认定事实和证据

(一)认定犯罪事实

广西柳州铁路运输中级人民法院经公开审理查明:

1. 1997年2月25日下午至27日,柳州铁路运输中级人民法院刑事审判庭在本院法庭公开开庭审理罪犯陆东成(已死亡)、罗慧东(已被执行死刑)等6人盗窃、贩卖毒品一案。在庭审期间,被告人李某某、罗某某、周某某、刘某、陆某某、黄某、覃文某、谢某某、梁某某、郑某某等人先后到法庭旁听或在法庭外逗留。26日上午,罪犯陆东成、罗慧东深知自己的罪行严重,为逃避法律的严惩企图自杀,遂将写有自杀所需毒品的纸条放在一支香烟内,故意丢在路边,给被告人刘某,刘某得到纸条后又将纸条交给被告人陆某某,陆某某即将纸条上的内容告诉被告人李某某和陆家尧(另案处理),经商谋后,由陆家尧按纸条的内容购回海洛因1克、针筒1支等物品,后因无法递送而未得逞。

27日上午,陆东成在法庭外候审,被告人李某某伺机靠近陆东成,当听到陆说"跑"后,即与被告人黄某商谋,尔后黄某便对法庭附近的地形、环境进行了踩点,并将踩点的情况告诉李某某。此时,陆东成又对李某某和刘某轻声暗示和用手比画,要李某某找被告人周某某要枪,李某某领会陆东成的意思,便与被告人刘某开摩托车到周某某家找周某某要枪,周某某为了证实要枪是否是陆东成的意思而尾随李某某、刘某之后赶到法庭,与陆东成见面后,确认是陆东成要枪。上午休庭时,陆东成又向李某某作出要手铐钥匙的手势,李某某领会后,交待被告人覃文某去联系配手铐钥匙。覃文某便与被告人谢某某开摩托车到柳州市鹅山菜市场车缝门市部修锁店找到杨胜利(另处理),要杨胜利帮配手铐钥匙,由于当时杨胜利没有小钥匙坯而未配得手铐钥匙。覃文某、谢某某返回法庭将未配得钥匙的情况告诉李某某。休庭后,李某某、周某某、刘某、陆某某等人聚集在红光路口的一个米粉摊里进行商谋,并作了具体安排,周某某负责提供枪支、弹药,并负责将陆东成带到东兴后带出境到越南;刘某负责查看地形和开摩托车在"面条巷"附近接应;陆某某由于身边带有一个小孩,即先回家中等候,李某某到法庭继续观察情况。下午13时许,周某某回到家中，将陆东成原交其藏在家中的 2 支"五四"式军用手枪及子弹若干发取出，藏在腰间两侧，然后返回柳铁公检法大门外找到李某某，由李某某用传呼机与刘某联系，使周某某与刘某在"面条巷"路口会合，周某某与刘某在"面条巷"会合后，周某某便将身上携带的装有子弹的其中一支"五四"式军用手枪交给刘某，而周则持另一支装有子弹的"五四"式军用手枪到柳铁东站大门口，随时准备接应陆东成。

下午 15 时左右，李某某与覃文某再次开摩托车到柳州市鹅山菜市场车缝门市部修锁店找到杨胜利，要杨胜利帮配手铐钥匙，杨胜利便用覃文某到商店购买的自行车钢丝配制了一个"钩钩"（开手铐钥匙），交给李某某和覃文某。李某某、覃文某返回法庭后找到被告人黄某，覃文某将手铐钥匙交给黄某，黄某则将手铐钥匙放进男厕所内，准备供陆东成用于开手铐逃跑。

27 日下午 16 时许，法庭审理结束，各被告人留在法庭内看笔录、签字。陆东成借小便之机上厕所，未找到钥匙和枪，逃跑未遂。出厕所后面带怨气，并不断重复周某某的绰号，当时正在庭外观察情况的黄某怕被李某某等人责备，便带被告人梁某某到厕所内查看了其放置的钥匙，并将钥匙取出后交给了谢某某。而后被告人郑某某与黄某分别开摩托车赶到"面条巷"附近，向等候在此的李某某、周某某、刘某等人通报陆东成进出厕所、想见周某某等情况。周某某说陆东成要见他，即叫覃文某开摩托车搭其到法庭见了陆东成，然后又返回"面条巷"附近等候。覃文某送周某某到"面条巷"后，又开车返回法庭追问谢某某是否将钥匙放进厕所，谢某某将钥匙已交给被告人罗某某放入男厕的情况告诉覃文某后，二人又开摩托车赶到"面条巷"通报再次送钥匙的情况。而后覃文某、谢某某、黄某、梁某某、郑某某先后离开"面条巷"，而周某某、刘某仍在柳铁东站大门口和"面条巷"等候接应，李某某则回到法庭。

下午 17 时许，陆东成再次对李某某暗示要找周某某要枪，李某某立即赶到柳铁东站大门口找到周某某，从周某某身上取走一支"五四"式军用手枪，并将枪带到法庭附近交给罗某某，罗某某得枪后，立即将手枪放入法庭旁的男厕所内第一个蹲位用瓦盖住。罗某某出厕所后向李某某、陆东成作了暗示，李某某即匆匆忙忙地离开了法庭。17 时 30 分左右，陆东成、罗慧东再次提出上厕所，在厕所内，陆东成将手从手铐中脱出，取出事先藏在厕所内已上了膛的"五四"式军用手枪一支，对准押解的法警唐安明开了一枪，致唐安明受伤倒地，而后陆东成、罗慧东二人翻厕所围墙逃跑。罗慧东在逃跑中，被闻讯赶来的公安干警擒获，陆东成携枪逃窜，于 3 月 2 日被公安机关抓获，其余被告人也于 2 月 27 日至 3 月 21 日被公安机关抓获归案。

被告人周某某犯罪后畏罪潜逃，于 1997 年 5 月 4 日在其亲属的陪同下到公安机关投案自首。

法警唐安明受伤后被及时送医院抢救脱险，经法医鉴定是枪伤造成肠穿孔，属重伤。

2.1997 年 2 月 27 日下午 17 时 30 分许，罪犯陆东成在柳州铁路运输中级人民法院开枪击伤押解法警后，携枪逃跑。28 日 19 时许逃到被告人范某某的姐姐家，当时正在其姐家的范某某明知陆东成系法庭逃跑出来的在押被告人，仍为其找到范国荣（另案处理），并受其哥范国荣之托到柳州市工贸大厦购买了一个假发套，供陆东成逃跑时化装用。

3 月 2 日，范国荣按陆东成的要求，开汽车将陆东成送到被告人覃志某家，要覃志某帮联系诊所医治陆东成在逃跑时骨折的右脚。覃志某明知陆东成系逃犯，仍与范国荣一起，将陆东成送到柳江县成团乡六道街的个体诊所治疗脚伤。

3.1996 年 4 月间，罪犯陆东成在广西东兴市将两支"五四"式军用手枪及子弹若干发交给被告人周某某保管，周某某明知这一行为是违反国家枪支管理规定的，仍将枪支及子弹带回柳州，藏匿家中，且于 1997 年 2 月 27 日使用该枪进行犯罪活动。案发后，枪、弹均被公安机关收缴。

4.1996 年 5 月至 6 月间，被告人周某某明知是范国荣、陆发源（另案处理）所盗的两辆柳产旅行小客车，共计价值 92669 元，仍帮助联系销赃，从中牟利。

（二）认定犯罪证据

上述事实，有报案材料、提取、收缴笔录、警犬追踪工作报告、现场勘查记录、送检枪支及手印鉴定书、枪弹痕迹检验鉴定书、法医检验报告、抓获被告人经过、柳州南站派出所情况说明、现场照片及收缴物品照片、证人证言等证据证实。各被告人亦有供述在案，且与上述证据相互印证。本案基本事实清楚，基本证据确实、充分。

四、判案理由

广西柳州铁路运输中级人民法院认为，被告人李某某、罗某某、刘某、周某某、陆某某、黄某、覃文某、谢某某、梁某某、郑某某目无国法，有预谋、有策划、有分工地纠集在一起，用暴力的方法劫走在押的罪犯，使之逃避关押，直接破坏了监管秩序和司法机关的正常活动，其行为均已触犯《中华人民共和国刑法》第 317 条第 2 款规定，构成聚众持械劫狱罪；被告人范某某、覃志某明知是犯罪分子，仍提供隐藏处所或逃窜工具，使其逃避审判和惩罚，其行为均已构成窝藏罪；被告人周某某违反国家枪支管理规定，私藏枪支、弹药，且明知是犯罪所得赃物仍代为销售，其行为构成私藏枪支、弹药罪和销赃罪。公诉机关根据1979年刑法指控各被告人所犯罪名成立。在共同犯罪中被告人李某某、罗某某、刘某、周某某、陆某某、黄某、覃文某、谢某某起主要作用，系主犯，应当按照其所参与的全部犯罪处罚；被告人梁某某、郑某某起次要作用，系从犯，应当从轻处罚。被告人周某某除犯聚众持械劫狱罪外，还犯有私藏枪支、弹药罪和销赃罪，应当数罪并罚。被告人覃志某刑满释放后3年内又犯罪，系累犯，应当从重处罚。被告人周某某案发后，能主动投案自首，可从轻处罚。

各被告人及其辩护人所提出的辩解、辩护意见，经查，均与本案已查明的事实不符，不予采纳。

附带民事诉讼原告人唐安明确因被告人李某某、罗某某、刘某、周某某、陆某某、黄某、覃文某、谢某某、梁某某、郑某某的共同犯罪行为而遭受了经济损失，其要求上述被告人共同赔偿经济损失的诉讼请求合理合法，应予以支持，上述各被告人应承担连带赔偿责任。但经核查，上述被告人的经济赔偿能力有限，尚不能全部实现唐安明的诉讼请求，其亲属主动代其赔偿损失，应予许可。

五、定案结论

1. 为严肃国法，维护社会治安秩序，严厉打击严重刑事犯罪活动，柳州铁路运输中级人民法院根据所认定的事实、证据和上述判案理由，依照1979年刑法第162条第2款、第163条、第172条、第61条，1997年刑法第317条第2款、第12条、第25条第1款、第26条第1款和第4款、第27条、第36条第1款、第57条第1款、第67条第1款、第69条、第72条第1款、第73条第2款和第3款以及《中华人民共和国民法通则》第106条第2款、第119条之规定，判决如下：

（1）李某某犯聚众持械劫狱罪，判处无期徒刑，剥夺政治权利终身。

（2）罗某某犯聚众持械劫狱罪，判处无期徒刑，剥夺政治权利终身。

（3）刘某犯聚众持械劫狱罪，判处无期徒刑，剥夺政治权利终身。

（4）周某某犯聚众持械劫狱罪，判处有期徒刑十五年；犯私藏枪支、弹药罪，判处有期徒二年；犯销赃罪，判处有期徒刑二年。总和刑期十九年，决定执行有期徒刑十八年。

（5）陆某某犯聚众持械劫狱罪，判处有期徒刑十年。
（6）黄某犯聚众持械劫狱罪，判处有期徒刑十年。
（7）覃文某犯聚众持械劫狱罪，判处有期徒刑八年。
（8）谢某犯聚众持械劫狱罪，判处有期徒刑八年。
（9）梁某某犯聚众持械劫狱罪，判处有期徒刑三年，缓刑三年。
（10）郑某某犯聚众持械劫狱罪，判处有期徒刑三年，缓刑三年。
（11）范某某犯窝藏罪，判处有期徒刑二年，缓刑三年。
（12）覃志某犯窝藏罪，判处有期徒刑三年。

2. 民事赔偿部分
（1）李某某赔偿附带民事诉讼原告人唐安明人民币2000元。
（2）罗某某赔偿附带民事诉讼原告人唐安明人民币600元。
（3）刘某赔偿附带民事诉讼原告人唐安明人民币元3000元。
（4）周某某赔偿附带民事诉讼原告人唐安明人民币200元。
（5）陆某某赔偿附带民事诉讼原告人唐安明人民币2000元。
（6）黄某赔偿附带民事诉讼原告人唐安明人民币2000元。
（7）覃文某赔偿附带民事诉讼原告人唐安明人民币600元。
（8）谢某赔偿附带民事诉讼原告人唐安明人民币700元。
（9）梁某某赔偿附带民事诉讼原告人唐安明人民币5000元。
（10）郑某某赔偿附带民事诉讼原告人唐安明人民币1500元。

六、法理解说

本案涉案人数众多，主要的犯罪事实是被告人为在法庭审理的两名被告人（为避免混淆，以下称在押人）提供钥匙和枪支致使两名在押人逃脱。公诉机关依据1979年刑法指控被告人的行为构成聚众劫狱罪，一审判决确认指控的犯罪事实，依据1997年刑法判决被告人犯聚众持械劫狱罪。从一审判决书描述的内容看，本案客观方面的犯罪事实清楚，证据确实充分，指控的犯罪性质和罪名也得到判决的确认，但是，指控和判决所认定的犯罪性质和罪名是否准确并非没有疑问，就像判决书所指出的，被告人及其辩护律师均提出起诉书指控的犯罪定性不准，虽然判决书没有具体的叙述辩护理由和意见，也没有对不采纳辩护意见陈述理由，但仍然可以看出，本案定性的焦点是，如何认识被告人的行为的性质，即被告人是为两名在押人脱逃提供帮助，还是聚众持械将两名在押人从法庭劫走。同时，本案发生的时间和一审审理判决的时间恰好跨越新旧刑法交替期间，因此，本案应如何适用法律认定罪名和判处刑罚也是一个需要思考的问题。鉴于新旧刑法的适用是总则问题，本文仅围绕聚众持械劫狱罪就本案的定性问题进行讨论。

（一）对聚众持械劫狱罪构成要件的基本理解

聚众持械劫狱罪规定在现行刑法第317条第2款。本罪是对1979年刑法第96条规定的聚众劫狱罪的修改，修改之处是，除了区分犯罪主体的地位和调整法定刑外，还在犯罪客观方面要件中增加了持械的要求，因此，罪名就需要重新设定。① 从法条内容看，聚众持械劫狱罪的罪状是简单罪状，因此，刑法学界对如何确定和理解本罪的概念和构成要件存在争议。② 综合来看，本文认为这样概括聚众持械劫狱罪的概念是恰当的，即聚众持械劫狱罪，是指狱外人员结伙持械使用暴力、胁迫或其他方法，劫夺在押人员的行为。根据刑法规定，本罪的构成特征是：

1. 本罪的客体应是复杂客体，即本罪侵犯的是国家司法监管部门对在押人员的正常监管秩序和监管人员的人身权利。这是由本罪客观方面的特点所决定的。本罪的行为对象是被关押人，包括罪犯、犯罪嫌疑人和被告人；发生的场合是监管场所，针对的是正常的监管活动；行为方式是聚众持械；行为手段是通过破坏监管设施，侵犯监管人员的人身权利劫夺被关押人。因此，本罪在实施的过程中，就会破坏监管秩序，并威胁或侵害监管人员的人身权利。

2. 本罪的客观方面是聚众持械劫狱。聚众持械劫狱是本罪的实行行为，聚众、持械和劫狱三位一体，缺一不可，由此可以看出，聚众持械劫狱行为具有三个显著的特点，即一定的公开性、强行性和直接性。

聚众是本罪的必备条件，聚众是多人的结合，一般认为三人的结合为众人。这里的聚众不以形成组织为条件，可以是松散型的、临时性的纠合。如果

---

① 1979年刑法第96条规定：聚众劫狱或者组织越狱的首要分子或者其他罪恶重大的，处无期徒刑或者十年以上有期徒刑；其他积极参加的，处三年以上十年以下有期徒刑。1997年刑法第312条第2款规定：暴动越狱或者聚众持械劫狱的首要分子和积极参加的，处十年以上有期徒刑或者无期徒刑；情节特别严重的，处死刑；其他参加的，处三年以上十年以下有期徒刑。

② 代表性的定义有：聚众持械劫狱罪，是指狱外人员在首要分子组织、策划、指挥下，持械劫夺狱中罪犯、被告人或者犯罪嫌疑人的行为（参见张明楷著：《刑法学》，法律出版社2003年版，第839页）。聚众持械劫狱罪，是指狱外的人聚集多人持械劫夺狱中在押人犯的行为（参见高铭暄、马克昌主编：《刑法学》，高等教育出版社2011年版，第563页）。聚众持械劫狱罪，是指非被关押者聚集多人，使用武器，有组织、有计划地劫夺被依法关押的犯罪人、被告人、犯罪嫌疑人的行为（参见赵秉志、田宏杰、于志刚著：《妨害司法罪》，中国人民公安大学出版社2003年版，第410页）。

形成了一定的组织形态,则在处罚时要考虑这个因素。

持械是本罪的犯罪手段,反映了劫狱时使用的工具和采取的方法。所持之械不以刀、枪、棍棒为限,只要是人身之外的能够加以利用对监管设施和监管人员施以物理的或精神的强力即可。所持之械既可以是事先准备好的,也可以是临时就地取材。持械可以是多人持械,也可以是一人持械,但不能没有人持械。本罪要求必须持械,对所持之械是否使用和如何使用未作要求,因此,不能将持械与使用暴力的方法等同起来。

劫狱是本罪实行行为,是本罪行为的主体和核心,反映了行为人的犯罪目的,也限定了行为实施的对象和场合。劫狱之字面含义是使用强力将狱中关押之人带走,使其脱离被羁押的状态。对劫狱的理解要注意两个方面的问题:首先是狱的范围和被关押人的范围。其次是劫夺的含义、方式和手段。第一个问题从时空上和对象上对劫夺行为进行限定;第二问题则揭示了劫夺行为的特征。

关于狱的范围和被关押人的范围。对狱的范围的理解直接决定本罪犯罪行为实施的场合和哪些被关押人能够成为本罪的被劫夺对象。从讨论情况看,对罪犯、犯罪嫌疑人和被告人是本罪的被劫夺对象没有异议,存在争议的是罪犯、犯罪嫌疑人和被告人的关押场合,也就是如何解释法条中的"狱"。对此,有两种不同的思路和观点,第一种观点,认为对"狱"不能作狭义理解,即狱不只是指监狱,还应包括其他法定的监管场所如劳教所、少年犯管教所、拘役所、看守所。只有在这些场所被依法关押的罪犯、犯罪嫌疑人和被告人才是本罪被劫夺的对象,聚众持械劫狱行为只能针对这些监管场所实施。① 第二种观点,将"狱"解释为一种关押状态,认为只要罪犯、犯罪嫌疑人和被告人处于被依法剥夺人身自由的状态,受到羁押,不管这种羁押是在法定的监管场所,还是在临时场所;也不管这种羁押采取什么方式,是在静止的状态,还是在运动的状态,比如,押解途中的罪犯、犯罪嫌疑人和被告人,在法庭候审的被告人等,也是本罪的被劫夺对象,聚众持械劫狱行为也可以针对这些场合实施。② 可以看出,两种观点对于将"狱"扩大解释为包括监狱在内的其他法定的监管场所是一致的,区别在于,对处于押解途中的,或者在法庭受审的,以及在其他场所或以其他方式羁押的罪犯、犯罪嫌疑人和被告人能否成为本罪的被劫夺对象以及这些场合能否成为本罪行为实施的场合。笔者认为,应该将

---

① 参见张明楷著:《刑法学》,法律出版社2003年版,第839页。高铭暄、马克昌主编:《刑法学》,高等教育出版社2011年版,第563页。
② 参见马克昌主编:《刑法》,高等教育出版社2007年版,第626~527页。

法条中的"狱"扩大解释为关押状态，但同时必须进行严格的限定。属于关押状态的，除了包括在监狱和其他法定监管场所的羁押之外，国家司法机关在某些特定场合下对罪犯、犯罪嫌疑人和被告人的关押也应列入其中。这些特定场合主要是指：（1）正在审理被告人的法庭。（2）对死刑犯执行死刑的场合包括押解死刑犯的途中和执行死刑的刑场。（3）集中押解罪犯、犯罪嫌疑人、被告人在3人以上，且采取武装押送方式的场合。上述场所或场合虽然不是法定的监管场所，但在这些场所和场合下，国家司法机关对罪犯、犯罪嫌疑人和被告人的监管在监管范围、监管方式、监管手段、监管形式上与在法定的监管场所的监管没有实质上的差别。在上述三种特定场合之外，处于关押状态的罪犯、犯罪嫌疑人和被告人不是本罪被劫夺的对象，比如，将被刑事拘留或被逮捕的犯罪嫌疑人、被告人押解看守所的途中，从看守所押解被告人到法庭接受审判的途中，以及因其他原因对罪犯、犯罪嫌疑人和被告人的关押。针对这些场合劫夺在押人员的有可能构成劫夺在押人员罪或其他犯罪。

关于劫夺的含义、方式和手段。劫夺，是指行为人聚众持械以暴力、胁迫或者其他手段将在押人员强行夺走或者为在押人员创造条件使其便利逃走的行为。理解劫夺应该注意的问题是：从时空范围上看，劫夺行为只能发生在关押在押人员的场所或场合，所谓"发生在"不是指必须进入上述场所或场合，意图针对或正在针对上述场所或场合实施劫夺行为也符合要求。从劫夺行为侵害的对象上看，劫夺行为在实施的过程中，既可能破坏监管设施，也可能侵犯监管人员的人身安全。从劫夺行为的具体手段上看，对监管人员人身安全的侵犯可以是暴力、胁迫或其他手段，比如杀害、持械威逼或使用麻醉剂等，使得监管人员处于不能反抗、不知反抗的状态；对监管场所或场合的破坏，可以表现为捣毁门窗、拆除围墙、毁坏报警设施、设置障碍物等，使得监管设施丧失监管的效用。从劫夺行为的方式看，劫夺的目的是使在押人员脱离这种羁押状态，因此，劫夺的方式是通过直接对监管场所或监管人员施加强力控制或意图施加强力控制，将在押人直接从监管场所或监管人员手中夺走，夺走的情形是多样的，可以是直接带领在押人员逃走，也可以是在押人员借机逃走。

通过上述分析，可以看出聚众劫狱行为具有三个鲜明的特点：（1）一般具有公开性。预谋聚众持械劫狱是秘密的，但在预谋之后，在实行聚众持械劫狱的场合则一般具有公开性。这种公开性是指对监管机构和监管人员的公开。这是由劫狱行为发生的场合和行为方式决定的，要将在押人员从监管场所和监管人员手中夺走，在进入场所、接近在押人员和带走在押人员的过程中，劫狱行为就会被发现，劫狱者就要与监管机构和监管人员发生冲突。这就意味着劫狱行为很难秘密进行。（2）具有强行性。劫狱行为是以非法的强制力对抗国家对在押人员监管的强制力，使得在押人脱离国家的强制关押。（3）具有直接性，即通过直接对监管场所或监管人员施加强力控制或意图施加强力控制，排除对在押人员的监管束缚，将在押人直接从监管场所或监管人员手中夺走，或者使在押人员借机脱逃。

3. 本罪的主体是一般主体，但必须是被关押人员以外的人员。从本罪的成立看，本罪是必要的共同犯罪，不存在单独犯罪的形式，因此，本罪的主体不能是一人，但至少要多少人，存在争议，有的观点认为只要不少于两人即可，有的观点则认为不能少于三人。笔者认同不能少于三人的观点。由于本罪的被劫夺对象是在押人员，所以，本罪的主体还必须是被劫夺的在押人员以外的其他人员。从本罪的处罚对象看，根据在犯罪中的地位和作用的不同，本罪主体有首要分子、积极参加者和其他（一般）参加者之分。

4. 本罪的主观方面是直接故意，犯罪目的是使在押人脱离国家羁押。本罪的故意内容表现在，行为人明知聚集多人持械劫夺依法被关押的罪犯、犯罪嫌疑人和被告人的行为会发生破坏司法机关正常监管秩序和侵犯监管人员人身权利的危害结果，但为了实现使被关押人逃避继续关押的目的，却希望这一危害结果的发生。间接故意和过失不能构成本罪。本罪的犯罪目的是使被关押人脱离国家羁押，正是在这一目的的支配下，行为人聚众持械劫狱。需要指出的是，尽管在实际上，在押人被劫走后恢复了人身自由，但不能由此认为本罪的犯罪目的是使在押人恢复人身自由，因为，本罪的动机是多样的，行为人劫走在押人并不一定就是为了在押人，甚至在押人是在不知情、不愿意的情况下被他人劫走的，被劫走后又会因为其他原因而被行为人控制起来加以利用。

（二）本案的基本事实：两个角度的观察

分析了聚众持械劫狱罪的构成要件，回头再分析本案。

本案的基本事实是正在法庭接受审理的陆某和罗某利用被告人提供的钥匙和枪支在击伤法警后从法庭脱逃。对这一基本事实可以从两个角度观察：一是从陆某和罗某的角度看，陆某和罗某是怎样从法庭脱逃的？二是从被告人的角度看，为陆某和罗某的脱逃，被告人提供了哪些帮助？这些帮助行为的性质是什么？上述问题归结为一个根本问题：陆某和罗某是不是被被告人聚众持械从法庭劫走的？

1. 陆某和罗某从法庭脱逃的基本过程。

根据一审判决认定的犯罪事实和证据，陆某和罗某从法庭脱逃具有这样的特点：一是放弃自杀念头，产生脱逃的犯罪意图；二是将脱逃的犯罪意图传递给被告人；三是要求被告人提供枪支和配手铐钥匙；四是暗示被告人将钥匙和枪支放入厕所；五是借口上厕所，脱掉手铐和持有枪支；六是持枪击伤法警，乘机翻越厕所围墙脱逃；七是脱逃后即受到警方追捕，罗某脱逃未遂，陆某过后被抓。

2. 被告人为陆某和罗某从法庭脱逃提供的具体帮助。

同样根据一审判决认定的犯罪事实和证据，可以对被告人为陆某和罗某从法庭脱逃提供的帮助做如下归纳：被告人在得知陆某和罗某想要从法庭逃跑的意思之后，即产生了帮助陆某和罗某脱逃的犯罪意图，并积极进行谋划。从谋划的具体内容和实施过程看，被告人主要是按照陆某和罗某的要求为二人脱逃准备犯罪工具和制造犯罪条件。主要表现是：一是踩点，即查看法庭周围的地形、环境；二是传递陆某和罗某需要枪支和手铐钥匙的信息，并安排专人负责落实；三是商议接应对策，对陆某和罗某脱逃后如何藏匿和转移制订计划，并进行分工；四是在厕所投放手铐钥匙和枪支，并向陆某和罗某发出信号。最终，陆某和罗某利用被告人投放的钥匙和枪支击伤法警后从法庭脱逃。

3. 被告人的行为不构成聚众持械劫狱罪。

基于对本案证据和事实的上述分析，笔者认为，陆某和罗某是在被告人的帮助下从法庭脱逃的，不是被被告人聚众持械从法庭劫走的，被告人的行为不构成聚众持械劫狱罪。主要理由如下：

第一，在主观上，被告人具有帮助陆某和罗某从法庭脱逃的犯罪意图，但没有以聚众持械劫狱的方式帮助陆某和罗某从法庭脱逃的犯罪意图。陆某和罗某首先产生想要脱逃的犯罪意图，并将该意图传递给被告人。被告人是在得知陆某和罗某要脱逃的意思后，才逐渐地串通一气商议如何才能使二人脱逃。从被告人谋划的内容和过程看，被告人始终是根据陆某和罗某的要求为二人脱逃提供犯罪工具和制造犯罪条件，谋划的中心是陆某和罗某自身如何从法庭脱逃，而不是被告人如何做才能从法庭将二人劫走。这与聚众持械劫狱罪在主观上的要求明显不同。

第二，在客观上，被告人确实帮助陆某和罗某从法庭脱逃，但被告人不是以聚众持械劫狱的方式帮助陆某和罗某从法庭脱逃。这一点从被告人的帮助行为以及帮助行为对二人脱逃所产生的作用可以得到清楚的反映。比如，被告人得知脱逃信息后的踩点行为是为了解地形和环境条件，作为预谋行为尚难以凭此预断帮助行为的方式和性质。被告人将脱逃信息在被告人之间传递可以说明聚众的形成，但难以揭示聚众的目的。被告人在米粉摊商谋的主要内容是如何接应和转移脱逃后的陆某和罗某，而不是如何从法庭将二人劫走。被告人周某和刘某等候接应的位置柳铁东站和"面条巷"远离法庭，尽管有一人持有枪支，但显然不是为从法庭将陆某和罗某劫走时使用，而是准备在二人脱逃后中途接应时使用，但实际上也并没有使用。被告人配手铐钥匙和寻找枪支也不是为被告人劫狱时使用，而是直接提供给陆某和罗某作为二人脱逃的犯罪工具。被告人在投放钥匙和枪支后并没有在法庭聚集，而是选择了离开法庭。至此，被告人为陆某和罗某脱逃所能提供的帮助行为结束了，但陆某和罗某并没有因此而从法庭脱逃。可见，被告人行为的全部内容就是为陆某和罗某的脱逃提供犯罪工具和制造犯罪条件，最终是陆某和罗某自己利用被告人提供的钥匙和枪支在击伤法警后从法庭脱逃。因此，被告人的上述行为也不符合聚众持械劫狱罪客观方面的要求。

综上所述，笔者认为，被告人明知在押人要从法庭脱逃，与在押人相互串通，为在押人脱逃提供犯罪工具和制造犯罪条件，致使在押人脱逃，其行为应构成脱逃罪的共同犯罪。被告人不具有聚众持械劫狱的犯罪故意，也没有实施聚众持械劫狱的行为，因此，不构成聚众持械劫狱罪。一审判决认定被告人犯有聚众持械劫狱罪属于定性不准。接下来，笔者拟从法理上进一步分析一审判决在定性上存在的错误和可能面临的问题。

（三）本案判决在定性上存在的错误

一审判决认定被告人构成本罪的理由是，被告人有预谋、有策划、有分工地纠集在一起，用暴力的方法劫走在押的罪犯（应为被告人——笔者注），使之逃避关押，直接破坏了监管秩序和司法机关的正常活动，其行为构成聚众持械劫狱罪。笔者认为，该判决可能存在下列错误：

1. 没有准确认识陆某和罗某的脱逃行为与被告人的帮助行为之间的主次关系。

在理论上，在押人意图脱逃且与狱外人员相互串通由狱外人员提供帮助的，在押人构成脱逃罪，而狱外人员与在押人形成何种犯罪关系，要区分不同情形处理：一是狱外人员为在押人脱逃提供犯罪工具或制造犯罪条件，其帮助行为依附于在押人的脱逃行为，且其本身不构成其他罪的，狱外人员与在押人构成脱逃罪的共同犯罪，在押人是身份犯和实行犯，狱外人员是非身份犯和帮助犯，即为刑法理论上的非身份犯与身份犯构成身份犯的共犯关系。二是狱外人员为在押人脱逃实施的帮助行为与在押人的脱逃行为没有依附关系，其本身又构成其他犯罪的，比如，狱外人员以聚众持械劫狱的方式帮助在押人脱逃的，劫狱行为与脱逃行为之间就不存在依附关系，在押人构成脱逃罪，狱外人员构成聚众持械劫狱罪，这属于刑法理论上的对向犯的情形。当然对这种情形也可以运用想象的竞合犯的理论进行解释，一方面，狱外人员与在押人通谋以聚众持械劫狱的方式帮助在押人脱逃，狱外人员是在押人脱逃罪的共犯，构成脱逃罪；另一方面，狱外人员聚众持械劫狱的行为本身又构成独立的聚众持械劫狱罪。一个行为触犯两种罪名，且两种罪名的法条之间不存在竞合关系，按照想象竞合犯择一重罪处罚的原则，对狱外人员按照重罪即聚众持械劫狱罪定罪处罚。

对狱外人员的帮助行为与在押人的脱逃行为之间是依附关系还是独立关系的判断，既要从行为之间联系的紧密程度出发，更要根据刑法的规定对二者之间的犯罪性质作出准确的认定，一般应该遵循的标准是，根据刑法规定，狱外人员的帮助行为独立构成某种犯罪的，其与在押人的脱逃行为之间就是独立关系，否则就是依附关系。

对于本案，笔者认为，陆某和罗某的脱逃行为是整个犯罪事实的核心部分，是行为的主体，是主行为，决定了本案行为的脱逃罪的性质。被告人的帮助行为始终依附于和服从于陆某和罗某的脱逃行为，是从行为，其行为性质不具有独立性。这种依附性主要体现在：在主观上，被告人的犯罪故意产生于陆某和罗某脱逃的犯罪故意之后，且其内容就是为陆某和罗某脱逃提供帮助，而不是意图通过聚众持械劫狱的方式为二人脱逃提供帮助。在客观上，被告人帮助行为的主要特征是为陆某和罗某脱逃提供手铐钥匙和枪支，为二人脱逃所用，没有在法庭或关押二人的场所针对法庭或者法警直接实施任何排除关押的行为，而且在陆某和罗某从法庭脱逃时，被告人都没有出现在法庭和二人脱逃的现场，只是消极地在其他地方等候。因此，可以认为，在陆某和罗某从法庭脱逃的问题上，被告人的帮助行为从来都没有超出脱逃的范围，其行为是陆某和罗某脱逃行为的一个组成部分，陆某和罗某的行为是实行行为，被告人的行为是帮助行为。按照共同犯罪理论，帮助行为是以被帮助的实行行为的性质定罪处罚。所以，被告人的行为构成脱逃罪。

一审判决将本应是依附于在押人脱逃行为的帮助行为错误地认定为性质独立的聚众持械劫狱罪，混淆了脱逃行为和聚众持械劫狱行为的界限，带来一系列无法解释的矛盾。

2. 该判决可能面临的一些责难。

如果一审判决的理由和结论成立，那么，该判决可能在事实上和法理上面临一些无法解释的矛盾。

（1）聚众持械劫狱罪的实行行为在本案是否存在，是如何表现的？

首先看聚众。没有聚众就不构成本罪。判决认定"被告人有预谋、有策划、有分工地纠集在一起"是否就等于认定被告人"聚众"。对此，判决是肯定的。如果该理由成立，那么，有理由认为几乎所有的共同犯罪至少人数在3人以上的就都是"聚众"犯罪，因为他们都是"有预谋、有策划、有分工地纠集一起"。那样，刑法对聚众类犯罪的特别规定就失去了意义。实际上，将聚众作为构成要件的犯罪，聚众不只是多数人的集合，而且要求"所聚之众"

要出现在本罪实行行为的场合，也就是说，聚众类犯罪的实行行为是由"众人"一起实施的行为。在本案中，被告人是否"聚众"持械劫狱，判决语焉不详，但现有证据至少表明，在陆某和罗某从法庭脱逃时，他们却没有"聚众"。

　　接着看持械。持械是本罪的手段要件，持械是所聚之众的持械，虽不要求众人都持械，但不能没有人不持械。判决虽没有明确指出被告人持械，但一句"用暴力的方法劫走在押的罪犯"，再结合相关证据，判决应该是指被告人提供给陆某的枪支，还包括被告人刘某持枪在柳铁东站大门口和面条巷等候接应的事实。问题是，如果是指将枪支提供给在押人，那么，在押人持械是否属于本罪的持械？被告人将枪支提供给被劫夺者的"提供"是否也是持械？如果是指在远距关押被劫夺者的地方等候接应的被告人持有枪支，那么，将不会在关押场合使用的所持之械是否也符合本罪对持械的要求呢？回答自然是否定的。

　　再看劫狱。劫狱是本罪实行行为的主体。劫狱具有发生场合的限定性、所劫对象的特定性、劫夺方式的直接性和劫夺手段的强行性。判决认定被告人"用暴力的方法劫走在押的罪犯，使之逃避关押"。应该说，判决的这一认定指向明确，要素齐全，但具体事实指向何处则仍须结合案情确定，这一认定应该是指，被告人给陆某提供枪支，陆某用枪击伤法警的行为，以及被告人刘某持枪在外等候的行为。问题是，顺着判决的理由，只能得出这样的结论，被告人将枪支提供给在押人后虽然已经离开法庭，但仍然还在劫狱。被告人持枪在远距关押犯罪嫌疑人的地方等候，也是处于使用暴力的劫狱状态。在押人使用被告人提供的枪支击伤法警就是被告人在对法警"使用暴力"。在押人自己排除关押障碍从法庭脱逃，就是被告人"劫走在押的罪犯，使之逃避关押"。一句话，按照判决的理由，在押人使用暴力脱逃就等于是被告人持械使用暴力将在押人劫走。如此，一切都颠倒了，本来，本罪的实行行为要由狱外人员实施，现在却是由被劫夺的在押人实施，是在押人自己替狱外人员将自己用暴力的方法劫走的！这显然是荒唐的，本罪的构成要件被彻底篡改了，但依据判决只能得出这样的结论！

　　（2）如何确定陆某和罗某的行为性质？二人是否有罪？何罪？

　　在聚众持械劫狱罪中，犯罪主体是聚众的狱外人员，被劫夺的对象是在押人。在押人被劫夺，在押人是否也构成犯罪需要区分不同情况。如果在押人是在不知情、不愿意的情况下，被劫夺的，在押人无罪。如果在押人事先不知情，但在狱外人员对其进行劫夺时已经知情且不表示反对的，在押人构成脱逃罪。如果在押人事先与狱外人员串通一气，预谋由狱外人员以聚众持械劫狱的方式帮助其脱逃，在押人也构成脱逃罪。因此，笔者认为，在押人与狱外人员是不能一起构成聚众持械劫狱罪的共同犯罪的，因为，在聚众持械劫狱罪中，在押人作为被劫夺的对象是本罪的一个构成要件，不是犯罪主体，显然是不能与狱外人员形成本罪的共犯关系。

在本案中，无论被告人的行为是构成聚众持械劫狱罪，还是构成脱逃罪的共犯，陆某和罗某都犯有脱逃罪应该是没有异议的。但是，从判决的理由看，按照判决的逻辑分析似乎只能得出这样的结论：即陆某和罗某要么是无罪的，要么与被告人一起构成聚众持械劫狱罪的共同犯罪。因为，正如上述分析的，判决是将陆某和罗某持枪击伤法警从法庭脱逃的行为等同于或视为被告人持械使用暴力劫狱，那么，只有在两种情况下，这种认定才是成立的，即：一是将陆某和罗某作为被告人的犯罪工具，陆某和罗某的行为才是被告人的行为，陆某和罗某当然是无罪的！二是将陆某和罗某的行为作为被告人的共同犯罪行为，陆某和罗某的行为也就是被告人的行为，当然与被告人一起构成聚众持械劫狱罪。但是，这样的逻辑和结论，既与事实不符，也与法理相悖，更为法律所不许，是显然不能被接受的。

（整理人：张补联）

办案依据

刑法及相关司法解释类编

○ **刑法第三百零五条** 【伪证罪】在刑事诉讼中，证人、鉴定人、记录人、翻译人对与案件有重要关系的情节，故意作虚假证明、鉴定、记录、翻译，意图陷害他人或者隐匿罪证的，处三年以下有期徒刑或者拘役；情节严重的，处三年以上七年以下有期徒刑。

○ **刑法第三百零六条** 【辩护人、诉讼代理人毁灭证据、伪造证据、妨害作证罪】在刑事诉讼中，辩护人、诉讼代理人毁灭、伪造证据，帮助当事人毁灭、伪造证据，威胁、引诱证人违背事实改变证言或者作伪证的，处三年以下有期徒刑或者拘役；情节严重的，处三年以上七年以下有期徒刑。

辩护人、诉讼代理人提供、出示、引用的证人证言或者其他证据失实，不是有意伪造的，不属于伪造证据。

○ **刑法第三百零七条** 【妨害作证罪】以暴力、威胁、贿买等方法阻止证人作证或者指使他人作伪证的，处三年以下有期徒刑或者拘役；情节严重的，处三年以上七年以下有期徒刑。

【帮助毁灭、伪造证据罪】帮助当事人毁灭、伪造证据，情节严重的，处三年以下有期徒刑或者拘役。

司法工作人员犯前两款罪的，从重处罚。

○ **刑法第三百零八条** 【打击报复证人罪】对证人进行打击报复的，处三年以下有期徒刑或者拘役；情节严重的，处三年以上七年以下有期徒刑。

○ **刑法第三百零九条** 【扰乱法庭秩序罪】聚众哄闹、冲击法庭，或者殴打司法工作人员，严重扰乱法庭秩序的，处三年以下有期徒刑、拘役、管制或者罚金。

○ **刑法第三百一十条** 【窝藏、包庇罪】明知是犯罪的人而为其提供隐藏处所、财物，帮助其逃匿或者作假证明包庇的，处三年以下有期徒刑、拘役或者管制；情节严重的，处三年以上十年以下有期徒刑。

犯前款罪，事前通谋的，以共同犯罪论处。

○ **刑法第三百一十一条** 【拒绝提供间谍犯罪证据罪】明知他人有间谍犯罪行为，在国家安全机关向其调查有关情况、收集有关证据时，拒绝提供，情节严重的，处三年以下有期徒刑、拘役或者管制。

◉ **刑法第三百一十二条** 【掩饰、隐瞒犯罪所得、犯罪所得收益罪】明知是犯罪所得及其产生的收益而予以窝藏、转移、收购、代为销售或者以其他方法掩饰、隐瞒的，处三年以下有期徒刑、拘役或者管制，并处或者单处罚金；情节严重的，处三年以上七年以下有期徒刑，并处罚金。

单位犯前款罪的，对单位判处罚金，并对其直接负责的主管人员和其他责任人员，依照前款的规定处罚。

◉ **刑法第三百一十三条** 【拒不执行判决、裁定罪】对人民法院的判决、裁定有能力执行而拒不执行，情节严重的，处三年以下有期徒刑、拘役或者罚金。

◉ **刑法第三百一十四条** 【非法处置查封、扣押、冻结的财产罪】隐藏、转移、变卖、故意毁损已被司法机关查封、扣押、冻结的财产，情节严重的，处三年以下有期徒刑、拘役或者罚金。

◉ **刑法第三百一十五条** 【破坏监管秩序罪】依法被关押的罪犯，有下列破坏监管秩序行为之一，情节严重的，处三年以下有期徒刑：

（一）殴打监管人员的；

（二）组织其他被监管人破坏监管秩序的；

（三）聚众闹事，扰乱正常监管秩序的；

（四）殴打、体罚或者指使他人殴打、体罚其他被监管人的。

◉ **刑法第三百一十六条** 【脱逃罪】依法被关押的罪犯、被告人、犯罪嫌疑人脱逃的，处五年以下有期徒刑或者拘役。

【劫夺被押解人员罪】劫夺押解途中的罪犯、被告人、犯罪嫌疑人的，处三年以上七年以下有期徒刑；情节严重的，处七年以上有期徒刑。

◉ **刑法第三百一十七条** 【组织越狱罪】组织越狱的首要分子和积极参加的，处五年以上有期徒刑；其他参加的，处五年以下有期徒刑或者拘役。

【暴动越狱罪，聚众持械劫狱罪】暴动越狱或者聚众持械劫狱的首要分子和积极参加的，处十年以上有期徒刑或者无期徒刑；情节特别严重的，处死刑；其他参加的，处三年以上十年以下有期徒刑。

1. 最高人民检察院《关于印发部分罪案〈审查逮捕证据参考标准（试行）〉的通知》（2003年11月27日 高检侦监发〔2003〕107号）（节录）

十一、伪证罪案审查逮捕证据参考标准

伪证罪，是指触犯《刑法》第305条的规定，在刑事诉讼中，证人、鉴定人、记录人、翻译人对与案件有关的重要情节，故意作虚假证明、鉴定、记录、翻译，意图陷害他人或隐匿罪证的行为。

对提请批捕的伪证案件，应当注意从以下几个方面审查证据：

（一）有证据证明发生了伪证犯罪事实。

重点审查：

1. 犯罪嫌疑人在相关案件中担任证人、鉴定人、记录人、翻译人的证据（如相关案件的笔录材料、鉴定委托书、鉴定结论等）、虚假证明、鉴定、记录、翻译等证明发生作伪证的行为的证据。

2. 证明证人、鉴定人、记录人、翻译人所作的虚假证明、鉴定、记录、翻译是与案件有重要关系的情节的证据。

3. 证明作伪证的意图是为了陷害他人或者隐匿罪证的证据。

（二）有证据证明伪证犯罪事实系犯罪嫌疑人实施的。

重点审查：

1. 犯罪嫌疑人的供认。

2. 有关的书证。

3. 指使人的证言。

4. 同案犯罪嫌疑人的供述。

5. 其他能够证明犯罪嫌疑人实施伪证犯罪的证据。

（三）证明犯罪嫌疑人实施伪证犯罪行为的证据已有查证属实的

重点审查：

1. 其他证据能够印证的犯罪嫌疑人的供述。

2. 能够相互印证的有关书证。

3. 其他查证属实的证明犯罪嫌疑人实施伪证犯罪的证据。

2. 最高人民检察院法律政策研究室《关于通过伪造证据骗取法院民事裁判占有他人财物的行为如何适用法律问题的答复》（2002年10月24日 〔2002〕 高检研发第18号）

山东省人民检察院研究室：

你院《关于通过伪证据骗取法院民事裁决占有他人财物的行为能否构成诈骗罪的请示》（鲁检发研字〔2001〕第11号）收悉。经研究，答复如下：

以非法占有为目的，通过伪造证据骗取法院民事裁判占有他人财物的行为，所侵害的主要是人民法院正常的审判活动，可以由人民法院依照民事诉讼法的有关规定作出处理，不宜以诈骗罪追究行为人的刑事责任。如果行为人伪造证据时，实施了伪造公司、企业、事业单位、人民团体印章的行为，构成犯罪的，应当依照刑法第二百八十条第二款的规定，以伪造公司、企业、事业单位、人民团体印章罪追究刑事责任；如果行为人有指使他人作伪证行为，构成犯罪的，应当依照刑法第三百零七条第一款的规定，以妨害作证罪追究刑事责任。

3. 最高人民法院《人民法院法庭规则》（1994年1月1日　法发〔1993〕40号）（节录）

第十二条　对哄闹、冲击法庭，侮辱、诽谤、威胁、殴打审判人员等严重扰乱法庭秩序的人，依法追究刑事责任；情节较轻的，予以罚款、拘留。

4. 最高人民法院、最高人民检察院《关于切实保障司法人员依法履行职务的紧急通知》（2005年8月25日　法〔2005〕173号）（节录）

二、大力加强人民法院审判法庭建设以及安全保障工作管理

各级人民法院特别是基层人民法院要进一步加强审判法庭建设以及安全保障工作管理，切实解决司法人员履行职务所必要的设施条件和庭审环境。一是将审判活动区和旁听区严格分离，并分别设立专用通道；二是根据《最高人民法院关于人民法院法庭专用设备配置的意见》，抓紧配置监控、安检等设备，并配备安检司法警察；三是在审判场所显眼位置设置告示牌，警示、教育诉讼参与人员、旁听人员遵守法庭规则；四是司法警察部门要严格依照《中华人民共和国人民法院法庭规则》、《人民法院司法警察值庭规则》以及《人民法院司法警察安全检查规则》等有关规定，庭前严格落实值庭司法警察的警力配备，明确值庭司法警察的具体任务和职责分工。要对开庭审判的全过程进行监控，严禁携带器械以及易燃易爆、强腐蚀性等危险物品的人员进入法庭，保证庭审活动的顺利进行和司法人员的人身安全，并保护司法人员庭审后安全离开审判场所。

上述设施建设所需经费问题，各级人民法院应当按照中央政法委《关于认真解决妨碍、报复政法干警依法履行职务问题的意见》的有关要求，及时向当地党委、政法委汇报，妥善解决。各基层法院的法庭建设可纳入三年发展规划系统解决。

五、依法严肃处理妨碍司法人员依法履行职务的行为

在法庭审理中，诉讼参与人员、旁听人员妨碍司法人员依法履行职务的，人民法院应当依照《中华人民共和国刑事诉讼法》、《中华人民共和国民事诉讼法》、《中华人民共和国行政诉讼法》、《中华人民共和国人民法院法庭规则》等有关规定，及时采取制止、训诫、强行带出法庭、罚款、拘留等措施；国家工作人员妨碍司法人员依法履行职务的，应当同时建议有关部门给予党纪、政纪处分；严重扰乱法庭秩序，构成犯罪的，应当依法追究刑事责任，并将处理情况公诸于众，以儆效尤。对于严重妨碍司法人员依法履行职务，造成恶劣影响的典型事件，人民法院和人民检察院应当及时向党委政法委、上级机关等有关部门汇报，既要依法严肃查处，维护法律尊严和司法权威，又要注意方式方法，及时化解矛盾，防止事态的进一步扩大。

5. 最高人民法院研究室《关于对窝藏、包庇罪中"事前通谋的，以共同犯罪论处"如何理解问题的电话答复》（1986年1月15日）

上海市高级人民法院：

你院〔85〕沪高法办字第181号《关于对窝藏、包庇罪中"事前通谋的以共同犯罪论处"如何理解的请示报告》收悉。经研究，答复如下：

第三款所说的"事前通谋"，是指窝藏、包庇犯与被窝藏、包庇的犯罪分子，在犯罪活动之前，就谋划或合谋，答应犯罪分子作案后，给以窝藏或者包庇的，这和刑法总则规定的主客观要件是一致的。如，反革命分子或其他刑事犯罪分子，在犯罪之前，与行为人进行策划，行为人分工承担窝藏，或者答应在追究刑事责任时提供虚假证明来掩盖罪行等等。因此如果只是知道作案人要去实施犯罪，事后予以窝藏、包庇，或者事前知道作案人员要去实施犯罪，未去报案，犯罪发生后又窝藏、包庇犯罪分子，都不应以共同犯罪论处，

而单独构成窝藏、包庇罪。

6. 国家林业局、公安部《关于森林和陆生野生动物刑事案件管辖及立案标准》（2001年5月9日）（节录）

一、森林公安机关管辖在其辖区内发生的刑法规定的下列森林和陆生野生动物刑事案件

（十九）窝藏、转移、收购、销售赃物案件中，涉及被盗伐滥伐的木材、国家重点保护陆生野生动物或其制品的案件（第三百一十二条）；

未建立森林公安机关的地方，上述案件由地方公安机关负责查处。

二、森林和陆生野生动物刑事案件的立案标准

（十二）盗窃、抢夺、抢劫案、窝藏、转移、收购、销售赃物案、破坏生产经营案、聚众哄抢案、非法经营案、伪造变造买卖国家公文、证件案，执行相应的立案标准。

7. 最高人民法院、最高人民检察院《关于办理危害计算机信息系统安全刑事案件应用法律若干问题的解释》（2011年9月1日 法释〔2011〕19号）（节录）

第七条 明知是非法获取计算机信息系统数据犯罪所获取的数据、非法控制计算机信息系统犯罪所获取的计算机信息系统控制权，而予以转移、收购、代为销售或者以其他方法掩饰、隐瞒，违法所得五千元以上的，应当依照刑法第三百一十二条第一款的规定，以掩饰、隐瞒犯罪所得罪定罪处罚。

实施前款规定行为，违法所得五万元以上的，应当认定为刑法第三百一十二条第一款规定的"情节严重"。

单位实施第一款规定行为的，定罪量刑标准依照第一款、第二款的规定执行。

8. 最高人民检察院《关于事先与犯罪分子有通谋，事后对赃物予以窝藏或者代为销售或者收买的，应如何适用法律的问题的批复》（1995年2月13日 高检发研字〔1995〕2号）

四川省人民检察院：

你院川检（研）〔1994〕47号《关于事先与犯罪分子有通谋，事后对赃物予以窝藏或者代为销售或者收买的，应如何适用法律的问题的请示》收悉。经研究，同意你院的意见，即：与盗窃、诈骗、抢劫、抢夺、贪污、敲诈勒索等其他犯罪分子事前通谋，事后对犯罪分子所得赃物予以窝藏、代为销售或者收买的，应按犯罪共犯追究刑事责任。事前未通谋，事后明知是犯罪赃物而予以窝藏、代为销售或者收买的，应按窝赃、销赃罪追究刑事责任。

9. 最高人民法院、最高人民检察院、公安部、国家工商行政管理局《关于依法查处盗窃、抢劫机动车案件的规定》（1998年5月8日 公通字〔1998〕31号）（节录）

二、明知是盗窃、抢劫所得机动车而予以窝藏、转移、收购或者代为销售的，依照《刑法》第三百一十二条的规定处罚。

对明知是盗窃、抢劫所得机动车而予以拆解、改装、拼装、典当、倒卖的，视为窝藏、转移、收购或者代为销售，依照《刑法》第三百一十二条的规定处罚。

三、国家指定的车辆交易市场、机动车经营企业（含典当、拍卖行）以及从事机动车

修理、零部件销售企业的主管人员或者其他直接责任人员，明知是盗窃、抢劫的机动车而予以窝藏、转移、拆解、改装、拼装、收购或者代为销售的，依照《刑法》第三百一十二条的规定处罚。单位组织实施上述行为的，由工商行政管理机关予以处罚。

四、本规定第二条和第三条中的行为人事先与盗窃、抢劫机动车辆的犯罪分子通谋的，分别以盗窃、抢劫罪的共犯论处。

五、机动车交易必须在国家指定的交易市场或合法经营企业进行，其交易凭证经工商行政管理机关验证盖章后办理登记或过户手续，私下交易机动车辆属于违法行为，由工商行政管理机关依法处理。

明知是赃车而购买，以收购赃物罪定罪处罚。单位的主管人员或者其他直接责任人员明知是赃车购买的，以收购赃物罪定罪处罚。

明知是赃车而介绍买卖的，以收购、销售赃物罪的共犯论处。

十二、对明知是赃车而购买的，应将车辆无偿追缴；对违反国家规定购买车辆，经查证是赃车的，公安机关可以根据《中华人民共和国刑事诉讼法》第一百一十条和第一百一十四条规定进行追缴和扣押。对不明知是赃车而购买的，结案后予以退还买主。

十三、对购买赃车后使用非法提供的入户、过户手续或者使用伪造、变造的入户、过户手续为赃车入户、过户的，应当吊销牌证，并将车辆无偿追缴；已将入户、过户车辆变卖的，追缴变卖所得并责令赔偿经济损失。

十四、对直接从犯罪分子处追缴的被盗窃、抢劫的机动车辆，经检验鉴定、查证属实后，可依法先行返还失主，移送案件时附清单、照片及其他证据。在返还失主前，按照赃物管理规定管理，任何单位和个人都不得挪用、损毁或者自行处理。

十七、本规定所称的"明知"，是指知道或者应当知道。有下列情形之一的，可视为应当知道，但有证据证明确属被蒙骗的除外：

（一）在非法的机动车交易场所和销售单位购买的；

（二）机动车证件手续不全或者明显违反规定的；

（三）机动车发动机号或者车架号有更改痕迹，没有合法证明的；

（四）以明显低于市场价格购买机动车的。

10. 最高人民法院、最高人民检察院《关于办理盗窃油气、破坏油气设备等刑事案件具体应用法律若干问题的解释》（2007年1月19日　法释〔2007〕3号）（节录）

第五条　明知是盗窃犯罪所得的油气或者油气设备，而予以窝藏、转移、收购、加工、代为销售或以其他方法掩饰、隐瞒的，依照刑法第三百一十二条的规定定罪处罚。

实施前款规定的犯罪行为，事前通谋的，以盗窃犯罪的共犯定罪处罚。

第八条　本解释所称的"油气"，是指石油、天然气。其中，石油包括原油、成品油；天然气包括煤层气。

本解释所称"油气设备"，是指用于石油、天然气生产、储存、运输等易燃易爆设备。

11. 最高人民法院、最高人民检察院《关于办理与盗窃、抢劫、诈骗、抢夺机动车相关刑事案件具体应用法律若干问题的解释》（2007年5月11日　法释〔2007〕11号）

为依法惩治与盗窃、抢劫、诈骗、抢夺机动车相关的犯罪活动，根据刑法、刑事诉讼法等有关法律的规定，现对办理这类案件具体应用法律的若干问题解释如下：

第一条 明知是盗窃、抢劫、诈骗、抢夺的机动车，实施下列行为之一的，依照刑法第三百一十二条的规定，以掩饰、隐瞒犯罪所得、犯罪所得收益罪定罪，处三年以下有期徒刑、拘役或者管制，并处或者单处罚金：

（一）买卖、介绍买卖、典当、拍卖、抵押或者用其抵债的；

（二）拆解、拼装或者组装的；

（三）修改发动机号、车辆识别代号的；

（四）更改车身颜色或者车辆外形的；

（五）提供或者出售机动车来历凭证、整车合格证、号牌以及有关机动车的其他证明和凭证的；

（六）提供或者出售伪造、变造的机动车来历凭证、整车合格证、号牌以及有关机动车的其他证明和凭证的。

实施第一款规定的行为涉及盗窃、抢劫、诈骗、抢夺的机动车五辆以上或者价值总额达到五十万元以上的，属于刑法第三百一十二条规定的"情节严重"，处三年以上七年以下有期徒刑，并处罚金。

第二条 伪造、变造、买卖机动车行驶证、登记证书，累计三本以上的，依照刑法第二百八十条第一款的规定，以伪造、变造、买卖国家机关证件罪定罪，处三年以下有期徒刑、拘役、管制或者剥夺政治权利。

伪造、变造、买卖机动车行驶证、登记证书，累计达到第一款规定数量标准五倍以上的，属于刑法第二百八十条第一款规定中的"情节严重"，处三年以上十年以下有期徒刑。

第三条 国家机关工作人员滥用职权，有下列情形之一，致使盗窃、抢劫、诈骗、抢夺的机动车被办理登记手续，数量达到三辆以上或者价值总额达到三十万元以上的，依照刑法第三百九十七条第一款的规定，以滥用职权罪定罪，处三年以下有期徒刑或者拘役：

（一）明知是登记手续不全或者不符合规定的机动车而办理登记手续的；

（二）指使他人为明知是登记手续不全或者不符合规定的机动车办理登记手续的；

（三）违规或者指使他人违规更改、调换车辆档案的；

（四）其他滥用职权的行为。

国家机关工作人员疏于审查或者审查不严，致使盗窃、抢劫、诈骗、抢夺的机动车被办理登记手续，数量达到五辆以上或者价值总额达到五十万元以上的，依照刑法第三百九十七条第一款的规定，以玩忽职守罪定罪，处三年以下有期徒刑或者拘役。

国家机关工作人员实施前两款规定的行为，致使盗窃、抢劫、诈骗、抢夺的机动车被办理登记手续，分别达到前两款规定数量、数额标准五倍以上的，或者明知是盗窃、诈骗、抢夺的机动车而办理登记手续的，属于刑法第三百九十七条第一款规定的"情节特别严重"，处三年以上七年以下有期徒刑。

国家机关工作人员徇私舞弊，实施上述行为，构成犯罪的，依照刑法第三百九十七条第二款的规定定罪处罚。

第四条 实施本解释第一条、第二条、第三条第一款或者第三款规定的行为，事前与盗窃、抢劫、诈骗、抢夺机动车的犯罪分子通谋的，以盗窃罪、抢劫罪、诈骗罪、抢夺罪的共犯论处。

第五条 对跨地区实施的涉及同一机动车的盗窃、抢劫、诈骗、抢夺以及掩饰、隐瞒犯罪所得、犯罪所得收益行为，有关公安机关可以依照法律和有关规定一并立案侦查，需要提请批准逮捕、移送审查起诉、提起公诉的，由该公安机关所在地的同级人民检察院、人民法院受理。

第六条 行为人实施本解释第一条、第三条第三款规定的行为，涉及的机动车有下列情形之一的，应当认定行为人主观上属于上述条款所称"明知"：

（一）没有合法有效的来历凭证；

（二）发动机号、车辆识别代号有明显更改痕迹，没有合法证明的。

12. 最高人民法院《关于审理洗钱等刑事案件具体应用法律若干问题的解释》（2009年11月11日 法释〔2009〕15号）（节录）

第一条 （第一款）刑法第一百九十一条、第三百一十二条规定的"明知"，应当结合被告人的认知能力、接触他人犯罪所得及其收益的情况、犯罪所得及其收益的种类、数额、犯罪所得及其收益的转换、转移方式以及被告人的供述等主、客观因素进行认定。

（第二款）具有下列情形之一的，可以认定被告人明知系犯罪所得及其收益，但有证据证明确实不知道的除外：

（一）知道他人从事犯罪活动，协助转换或者转移财物的；

（二）没有正当理由，通过非法途径协助转换或者转移财物的；

（三）没有正当理由，以明显低于市场的价格收购财物的；

（四）没有正当理由，协助转换或者转移财物，收取明显高于市场的"手续费"的；

（五）没有正当理由，协助他人将巨额现金散存于多个银行账户或者在不同银行账户之间频繁划转的；

（六）协助近亲属或者其他关系密切的人转换或者转移与其职业或者财产状况明显不符的财物的；

（七）其他可以认定行为人明知的情形。

第三条 明知是犯罪所得及其产生的收益而予以掩饰、隐瞒，构成刑法第三百一十二条规定的犯罪，同时又构成刑法第一百九十一条或者第三百四十九条规定的犯罪的，依照处罚较重的规定定罪处罚。

第四条 刑法第一百九十一条、第三百一十二条、第三百四十九条规定的犯罪，应当以上游犯罪事实成立为认定前提。上游犯罪尚未依法裁判，但查证属实的，不影响刑法第一百九十一条、第三百一十二条、第三百四十九条规定的犯罪的审判。

上游犯罪事实可以确认，因行为人死亡等原因依法不予追究刑事责任的，不影响刑法第一百九十一条、第三百一十二条、第三百四十九条规定的犯罪的认定。

上游犯罪事实可以确认，依法以其他罪名定罪处罚的，不影响刑法第一百九十一条、第三百一十二条、第三百四十九条规定的犯罪的认定。

本条所称"上游犯罪"，是指产生刑法第一百九十一条、第三百一十二条、第三百四十九条规定的犯罪所得及其收益的各种犯罪行为。

13. 公安部、最高人民法院、最高人民检察院《关于严厉打击盗窃破坏国防通讯线路设备犯罪活动的通知》（1991年6月20日　公通字〔1991〕43号）（节录）

五、对无视国家有关法规，非法收购被盗的通讯线路器材的，只要有证据证明其应当或者能够知道是赃物的，应视为"明知是赃物而购买"，依照《刑法》第一百七十二条规定以销赃罪论处。事前与盗窃通讯线路器材的犯罪分子通谋的，以共同犯罪论处。

14. 最高人民法院《人民法院量刑指导意见（试行）》（2010年10月1日　法发〔2010〕36号）（节录）

四、常见犯罪的量刑

（十四）掩饰、隐瞒犯罪所得、犯罪所得收益罪

1. 构成掩饰、隐瞒犯罪所得、犯罪所得收益罪的，可以根据下列不同情形在相应的幅度内确定量刑起点：

（1）犯罪情节一般的，可以在三个月拘役至六个月有期徒刑幅度内确定量刑起点。

（2）情节严重的，可以在三年至四年有期徒刑幅度内确定量刑起点。

2. 在量刑起点的基础上，可以根据犯罪数额等其他影响犯罪构成的犯罪事实增加刑罚量，确定基准刑。

15. 最高人民法院、最高人民检察院、公安部、国家烟草专卖局《关于办理假冒伪劣烟草制品等刑事案件适用法律问题座谈会纪要》（2003年12月23日　高检会〔2003〕4号）（节录）

七、关于窝藏、转移非法制售的烟草制品行为的定罪处罚问题

明知是非法制售的烟草制品而予以窝藏、转移的，依照刑法第三百一十二条的规定，以窝藏、转移赃物罪定罪处罚。

窝藏、转移非法制售的烟草制品，事前与犯罪分子通谋的，以共同犯罪论处。

16. 全国人大常委会《关于〈中华人民共和国刑法〉第三百一十三条的解释》（2002年8月29日）

全国人民代表大会常务委员会讨论了刑法第三百一十三条规定的"对人民法院的判决、裁定有能力执行而拒不执行，情节严重"的含义问题，解释如下：

刑法第三百一十三条规定的"人民法院的判决、裁定"，是指人民法院依法作出的具有执行内容并已发生法律效力的判决、裁定。人民法院为依法执行支付令、生效的调解书、仲裁裁决、公证债权文书等所作的裁定属于该条规定的裁定。

下列情形属于刑法第三百一十三条规定的"有能力执行而拒不执行，情节严重"的情形：

（一）被执行人隐藏、转移、故意毁损财产或者无偿转让财产、以明显不合理的低价转让财产，致使判决、裁定无法执行的；

（二）担保人或者被执行人隐藏、转移、故意毁损或者转让已向人民法院提供担保的财产，致使判决、裁定无法执行的；

（三）协助执行义务人接到人民法院协助执行通知书后，拒不协助执行，致使判决、

裁定无法执行的；

（四）被执行人、担保人、协助执行义务人与国家机关工作人员通谋，利用国家机关工作人员的职权妨害执行，致使判决、裁定无法执行的；

（五）其他有能力执行而拒不执行，情节严重的情形。

国家机关工作人员有上述第四项行为的，以拒不执行判决、裁定罪的共犯追究刑事责任。国家机关工作人员收受贿赂或者滥用职权，有上述第四项行为的，同时又构成刑法第三百八十五条、第三百九十七条规定之罪的，依照处罚较重的规定定罪处罚。

17. 最高人民法院、最高人民检察院、公安部《关于依法严肃查处拒不执行判决、裁定和暴力抗拒法院执行犯罪行为有关问题的通知》（2007年8月30日　法发〔2007〕29号）（全文）

一、对下列拒不执行判决、裁定的行为，依照刑法第三百一十三条的规定，以拒不执行判决、裁定罪论处：

（一）被执行人隐藏、转移、故意毁损财产或者无偿转让财产，以明显不合理的低价转让财产，致使判决、裁定无法执行的；

（二）担保人或者被执行人隐藏、转移、故意毁损或者转让已向人民法院提供担保的财产，致使判决、裁定无法执行的；

（三）协助执行义务人接到人民法院协助执行通知书后，拒不协助执行，致使判决、裁定无法执行的；

（四）被执行人、担保人、协助执行义务人与国家机关工作人员通谋，利用国家机关工作人员的职权妨害执行，致使判决、裁定无法执行的；

（五）其他有能力执行而拒不执行，情节严重的情形。

二、对下列暴力抗拒执行的行为，依照刑法第二百七十七条的规定，以妨害公务罪论处：

（一）聚众哄闹、冲击执行现场，围困、扣押、殴打执行人员，致使执行工作无法进行的；

（二）毁损、抢夺执行案件材料、执行公务车辆和其他执行器械、执行人员服装以及执行公务证件，造成严重后果的；

（三）其他以暴力、威胁方法妨害或者抗拒执行，致使执行工作无法进行的。

三、负有执行人民法院判决、裁定义务的单位直接负责的主管人员和其他直接责任人员，为了本单位的利益实施本《通知》第一条、第二条所列行为之一的，对该主管人员和其他直接责任人员，依照刑法第三百一十三条和第二百七十七条的规定，分别以拒不执行判决、裁定罪和妨害公务罪论处。

四、国家机关工作人员有本《通知》第一条第四项行为的，以拒不执行判决、裁定罪的共犯追究刑事责任。

国家机关工作人员收受贿赂或者滥用职权，有本《通知》第一条第四项行为的，同时又构成刑法第三百八十五条、第三百九十七条规定罪的，依照处罚较重的规定定罪处罚。

五、拒不执行判决、裁定案件由犯罪行为发生地的公安机关、人民检察院、人民法院管辖。如果由犯罪嫌疑人、被告人居住地的人民法院管辖更为适宜的,可以由犯罪嫌疑人、被告人居住地的公安机关、人民检察院、人民法院管辖。

六、以暴力、威胁方法妨害或者抗拒执行的,公安机关接到报警后,应当立即出警,依法处置。

七、人民法院在执行判决、裁定过程中,对拒不执行判决、裁定情节严重的人,可以先行司法拘留;拒不执行判决、裁定的行为人涉嫌犯罪的,应当将案件依法移送有管辖权的公安机关立案侦查。

八、人民法院、人民检察院和公安机关在办理拒不执行判决、裁定和妨害公务案件过程中,应当密切配合、加强协作。对于人民法院移送的涉嫌拒不执行判决、裁定罪和妨害公务罪的案件,公安机关应当及时立案侦查,检察机关应当及时提起公诉,人民法院应当及时审判。

在办理拒不执行判决、裁定和妨害公务案件过程中,应当根据案件的具体情况,正确区分罪与非罪的界限,认真贯彻"宽严相济"的刑事政策。

九、人民法院认为公安机关应当立案侦查而不立案侦查的,可提请人民检察院予以监督。人民检察院认为需要立案侦查的,应当要求公安机关说明不立案的理由。人民检察院认为公安机关不立案理由不能成立的,应当通知公安机关立案,公安机关接到通知后应当立案。

十、公安机关侦查终结后移送人民检察院审查起诉的拒不执行判决、裁定和妨害公务案件,人民检察院决定不起诉,公安机关认为不起诉决定有错误的,可以要求复议;如果意见不被接受,可以向上一级人民检察院提请复核。

十一、公安司法人员在办理拒不执行判决、裁定和妨害公务案件中,消极履行法定职责,造成严重后果的,应当依法依纪追究直接责任人责任直至追究刑事责任。

十二、本通知自印发之日起执行,执行中遇到的情况和问题,请分别报告最高人民法院、最高人民检察院、公安部。

18. 最高人民法院《关于适用财产刑若干问题的规定》(2000年12月19日　法释〔2000〕45号)(节录)

第十一条　自判决指定的期限届满第二日起,人民法院对于没有法定减免事由不缴纳罚金的,应当强制其缴纳。

对于隐藏、转移、变卖、损毁已被扣押、冻结财产情节严重的,依照刑法第三百一十四条的规定追究刑事责任。

19. 中国人民解放军军事法院《关于审理军人违反职责罪案件中几个具体问题的处理意见》(1988年10月19日　〔1988〕　军法发字第34号)(节录)

五、关于军人在临时看管期间逃跑的,能否以脱逃罪论处问题

脱逃罪是指被依法逮捕、关押的犯罪分子,从羁押、改造场所或者在押解途中逃走的行为。军队的临时看管仅是一项行政防范措施。因此,军人在此期间逃跑的,不构成脱逃罪。但在查明他确有犯罪行为后,他的逃跑行为可以作为情节在处刑时予以考虑。

图书在版编目（CIP）数据

刑事案例诉辩审评. 妨害司法罪/周少华主编. —北京：中国检察出版社，2014.2
ISBN 978 – 7 – 5102 – 1015 – 0

Ⅰ.①刑… Ⅱ.①周… Ⅲ.①刑事犯罪 – 案例 – 中国
②妨害司法罪 – 案例 – 中国　Ⅳ.①D924.305

中国版本图书馆 CIP 数据核字（2013）第 233303 号

刑事案例诉辩审评
——妨害司法罪
主编/周少华

出版发行：	中国检察出版社
社　　址：	北京市石景山区香山南路 111 号（100144）
网　　址：	中国检察出版社（www.zgjccbs.com）
电　　话：	(010)68630384(编辑)　68650015(发行)　68636518(门市)
经　　销：	新华书店
印　　刷：	河北省三河市燕山印刷有限公司
开　　本：	720 mm×960 mm　16 开
印　　张：	25 印张
字　　数：	455 千字
版　　次：	2014 年 2 月第二版　2014 年 2 月第二次印刷
书　　号：	ISBN 978 – 7 – 5102 – 1015 – 0
定　　价：	50.00 元

检察版图书，版权所有，侵权必究
如遇图书印装质量问题本社负责调换